中国当代作家评传丛书

张炜

评传

张期鹏　亓凤珍　著

河南文艺出版社
·郑州·

图书在版编目（CIP）数据

张炜评传/张期鹏,亓凤珍著. --郑州:河南文艺出版社,
2022.3
（中国当代作家评传丛书）
ISBN 978-7-5559-1179-1

Ⅰ.①张… Ⅱ.①张…②亓… Ⅲ.①张炜-评传 Ⅳ.①
K825.6

中国版本图书馆 CIP 数据核字（2021）第 096715 号

选题策划　陈　静　张　娟
责任编辑　张　娟　陈　静
责任校对　殷现堂
书籍设计　吴　月

出版发行　河南文艺出版社
本社地址　郑州市郑东新区祥盛街 27 号 C 座 5 楼
承印单位　河南瑞之光印刷股份有限公司
经销单位　新华书店
纸张规格　700 毫米×1000 毫米　1/16
印　　张　27.5
字　　数　474 000
版　　次　2022 年 3 月第 1 版
印　　次　2022 年 3 月第 1 次印刷
定　　价　86.00 元

　　张炜，当代作家，中国作家协会副主席，山东省作家协会第五届、第六届主席，万松浦书院名誉院长。山东省栖霞人，1956年11月7日生于龙口。1973年开始文学创作，1975年开始发表作品。

　　著有长篇小说《古船》《九月寓言》《刺猬歌》《外省书》《你在高原》《独药师》《艾约堡秘史》等21部，散文集《融入野地》《陶渊明的遗产》《斑斓志》等多部，《万松浦记：张炜散文随笔年编》20卷，诗集《皈依之路》《夜宿湾园》《归旅记》《不践约书》《挚友口信》等多部，以及《张炜文集》50卷。曾荣获茅盾文学奖、全国优秀短篇小说奖、中国出版政府奖、中华优秀出版物奖、中国作家出版集团特别奖、百年百种优秀中国文学图书、世界华语小说百年百强、华语文学传媒大奖·年度杰出作家、中国好书等奖项。

　　作品被译为英、日、法、韩、德、俄、意大利、塞尔维亚、西班牙、瑞典、阿拉伯、土耳其、罗马尼亚等数十种文字。

目　录

第一章　大地海洋之子

第一节　故地往事

一

　　撰写一位作家的评传，一般要从他的出生和故地写起，这部书也不例外。对于作家张炜来说，这样做似乎更为必要，因为故地不仅是他生命的源头，童年和少年生活的地方，还是他始终魂牵梦绕的所在、文学书写的中心。张炜曾说：

　　　　谁没有故地？故地连接了人的血脉，人在故地上长出第一绺根须。可是谁又会一直心系故地？直到今天我才发现，一个人长大了，走向远方，投入闹市，足迹印上大洋彼岸，他还会固执地指认：故地处于大地的中央。他的整个世界都是那一小片土地上延伸出来的。①

　　张炜的"那一小片土地"，就是位于胶东半岛西北部的龙口海滨。1956 年 11 月 7 日，他就出生在那里。那一天，是农历丙申猴年十月初五，立冬日。

　　张炜的家庭有些特殊，也屡经磨难。这家人是 20 世纪 40 年代末从龙口市（本书称之为"龙口小城"）迁居到这里的。关于它的一些情况，我们后面将会讲到。在他出生前，这个家庭里共有四个成员：外祖母、父亲、母亲、姐姐。他的出生，又给这个家庭添丁增口，无论如何都是一件喜事。家人给他取名为"炜"，蕴含"光明"之意，应该是充满期待的。

　　当然，那个时候应该没有人想到他以后能成为一个作家。当时的社会环境和生活环境，不会让这家人产生如此浪漫的想象。也应该不会有人把这个孩子与这片土地联系在一起，甚至设想他将来能为这片土地代言。他与那个时代出生的千千万万个孩子一样，都是一个再普通不过的生命。令人惊奇的是，随着这个孩子不断长大，他不仅成了一位优秀作家，而且与他的故地相互影响、相互成就，共同以一种文学的方式走向了中国，走向了世界。

　　张炜曾说："我常常觉得，我是这样一个写作者：一直在不停地为自己的出生地争取尊严和权利的人，一个这样的不自量力的人；同时又是一个一刻也离不开

---

　　①　张炜：《融入野地》，《张炜文集》第 29 卷，漓江出版社 2019 年 10 月版，第 193 页。

出生地支持的人,一个虚弱而胆怯的人。"①"作为一个不自量力的人,我觉得身上有一种责任,就是向世人解说我所知道的故地的优越,它的不亚于任何一个地方的奥妙。一方面它是人类生活的榜样,是人类探索生活方式的重要补充;另一方面它也需要获得自身的尊严,需要来自外部的赞同和理解。"②

因此,了解张炜的故地情状,对于理解作家本人和他的文学就显得十分重要了。

二

那么,就让我们来看看这个被称作胶东半岛的地方吧。从地图上看,它是指山东半岛胶莱河以东的部分,包括烟台、威海全部和潍坊、青岛部分地区。

它的图形有点特殊,像是泰山极顶的拱北石,探向大海,遥望东方。正是这轻轻一"探",形成了它三面环海的地理特点,北面与辽东半岛隔渤海相对,东面与朝鲜半岛、日本列岛隔黄海相望;这轻轻一"探",还造就了它蜿蜒曲折的海岸线和交叉错落的港湾岬角。在海岸线围圈起来的陆地上,则山川纵横、高低起伏。靠近中北部有牙山、昆嵛山、罗山、大泽山、艾山等山脉,大多呈东西走向;半岛的水系也大多发源于这一带山区,沿山脊南北分流。靠近海岸线的地方,分布着宽窄不等的带状平原,其中以蓬(莱)黄(县)掖(县)平原面积最大。

这样一种独特的地理环境,天造地设,自然天成。平原的富庶、山地的贫瘠、大海的神秘,不仅造就了这个区域丰富复杂的地理风貌和颇有特色的动植物世界,也造就了这个区域丰富多彩的人文历史、民俗风情,影响了这个区域人的思想性格和情感倾向。这些,都给张炜留下了深刻的印记,也在他的文学作品中得到了鲜明的体现。

具体到张炜的出生地龙口,恰好兼具平原、山地和海洋的特点。它的东面与蓬莱相邻,南面与栖霞、招远接壤;东南部是丘陵、山地,西北部是面朝大海的海滨平原。它的地理坐标在东经120°、北纬37°附近。据说这条纬线两侧有很多古文明发源地、古建筑遗迹,如希腊雅典、意大利西西里等;也出现过很多神秘的自然

---

① 张炜:《我跋涉的莽野——我的文学与故地的关系》,张炜:《游走:从少年到青年》,广西师范大学出版社2012年8月版,第139—151页。

② 张炜:《我跋涉的莽野——我的文学与故地的关系》,张炜:《游走:从少年到青年》,广西师范大学出版社2012年8月版,第144—145页。

现象,如百慕大"魔鬼三角"等。这条纬线两侧,还汇聚了许多一流的葡萄酒酿造区,世界上几乎所有的著名葡萄酒庄都分布在这里。张炜在一些文学作品中写到了葡萄酒酿造,描绘了美好的葡萄园生活,都是有着深厚的现实基础的。

　　龙口作为一个县级市,以前并不叫龙口,而叫黄县。据说它是因境内有黄水河而得名的,最早设置于中国秦代,后来屡经废立。从唐初到清末的一千二百多年间,这个县大致都在登州治下。历史上的登州,也是一个颇为有名的地方,据说它最早在唐初设置时,治所曾先后在文登和黄县;唐中宗神龙三年(707年),才在与黄县接壤的蓬莱固定下来。

渤海湾畔的一片莽野

　　蓬莱是传说中八仙过海的地方,以蓬莱阁和海市蜃楼闻名于世,仙道文化绵延不绝。北宋元丰八年(1085年),苏东坡还在这里当过五天太守,留下了"五日登州府,千年苏公祠"的佳话。1912年初,辛亥革命的浪潮席卷北方,蓬莱被同盟会起义部队攻占,革命军政府在位于蓬莱的登州府衙宣告成立。1914年,北洋政府在烟台设置胶东道,蓬莱、黄县等都归其管辖,登州作为一个行政区划彻底退出了历史舞台,但它的存在时间既久,影响也是巨大深远的。张炜在文学作品中常用"登州海角"这一地理概念,所指应该就是龙口、蓬莱一带。他的长篇小说《独药师》,则集中写了辛亥革命前后的那段历史。

三

现在让我们把目光再聚焦一下，由整个龙口市聚焦到张炜的出生地——龙口市西北部的龙口海滨。我们发现，那个地处海滨的龙口镇才是最早的"龙口"，而今天的龙口市驻地则是原来的黄县县城。据说，1986年黄县撤县建市、改名龙口市时，本应将驻地迁到龙口镇一带，但实际并未迁移过去，也就形成了现在龙口市驻地仍在"黄县"的格局。

细究龙口镇的历史我们会发现，它最早是隶属于黄县的一个小渔村，因为地理位置优越，后来建成了港口码头，海运和商业也就发展起来，名气越来越大。比如，孙中山先生在其所著《建国方略》中指出：在北方奉天、直隶、山东三省口岸，应设五个渔业港，其中之一就是龙口。再比如，龙口粉丝是明末清初招远人创造的用绿豆制作粉丝的技艺，但因为从1860年起就从龙口港装船外运，慢慢地也就被冠名为"龙口粉丝"了。实际上，龙口当地的那些粉丝作坊，规模与招远是无法相比的。张炜的长篇小说《古船》写到了"芦青河"入海口附近"洼狸镇"的一个粉丝大厂，就其地理位置来讲，应该是在龙口码头附近，而不是在招远。当然，对文学作品的理解，不能这样对号入座。

抗战时期，龙口镇因其重要而特殊的地理位置、便利畅达的水路交通，引人注目。1938年10月，中国共产党政权在这里设立了龙口特别行政区，属于北海行政督察专员公署（驻黄县）管辖。北海专区后被撤销，1940年又复置，辖黄县、蓬莱、栖霞、招远等七县及龙口、长山岛、黄县城厢等几个特别行政区。因此，从行政区划上看，1938年10月之后的龙口与黄县是并列的。1945年8月26日，毛泽东起草的《中共中央关于同国民党进行和平谈判的通知》中，讲到我军收复日寇占领的城市时，就提到了龙口，并说"我军威震华北，配合苏军和蒙古军进抵长城之声势，造成了我党的有利地位"①。这个地方，抗战胜利后还被改称"龙口市"，直到1950年才重新恢复为黄县所属的一个镇。据说，这里当年不仅有基督教堂，还有日本的领事馆。

张炜的许多文学作品，都虚构了一个胶东半岛的海滨港口城市，如《古船》中

---

① 毛泽东：《中共中央关于同国民党进行和平谈判的通知》，《毛泽东选集》第4卷，人民出版社1991年6月版，第1152页。

"中等城市"，《柏慧》中"登州海角的一个小城"，《外省书》中的"浅山市"，《远河远山》中的"这座城市"，《你在高原》中的"海滨小城"，《独药师》中的"港口城市"等。对于这些虚构的城市，我们很难与现实一一对应，也不必胶柱鼓瑟、缘木求鱼，但其中有些龙口镇（龙口特别行政区、此前的"龙口市"）的影子，应该是毋庸置疑的。

在《你在高原》之一《家族》中，宁珂遭受诬陷、深陷囹圄之后，岳母闵葵、妻子曲绪被迫离开曲府，乘坐一辆马车离开"海滨小城"一路向东，到一片海滩荒原上投奔曲府的旧仆人清涮。龙口镇与龙口海滨平原正好一西一东，在地理方位上是对应的。不论是巧合还是作家有意设置，都可以看出故地对张炜创作的影响。

四

龙口之名始见于清康熙十二年（1673 年）版《黄县志》："龙口墩，明洪武二十一年（1388 年）魏国公徐辉祖建。"距今已有六百多年的历史。其名的得来，据说与传说中的蜃龙有关。我们仔细看一下这一带的地形，会发现它很有点意思。在龙口镇北面，是向西探入大海的屺峒岛，此岛宽约一公里，但东西长达十公里，并有沙堤与陆地相连。它的内侧海岸线与陆地海岸线连接起来，正好形成了一张张开的大口。"龙口"一名，或许与这一地形不无关系。

这张大口东面，是一片海滨平原。平原近海的地方，过去曾经是茫茫无边的海边丛林。当年，张炜家的那座小茅屋和那片小果园，就在这片海滨丛林里。

在这片海滨平原之上，泳汶河由南向北流过，流向大海；海面东北方向有一座岛，叫作桑岛。据说，这条泳汶河就是后来张炜作品中那条著名的"芦青河"的原型；桑岛也曾出现在张炜笔下。现在，一切早已面目全非了。不过，我们可以通过张炜的一些记述，约略寻觅一些它的变化踪迹。

外祖母告诉他，在他出生前，在他们一家刚刚在这里落脚的时候，她"每天早晨起来为一家准备早餐，都临时到屋旁林子里取回细小的干枝即可，它们在白沙上覆满一层，全是夜里鸟儿们碰掉的。想想看，那时林子里有多少鸟儿啊"[1]。那个时候，这片林子的阔大与神秘，真是令人难以想象。但到张炜记事的时候，林子就只剩下不到原来的三分之二了。张炜说，那是因为战争和建设都需要木材，再

---

[1]　张炜：《张炜文学随笔（辑录之一）》，载于《文艺争鸣》2020 年第 11 期，第 118 页。

加上后来的开荒种地、烧炭和大炼钢铁等,林子被大量砍伐掉了。其后,又因为发展工业,这片林子被继续蚕食,到了 20 世纪 80 年代,林子就只有四五万亩的规模了。① 随后,现代化、城镇化的浪潮汹涌澎湃,这片林子很快就被工厂、矿山、港口占领了。到 2003 年万松浦书院建成时,剩下的林子只有两万六千多亩。可是这两万多亩也难以存留,因为海边的空气和风景又让那些房地产开发商垂涎而来,没有几年,这些林子就变戏法一样不见了。"取代它们的是什么呢? 是长着荒草的沙滩,是被取沙车挖成一个一个大洞的千疮百孔的沙原;再就是工区、工地、楼房、烟囱,和不知从哪儿汇集而来的阔大的宿舍居住区,人烟理所当然地稠密了,树木理所当然地被排挤了。就连碧蓝的大海也改变了颜色,因为有两个造纸厂正日夜不停地往里排放褐色碱水、往里冲刷纸浆和木材草屑。"②

他还在万松浦书院一带看到,海边"出现了一片高高矮矮的楼房。从此,与这种建筑标配的丑怪就出现了:吸毒、假币、斗殴、盗窃,应有尽有。它们来了,大群海鸥和鹭鸟就飞走了"③。好在因为建成了一座万松浦,使书院围墙里的一百多亩松林得以保护下来,"成了小小的绿洲"④。

张炜是这片故地莽林五十多年变迁、消失的见证者和记录者,这一沧桑变化给他留下了难以磨灭的印象,也引发了他的深度思考。他从中看到的不仅是自然环境的变化,更有时代变迁和人类生存方式的变化。在他眼里,接这片林野的毁坏与消失之踵而来的,是环境的恶化、民风良俗的污染、各种丑行的出现、人的道德水准的剧烈滑坡。他进而想到,如果大地精神陷落、民间伦理损毁,人类长期积累、绵绵不绝的悠久历史文化遭受损伤,那么人类的未来就充满了危险与恐怖。于是,这片故地莽野以及由此推而广之的民间大地,就成了他不断回望和缅怀的对象,成了他心目中质朴、纯粹、崇高、圣洁精神的象征。在一定程度上,也成了他判断人与事物是非优劣的标准。

在张炜那里,保护大地还是毁坏大地,远离民间还是回归民间,是两条截然不同的道路。保护大地,回归民间,也就逐渐成了他坚定的、不容亵渎与侵犯的原则立场,成了他所恪守的文化精神的核心。

---

①　参见张炜、朱又可:《行者的迷宫(全新修订版)》,商务印书馆 2018 年 9 月版,第 184 页。

②　张炜:《葡萄园畅谈录》,作家出版社 1996 年 2 月版,第 176 页。

③　张炜:《张炜文学随笔(辑录之一)》,载于《文艺争鸣》2020 年第 11 期,第 119 页。

④　张炜、朱又可:《行者的迷宫(全新修订版)》,商务印书馆 2018 年 9 月版,第 183—184 页。

五

故土大地上遭受毁坏和日渐消失的,当然不只是这片林野,还有众多的历史建筑、人文遗迹,包括那些金碧辉煌的大庙、赫赫有名的基督教堂以及当年的学校和医院,等等。它们都是一方土地上的文明表征,它们的损毁令人痛惜愤怒、触目惊心。

张炜从一些资料中看到,"有一个官僚资本家在胶东半岛的府邸占地几百亩,抗战时被连夜点火烧掉了——几百年来形成的一片大建筑,连同文化积累,就这样一把火烧掉了。大火烧了几天几夜,据说光是字画玩器就堆成了山,慢慢燃烧"。他还了解到,"那个府邸是清代很有名的建筑,现在史书上还有关于它的描绘。当地活着的老人会凭记忆描绘它了不起的规模。总之,好几代人积累起来的财富,最后差不多全烧了,而今剩下的只有仆人住的边边角角,改成了当地的一家博物馆——即便是这么小的边角,今天看来仍然很有气势。仆人的一爿平房,成了国家级文物保护单位,如果主体部分存在,又该何等壮观"[1]。这座府邸,大概就是《你在高原》中虚构的"曲府"的原型。

张炜痛惜地说:"许多神秘的故事,伟大的人物,不可思议的向往,都随着这片林子一起消失了——甚至没有多少人去记载这一切——它的历史。""最美好的事物,就这样湮没了。"[2]

这些物质形态的毁灭和消失,启发张炜不断思考物质与文化的关系,思考人类怎样才能保护这些积累免遭或少遭毁坏。他深深地感到,人类积累物质财富的欲望是极其强烈的,只要给一点点太平时间,它就会迅速膨胀,而要保存这些积累,则难乎其难,因为一定会有邪恶的力量去折腾它、毁灭它,致使一切荡然无存,然后从零开始。

张炜认为,如果没有文化和思想的积累,物质再丰富也会被邪恶的力量毁掉。尤其令人恐惧的是,那些"邪恶的力量"有时还会以"正确"的名义和面目出现。据说20世纪40年代龙口之所以无情烧毁那片寺庙群,原因是担心敌人用它来驻兵。而当年做出摧毁决定的,后来不仅不是罪人,还大多成了了不起的"功臣"。

---

① 张炜、朱又可:《行者的迷宫(全新修订版)》,商务印书馆2018年9月版,第184页。
② 张炜:《犄角:人事与地理》,《张炜文集》第32卷,漓江出版社2019年10月版,第10—11页。

张炜无奈地说:"我们实在难以相信当时没有更好的办法阻止敌人,而非要放一把大火不可。"张炜同时看到,这种反文化、反文明的"正确"行为后来似乎成了常态,时有发生,"它一直烧到后来很久很久⋯⋯"①。

正是基于这样一种认识和思考,张炜提出了一个重要命题,那就是"物质主义保证不了物质的存在,而一定是思想和文化的力量,最后保护物质的积累"②。那么,思想和文化的力量何在?张炜认为它们来源于大地民间,来源于可贵的人文精神。

张炜的文学作品,充满了对当今世界物质主义、消费主义甚嚣尘上的高度警惕和深刻反思,这与张炜生长在这样一片土地上,耳闻目睹了这片土地的沧桑巨变有很大关系。因为这片土地不仅给他提供了写作资源,也赋予了他精神底色,那就是热爱自然、守护大地、植根民间,那就是十分警惕物欲横流对自然、社会、人的心灵造成的巨大破坏力,并用文字表达自己坚定反抗的决心。

正如张炜自己所说:"每个人对生活的态度都可以追溯到他的人生经历,而作品面貌的形成,自然会有更大的关系。我有一段长长的童年、少年和青年的时光是那样度过的:沉浸于大自然,有时四处奔走,有时个人独处⋯⋯我有机会对自然万物更亲近一些,所以对于童话世界格外向往。反过来,我对于人流熙熙攘攘的、极其实用主义的、商业和物质主义统治下的社会,常常有自己强烈的不适应感。这种种感触和心绪不能简单地表达为愤怒,也不仅仅是惊愕,因为有时还会涌现出一些特殊的悟想,一些不能回避的反抗性——这种反抗性很可能构成我个人性格中很重要的一部分,也使我的人生和创作具有了某种不同的内容。"③

---

① 参见张炜:《葡萄园畅谈录》,作家出版社1996年2月版,第31页。

② 张炜、朱又可:《行者的迷宫(全新修订版)》,商务印书馆2018年9月版,第185页。

③ 张炜:《穿越理性的筛子——在香港电台的访谈》,张炜:《午夜来獾——张炜2010海外演讲录》,作家出版社2011年4月版,第40页。

第二节　文化印痕

一

一方土地的精神品格，是与它的历史文化积累与影响分不开的。张炜的故乡，是一片有着悠久历史、厚重文明的土地。

科学研究证明，在遥远的远古时代，山东半岛与辽东半岛是连为一体的，中间并没有一个宽宽的海峡相隔。后来这个地方发生了沧海桑田的变化，半岛之间相连部分断裂下陷，形成了山东半岛与辽东半岛遥相对望的地理格局。这个海峡，张炜在一些作品中称之为"老铁海峡"，这个称谓可能与对面大连的老铁山有关。

这是一片具有悠久人类文明的土地。适宜的温带季风气候，良好的土壤地质条件，丰沛发达的河流水系，滋养了这块土地上茂盛的植被和难以计数的动物，也为人类的生存繁衍创造了条件。早在新石器时代这里便有先民生息，并且留下了许多文化遗存，形成了从北辛文化、大汶口文化、龙山文化到岳石文化的完整文化谱系。在此后漫长的历史过程中，这里又逐渐形成了莱夷部落和后来的莱国；与之相邻的西部地区，则形成了齐部落和后来的齐国。

新石器时代的山东半岛，是东夷族居住的地区。那时的山东人也被称为东夷人。在中国历史上，东夷文化是长期被认为落后于中原文化的。"夷"字本身就有一点蔑视的意思。后来的考古发现表明，东夷地区在冶炼、制陶、纺织等方面，都足以代表当时中国的最高水准，被鄙夷的看法才得到改变。其中的东夷莱人，也被称为莱夷人，他们是山东半岛的土著民族，也是东夷族的重要支族。他们立国很早，大约在商代晚期就建立了莱国；西周初期莱国已经成为山东半岛东部的一个大国，其强盛的国力甚至一度超过了齐国和鲁国。也正因为它的经济、文化、军事比较发达，所以很受周王朝倚重，是周王朝东征、南伐的主要力量之一。不过，在进入春秋中期以后，与莱国相邻的齐国日益强大起来，并且不断东扩，在公元前 567 年吞并了莱国。

莱国的灭亡是一件令人惋惜的事情，但也促进了两个地区各个方面的交流与融合。莱国丰富的海洋、矿产、森林资源成为齐国的物质宝库；莱国发达的海洋经济和先进的航海、冶铜、冶铁、纺织业,也成为齐国经济的重要组成部分,为齐国的强盛奠定了雄厚的基础。同时,莱夷地区的海洋和山地文化以及独特的方仙道文化,渐渐成为齐文化的重要组成部分;齐国稷下学宫、稷下先生自由奔放的文化思想,也蔓延、浸染了莱夷之地。这种新的莱夷文化形态的形成,具有强大而持久的生命力,历经两千多年的漫长岁月,依然生生不息。①

二

莱夷文化对张炜的影响是巨大而深刻的,也是他重要的文化基因。一方面,他对莱夷人的生存史、奋斗史、发展史有着精深的研究,对这片土地上诞生的一些著名历史人物如淳于髡、淳于越等情有独钟,一直把他们作为莱夷人的优秀代表来礼赞。他塑造的许多小说人物都是莱夷人的后代,有些干脆就以"淳于"命名,如《能不忆蜀葵》中的淳于阳立,《你在高原》中的淳于云嘉、淳于黎丽,《艾约堡秘史》中的淳于宝册,等等。《你在高原》中的主人公宁伽虽然不姓"淳于",但他自认为与"淳于"是同属一个血统的。

另一方面,他对这个地区的方仙道文化也表现出了浓厚的兴趣。这种文化不仅在胶东半岛,就是在整个中国也是非常独特的。它的形成,据说与这一地区特殊的地理环境有关:"东莱地区三面环海,日月似从大海中跃出,茫茫的大海时而风平浪静,时而奔腾咆哮,周而复始地退潮涨潮,都给东莱地区的先民带来了无限多的神秘感,特别是那神秘莫测、时常出现的海市蜃楼,恍兮惚兮,似有若无,明灭变幻,虚无缥缈,更是激发了东莱先民那无限的遐思和丰富的想象,随之产生了有着区域特色、超然浪漫、富有想象力的东莱地区方仙道文化。"②秦汉时期,这种文化对秦始皇、汉武帝都曾产生过强烈的吸引。秦始皇三巡芝罘,汉武帝八临东莱,在宣示他们文治武功的同时,都没有忘记拜神仙、寻仙药,以求长生不老。汉武帝"罢黜百家,独尊儒术"之后,虽然儒家文化占据正统,"百花齐放,百家争鸣"的局面再未出现,但方仙道文化却在民间深深扎根,形成了这一地区独特的文化风貌。

张炜认为,方仙道文化是包括东莱地区的齐地文化的独特内涵,杰出的民间

---

① 参见范庆梅主编:《山东区域文化通览·烟台文化通览》,山东人民出版社2012年5月版,第49—81页。

② 范庆梅主编:《山东区域文化通览·烟台文化通览》,山东人民出版社2012年5月版,第82页。

文学大师蒲松龄出现在这里不是偶然的,他笔下那些活灵活现的花妖鬼狐,看似荒诞不经,其实在胶东半岛民间无不为人所知。张炜说:"对于蒲松龄,我个人的阅读感受是:他在那个地方生活了很久,对动物传说早已耳濡目染;或者他个人就经历过类似于小说所描写的那些情节、那些过程,所以才会那么满怀深情地、逼真地转述给我们听。他个人非常相信这些故事,相信狐狸有异能。"①这种独特的民间文化形态,与他从小就热爱自然、情通万物的情感是一致的。

不过,作为一个有高度理性的作家,张炜并没有因此走入神秘主义的樊篱,沉溺、迷恋其中不能自拔。这集中体现在他对秦代莱夷地区的著名方士徐福和徐福文化的研究上。

据司马迁《史记》记载,秦始皇统一六国之后,极其渴望长生不老。于是齐人徐福等上书,说东部大海中有蓬莱、方丈、瀛洲三座神山,上面居住着仙人,可去求得仙药。秦始皇闻听大悦,让他带领数千童男童女以及五谷百工等乘船入海求仙,但徐福进入了一片"平原广泽"后,就一去不返了。据说,今天龙口境内徐福镇(原名乡城镇)一带的徐乡城遗址就是徐氏族居的地方,是徐福的故乡。有论者认为,张炜的长篇小说《柏慧》中的"士乡城遗址"、《你在高原》中的"思琳城",就是指徐乡城遗址。《你在高原》中的"藏徐镇",则是以徐福镇为依据塑造出来的。② 张炜也曾写道:"胶东半岛一带的人,大约有多半从小就听闻了徐市(福)传说。""从古黄县一些村落地名看也颇有启示。'登瀛村',这不是个轻易可以诌出的名字;'士乡城''徐乡县''徐乡城',都是历史上的真实名字,它们都与徐市(福)东渡有关。徐市(福)以采药为名带走的'士'可谓多矣,'士乡城'则是他们的集结地。而据《齐乘》记载,以'徐乡'命名的县和乡,都是因为徐市(福)求仙名声大噪而得。"③

张炜在徐福研究方面做了大量工作,也取得了不少成果。比如他"主持编写了多卷《徐福文化集成》《徐福辞典》,还在《你在高原·海客谈瀛洲》《瀛洲思絮录》《柏慧》《刺猬歌》《射鱼》《东巡》《造船》《孤竹与纪》等作品中反复演绎其人其事"④。但他并没有纯粹从文学的角度来研究徐福,而是在长期调查研究的基

① 张炜:《小说与动物——在香港浸会大学的演讲》,张炜:《午夜来獾——张炜 2010 海外演讲录》,作家出版社 2011 年 4 月版,第 16 页。

② 赵月斌:《张炜论》,作家出版社 2019 年 7 月版,第 54—55 页。

③ 张炜:《徐市在日本·正史与口碑》,《张炜文集》第 31 卷,漓江出版社 2019 年 10 月版,第 314—315 页。

④ 赵月斌:《张炜论》,作家出版社 2019 年 7 月版,第 33—34 页。

础上,与他的团队得出了一些比较科学、合理的结论:"秦代方士徐福(徐市)东渡,是中国历史上第一次大规模的海外文化交流。徐福率领着包括各种工匠在内的大批人员,给仍处于原始生活状态的朝鲜半岛南部和日本列岛带去了造船航海、铜铁冶炼、丝绸织染等先进技术,以及先进的耕作方式与文明的生活习俗等。徐福东渡不仅使朝鲜半岛南部和日本社会生产力的发展产生了质的飞跃,推动了当地各方面的文化进步,也拓展和繁荣了中韩日海上丝绸之路。"[1]

张炜认为,徐福不是一个喜欢装神弄鬼的方士,也不是一个利用秦始皇祈求长生不老的心理骗取其信任的人,而是在秦始皇暴政下竭力保存思想文化的"火种",并想方设法使之传至海外、永久流传的有理性、有智慧的知识分子。他明确指出:"徐市(福)是个大知识分子,……徐市(福)抵日,使日本在极短的时间内从石器时代一下跃入弥生时代。"[2]这种认识角度,是与张炜坚守的精神文化立场一致的。他对故土大地上的一切,不论是自然形态还是人文形态,都细心寻绎其中的文化因素,也找到了自己的精神资源。

三

当然,作为一个山东作家,张炜接受的主要还是以儒家文化为主体的齐鲁文化,这是由齐鲁大地特殊的文化成因和丰厚的文化积累决定的。

华夏文化的中心,长期在中原地区,但到了西周时期,却开始逐渐东移。这与周初周公旦平定纣王之子武庚反叛有关。当时武庚利用周王朝内部的矛盾,联合东方的奄国(今山东曲阜一带)、蒲姑(今山东博兴一带)等商的旧属国起兵反周,被周公打败。周公顺势灭了奄国和蒲姑,然后由周成王封周公长子伯禽做了鲁侯,都曲阜;封太公姜尚做了齐侯,都营丘(今山东临淄),齐、鲁两国在东方正式出现。这样就形成了以镐京、洛邑为中心的西部文化区和以曲阜、营丘为中心的东部文化区。后来,随着东部地区经济文化的迅速发展,待到镐京残破、东周定鼎洛邑之时,华夏文化的中心就渐渐移到了齐鲁大地上。

但当时的"齐文化""鲁文化"还是并行有别的。在长期的历史发展过程中,

---

① 张炜、祁山、赵月斌:《徐福与海上丝绸之路考辨》,张炜著:《徐福纪事》,山东教育出版社2018年8月版,第192页。

② 张炜:《徐市在日本·正史与口碑》,《张炜文集》第31卷,漓江出版社2019年10月版,第313页。

齐国形成了以务实、变革和开放精神为特征的齐文化,鲁国则形成了以儒家文化为代表的鲁文化。有论者指出:"在政治方面,齐文化尚霸道,鲁文化尚仁道;在经济方面,齐文化讲求农、工、渔、商共同发展,鲁文化讲求以农为本而抑商;在法律方面,齐文化重'刑政',鲁文化重'德政';在外交方面,齐文化主张力兴霸业、一匡天下,鲁文化主张弘扬王道、平治天下。"①后来,两地文化在相互交流中互相影响、渗透,最终形成了以"崇德尚仁""士志于道"为特征的先秦齐鲁文化。就两种文化的抗衡较量来看,是"齐文化以它政治、经济上的优势征服了鲁文化,而鲁文化以它在思想、道德上的优势更多地征服了齐文化。所以整合后的'齐鲁文化'在意识形态方面更多地带有鲁文化精神"②。这是符合历史事实的,也是一个山东作家最为重要的文化基因。

秦始皇扫荡六国之后,为了统一思想、巩固政权,曾经试图用以法家文化为主体的秦文化来征服齐鲁大地。他先是禁止私学、焚毁书籍,进而坑杀儒生。当时受打击最大的方术之士和儒家知识分子,主要就是由齐鲁文人组成的,齐鲁文化因此遭受重创。徐福想方设法东渡,也就是在这个时候。因此,张炜认为徐福有保存文化"火种"之意是有道理的,至少在客观上起到了这样的作用。汉代吸取秦亡教训,开始重视齐鲁文化,并最终确立了儒家学说的独尊地位,开启了儒学从一种区域文化形态进入中华民族文化中心部位的新时代,齐鲁文化也就成了中华文化最坚固、最持久、最核心的一个部分。

张炜作为一个山东作家,齐鲁文化是他的生命底色和文化底色,但因生长于龙口海滨、莱夷故地,他的作品中又表现出浓郁的古齐文化、莱夷文化色彩,形成了他与其他山东作家既相同又不相同的独有特色。

第三节　家族记忆

一

一方土地的地理文化因素,对一个作家影响深远;他自身的家族血脉,同样也

---

①　魏建、贾振勇:《齐鲁文化与山东新文学》,湖南教育出版社1995年9月版,第17—18页。
②　魏建、贾振勇:《齐鲁文化与山东新文学》,湖南教育出版社1995年9月版,第18页。

是不可忽视的。了解他的家族情况,我们需从他的原籍说起。

张炜的原籍,是与龙口市相距不远的栖霞市。两市虽然境域相连,但地理环境大不相同。栖霞是烟台辖域内唯一一个不靠海的、典型的山区市,境内高山层叠、丘陵连绵,据说有大小山峰两千五百余座。其中,东部牙山和西部艾山两大山系构成了境内的地形脊背,此脊素有"胶东屋脊"之称。①

张炜的老家是艾山以西的苏家店乡潘家店村。这里地处栖霞西北部,距离栖霞县城二十多公里,与龙口市西南部接壤。他们村东也有一座山,山尖"形如蚕蔟",故名蚕山。这座山孤峰拔起,峰上垒峰,当地有"蚕山戴帽,大雨来到"的说法。② 张炜后来曾到这里游走、访察,认识了当地的一位战斗英雄,看到了一座很大的烈士陵园。他和朋友还在山顶上找到了一种叫"脆骨石"的发青发白的石头。朋友告诉他,当年挨饿的时候,他们就上山找过这种石头吃。这座家乡的高山,曾多次出现在他的作品中,并在长篇小说《你在高原》中被他改成了"砧山"。这应该是张炜对家乡的想象和怀恋。我们还可看到,张炜虽然不是出生在这里,但他一直把自己看作栖霞人,而把龙口看作出生地。这是由中国人深厚强大的家族观念决定的。

不过,这个地方也只能称作张炜的原籍,或者称作他父亲的故乡。因为早在张炜出生之前,父亲就因逃避战乱离开了这里。他先是得到一位在青岛的本家叔叔资助,在那里经商,后来则多在东北的沈阳、大连等地从事商贸活动,并来往于东北和龙口小城、龙口港之间。他在龙口小城认识了张炜外祖父一家人,并与张炜母亲结婚,住在位于龙口小城里的外祖父诊所的大院里。

张炜的外祖父,是龙口小城里的一位名医,在那里开了一个不小的诊所。他年轻时也曾到东北的沈阳、哈尔滨等地谋生,并在那里学了医,其中一位老师还是荷兰人;后来到龙口小城安顿下来,在那里行医。他是一个虔诚的基督徒,还热衷于饲养各种动物,并渴望将来能在小城里办个动物园。据说他饲养过的动物很多,甚至有羚羊、龟和大蟒。他又是一个接受了新思想洗礼的、充满热情的爱国者,这让他非常注重孩子的培养。

这里不能不提到黄县的一个著名人物徐镜心,也就是长篇小说《独药师》中徐竟的原型。辛亥革命时期,作为黄县籍的"革命巨子",他是最早与孙中山交往

---

① 参见山东省栖霞县志编纂委员会编:《栖霞县志》,山东人民出版社1990年10月版,第3页。
② 参见山东省栖霞县志编纂委员会编:《栖霞县志》,山东人民出版社1990年10月版,第91页。

的山东同志之一,曾任中国同盟会北方支部支部长兼山东分会主盟人,当时就有"南黄(兴)北徐"之称。民国后曾担任国民党山东支部理事长,因反对袁世凯独裁专制被杀害。又有"南宋(教仁)北徐"之称。我们现在虽然不能确定张炜的外祖父与徐镜心是否有过联系,但他对徐镜心应该是熟悉并敬慕的。他后来将女儿也就是张炜的母亲送入学校学习,那所学校的前身就是徐镜心在1906年左右创建的一所女校。那应该是当年徐镜心在自家油坊里创建的坤元女校,后来屡毁屡建,校址不断迁移,校名也时有变化,但徐镜心创立的教育根脉还是得到了长久的延续。抗战初期,张炜的外祖父因支持和组织抗日活动,为抗日队伍搞武器、药品等,遭到一股不明身份的土匪伏击,壮烈牺牲。他虽然不是一个严格意义上的"革命者",但他身上的"革命性"却是十分鲜明的。

张炜虽然没有见过外祖父,也没有直接得到过他的教诲,但大人们讲述的外祖父的事迹却给他留下了难忘的记忆。他听大人说,"有一次他骑着马外出,回来的路上遇到了伏击,那是一次暗杀。结果只有他的大马回家了,它进门后就用头去磕打木台阶,家里人觉得非常怪,一摸马背上有血……外祖母和母亲跟着马出门,后来发现外祖父倒在一条路旁。这件事情让我永远不忘。"①张炜告诉我们,小时候大人经常对他和他姨家的孩子说:"你们长大后能成为像你姥爷那样的人就行了。"

张炜在1976年写于栖霞、1982年改于济南的短篇小说《石榴》中的那个"外祖父"形象,或许就有一点他的外祖父的影子。在这篇作品中,他把"外祖父"塑造成了一个扮作商人的革命者;他还写到了一座港口小城,写到了"外祖父"与港长的复杂关系、"外祖父"与"姥娘"的相爱与结合、"外祖父"的失踪和被杀,具备了后来长篇小说《你在高原》之一《家族》中"曲府"故事的雏形。长篇巨著《你在高原》1988年开始动笔,历时二十二年得以完成,实际上它的构思从很早就开始萌芽了。

1979年,他还在烟台写下了短篇小说《老斑鸠》,通过小说人物"外祖母"的讲述,记下了另一个人物"外祖父"的经历:"你外祖父也是个有钱人,可他就是个好人……那年镇上过好队伍,也过坏队伍,他给好队伍治病,坏队伍恨他,就把他杀了,还烧了他半个诊所……"②这些文学虚构与想象,自然不能与现实混淆,但其

① 张炜、朱又可:《行者的迷宫(全新修订版)》,商务印书馆2018年9月版,第51页。
② 张炜:《老斑鸠》,《张炜文集》第24卷,漓江出版社2019年10月版,第259页。

中大概也有些真实印记吧。

作为一个小城名医之家的成员,张炜的外祖母、母亲、父亲和姐姐都能读书识字,他们对张炜童年时代的阅读产生过重要影响。这可能是外祖父给张炜留下的一笔最为重要的文化遗产,尤其是外祖母,堪称张炜的启蒙老师。这个家庭,应该是与张炜父亲在栖霞乡下的老家有所不同的。那个家庭,可能是一个山乡农民家庭,而这个家庭是一个比较典型的城市知识分子家庭。虽然后来因为世事变迁,这个家庭命运多舛,男主人遭到暗杀,其他成员被迫离开龙口小城到海边丛林寻找生路,但他们的文化血脉却没有因此中断。张炜说,当年他们被迫离城而去时,外祖母还不忘带上一箱书。可见其深厚的文化传统和良好的家风传承。

这一点对张炜的成长十分重要。这个在海边丛林里长大的孩子,自小生活在一个孤独寂寞、受人歧视的环境中,之所以没有长成一个性格顽劣、桀骜不驯的"野孩子",或者一个自卑自怨、自暴自弃的"多余人",与他外祖父一家的家庭文化传统和良好文化教养,与他的家人对他的教育熏陶有着极大的关系。一个人的精神养成,在很大程度上是来源于血脉、来源于书本的。

在中国当代作家中,张炜堪称一个"大阅读者",他所读过的古今中外经典不计其数。这种阅读习惯的养成,显然也来自他的童年、他的家庭。就 20 世纪 50 年代出生的那批作家来说,童年时代就有这样的阅读机会和阅读经历的,是比较少的。这样的家庭氛围、阅读经历,加上他的海边丛林生活,以及弥漫于半岛地区的方仙道文化的浸染,构成了张炜独特的童年,也奠定了他一生的文学基础和情感倾向。

2020 年 3 月,在全球"新冠"疫情肆虐期间,我们与远在加拿大的文学评论家、张炜当年的忘年文友赵鹤翔先生跨洋讨论张炜的文学创作,他谈到了 20 世纪 80 年代初在龙口见到张炜父母时的印象:父亲一米八以上的个头,沉默寡言;母亲慈眉善目,谈吐清丽淡雅。赵鹤翔先生记得,母亲一边说着张炜小时候读书的事,一边还从窗台下和床底下拖出两个纸板箱子,里面装满了张炜用钢笔写下的手稿,字迹密密麻麻。赵鹤翔先生说,20 世纪 80 年代末他再去龙口时,张炜的父亲已经去世。张炜母亲 2019 年 8 月辞世,享年一百零三岁。在跨越一个多世纪的漫长岁月里,这个当年"谈吐清丽淡雅"的老人,不知经历了多少人间风雨。她能培养出张炜这样一个作家,应该也是含笑无悔的。

二

20 世纪三四十年代,是一段风云变幻、动荡不安的特殊岁月。在那样一个时代,张炜的外祖父和父亲两家人都经历了难以预料的生离死别、颠沛流离之苦。父亲后来与母亲走到一起,算是获得了暂时的安稳。但随着外祖父被暗杀,诊所大院也就渐渐冷落下来。他们一家在龙口小城难以立足,就委托外祖父的一位故旧在海边买了一块荒地,举家迁往那里。

他们一家迁入海边丛林的时间,是 1948 年或 1949 年,是张炜出生前七八年的事情。当时的情况应当是相当严峻的,他们最后落脚的海滨丛林,实际上就是一片荒野。林海茫茫,荒草丛生,野兽出没,无助孤单,但也只有这里才可以让他们获得短暂的休养生息。他们就在这片荒原林子里扎下根来,依靠外祖父故旧事先搭建的几间小泥屋,暂且遮风避雨;植树种果,开荒种地,艰难生存。他们是这片林子里唯一的人家。

但这种状况并没有持续多久,因为随后就建起了国营园艺场,他们一家辛苦栽植的小果园被划入了园艺场中,成了它的一个小小的角落。父亲在动荡岁月里蒙冤受难,被迫前往南山水利工地,一家人失去了主要的劳动力;小果园被吞并,又失去了基本的生产和生活资料。外祖母、母亲和姐姐,孤儿寡母,艰难度日。更加让人窘迫的是,被占去了小果园的一家人,却不能成为这个园艺场的一分子。母亲只被安排了一个园艺场临时工,一般一周才能回家一次,家里只剩下外祖母照看家庭和孩子。

那个南山水利工地,就是从 20 世纪 50 年代开始兴建的烟台王屋山区大型水利综合工程,包括修建王屋水库和修路、开渠、钻打山洞等各项配套项目。整个工程一直延续到了 20 世纪 70 年代末,才告结束。

这就是张炜出生前的基本家庭状况。这样一家人的处境是多么艰难:他们早已被迫离开城市,失去了城市居民的资格;辛辛苦苦建起的小果园被强占,却没有被赋予相应的园艺场工人身份;因为住处不靠近哪一个村庄,也不是一般意义上的农民。他们落入了时代的缝隙之中。

张炜后来回忆:"我一睁眼就是这样的环境:到处是树、野兽,是荒原一片,大海,只很少看到人。父亲长年在南部山区的水利工地,母亲去园艺场打工。我的大多数时间与外祖母在一起。满头白发的外祖母领着我在林子里,或者我一个人跑开,去林子的某个角落。我就这样长大,直到上学。"①这是一个在时代缝隙里长大的孩子独有的生活轨迹。

三

这种模糊身份,必然影响到一个孩子的心态,让他产生一种不踏实、不稳定的漂泊感,一种孤独感和疏离感。随着张炜一点点长大,他会慢慢知道自己家庭的与众不同,知道因为父亲给家庭带来的痛苦和麻烦,并因之产生一种牢固的童年经验,深藏于心,影响终生。

于是,他只能在紧张的人际关系之外寻找一种新的心理平衡,那就是在外祖母、母亲和姐姐那里获得知识与温暖,在自然万物之中寻找理解和同情。因为他除了自然和书本,几乎没有多少可以畅所欲言的朋友,他得到更多的是冷眼、歧视、蛮横和霸道。在他后来的文学作品中,表现出的对温暖、美好情感的热情赞颂和强烈渴望,与自然万物的情同手足、互爱交融,以及对人间丑恶的强烈义愤、绝不宽容,都与他的童年生活经历不无关系。他甚至认为,动物比人更可靠、更容易亲近,自然世界比人类世界更让人轻松愉快。

张炜后来曾经写出了一些被认为是自然文学、生态文学甚至环保文学的作品,我们结合他的童年生活经历就会知道,这样理解显然失之浅显了。因为这对他来说并非有意为之,而是一种从小就形成的情感倾向。张炜曾说:"'自然生态环保文学'这个概念,我几乎没有想过。因为文学在我这里就是文学,它们不会从题材上区分得这么清楚。作家关心的主要是人性,是生命中激越的诗意。是社会的不公平,苦难和爱情,是这些。"②

他对自己的童年经历,也没有什么抱怨和不满,甚至还从中发现了一些难得的好处。后来,他在回顾总结了诸多中外作家痛苦的童年生活经历后,充满感慨地写道:"有一些孩子的确是比较沉默的,是旁观者。对普通人而言,一般来说这未必是好事,他会有心理障碍,交流不畅,融入社会的能力很差,甚至变为人生的大忌。但是在作家这里就未必如此,有时候非但不是大忌,还有可能是一个不可

① 张炜、赵月斌:《张炜访谈:茂长的大陆和精神的高原》,赵月斌:《张炜论》,作家出版社2019年7月版,第283页。

② 张炜:《时间里的神秘蕴含——答香港〈读书好〉》,张炜:《午夜来獾——张炜2010海外演讲录》,作家出版社2011年4月版,第253页。

替代的长处。他不得不用很大的力气去克服一些心理上的障碍,转化自己的'弱项',于是在这个过程中就变成了一个思考者、察省者,甚至是未来的宣讲者。作家在童年拥有的特殊视角,真的会影响一生。他早早将自己置于对集体的审视位置,保持一种疏离的关系,找到了暗自舒展自我的机会,也获得了更多判断和比较的机会。作家有时处于边缘地带是一件幸事,因为超脱与距离,对他来说很重要,旁观者的身份,也具有深长的意味。"①在这方面,他也是有切身感受的。

张炜甚至认为,这种"疏离感"对于一个作家来说是非常必要的,"即使有人小时候过得热闹,好像得意、顺心和幸福,但不久之后也会补上'疏离'这一课"。他借苏东坡和陀思妥耶夫斯基的例子,说明"如果没有这样的视角的切换,他们对社会与人生的很多问题都难以看得更加清晰。许多时候作家需要是一个热情的参与者,但更多的时候也还需要是一个冷静的旁观者。热烈与参与是一度的,退离和冷寂则是长期的。这是作家工作的特质,也是心灵的特质"。②

看来,一个人的童年是幸还是不幸,得看他将来会成为一个什么样的人。对于张炜来说,他的童年是不幸的;但对于一个作家来说,这样的童年又是幸运的。

四

张炜一家辗转来到海边林子里时,栖霞老家还有他的叔父和别的一些亲人。在他出生之前,叔父曾经来过这片林子,来过他们家。这是后来外祖母告诉他的。"那时她说有一个大果园,一角上有三五棵梨树和桃树被流沙埋住了,就由我从山里来的年轻的叔父用筐子将它们一点点提走,解放出一棵棵的果树来。后来又淤塞了,叔父又从南山赶来,再一次把它们提走……那是怎样的一种精神。"③

那时,他的父亲不在家,叔父就抽空赶来帮忙干些重体力活了。叔父到这里要翻过横亘在龙口和栖霞之间的高山,要走很长的路,但不论多高的山、多长的路,都割断不了血脉和亲情的联系。他虽然没有见过叔父年轻时的样子,但从外祖母的口气里,他听出了感激和敬佩之情。后来张炜在中篇小说《黄沙》里塑造了一个"坷垃叔",一张口便是"它们淤满了,我就把它们再提走。我使的是土筐,

---

① 张炜:《童年——文学的八个关键词之一》,载于《天涯》2020年第3期,第7—8页。
② 参见张炜:《童年——文学的八个关键词之一》,载于《天涯》2020年第3期,第9—10页。
③ 张炜:《文学讨论会(济南,1985年11月,〈黄沙〉讨论会)》,张炜:《周末对话》,江苏文艺出版社1991年12月版,第260页。

一筐一筐把它们提走了……"①。这里面可能就有一点叔父的影子。

张炜长大以后,因为社会环境和生活所迫,被父母送到栖霞老家投奔叔父。但在海边丛林中长大的张炜,很难适应那里的生活,在叔父家没待多久就离开了,开始了在胶东半岛上的游荡生活。张炜对栖霞老家的记忆是模糊的,但因是祖根所在,又一直无法忘怀。

在张炜的寓所里,有一幅大大的彩照。照片近前是水湾、大树和丛生的灌木,后面是天空,是满天彩霞。彩霞倒映在一湾碧水之上,上下天光,异彩纷呈。中间是凸起的一座金字塔形的高山,峰顶又再凸起,的确有点蚕茧的样子。这便是张炜老家的蚕山。张炜非常喜欢这张照片,经常要向造访的朋友介绍一番。他内心深处那种"祖根"意识,应该是持久、强大的。我们看看一些关于他的介绍,也常常写着"山东栖霞人,生于龙口"。老家栖霞,后来也与父亲劳动的龙口南部山区连为一体,构成了他文学作品中"南山叙事"的主要地理空间。

第四节　林中岁月

一

让我们再回到那片林子之中吧,回到那片位于龙口西北部、濒临大海的荒原丛林,回到张炜童年和少年时代成长的地方。茂密的林子自生自长,长期保持了自然、原始的风貌。林子里树种很多很杂,最多最大的是橡树和白杨树,还有洋槐、合欢、柳树、榆树、椿树、桃树、梨树,等等,靠近大海则是无边无际的松林。这是一个树的世界、草的世界、花的世界,也是一个动物的世界,地上跑的,树上爬的,天上飞的,无所不有。这片林子,这片林中的那个小果园,小果园里的那个小院,是张炜儿时的天地。

2018年3月,张炜曾经给我们手绘过一幅"少年时代环境还原图",来描绘他的故家和林野的状况:在一片小果园里,是一个树木围绕的院落,院落东南侧有一个木栅栏院门。院落里面,是几间北屋和东屋,呈拐尺状;屋子西北不远,是一座

---

① 张炜:《黄沙》,《张炜文集》第22卷,漓江出版社2019年10月版,第1页。

破败的小泥屋。院落周围是小果园。小果园东北紧连着国营园艺场,小果园就是那个园艺场的一角;西南方向,是龙口林场。这个小小院落,就处在国营园艺场和龙口林场之间的一片莽莽丛林之中。

从这幅图中我们可以看到,一条水渠从小院东侧向北流去,穿过小果园和小院东北的国营园艺场,一直流向大海。这条水渠给这片林子带来了无限生机,也给他留下了长久的回忆:"我们屋子的东边,有一条水渠,它日夜哗哗流淌,奔向大海;渠底游鱼,清晰可辨。青苔、水藻,长年不断。藻下有螺,渠岸上一排排洋槐树临水解渴,所以就越长越茂,夏天繁花似锦。"①张炜是一个善写林中万物、写河写海的作家,这大概是他童年见到的第一条河。

院落的北面、西面、南面和东南面,张炜用笔标出,是茂密的林子和林子里的水泊。树高林茂,幽深莫测,水泊就像里面明亮的眼睛。许多年后,他曾写下过这样动情的文字:"这片林子即便在白天进入也昏暗如阴,真正是遮天蔽日啊。橡树、山楂在杨树之间油黑坚硬。可爱的橡实结在树上,引诱我们去攀援摘取。记得我们曾经把它误认为板栗,放在火里烧烤。成熟的橡实在沙地茅草间滚动,让我们愉快地捡拾一个秋天。我们耳旁至今还响着风吹树林的呜呜声,响着林场工人的呼叫,响着姑娘们的亮笑。"②

随着张炜的画笔继续往北,那里的林子变得稀疏了,渐渐变成了起伏连绵的沙岗。不用说,那儿已经离海不远了。张炜说,那诱人的大海离他家大概有五里半路,但大人是不允许小孩子过早地接触大海的。他第一次见到海,是在五岁的时候。五岁之前他几次想去看海,都因路途遥远曲折而没能如愿。童年和少年时代,对于这片沙岭,他也曾有过许多神秘的想象:"这片林场的北面就是连绵无边的沙岭,上面长满了无人管理的杂树;这片杂树间有无数新奇的玩意儿,好像里面有一万种野果子也说不准。这片灌木林杂生着一株株乔木,似乎是更有诱惑力的去处。我们在林子里迷路,那是常事。至于藏在林子里的稀奇古怪的故事就数不胜数了。在那里面什么事情都可能发生。如果说从沙岭的丛林间走出一位仙女或者天上的老人,或者是一只会飞的猪,都不算奇怪。"③

在这幅图中,张炜还特意标出了位于龙口林场中的一个小村——西岚子。这是离他们家最近的一个村子,但也要穿过长长的林中小路才能走到。这是一个由

---

① 张炜:《葡萄园畅谈录》,作家出版社1996年2月版,第176页。
② 张炜:《葡萄园畅谈录》,作家出版社1996年2月版,第174—175页。
③ 张炜:《葡萄园畅谈录》,作家出版社1996年2月版,第175页。

外地流浪人组成的小村，只有二十来户，人员大多来自遥远的滕县(今滕州市)。他们与当地人并不是一个风俗，甚至口音都有很大不同，但对幼时的张炜来说，西岚子却是一个神奇、美好的存在。因为他们家当年来到丛林时，也与流浪者无异，现在父亲常年不能回家，家里除了外祖母、母亲和姐姐，平时能够见到的只有那些偶尔路过的猎人、采药人和打鱼人，他太渴望看到外面的世界了。

张炜说："因为孤独，我常常穿过一片林子到小村里玩。""我最愉快的事情就是和小村里的孩子们一块儿捉鸟、捉迷藏。小村里的每一户人家我都熟悉——吃过他们的煎饼，喝过他们的水。"①多年之后，他还依然记得小村里面的许多故事：他们拿出因海边潮湿而发霉、长了绿毛的地瓜干来晾晒；一个叫张启祥的人，跋山涉水从滕县老家背回了一个摊煎饼的鏊子；当地人看不起小村人，将他们轻蔑地称为"鲹鲅"(一种剧毒海鱼。作者在《九月寓言》中的原注)，等等。这些，后来都被他写入了长篇小说《九月寓言》中，张启祥就是小说里"金祥"的原型。

这个小村和他们家那个小院，现在早已不复存在了，张炜对它们十分怀恋。他曾说："我小时候距离最近的那个小村，就是西岚子，现在没有了。那个地方后来采煤、建医院、建城区，完全是一片楼房了。有一次上海的朋友来这里，一定让我想办法找到过去生活的那片林子和房屋的位置。这很困难，全是楼房。我们在一所医院那儿找到了原来的位置，他照了很多照片。西岚子村，那一次我们也发现它已经变成了一个动物园，有猴子在里面跳，朋友也拍了照片。总之，一切都变了。"②这段记述，也印证了这片海边丛林的消失和变化。

二

如果对照张炜手绘的"少年时代环境还原图"，张炜家的茅屋应该就是那座拐尺形的屋子。在张炜的记忆中，它们就像海边农家那些常见的草房一样，是就地取材建成的，"石基泥墙"，上面"铺了厚厚的苫草和海草"。外祖母还告诉他，这座茅屋是一家人专门为了迎接他的出生而修建的，因为家里原来那座小泥屋实在太小了，不足以迎接一个"新人"的到来。③

联系张炜一家的生活经历，我们实在不能简单地看待这座"茅屋"和原来的

---

① 张炜、朱又可：《行者的迷宫(全新修订版)》，商务印书馆 2018 年 9 月版，第 5 页。
② 张炜、朱又可：《行者的迷宫(全新修订版)》，商务印书馆 2018 年 9 月版，第 72 页。
③ 参见张炜：《我的原野盛宴》，人民文学出版社 2020 年 1 月版，第 3—4 页。

"小泥屋"。对于一个被迫迁居于此、艰难求生的家庭来说，它们不仅是一个寒陋的居所，更是他们与命运抗争的"掩体"和"堡垒"，是他们的生之希望。只要一息尚存，就要坚定地活下去，并且活出生命的尊严和质量，大概就是这座寒塞茅屋中的人的内心所念。一处简陋的居所，正是一家人自强、自尊、自重、自爱的象征。

张炜的童年就在这里开始了。林子里的孩子不会过于娇惯，也不可能过于娇惯。就像所有的孩子一样，他很快就度过了自己的襁褓期、摇篮期，可以在小院子里蹒跚学步，慢慢地开始自由奔跑了。但外祖母的管束非常严格，不允许他自己迈出小院的那道木栅栏门，因为外面可能隐藏了危险；也不允许他独自进入茅屋后面那个半塌的小泥屋，因为担心泥屋年久失修，会突然倒塌。可是，孩子天性不受约束，他多么渴望能够走得远一点、再远一点，每天都能看到新奇的东西。

好在茅屋旁边有一棵大李子树，可以让张炜与比他小两岁的弟弟爬上爬下、尽情玩耍。张炜后来回忆，那棵大李子树"就在我们房子后面，偏右一点，下面是一口甘甜的、永不枯竭的水井。大树分开几个巨杈，树干需要数人才能合抱过来"，"记得比我们的房子高多了。我回忆小时候的环境，马上就会想起它，它代表了童年的全部烂漫、向往、迷茫和未知，总之一切都包容在那棵树里"。①

张炜记得，每年春天繁花盛开的时候，整个大李子树就像一座"花山"，一岭一岭的花，顶得上一大片李子林。更为重要的是，这棵大李子树比外祖母的年纪还要大，是全家的"护佑神"。外祖母告诉他，当年他们一家人流落城外时，一直往东走，终于走到了这片海边丛林。可是究竟在哪里落脚才好呢？他们看到了这棵大李子树，就再也不想走了。母亲告诉他，因为有这棵大树的保护，一家人遇到的所有难事都挺过来了。父亲也说，只要这棵大李子树在，我们什么都不怕。②

这棵大李子树，后来在张炜的倾心描摹下，成了这个小院和外祖母的象征。它最早出现在张炜 1979 年写下的短篇小说《老斑鸠》中。1988 年 5 月，他又在诗歌《大李子树》中将这棵树与"外祖母"的形象融合在了一起："外祖母和一棵树/今生不再分离/一个完美世界/两个伟大灵魂//她们越来越多地/相依共处/一对慈祥老人/携扶成群儿孙//头顶闪烁春阳/银发缀满花瓣/旷野上/印满她们的目光。"这一时期，是张炜离开家乡多年之后，回到龙口挂职市政府副市长之时。重回故乡，无数的童年记忆接踵而来，作家展开丰富的联想和想象，写下了像《满地

---

① 张炜、朱又可：《行者的迷宫（全新修订版）》，商务印书馆 2018 年 9 月版，第 53—54 页。
② 张炜：《我的原野盛宴》，人民文学出版社 2020 年 1 月版，第 198—199 页。

落叶》《荒原》《远行之嘱》《三想》《问母亲》《我的老椿树》等许多小说作品,在这些作品中都有这棵大李子树。

张炜说,这棵树后来也被无情地砍伐了,因为那里要盖楼房、工厂。树被砍伐之后,他曾在那个残留的大树墩面前停留了很久,心情恶劣到了极点。他后来每想起此事,都会产生一种极其愤怒的情绪。因为那棵树完全可以移栽,因为大自然要培养这样一棵大树,不知要费多少工夫,这不是三年四年的事情,也不是十年八年的事情。可是根本就没有人顾及和考虑这些。他在短篇小说《问母亲》中,不仅根据真实记忆写到了这棵树,而且还从"居所的东南西北四个方向如实记录了林子",他希望"在将来的一天有人会恢复它"。虽然他知道这可能是个"永久的梦想",但他从未放弃做梦的机会。①

直到 2010 年 5 月,张炜在香港接受采访时还说:"在我心中,走遍大地,也仍然找不到比童年生活的那个自然环境更美的地方了。我的这个意识很固执,以至于我常常觉得自己有一半多的使命就是为了讲述它,它的所有故事。我甚至想,在未来的一天,如果人们厌烦了现在的建设——这一天总会有的——就会按照我书中对那个环境原貌的记录,去重新恢复那片原野。"②

三

张炜认为,在古今中外的作家中有一个有趣的"外祖母现象"。许多作家的童年都是与外祖母一起度过的,或者深受其影响,比如普希金、高尔基、鲁迅等;有些作家虽然不是跟随外祖母,比如马尔克斯跟随外祖父,杜甫跟随姑姑,韩愈跟随嫂子,但他们也都扮演了"外祖母"的角色。这是很有道理的。

人们常讲"严父慈母",这对后代的成长至关重要,起到了一种相互补充的作用。因为严厉的父亲更多地体现了人的社会性,体现了"规矩";慈爱的母亲则更多地体现了人的自然属性,体现了人性中最纯粹、最温暖、最无私的爱。对一个作家来说,后者可能更为重要。而就一个人在家庭中所扮演的角色来看,外祖母是母亲的母亲,是母性之根,她集中体现了人世间所有的慈爱、温暖与美好。"外祖母现象",对一个作家的养成起到了非常重要的作用。

___

① 参见张炜:《匆促的长旅》,张炜:《风姿绰约的年代》,昆仑出版社 2005 年 1 月版,第 332 页。

② 张炜:《时间里的神秘蕴含——答香港〈读书好〉》,张炜:《午夜来獾——张炜 2010 海外演讲录》,作家出版社 2011 年 4 月版,第 256—257 页。

　　更为重要的是,外祖母无一不是讲故事的高手。张炜认为:"这可能与她的身份、角度、母性的深度和渊源有关。无论他们知识教养怎样,是否有阅读的习惯,一律都能讲出别致的故事,并有深刻的感染力。这些故事内容不同、讲述方式不同,但总能对外孙形成强烈的吸引力和引领力,从小培养起诉说和倾听的习惯。"①所以,一位作家从小跟在外祖母身边,一生都会带上这段生活的印记,他的心灵可能会变得更柔软一点,他的文字、讲述的口吻和态度,都会受到影响。

　　张炜曾说:"一个写作的人回忆与外祖母一起度过的时光,往往是非常美好的,有那么多值得依赖的宝贵情感。外祖母用生动的语言、柔软的心地、无比的慈爱,去弥补一个孩子因为离开父母而经历的孤单无助和难过郁闷,无论是精神上还是物质上,都在有意无意地为孤独的外孙做很多事情。这对一个处于不幸状态下的孩子而言,是巨大的援助,所以让孩子印象深刻。"②"我深深受益于我的外祖母。有这种感受的人不仅仅是我,许多人也都如此。即使有人不从事写作,对外祖母的依恋之情也会异常深厚,且具有别一种色彩。所以在胶莱河以东的半岛地区,人们总是强调童年对姥姥家的深刻记忆,说起那里听到的故事和吃到的东西,而较少说到奶奶。大家知道,阡陌小路纵横交织,曲折漫长,哪怕要拐许多弯才能走到姥姥家,小孩子却是走不错的,再远、再细小的路径都能找到。外祖母未必比奶奶更溺爱孩子,但在外祖母和外孙关系之中锻造出来的奇特的血缘关系、人和人之间的关系,或许就是人类学的奥秘了。"③

　　这是我们在阅读张炜过程中,需要特别注意的一个方面。读懂外祖母,就像读懂他笔下的小茅屋、大李子树一样重要。在张炜心里,这些都是故乡的标志、情感的皈依,是他的创作生命的无尽动能和力量源泉。

四

　　随着张炜的慢慢长大,奔跑的脚步已经无法遏制,因为院子外面到底藏了多少秘密和宝藏,是他急于见识和知道的。更何况,那些偶尔路过的采药人、猎人、打鱼人和地质勘探队员,在喝口水、歇歇脚、抽袋烟的工夫,又给他带来了许多令他难以想象的趣闻逸事,尤其是那些地质队员,更让他感到新奇。他们常年工作、

---

①　张炜:《童年——文学的八个关键词之一》,载于《天涯》2020年第3期,第11页。
②　张炜:《童年——文学的八个关键词之一》,载于《天涯》2020年第3期,第20页。
③　张炜:《童年——文学的八个关键词之一》,载于《天涯》2020年第3期,第20页。

生活在野外,戴着太阳帽和黑眼镜;他们从来不住在老乡家里,走到哪里都是木板一铺、帆布一扯,就成了一个神秘的帐篷。他们的服装、口音也与当地人不同,一个个就像天外来客。他们讲述的故事,则超越了这片丛林,超越了这个孩子的想象,飞向了林子以外的神奇、阔大世界。

就这样,张炜脑子里装下的东西越来越多,对外面世界的渴望也越来越强烈。他渴望看到他们讲述的怪鸟、从未见过的四蹄动物,吃到那些野果,喝到清洌的甘泉。他尤其渴望品尝一个采药人讲述的林中野宴:"几棵大白杨树下有一个老大的树墩,上面铺了白杨叶儿,叶儿上搁了一个个大螺壳儿、木片、柳条小篮、树皮,全盛上了最好的吃物,什么花红果儿、煮花生、栗子、核桃、炸鱼和烧肉、冒白汽的大馒头,还有一壶老酒……"①采药人告诉他,这是林子里的精灵要请客,因为有一年他救了一只断了后腿的老兔子,现在老兔子成了精,要报答他了。

再也没有什么能挡住张炜的脚步了。他把外祖母的所有告诫都抛之脑后,悄悄地越过了小泥屋,越过了泥屋北面那几棵黑苍苍的大橡树——那是外祖母给他划定的活动边界。他不断往北走,走进了密林深处。他认识了柳树、枫树、合欢树和野草莓,与喜鹊、黄鼬、野兔、刺猬、老鹰、柳莺、七星瓢虫和一种钻在白沙里的小虫"蚁蛳"成了好友。有时候,他在这个神奇的林子里会混淆了现实和幻觉,觉得自己变成了那个采药人,并且遇到了精灵,饱餐了一顿林中野宴。他相信这个无边的林子里无所不有,什么神奇的事情都会发生。

这种林中生活和生动想象,给张炜幼小的心灵灌输了一种"万物有灵"的思想,并且与他后来接触到的方仙道文化一起,影响了他的思想情感和文学创作。他相信外祖母给他讲过的狐狸与猎人的故事是真的,做坏事一定会有恶报;相信小时候遇到的一次"蛇懵"也是真的,而不像老师所说是因恐惧而产生的错觉;他也相信黄鼬附身的传说,相信一个叫"老李花鱼儿"的人与狐狸精的故事。后来,他把这些传说和故事都写进了自己的文学作品之中。他认为:"人在茫茫自然界里,在大千世界里,需要了解的东西实在太多了,有很多诡谲、诡秘还需要人类去发现。我们没有能力去理解的事物,不见得它就不存在。"②所以他不认为《聊斋志异》中的故事都是编出来的,也不认为那是蒲松龄为了"刺贪刺虐"而写成的,因为那些都是完全有可能真实发生的。

---

① 张炜:《我的原野盛宴》,人民文学出版社 2020 年 1 月版,第 5 页。

② 张炜、朱又可:《行者的迷宫(全新修订版)》,商务印书馆 2018 年 9 月版,第 179 页。

这种万物有灵的思想,不仅激发了张炜的文学想象、滋养了张炜的浪漫情怀,也增强了他的道德观念和爱憎意识,因为这些故事不仅奇幻、神秘,也有很浓的教育和训诫意味。张炜觉得,这片林子里一定会有一个能力超凡的小动物在做我们的知己,我们做什么事情它都会看到。张炜说:"我离开了林子以后,这个幻想偶尔还要出现——直到长大了的时候,还会觉得所做的一切事情,暗中都有那么一双眼睛在看着——这双眼睛不一定是神的眼睛,但同样是超自然力的。从小受到的童话式的教育和熏陶,真的会起到长远的作用。"①

不仅是动物,就是那些植物他也觉得都有自己的眼睛、感觉、印象和记忆,都会记住人间的美好与丑恶、欢乐与痛苦。张炜坚定地认为:"所有植物都有一颗心灵,它们比人更执拗也更正直。它们会长久地保留起自己的情感,以待有机会倾诉出来。它们善恶分明,有着经久不变的道德观。我们的一举一动都在它们的注视之下,所以我们真的应该谨慎。我们应该好好地约束自己。"②

五

作为一个 1956 年出生的中国作家,张炜经历过新中国成立后物质极度匮乏的时期,经历过 20 世纪 60 年代初期的大灾难、大饥荒,经历过人们长期填不饱肚子的年代。但与同时代的作家相比,他对"饥饿"的描写要少一些,程度也相对浅一些。这与他当时年龄尚小、记忆不深有关,更与他童年、少年时代在林子里生活有很大关系。这片海滨丛林地处平原、海边,比贫瘠的南山有着更多的生存优势,地里出产,林中所有,加上海中所获,他们可吃的东西是比较多的。这是大自然的无私馈赠,也是对这个不幸家庭的些微补偿吧。

这片林子里可吃的东西,是那些林子外边的人怎么也想不到的;小孩子又总是贪吃,味蕾留下的记忆可能比眼睛还要深刻、长久。张炜后来回忆:"我们房子四周是品种齐全的茂密高大的果树。有各种各样的杏树——你知道杏树分好多好多品种;有一种桃杏,味似红薯,杏皮上满是绒毛,红扑扑宛如少女脸颊;还有一种杏子小巧玲珑,洁白如雪,近乎透明,咬一口甘甜如蜜。还有一种'血桃',咬一口红汁四溅,鲜气荡漾。这种桃树叶片乌黑发亮,枝冠茂密,最适宜攀缘游戏捉迷

---

① 张炜、朱又可:《行者的迷宫(全新修订版)》,商务印书馆 2018 年 9 月版,第 181 页。
② 张炜:《植物的印象》,《张炜文集》第 27 卷,漓江出版社 2019 年 10 月版,第 205 页。

藏。我们记得家里老人为了引诱我们多吃这种桃子,就说'闭着眼睛,看谁嘴巴张得更大'。我们张大了嘴巴,她就将一枚桃子塞入我们口中……"①

为了储存食物,父亲从南山回来时还专门在茅屋后面挖了一个地窖。地窖又深又大,踏着台阶下去,里面又隔成几个隔间,可以分放不同的东西;墙上也挂满了吃物。地窖里冬暖夏凉,一年四季都可贮藏。秋天里,大小坛罐都装得满满的,这样在白雪封门的隆冬,他们也能享用到肉和鱼了。张炜回忆:"冬天是闷头大吃的日子,所以我在这个季节里总是最胖。妈妈从园艺场回来,隔着棉衣捏捏我,每一次都非常满意。她给爸爸写信,念给我们听,上面有一句让人忘不了的话:'孩子就像小猪。'"②

是海边丛林帮助了他们一家,至少是减少了过度的饥饿之苦。后来,我们曾与张炜谈及此事,他既赞同我们的看法,也表示家里的食物并没有想象的那么丰富。因为童年回忆总有一种"美颜"功能,实际情况要比回忆差得多。他还记得在园艺场做工的母亲将剩下的一块窝头带回家中,让他很长时间都觉得香味无穷;父亲从南山水利工地回来后,到海边拉网时带回的一小捆刀鱼,也是令他记忆深刻的美味。他的姐姐还告诉他,当时家里困难的时候,曾经煮过一种海水卷上来的海菜,那种菜实在是难以下咽。所以,他记忆中小时候食物"丰盈"是相对的,只是较少挨饿而已。

张炜还记得小时候外祖母给他弟弟"包水饺"的一件往事:"那时的'水饺'怎么做?我看到外祖母用一个箩,把玉米面和地瓜面筛到托盘上,再把萝卜丝和野菜做成的小团子放在上面,均匀地晃动,让菜团子沾上薄薄的一层;然后把水烧开,像下水饺那样把它们放进去。"就是这样一种粗劣"水饺",也让他顾不得烫,伸手就抓。可是,他被外祖母拦住了,因为那是给弟弟吃的。知道自己不该与弟弟抢食的张炜,羞愧地对外祖母说:"我不是吃,我是要看一看;我不过是想替弟弟拿一会儿……"这句话,外祖母许多年后还在向他重述。③ 这也说明,那时候他们家的生活是很窘迫的,照顾小孩的"美味"也不过如此。

但从总体上看,张炜对饥饿的记忆并不是特别深刻。他记得小时候到海边,看到人家捕了那么多鱼;看到一个十几岁的孩子,用蚊帐布做一张网,到浅海里兜

①　张炜:《葡萄园畅谈录》,作家出版社1996年2月版,第174页。

②　张炜:《我的原野盛宴》,人民文学出版社2020年1月版,第103页。

③　参见张炜:《写作是一场远行——在香港三联书店的演讲》,张炜:《午夜来獾——张炜2010海外演讲录》,作家出版社2011年4月版,第119页。

一圈也能逮到一堆鱼；还看到海边有浪涌上来的各种各样的海鲜、大量的海菜。他甚至不明白海边的人为什么会饿死。后来他从老人们口中才知道："用今天的眼光去看，这些食物是容易获得的；可是当年大家都饿坏了，都四处找吃的东西，想吃树叶，树叶早就捋光了，连树皮也剥尽了；想到水里去捉鱼，那时的人饿得连走路的力气都没有了，看到鱼也抓不上来；再说搜寻食物的人那么多……人已经饿得没有生存能力了，这就形成了恶性循环，越没有糊口的东西，就越是没有力气去获取它。为了抢一堆萝卜，有的村子之间竟然开了枪。"[1]这些饥饿的回忆，大多来自间接的讲述，而不是亲身的体验。

这份童年记忆，也对他的文学创作产生了重要影响。张炜曾说："压抑和屈辱引起的后果既长远又严重，但它们是千差万别的。如果创伤关乎自尊、精神，那么这个人会变得格外敏感，而且刚健顽韧；如果是物质方面的，比如说贫困，食物匮乏，甚至到了难以为继的乞讨地步，毫无尊严可言，或许会让他变得卑微，并且很容易在物质的诱惑下显出自己的软弱。小时候物质的煎熬很难让其忘记，后来即便变得富有也不会轻视钱财，往往过分倚重甚至贪求。反之童年时期没有物质艰困的人，财富欲望会较为稀淡，有时身无分文也并不觉得自己是一个穷人。"[2]在张炜那里，遭受的压抑、屈辱显然比物质贫困要多得多，这在后面我们将会谈到。

也许正是因为这样，张炜的文学作品虽然也有生活苦难的书写，但他显然是把心灵和精神苦难看得比生活苦难更重。这不是偶然的，也不是无缘无故的，这与他的童年生活经历有着极大的关系。

六

日子每天都在流逝，生活每天都在继续，随着张炜的慢慢长大，他的疑惑也在增多。他最疑惑的是长年见不到父亲，一个孩子怎能没有父亲呢？母亲和外祖母告诉他父亲在南山里打石头、开山洞，可是父亲为什么老不回家呢？

严寒的冬天来了，外出的时间少了。待在茅屋里的张炜，就更加想念自己的父亲了。"冬天是想念爸爸的日子。我从外祖母和妈妈的话中想象着大山，晚上梦见一个男人光着膀子，不停地抡锤，眉毛和头发上落满了石粉。我把梦境告诉

---

① 张炜：《写作是一场远行——在香港三联书店的演讲》，张炜：《午夜来獾——张炜2010海外演讲录》，作家出版社2011年4月版，第120页。

② 张炜：《童年——文学的八个关键词之一》，载于《天涯》2020年第3期，第13页。

外祖母,她叹一声:'野物还要冬眠,他们还不如野物。'她最担心的是爸爸没有充足的吃物,却要对付铁一样的石头。""妈妈有一年往山里送了一些腊肠,这是她和外祖母亲手做的。回来时妈妈说:'人太多了,他们每人分了拇指那么大,他不能一个人吃。'她说山里的冬天干冷,男人们就不停地抡锤打钎,用这个方法取暖。我问:'爸爸什么时候才能回来?'妈妈说:'那得等一座山打穿了时。'"①

此时的张炜,还不知道父亲为什么要到那座遥远的大山里劳动,也不知道父亲去大山之前是干什么的。他问外祖母,外祖母语焉不详,只是说:"他到处走,从一座城市到另一座城市。他一辈子走的路太长了。"②于是他常常爬到高高的树上,往南遥望,他能看到远处的树和村子,在天晴的时候还能看到一道山影。他确信父亲就在那里,没白没黑地用一把大锤对付铁硬的石头。

这些童年记忆,也都深深地烙印在了张炜的心头,影响到了他此后在文学作品中塑造的"父亲"形象:一个既模糊又清晰、既熟悉又陌生的形象。他要用自己长长的文字,揭开"父亲"的秘密,还原真实,还给一个人应有的尊严。当然,在他文学作品中的那个"父亲",已经超越了生活中的具体人物,已经成为这片多灾多难的土地的象征,一个在任何风霜刀剑下都永不屈服的"男子汉"的象征。这是显而易见的。

张炜认为,一个作家一生都在写两封长信,一封是写给母亲的,一封是写给父亲的。写给母亲的温柔、内敛;写给父亲的则充满了男子汉的粗音,是只有成人的声带才能发出的。张炜说:"这声音足以证明自己。在这逞强和反抗的意味中,有时很难分得清针对父亲本人,还是他所代表的那个社会。"③

在张炜早期的文学作品中,写了大量的女性形象,他也被称为一个善写女性的作家。但越到后来,他作品中父亲的形象、男子汉的形象就越突出。联系张炜的童年生活经历,我们完全可以理解这个变化过程——这是一个从母性的温柔、美好向"男人的歌唱"的变化过程。

七

林中岁月,对张炜的影响是深远的。他与那些寻常家庭里长大的孩子,慢慢

---

①　张炜:《我的原野盛宴》,人民文学出版社 2020 年 1 月版,第 103—104 页。

②　张炜:《我的原野盛宴》,人民文学出版社 2020 年 1 月版,第 57 页。

③　张炜:《童年——文学的八个关键词之一》,载于《天涯》2020 年第 3 期,第 14 页。

显示出了很多不同:他的世界无限阔大又无比狭小,他有无数欢乐又有无边寂寞,他有很多问题无法找到答案、很多秘密没法对人诉说。他孤独、悲伤、落寞,快乐、自由、奔放;他既生活在现实环境中,又生活在想象的世界里,有时候想象远远大于现实。

敏感、好奇、疑惑,温暖、美丽、痛苦,装满了这个小小的脑瓜。这是生活的赐予,还是命运的不公?不论是赐予还是不公,都将化成生命的根基和永久的珍存。张炜说:"人生是由多个侧面组成的。一个人总有不悦、消沉、绝望和痛苦。即便在童年,也有欺凌和压迫。谁能一直欢笑地走完童年?有人欢笑多一些,有人哭泣多一些。每个人都是幸运和不幸的。所以只能说:童年并不轻松,但却让人一生缅怀,是人生的根基。"①

张炜还曾说过:"作家的童年时代对其一生的成长与书写都是极重要的。就人生来说,童年生活是一个开端,也是不可替代的一个重要阶段。虽然童年经历只是人生很少的一部分,但它是记忆的一个'老巢',各种各样的生活都从那里开始,都堆积在那里。那时的记忆尤其新鲜,所以也最难忘记。""童年经历会深深地影响一个人,在很大程度上决定他的现在和未来。"②"我的全部作品都在写小时候生活过的地方,写林子和海之类。后来写了闹市甚至国外,也是由于有了对林子与海的情感。它们在情感上支持我,让我成为一个能够永远写作的人。"③

---

① 张炜:《周末对话》,《张炜文集》第 34 卷,漓江出版社 2019 年 10 月版,第 249 页。
② 张炜:《童年——文学的八个关键词之一》,载于《天涯》2020 年第 3 期,第 4 页。
③ 张炜:《对世界的感情》,《张炜文集》第 38 卷,漓江出版社 2019 年 10 月版,第 14 页。

第二章　从少年到青年

第一节　"灯影"时光

一

　　"灯影",是一个古怪的名字。它是一个在林子东南方向、离张炜家十多里的小村庄。这是除西岚子之外,离张炜家较近的一个村子。在张炜的印象里,它比西岚子要大很多,也更繁华。他说:"灯影在我童年的眼里差不多是人间的一座城郭。那里有过多的喧哗和热闹,这一切在当时的我看来简直有些吓人。而今天看它当年不过是一个非常简陋的小村,村民以林业农耕为主,多少捕一点鱼。"①离村不远,有一所学校,叫灯影史家学校。取名灯影史家学校,是因为村里姓史的人比较多。

　　这个村名的由来,是因为当年四周都是林野、水泊,晚上远远看去只有几点"灯影"闪闪烁烁。现在看,这个村名倒蛮有诗意,也有几分神秘色彩。今天,它虽与西岚子一样早已消失,却因张炜的作品而成了一个永远令人回味和神往的地方。

　　1964 年 8 月,八岁的张炜进入这所学校读小学。这是他离开家庭庇护走向外面世界的开端。

　　张炜对上学应该是兴奋和期待的,而不是像有些孩子那样充满恐惧,因为学校里有很多小朋友,可以尽情玩耍,也因为他已经识了不少字、读了一些书,上学对他来说不会有太大的难度。这得感谢他的外祖母、母亲和姐姐,她们都是他的启蒙老师;也得感谢外祖母离城时带出的那只大樟木箱,那是张炜童年的"宝库"。在他很小的时候,外祖母就把其中最薄的、画了图的小书给他看。他还看到里面有很多老旧的书,有的是硬壳的,封皮上有金闪闪的字;有的则软极了,是用粗线订起来的。他当时还不知道,那就是人们所说的精装书和线装书。父亲每次从南山水利工地回来,虽然只能在家里待短短几天时间,也会打开外祖母那个宝

---

　　① 　张炜:《我跋涉的莽野——我的文学与故地的关系》,张炜:《游走:从少年到青年》,广西师范大学出版社 2012 年 8 月版,第 142 页。

贝木箱,翻弄那几本书。

因为读了书、识了字,他就开始到处涂鸦,将已经会写的字写在了瓦片上、台阶上、树叶上、手背上、脚上、镰刀上和桌子上,甚至将一个"火"字写在了外祖母用来做饭的铲子上。他由做饭的铲子联想到了"火",脑子里肯定有一连串的东西想要表达出来,只不过那时候还写不出完整的句子。不过,他机灵顽皮、聪明可爱,既给一家人带来了快乐,也让一家人充满了期待。

二

上学的日子很快就到了。他被外祖母和母亲送进了灯影史家学校。因为这里离家较远,他一个星期才能回家一次。外祖母早就为这一天做好了准备,给他烙好了地瓜饼,带好了各种食物,收拾好了行李。上学这天,她还找出一根扁担,把所有的东西都捆好、拴到一块儿,把它们挑进了学校。一个八岁的孩子,就这样开始了半独立的生活。

一进学校,张炜还是稍稍有些失落感的,因为这儿有一道高高的围墙,还有一个大门,要登上许多石头台阶才能进门。钟声一响,大门就要关得严严的,他再也不能随便到那片林子里自由奔跑了。他想念那些已成好友的动物和植物,想念那些采药人、猎人和打鱼人,尤其是那些神奇的地质队员。不过,这种失落很快就被学习生活代替了,他的长处也很快显现出来。因为他不仅是全班识字最多的一个,而且书包里除了课本还有两本小画书,这在当时是很容易引起同学的关注的。他也很快引起了一个长辫子女老师注意,并且受到了很多鼓励。

他的短处也显而易见,因为他从小在林子里长大,身边只有外祖母、母亲和姐姐,没有多少伙伴玩耍,养成了腼腆、拘谨、内向的性格。他在班级和学校的集体生活中,在和同学们的相处中,就有些不合群和落寞。他不习惯在很多人面前说话,课堂上朗读和回答问题的声音也很小。老师以为他紧张、害怕,实际上这是他的性格所致。他一时无法自由自在地融入那个热闹的集体中。

在他回家时,外祖母看出了他的不快,就用家里曾经养过的一只离群孤雁来启发他,告诉他那只孤雁虽然在他们家度过了一个冬天,但当春天到来的时候,还是要跟着群雁飞往北方的。长辫子老师对他也格外关心,经常询问他的一些情况,指导他的学习,给他留下了终生难忘的印象。他的早期短篇小说《他的琴》中塑造的那个校长的女儿卢玲子,可能就有长辫子老师的影子。很多年之后,他又在《你在高原》之四《鹿眼》中塑造了一个园艺场子弟小学"音乐老师"的形象,将所有的温暖和美丽都赋予了她,寄予了他最为深厚的情感。同时,他还在《你在高原》中塑造了小学教师肖潇和淳于黎丽,这些都或多或少藏有他小学生活的记忆。

尽管如此,这种学习和生活环境,还是让张炜变得更加内向多思,并且影响长远,后来也没有多少改变。张炜曾说:"随着年龄的增长,我接受的一个越来越大的刺激,就是人,特别是成群的人对我的刺激。许多的人一下出现在我的眼前我的世界里,不能不说是惊喜中又有些大惊慌。我从小形成的一个习惯,一个见解,这时候都受到了冲击。我习惯的是无人的寂静,是更天然的生活,是这种生活对我的要求。只有从学校回到林子里,才能恢复以前的生活和以往的经验,但这要等到假期。童年的经验是顽固而强大的,有时甚至是不可改变的。这就决定了我一生里的许多时候都在别人的世界里,都在与我不习惯的世界相处。当然,我的苦恼和多少有别于过去的喜悦,也都缘此而生。""说起来让人不信,我记得直长到二十多岁,只要有人大声喊叫一句,我心上还是要产生突然的、条件反射般的惶恐。直到现在,我在人多的地方待久了,还常常要头疼欲裂。后来我慢慢克服,努力到现在。但是说到底内心的东西是无法克服的。"①

这种性格特点,对一个普通人来说可能是一种缺陷,但对一个从事精神创造的作家来说又是非常重要的。内向、多思,让他的作品更丰富、更深厚、更有一种触动人心的力量;也让他在各种各样的文学和社会政治思潮面前踏实沉稳,坚定地拒绝"大言"和"尖声",不断地发出自己看似微弱实则镇定、坚韧的声音。

三

谁也没有想到的是,这个在老师和同学们眼里很"害羞"的孩子,在造句和作文时竟然表现出了出奇的"大胆"。那些"大胆"的文句,也在当时概念化、公式化的语文课堂上,成了绝对的"另类"。

有一次,老师让大家用"就像……一样""如果……就会"造句,张炜竟写下了这样的句子:"我的笔重重地画在纸上:'渔铺老人的胡须,就像海豹的胡须一样。'看了看,觉得还有许多话没有说完,就加了一句:'第一次下海的人,就像狗

---

① 张炜:《我跋涉的莽野——我的文学与故地的关系》,张炜:《游走:从少年到青年》,广西师范大学出版社 2012 年 8 月版,第 142—143 页。

掉进水里一样。'另一个造句:'如果……就会'。我简直想也不想就写出:'如果鱼汤喝得太多,就会吃很少的玉米饼。'其实我心里有许多句子,于是同样多写了一条:'如果见了老妖婆害怕,就会惹她生气。'"①

老师在课堂上读了他的造句,同学们笑得前仰后合。老师问他为什么会造出这样的句子,他说是亲眼看到和想到的。老师说这样造句不能算错,但不能成为"范句"。张炜觉得有些委屈,他不明白为什么那些编造出来的句子才是"范句",而这些从现实和内心得到的却不是。

开始作文了,老师让大家写一个人或一件事。这对张炜来说太简单了,因为他脑子里装的故事实在太多了。他"文思泉涌",写了一件林子里的事情:一个年轻猎人去闯老林子,结果被一只大脸鸟狠狠打了一耳光,把嘴巴打歪了。后来虽然看了医生,还是有点歪,看上去像啄木鸟的嘴似的。他的作文很快写完了,看同学们还在苦思冥想,老师就让他再写一篇。他又写了一篇大雁的故事:一个冬天,他们家救助了一只落单的大雁,他很快和它成了好朋友。但是春天到来了,大雁随着雁群离开了他们。他伤心地哭了。夜晚,他做了一个梦,梦见飞走的大雁又在一个夜晚悄悄地飞了回来。他伏在大雁背上飞了起来,一直往北,飞过了大海,飞到了一个开满桃花的岛上……

老师开始讲评同学们的作文。他发现全班有二十多个同学写了自己是如何帮助老大爷老大娘的。他知道那些"好人好事"都是编造出来的,而他写的故事都是亲眼所见、心中所想,或者是听外祖母讲述的。但他的作文,也像他的造句不能成为"范句"一样,不能成为"范文"。"范句""范文"是什么?就是违背现实和自己的内心编造出来的那些东西吗?张炜想不通。但即使想不通,他也不会那样去写。因为他知道,要是那样去写的话,他就不是一个外祖母和母亲所期望的诚实的人了。

著名作家刘玉堂先生在世时,曾跟我们多次谈起张炜。他说张炜的文学之路起点甚高,他一开始就是按照文学规律、艺术思维来创作的。玉堂先生也自谦地说,他自己一开始则是按照当时流行的观念来写的,是图解政治、图解政策,后来才慢慢靠近了文学。我们相信玉堂先生的眼光和真诚。当然,此时的小学生张炜还不懂什么文学规律、艺术思维,他只是怀着一颗真诚的心去造句、作文的。他不能欺骗老师,也不能欺骗自己,更不能欺骗外祖母和母亲。那时的张炜,虽然离一

---

① 张炜:《我的原野盛宴》,人民文学出版社 2020 年 1 月版,第 229 页。

个作家还十分遥远,但那种美好、可贵的潜质却是值得我们珍视的。

四

我们知道,张炜的阅读开始得很早。但在上学之前,他还处于读图识字阶段,还谈不上真正的文学阅读。进入灯影史家学校之后,随着识字越来越多,随着开始造句和作文,那些图画书就不能满足他的需要了。他想读更多的书,甚至设想将来如果离开外祖母和母亲、离开茅屋,就要在一条河边住下,亲手搭建一座小屋。他设想小屋里除了必需的生活用品,还要有很多纸,有他的最大的宝贝——书。他要看懂所有的书,明白那些写书人的心事;他还要写下自己的心情和故事。他在心里悄悄地把这个地方命名为"追梦小屋"。①

这样,外祖母木箱里的那些书就成了他最痴迷的东西,虽然他还读不懂,甚至连字也认不全,却实实在在地迷恋上了它们。张炜曾经告诉我们,他后来在长篇小说《远河远山》中塑造的那个无比迷恋纸、迷恋写作的少年,就有他自己的影子。那可真是迷恋到了无以复加的程度。的确,一个人对一样东西、一件事情的迷恋,大概是无法用理性思维去条分缕析的。这应该就是古人所说的"痴迷"状态吧。一个人因"迷"而"痴",看起来有些怪异,实际上是十分正常的。

那个时候张炜在家中,最喜欢的是夜晚,特别是漫长的冬夜。因为外祖母和母亲有晚上读书的习惯,在大雪封地不能出门的冬夜,外祖母就点起火盆,把一张小桌搬到炕上,和母亲、姐姐一起"熬冬"。炕是"火炕","它由一种薄片状的土坯——当地人叫'墼'——垒起来,比现在的双人床要高大得多,内部是空的,可以点上柴火——沿墙壁有一个烟道通连,烟气从屋顶冒出去。'火炕'是全家的中心,在冬天尤其是。它像一个很大的暖气包一样烘暖了全家,安度整个冬天"。"数九寒天一家人都在'火炕'上,聊天、吃饭、娱乐,所谓的熬冬。有文化的人家还要在'火炕'上摆一个小桌,研墨画画,画梅兰竹,写字。那样的岁月真是透着别样的温情,让人怀念。"②

她们有人描花有人读书。听书,成了张炜当时最大的乐趣。除了听书,他也想尽一切办法找书来读。张炜回忆:"有些书是竖排繁体的,拿到手里也读不懂。

① 张炜:《我的原野盛宴》,人民文学出版社 2020 年 1 月版,第 247—254 页。
② 张炜:《心史与人的坚持——在香港作家联会的演讲》,张炜:《午夜来獾——张炜 2010 海外演讲录》,作家出版社 2011 年 4 月版,第 170 页。

但强烈的好奇心还是吸引着我,让我磕磕绊绊地一路读下去。记得那些翻译作品和古典文学,就是在这样的情形之下吞食的。"①也许正是这些有趣的书籍,让他开始了最初的模仿,写出了那些"出格"的文字。张炜曾说:"我们家躲进林子的时候带来了许多书。寂寞无人的环境加上书,可以想象,人就容易爱上文学这一类事情了。我大概从很小的时候起就能写点什么,我写的主要内容是两方面的,一是内心的幻想,二是林中的万物。"②

长辫子老师很快发现,酷爱阅读的张炜对课本的兴趣日渐减弱,几乎发展到了一个"危险的境地",这可不是好现象。她对张炜说要学好课本,张炜也知道老师说得对,但阅读的吸引力实在太大了,他更无法拒绝。他总是匆匆地完成作业,然后去读别的东西。张炜回忆:"我的心思全用在搜集各种各样的书上了,薄薄厚厚新新旧旧,只要是书就好。从小画书到线装书,无论能不能读懂,只要见到就紧紧地搂在手中不放。那些散发着一股霉味的繁体字老书让我舍不得,它有一半或更多一些字认得,剩下的就全靠去猜了。好在总能猜出一些意思来。"③

这个时候,老师的告诫已经不起多大作用了。他的最大苦恼是读得太快而书又太少。于是,他便从外祖母的木箱里偷出书来,与别人交换着看。有一次,他换到了一本窄窄的竖排线装书,里面有特别好看的插图:一个壮汉胳膊上满是黑毛,将一个穿长衫的人一拳打翻在地;一个又矮又胖的家伙单手举起一个大碾砣;一只老虎被一个老太婆抓住脖子拎起来。他还在换书过程中认识了一个外号"老书虫"的人,那人实际上只有三十岁左右,并不老,住在一个葡萄园里。"老书虫"有一个更大的书箱,整天在葡萄园里关起门来看书。张炜在那里看到了一本关于葡萄园的书,那书给他留下了终生难忘的印象。这也可能就是他"葡萄园"情结的最初源头。

张炜后来回忆:"这是一本薄薄的小书,也是外国人写的,当然是从'老书虫'那儿借来的,我一连看了三遍。这是关于一个淘气的孩子、他的叔父和朋友的故事。④ 最吸引我、让我目不转睛的是这样一些内容:淘气的孩子从小住在叔父家里,那儿有一个不大的葡萄园。孩子一点点长大,就帮叔父在园里干活。到了下

① 张炜:《游走:从少年到青年》,张炜:《游走:从少年到青年》,广西师范大学出版社2012年8月版,第6页。
② 张炜:《我跋涉的莽野——我的文学与故地的关系》,张炜:《游走:从少年到青年》,广西师范大学出版社2012年8月版,第142页。
③ 张炜:《我的原野盛宴》,人民文学出版社2020年1月版,第255页。
④ 原注:《我叫阿刺木》,美国作家萨洛扬著。

雨天或夜晚,他就在小屋里写书,写出了一叠又一叠纸,最终写成了这本有趣的小书。书中的故事太美妙太神奇了,而且我觉得他一点都没有骗人。"①

这本书他读了好几遍,因为他太熟悉葡萄园了,从小就在园里玩,吃了很多葡萄,也帮园里人干过活。他唯一没有做的,就是下雨天或夜晚趴在桌上写书了。读了这本书,他终于知道自己做梦都想干的那种事到底是什么了。

"葡萄园"对张炜后来的文学创作产生了重要影响。在他的创作历程中,有大量作品写到葡萄园,大量故事在葡萄园里发生,也有不少人物是在葡萄园里思索而得到的。他在中篇小说《秋天的思索》中塑造的那个青年"老得",被评论家雷达称作"葡萄园里的哈姆雷特";他的十卷本长篇巨著《你在高原》中,《我的田园》和《人的杂志》两部都主要写了葡萄园里的故事。

谁没有五彩缤纷的童年梦想? 张炜这时最大的梦想就是生活在一片葡萄园里,有一张桌子、一支笔和一沓纸,然后在那里看书、写书。我们从他后来几十年的生活和创作经历来看,他在任何时候都没有放弃这个梦想,他一直都生活在这个梦想之中。

我们从这段文字还可看到,他从小就受到外国文学作品的滋养,那里面的故事、语言、情节、结构,与当时流行的中国文学作品都是很不一样的;它们给一个孩子带来的新奇感和诱惑力也是不一样的。玉堂先生说张炜的文学起点较高,这与他一开始就阅读外国文学作品可能也不无关系。

五

可是,就在张炜沉浸在"葡萄园"的梦想中时,1966 年来到了,一个"史无前例"的时代来到了。这个偏僻的海边林野不可能得"风气"之先,但在一个高度集权的社会政治体系中,最高层的声音传播极其迅速,显示了其强大的"统一"意志和动员能力。对于十岁的张炜来说,他当然不清楚这场运动的政治目的和复杂内涵,也不会理解宁静的校园为什么一下子变得喧嚣热闹起来,到处红旗飘扬、壮歌激昂;他只是觉得在教室上课的时间越来越少,外出劳动的时间越来越多了。

在校园之外,让他记忆深刻的是今天看来已经十分怪诞的接"最新指示"。张炜回忆:"那时候传达'最新指示'不能过夜,大喇叭一喊、民兵一喊,所有的人

---

① 张炜:《我的原野盛宴》,人民文学出版社 2020 年 1 月版,第 263 页。

都得出去接。长长的队伍从一个村转到另一个村,欢呼、敲锣打鼓,去接'最新指示'。那时候我只有十岁左右,也跟着游行队伍走,从园艺场转到林场,再到四周的村子,一直走下去,谁也不知道'最新指示'在哪里。转了不知多远,跑一阵走一阵,浑身是汗,最终也不知道接到与否、接到了什么。"①

记得有一次终于接到了,是四个字:"不是小好。"尽管谁也不明白其中的意思,但并不妨碍人们的兴奋,凌晨起来,敲锣打鼓到处转。后来才知道那完整的一句话是:"形势大好,不是小好。"同样怪诞的还有吃饭前要做"首先",就是敬祝领袖万寿无疆,还要跳"忠字舞"。"最有'诗意'最'有趣'的,也许是赶路人的遭遇:人在路口上常常遇到一些闲来无事的老头老太太,他们会突然拦住你,大声喝问一句流行语,并且都是押韵的套话——他问上面一句,你必须答出下面一句,不然绝不放行。因为流行的套话更新极快,所以答不上来的时候居多,这时问话的老人就得意起来,盯住过路的人,琢磨该怎么折磨和捉弄他。"②

这时,席卷全国大中小学校园的是"学农""学工""学军"运动。灯影史家学校无"军"无"工"可学,"学农"就成了他们的一项重要内容。学校南边的一个村子,给学校划出了一片农田。校长亲自带领师生到田里干活,还请村里人来讲解各种栽培、播种知识。

除了"学农",他们还要"勤工俭学",种植和采集一些中草药,卖给附近的采购站。没想到的是,一向内向、腼腆的张炜这时又出了一回"风头"。这个从小在海边林子里长大、和采药人熟之又熟的孩子,向老师建议到海边林子里去采,因为那里有各种各样的药材。于是,一个长长的采药队伍出发了。可是大家面对满眼草木,却分不清哪是可用的药材,不光老师和同学,连校长也来向他请教了。张炜俨然成了这支采药队伍中的无冕之王。

除了学农和采药,一些学习会、报告会也多起来,主要是请一些人来讲过去的苦难和打仗的事,是"忆苦会"和故事会。这是孩子们最着迷的时候。大家排起队伍,唱着歌走向操场,每次都像去参加一个盛大的节日。忆苦总是那么凄惨,故事总是那么悲壮,他们常常一边哭一边听,半天下来,眼睛都是红肿的。他回家向外祖母转述那些英雄的事迹,说一个战士特别勇敢,一个人消灭了十二个敌人,又

---

① 张炜:《写作是一场远行——在香港三联书店的演讲》,张炜:《午夜来獾——张炜 2010 海外演讲录》,作家出版社 2011 年 4 月版,第 121 页。

② 张炜:《写作是一场远行——在香港三联书店的演讲》,张炜:《午夜来獾——张炜 2010 海外演讲录》,作家出版社 2011 年 4 月版,第 122 页。

俘虏了一百个,然后身受重伤,牺牲了。外祖母听了什么也没说,只是嘱咐他好好睡觉。

与此同时,学校还兴起了背诵。这对一个孩子来说实在有点难,而且指定的篇目又那么多,那些篇目里的句子又那么别扭、拗口。张炜怎么也背不下来。长辫子老师说,这是他平时看课外杂书太多,脑子变得不能"专注"了。于是他就拼命地背,上课背,下课也背;在学校里背,回到家里还背。有时候,嘴唇甚至会不自觉地蠕动起来,要是外祖母不给他捏住,就会动个不停。

这时发生的一件最令张炜高兴的事,是他的作文虽然很多人不认可,却得到了校长的肯定和鼓励。大家都这样议论他:"这个人啊,一天到晚不说话,也许害羞,也许古怪,反正不怎么和大家说笑;这个人来自林子深处,认识许多动物和植物,别看平时闷声不响的,每到作文的时候就会写出一些大胆的话、一些很怪的人和事,大概想故意吓别人一跳。"①校长则说:"很好的! 很好的! 啊啊,这样发展下去的话,会有更大进步。不必同一种写法,不必。你读了很多书,很多。啊,是的,是的!"②张炜记得,有一次他看到教室门口一棵苹果树上的果子不断丢失,就写了一篇文章,题目是《从一棵苹果树看我们的责任心》,校长看了十分赞赏,还推荐给老师和同学们看。这让他兴奋了好一阵子。③ 这个校长,后来成了他一个非常重要的文学知音,给了他许多令他意想不到的帮助。

六

这个时期,张炜从小就特别崇拜的那些地质队员,也更多地走进了他的生活。他在许多年后依然清晰地记得与他们换书看的情形。那时候,有很多书都是那些地质队员给他看的。他还记得一个地质队员正在写一部长篇小说,名字叫《浪狂港静》,写在一个海港与特务斗争的故事;记得他们晚上组织晚会,用木板做舞台(那时农村里的舞台都是土垒的),一跺脚就砰砰响;看他们表演、放电影,感觉那"真是幸福华丽的生活"。④

---

① 张炜:《我的原野盛宴》,人民文学出版社 2020 年 1 月版,第 284—285 页。
② 张炜:《我的原野盛宴》,人民文学出版社 2020 年 1 月版,第 286—287 页。
③ 张炜:《童年三忆》,张炜:《游走:从少年到青年》,广西师范大学出版社 2012 年 8 月版,第 119 页。
④ 张炜、朱又可:《行者的迷宫(全新修订版)》,商务印书馆 2018 年 9 月版,第 70 页。

　　张炜后来回忆:"那时候觉得这个职业特别神奇、特别浪漫,对他们跋涉千山万水的辛苦考虑不多,只往有趣的方面想。这些人到处走,知道的事情特别多。我们缠着他们讲故事,也吃他们的东西,因为他们好吃的东西也多。作为交换,我们就带水果给他们。他们买来许多海产品,大口喝酒抽烟,我们也跟着学。这对于林子里的孤独少年来说,是非常具有吸引力的。所以我曾经铆着劲儿要做这样的工作,我后来的很多诗和散文、小说,都写了地质队员的生活。""我曾经特别地想考地质学院,当年想起来都睡不着觉,真是喜欢那个工作。我的理想是做一个地质队员,或者在葡萄园里工作,业余当一个写作者,写诗。那是多浪漫的事情。"①

　　这个神奇的职业深深地吸引了他,成了他终生的向往,也成了他后来重要的文学表达之一。他的长篇巨著《你在高原》,原来的副题就叫"一个地质工作者的手记",出版社认为这样有一定局限性,不如只叫"你在高原",可以给读者留下更大的想象空间。张炜说:"我同意了。不过,我在序言里还是说这是一部'地质工作者的手记'。我忘不了写作的初衷。"②

　　这部长篇的主人公宁伽毕业于一所地质学院,第一个工作单位是省城的地质研究所,后来他虽然离开了这个行当,但与帐篷、铁锤之类始终形影不离,随时都可以抬脚远行。在这部长篇中,张炜还生动地描述了胶东半岛地区的地质变迁史,以及那片土地上的山川河流、岩石土壤等,为我们构筑了一个既有现实依据、科学依据又有文学色彩的半岛地理世界,很像出自一个专业地质工作者之手。显然,张炜在现实中没能实现的梦想,让他通过他的小说人物实现了。

　　做一个"葡萄园"里的写作者;像一个地质队员那样,做一个大地上的"行吟诗人",这是张炜最初的文学梦想。

七

　　一个在海边丛林里长大的孩子,从小便听到了大海的潮汐,嗅到了海风的味道,充满了对海的渴望和梦想。但要真正走向大海,还得等他稍稍长大一点,等他有力量穿越那片丛林之后。因为大海离他们家毕竟有五里半的路程,而且大海对

---

① 张炜、朱又可:《行者的迷宫(全新修订版)》,商务印书馆 2018 年 9 月版,第 66—69 页。
② 张炜、朱又可:《行者的迷宫(全新修订版)》,商务印书馆 2018 年 9 月版,第 71 页。

一个孩子来说还是充满了危险的。

　　张炜记得,他五岁时第一次去看大海是由大人领着去的。之前,他的耳朵里已经灌满了大人们议论大海的声音,脑子里也装满了对神奇与神秘大海的向往。他永远也忘不了那时去看大海的感觉,以及大海对他写作的影响。张炜写道:"他们终于领上我们一起去看大海了。那种感觉没法言说。记得一路上不知穿过了多少树林,走过了多少草丛,小路弯弯看不到尽头。登上一个沙岗又一个沙岗,还是不见大海。大海对我有一种神秘的吸引力。而且这种吸引力一直存在着,有时甚至能明显地感觉到它的存在。后来生活的地方离大海越来越远了,但我描述大海的文字却从未间断。好像写作就是不断地从大海中汲取什么。即便不是写海的作品,也有海的影响在里边。那是一种闻所未闻的回响在震荡,永久地留在心灵之中。""大江、大河、大海,对于一个人的影响是太大了。这不仅仅是指那些文学中人。所谓'见世面',也指见过大水。"①

　　而他和小伙伴们自行结伴去看大海,则是在上学以后。因为这时他们都长大了,可以让大人们放心地放他们走得更远了。这也是张炜上学之后感到的一个好处,可以少受大人管束,做自己想做的事情了。张炜说:"上学有一万个不好,只有一个好,就是从今以后能做许多以前不允许做的事情。想想看,穿过长长的'赶牛道',穿过老林子,一路上会有多少稀奇事,最后就是看那个日思夜想的大海了!我夜里睡不着,常常想到大海,想它的模样,想那里发生的无数故事。那里有拉大网的人,喊号子的人,有成群的海鸥和帆船,有远处的海岛,有跳起来的大鱼。我特别想看看那些看鱼铺的老人,他们大概比看果园的老人更有意思,也更吓人。这些老人一辈子都和大海在一块儿,不知见过多少惊天动地的大事呢!我想着这些,心里烫烫的。"②

　　一个暑假来临了,他们跟着一个同学当"鱼把头"的父亲安排的人来到了大海边,看到了浅黄色的沙岸、与天空连成一片的无边的水,水中的帆影,沙岸上矮小的鱼铺,赤身裸体的拉大网的人。他们还在鱼铺中喝到了最棒的鱼汤,吃到了最好的玉米饼子。夜晚,他们就睡在鱼铺里。可是怎能睡得着呢,他们又趁着月色钻出了鱼铺。"大海静静的,月亮真亮。我们还没有走到那个锅灶跟前,就闻到了浓浓的鱼汤味。灶里有底火,汤还热,我们又喝起了鱼汤。"③

　　①　张炜:《葡萄园畅谈录》,作家出版社1996年2月版,第65页。
　　②　张炜:《我的原野盛宴》,人民文学出版社2020年1月版,第189—190页。
　　③　张炜:《我的原野盛宴》,人民文学出版社2020年1月版,第211页。

　　这一次,他们在海边整整待了七天。七天里,他们参与了拉网,喝饱了鱼汤,还听看鱼铺的老人讲了很多神奇的故事。这个假期实在太棒了,要不是那个"鱼把头"让一个回村的打鱼人顺便把他们"押送"回来,他们真想一直在海边待下去。

　　大海,成了张炜最神往的地方。于是,他又急切地盼望着下一个夏天的来临。当第二个暑假来临的时候,他们第二天就准备去海边了。他很快收拾好了一个大背囊,里面照例装了各种好东西,还比上一次多了两样:防虫膏和书。"身上涂了防虫膏躺在阴凉下看书,那是多棒的事。"①他们从茅屋出发,又一次穿过长长的"赶牛道",一直向北,向着大海奔去。鱼汤还是那么棒,看鱼铺的老头还是那么可爱。不过,这回他们有了一个更大的心愿,一致嚷着要去那个天晴时才可以看清的海上小岛,他们听说那岛上全是猫。他们一遍遍恳求那个外号叫"红胡子"的领头人,他终于答应了:让他们坐采螺船去,上午去,天黑前再把他们接回来。

　　这个小岛叫依岛,它三面环礁,只有南面是细白沙滩。离南岸不远有一座小屋,这座小屋就是猫的世界。他们的登岛惊动了那些猫,它们从窗户和敞着的门口呼呼蹿出,足有五六十只。在阳光下,所有的猫脸都闪着光亮,漂亮极了。

　　小岛东北方还有一个海蚀崖,上面大小洞子很多,有的大到能够钻进去。他们钻进了一个又深又长的大洞,一直往里走,直到伸手不见五指了才退回来。他想起了在一本书上看到的抓特务的故事,特务就藏在一个小岛上,最后被登岛的渔民抓获了。他想,如果有特务,应该会藏在这个大洞里。

　　在小岛的北部,在墨蓝色的大海边,他们还捡到了紫红的大海螺,海胆壳,拇指大的小螺,碧绿或通红的卵石,黑蓝花纹交织的海星,碗口大的大花贝;见到了一只黑黑的像小猪一样的小海豹……

　　可是,快乐的时光实在太短暂了,一转眼,"天色已晚,海水闪着一大片橘红,一条船的影子出现了。我们一齐扬手呼喊。对方发出回应,是'红胡子'的粗嗓门"。②他们得回去了。不过,大海已经深深地烙印在了他们的记忆之中,也烙印在了张炜的早期作品《铺老》《开滩》《槐岗》《初春的海》中——那是他最早写下的关于海的文字。

---

① 张炜:《我的原野盛宴》,人民文学出版社 2020 年 1 月版,第 277 页。
② 张炜:《我的原野盛宴》,人民文学出版社 2020 年 1 月版,第 284 页。

第二节　爱恨交叠

一

1970 年 8 月,十四岁的张炜从灯影史家学校小学毕业,进入灯影史家联合中学读初中。小学和初中虽在一个校园里,但随着年龄的增长、知识的积累、接触范围的扩大,还有社会政治环境的巨大变化,他对人、对事、对社会的观察角度也在发生变化。童年的稚气渐渐消去,现实的严峻与冷酷摆在了面前。他必须面对,无法回避。人一旦长大,就得承担他要承担的那一份沉重。

这是一座多好的校园啊,它靠近林子,离大海也不远,说它风景如画并不为过。中学时代,又是一个多么美好的人生阶段,青春洋溢,生气勃勃,仿佛每天都是新的。可是在那样一个时代,一切都不可避免地被扭曲了、变形了。张炜说:"我开始做中学生的时候,正好是 60 年代末期。那时候社会上很乱,人们的日子都不很好过,林子边上村庄里的居民又闹起了派性,再老实的人也得不到安宁。"①

那个时候,他甚至连林子和大海的美景也无缘欣赏了,小学时代的嬉戏玩耍一去不返,他面对的大多是一些成人的活动。这一切,对少年张炜来说来得有点太早了,但一个人要经历什么、面对什么,并不是自己能够选择的。张炜说:"那时候我们并没有多少时间来享受大自然的慷慨赐予,因为当时已经找不到一个安静的角落了,就连这个绿荫匝地的校园也不能幸免:到处都是造反的呼声,是涌来荡去的各种群众组织。我的同学全都来自附近的几个村庄、国营园艺场和矿区,大家操着不同的口音,这会儿却在呼喊着同一些话语。老师和同学们除了要写大字报、参加没完没了的游行和批斗会,还要不断地接待从外地赶来串联的一队队红卫兵。后来形势发展得更加严重:我们校园内部也要找出一两个反动的老师和学

---

① 张炜:《童年三忆》,张炜:《游走:从少年到青年》,广西师范大学出版社 2012 年 8 月版,第 112 页。

生,并且也要开他们的批斗会。"①

更可怕的是,这场风暴还不知要持续多长时间,消磨尽多少人的才华和梦想,甚至生命。作为一个初中学生的张炜,刚刚走出懵懵懂懂的小学阶段,各种痛苦磨砺就不可避免地接踵而至了。

二

这个时候,学校里正常的教学秩序已经全部被打乱,整个社会秩序也混乱不堪。那个在南山水利工地劳动、半年才能回家一次的父亲,又一下子被人提起,成了全家最大的灾难和悲剧。

父亲到底是个什么样的人?为什么要长年在南山辛劳?现在张炜终于明白,就像外祖父死于一场不明不白的暗杀一样,父亲身上也背负着难以说清的重压。在那样一个时代,许多事情是说不清道不明的。于是,在一个到处是"红海洋"、大字报和震耳口号的环境中,父亲开始遭受批判,他也就成了同学们眼中的"另类"。张炜回忆:"校园内一度贴满了关于我、我们一家的大字报。我不敢迎视老师和同学的目光,因为这些目光里有说不尽的内容。"②一些同学还常常聚在一起欣赏大字报上的那些"美妙"句子,有时难免背后对他指指点点,这也成了张炜最为难堪的一刻。

这个时候,他一直盼望、思念又疑惑不解的父亲终于回到了茅屋,可随之而来的不是亲人团聚的温馨,而是"民兵"的监视和可怕的批斗会。新的灾难降临了,张炜在学校里的处境雪上加霜。张炜回忆:"学校师生已经不止一次参加过我父亲的批斗会。当时我要和大家一起排着队,在红旗的指引下赶往会场,一起呼着口号。如林的手臂令人心战。但最可怕的还不是会场上的情形,而是这之后大家的议论,是漫长的会后效应:各种目光、各种议论、突如其来的侮辱。记得那时我常常独自走开,待在树下,想得最多的一个问题就是:怎样快些死去,不那么痛苦

---

① 张炜:《游走:从少年到青年》,张炜:《游走:从少年到青年》,广西师范大学出版社2012年8月版,第2页。
② 张炜:《游走:从少年到青年》,张炜:《游走:从少年到青年》,广西师范大学出版社2012年8月版,第3页。

地离开这个人世?"①一个十四五岁的孩子,刚刚涉入人世不久,居然想到了死,该是何等的痛苦与绝望在压抑着他的心灵。

父亲除了挨批斗,被监督着在附近村里劳动,还经常被打发到海边拉网。张炜常常与同伴去看拉网的队伍,在那长长的网缏上匍匐的一溜人影中寻找父亲。他看到那个高大威猛的海上老大手持一根棍子,巡视着那些拉网的人,样子十分凶恶。他试图在那拉网的队伍中找到父亲,可是看不见。于是他和同伴都使劲地敲击各自手中的鱼皮鼓,他敲打得格外用力,他想用鼓声压过拉网号子,让父亲能够听到并注意到他,可是海上老大炸雷般的吆喝声,鼓声和号子都是压不住的。他是多么徒劳、忧伤和无奈。②

三

最可怕的还不是这些,而是那些叫作"民兵"的人。"民兵",是当年一个最吓人的字眼,有时候大人吓唬不听话的孩子,就常常用"民兵来了"制造恐怖气氛,也常常会有立竿见影的效果。在张炜眼里,这两个字意味着恐惧、颤抖和眼泪。

这是一批由"特殊材料制成的"人,他们喜欢穿白球鞋、旧军衣,背一杆刺刀生锈的三八大盖,这是他们横行乡里的不败法宝。他们待遇优厚,忠于"村头",别说对待父亲这样的人,就是对自己的亲爹娘也毫不留情。张炜说:"在执行打狗令的时候,他们为了逮住一条逃逸的狗,能够在一条又湿又脏的泥沟里潜伏通宵,只紧紧搂住一杆步枪,一动不动到天亮。有的民兵为了表示大义灭亲的勇气,在自己的父亲与村头发生哪怕最轻微的冲突时,也要冲上前去打老人的耳光。还有一个小伙子与邻村人斗殴,为了镇住对方,竟然操起刀子砍去了自己的小指,而且面不改色。"③父亲落到这样一群人手中,结果也就可想而知了。

有一段时间,他们对张炜家的茅屋特别留意,时常背枪光顾,甚至夜半时分还在屋后溜达,咳嗽,抽烟,压低嗓门说话。父亲从南山一回来,他们就更加忙碌起来,除了没白没黑地监视,还要隔三岔五地进门审讯一番。张炜说:"他们进门后

---

① 张炜:《游走:从少年到青年》,张炜:《游走:从少年到青年》,广西师范大学出版社2012年8月版,第5页。
② 参见张炜:《同一类声音》,张炜:《生命的呼吸》,珠海出版社1995年12月版,第47页。
③ 张炜:《游走:从少年到青年》,张炜:《游走:从少年到青年》,广西师范大学出版社2012年8月版,第14页。

就让父亲立正站好,然后开始高一声低一声地审问。他们问的所有问题都没有什么实际内容,因为问来问去就是那么几句:是否有生人来过,近来有什么不法行为,等等。这些问题其实由他们自己回答更合适,因为再也没有比他们更熟悉茅屋里一举一动的人了。"①显然,所谓的"监视"和"审问"都是一种幌子,他们不过是要在弱者面前耀武扬威一番,借此显示自己的"强势"与"高大"。这是动物界弱肉强食的法则在人间的演绎,而就人性的阴暗、丑陋、暴虐、残忍来说,这些两条腿的"民兵"比那些四条腿的动物还要可怕,因为他们要摧毁的不光是人的肉体,还有人的精神和尊严。

这时的批斗会变得更为可怕,因为远远近近的村子,只要开稍大一些的批斗会,他们就要来押上父亲参加,有时候还要把父亲捆上。张炜说:"民兵捆人很在行,他们会想出许多花样。有一个年纪十七八岁的民兵把父亲捆上了,另一个年纪大一点的民兵看了看,摇摇头说:'不行。'他叼着烟,一边解着父亲身上的绳索一边咕哝,向旁边的人示范。他用膝盖抵住父亲的腿弯,然后将手里的绳子做成一个活扣,只用三根手指轻轻一抽,绳子就给拉得绷紧。"②这些历历在目的细节,被一个少年看在眼里、记在心里;绳子捆在父亲身上,也是捆在一个少年的心上。他在1978年写下的短篇小说《人的价值》中,就记述了"民兵"绑人、开批斗会的细节,令人难忘。

"民兵",这个在特殊年代产生的危险怪胎,给张炜留下了无比惨痛的记忆和莫大的心灵创伤。他若干年后回到故地,还会想起当年在学校里参加批斗会的情景,想起那些凶神恶煞的面孔和内心冰冷的感觉:"有一天记得正下大雪,学校放假,本来照例要开放假大会,但由于要参加一个批斗大会,也就省略了学校的会。已经在学校住了很久,不太知道外边一些事情,一路匆匆到了会场,台上站的人吓了我一跳……脑海里一片空白。"③不用说,台上站的正是他的父亲。

对于这种毫无文明和法度可言,甚至丧失人性的野蛮行为,张炜后来曾有深刻反思。他认为所谓的游街示众,是中国传统的陋习,是对人权的蔑视和对人性的摧残。他写道:"游街示众在这里的小城街道上每年都要上演几次,犯人胸前挂

---

① 张炜:《游走:从少年到青年》,张炜:《游走:从少年到青年》,广西师范大学出版社2012年8月版,第14页。

② 张炜:《游走:从少年到青年》,张炜:《游走:从少年到青年》,广西师范大学出版社2012年8月版,第16页。

③ 张炜:《葡萄园畅谈录》,作家出版社1996年2月版,第40页。

着大纸牌。这与满清时期的做法没有什么大的不同——有些东西要改变是很艰难很缓慢的。"①"有一些人根本没有'尊重人'这个概念。睁开眼睛看一看,对人的侵犯比比皆是。"②在《你在高原》中,他写到了遭受诬陷的革命者宁珂等被游街示众的情景,还写到了 20 世纪 80 年代初期"严打"斗争中对所谓"流氓犯罪分子"的游街示众和公审场面,都表现了这种传统"陋习"对人性的戕害。如今,这些早已为历史彻底否定和摒弃。

张炜在文学作品中,塑造过各种各样的人物形象,这些人物都是立体的、丰富的、复杂的,即便那些社会灾难、政治灾难的制造者,其身上也是善恶交织、人性与兽性纠缠的,即便他笔下的一个土匪也有其残存的讲义气的一面。对人性,他从未作简单化、片面化的处理。唯独对于"民兵"和他们背后的"村头",他始终没有放过。对于这些人在新的历史时期衍生出来的"变种"——那些由"村头"演变而来的"企业家"和他们工厂中所谓的"保安队",他也没有放过。他永远不会与他们达成和解。这是张炜永难愈合的精神伤口,也是他审视人性之恶的一个重要切入点。

四

在这样一种环境中,他和家里养的猫和狗就格外亲近。因为林中的野物虽多,却无法建立友谊,与猫和狗才可以久久注视、相互偎依。他从它们那里获得了在人群中难以获得的温暖和忠诚,把它们看成了家庭中的重要成员。

张炜后来回忆:"我们那时对于猫和狗是家庭成员这种认识,绝没有一点点怀疑和难为情。因为我们一家人与之朝夕相处,我们从它们身上感受到的忠诚和热情、那种难以言喻的热烈而纯洁的感情,是从人群当中很少获得的。就我自己来说,当我从学校的批斗会上无声地溜回林子里时,当我除了想到死亡不再去想其他的时候,给我安慰最大的就是猫和狗了。它们看着我,会一动不动地怔上一会儿,然后紧紧地挨住我的身体。""而那时的人群在我眼里常常是可怕的,他们当中的一部分有多么不善甚至恶毒,我是充分领教过的。"③

---

① 张炜:《葡萄园畅谈录》,作家出版社 1996 年 2 月版,第 40 页。
② 张炜:《葡萄园畅谈录》,作家出版社 1996 年 2 月版,第 40 页。
③ 张炜:《游走:从少年到青年》,张炜:《游走:从少年到青年》,广西师范大学出版社 2012 年 8 月版,第 7—8 页。

但是,就是这样一点可怜的人间温暖,也不能得到保留。很快,一纸可怕的"打狗令"突然从天而降:养狗的人家必须在接到命令的第二天解决自家狗,过期就由"民兵"来办。张炜回忆:"大约是一个普通的秋天,一个丝毫没有噩兆的挺好的秋天,突然从远处传来了新的不容更变的命令:打狗。所有的狗都要打,备战备荒。战争好像即将来临,一场坚守或者撤离就在眼前,杀掉多余的东西。我当时的感觉就是这样。我完全蒙了,什么也听不清。"①他多么希望自家那条叫"小青"的深灰色雌狗能够逃得一条性命,可它最后还是被打狗的人残忍地虐杀了。

杀狗,在当时重重地刺伤了张炜的神经。张炜回忆:"记忆中,每隔两三年就要传下一次打狗令。它总是让人毫无准备,突然而至。每一次骇人的消息都不必怀疑,因为谁都能嗅到空气中的血腥味,同时感到空气在打战。"②若干年后他重回故地,在感叹自然环境变化的同时,他也怀念那些与人类亲密无间的动物,尤其是猫和狗。少年与狗,也时常出现在他的作品中。张炜说,一位文学朋友曾对他讲,他的小说中写动物太多了。有一次他给那位朋友读他的一个中篇,读到一半的时候朋友满意地笑了,说这篇还不错,终于没有狗。他听了没吱声,因为再读下去就有狗了。张炜说:"因为我个人没有办法不让它频频出现。在我童年、少年的经历里面,打交道最多、给予我安慰最多的,就是那条狗了。"③他后来还曾计划以这条狗为主人公写一部报告文学,写出自己真实的记忆,写出它一生的命运,但是因为种种原因没有写成。④

张炜对猫和狗、对各种动物的感情是持续而长久的。不管是在虚构的文学作品中,还是在现实生活中,他都不时地表现出对动物的喜爱和尊重。长篇小说《你在高原》中宁伽的外祖父曲予,在"曲府"里就饲养了很多动物。曲予先生甚至设想,在战争结束之后于小城中建设一座动物园。宁伽的祖父宁吉,对马的感情更是浓得难以化开。他写下的描写动物的作品不计其数,有的干脆就以动物为主角。这些都不是偶然的。

对动物的深厚情感,甚至影响了张炜对生活和人的看法:他一直不能吃青蛙

---

①　张炜:《绿色遥思》,《张炜文集》第 29 卷,漓江出版社 2019 年 10 月版,第 100 页。

②　张炜:《游走:从少年到青年》,张炜:《游走:从少年到青年》,广西师范大学出版社 2012 年 8 月版,第 11 页。

③　张炜:《小说与动物——在香港浸会大学的演讲》,张炜:《午夜来獾——张炜 2010 海外演讲录》,作家出版社 2011 年 4 月版,第 20 页。

④　参见张炜:《小说与动物——在香港浸会大学的演讲》,张炜:《午夜来獾——张炜 2010 海外演讲录》,作家出版社 2011 年 4 月版,第 46 页。

做成的"田鸡"菜;听说一个朋友吃了两个刺猬,他就从此觉得这个朋友很不好。在思想和情感深处,他也将那些打狗的人与人间残暴紧紧地连在了一起。张炜说:"他们硬是用暴力终止了一个挺好的生命,不允许它再呼吸。我有理由永远不停地诅咒他们,有理由做出这样的预言:残暴的人管理不好我们的生活,我一生也不会相信那些凶恶冷酷的人。如果我不这样,我就是一个背叛者。"①

只要人世间的冷酷与残暴存在一天,张炜就不会与这个世界握手言和。对于人间丑恶,他是一个清醒的提醒者、无情的揭露者和坚定的反抗者,即使毫无胜利的希望可言,他也毫不妥协、绝不宽容。这些,都是张炜文学作品所要表达的核心要义。

五

回望张炜的人生和文学道路,我们会看到:他虽与亲人一起经历过巨大的侮辱和难以忍受的黑暗,却没有因此滋生可卑的报复心理,"以恶抗恶",走向极端;也没有因此消极、绝望,走向幻灭与虚无。相反,他以无比强大的内心战胜了自己,更加体会到了爱的珍贵,树立起了自己爱与善的道德观。这是非常难得的,也是他成为一个优秀作家的思想基础和重要前提。

张炜认为,一个人只要还对"昨天的呵斥记忆犹新","他再也不会去粗暴地对待别人,不会损伤一个无辜的人。他特别容易将心比心、推己及人,懂得体贴那些陌生的人"。② 张炜认为:"能够治愈的人生,源自一种善良的、良性的东西,它会让人生缺憾变得更少,让一生更合理也更饱满。一个人经受了苦难,更不应与恶联手去制造苦难。曾经从苦难中感受过屈辱的人,不应该再去播撒苦难。那种行为想一想就会感到羞愧和自责。他不会把这种苦难的病菌散布于四周,不会强加于人。能够这样认识人生、认识苦难,应该拥有更大的幸福。"③

2020 年 11 月,张炜在《十月》第 6 期发表了中篇小说《爱的川流不息》,记述了主人公"我"从小到大五十多年间养过的各种动物的故事,其中主要的就是猫与狗。这是张炜应朋友之约写下的一部作品,其中无一不是虚构,又无一不是真实的记录。五十多年间,"我"所养过的那些动物——人类最好的伙伴,都死于杀

① 张炜:《绿色遥思》,《张炜文集》第 29 卷,漓江出版社 2019 年 10 月版,第 101 页。
② 张炜:《羞涩和温柔》,张炜:《周末对话》,江苏文艺出版社 1991 年 12 月版,第 62 页。
③ 张炜:《童年——文学的八个关键词之一》,载于《天涯》2020 年第 3 期,第 19 页。

戮和意外。"我"曾发誓不再饲养它们,但后来还是又养了一只叫"融融"的猫。在这个漫长的过程中,是"爱的川流不息",还是"恨的绵绵无尽"?张炜没有简单回答,而是告诉了我们这样一个"爱恨辩证法":"时间里什么都有,痛苦,恨,阴郁,悲伤;幸亏还有这么多爱,它扳着手指数也数不完,来而复去,川流不息。唯有如此,日子才能进行下去。有了这么多爱,就能补救千疮百孔的生活,一点一点向前。"因为如果"没有爱,为什么还要生活?生活还有什么意义?那只能是折磨,一场连一场的折磨。我们不要那样的生活。"

在这部中篇小说中,张炜还提出了一个十分尖锐的问题:"如果所有的爱都有一个悲凉的结局,还敢爱吗?"但他同时也替我们做出了坚定的回答:敢爱。因为这就是生活的意义。爱,不断失去,不断获得,川流不息,永生永存。当然,他不是用"爱"来消解"恨"、掩盖"恨",而是在"恨"中渴望"爱"、滋生"爱"、赞美"爱",并试图用"爱"来拯救沦丧的人性、恶浊的世界。这是人类最高的道德、最高的理想。张炜的文学作品始终高扬道德与理想的旗帜,也是有其深厚的情感基础和深刻的历史渊源的。

第三节　文学初步

一

进入初中阶段以后,除了搞批判,学校里的"学农"也变成了"学工"。学校附近有一座煤矿的矸石山,他们"学工"的一个主要项目,就是到矸石山上捡煤矸子。捡煤矸子还真的捡来了效益,学校用卖煤矸子的钱买了高音喇叭和一副篮球架。高音喇叭里整天播放革命歌曲、宣读大字报,学校也组建了篮球队。不过,篮球队员除了要个子高外,还得觉悟高、出身贫农。张炜当然是与之无缘的。

这个时期,张炜在学校里唯一一件开心的事就是写作。这主要得益于他们的校长,一个酷爱文学的人。这位校长对词汇特别敏感,有时甚至能从一张张严厉的大字报中寻找到好的文句。有这样一位校长是张炜难得的幸运。

校长倡导并亲自创办了一份叫《山花》的油印刊物。他的字写得好,还会画画,每一期《山花》他都亲自操刀,刻蜡版、画题图和插图。他号召全校师生为刊物写稿,也没有忘记鼓励张炜。在写作上,他对所有的学生都一视同仁,并特别注意到了张炜的出众才华。有一次,他把张炜的稿子刊登在了《山花》的重要位置,还当众进行了表扬。这些都让张炜感到受宠若惊,因为对他来说,最稀有、最珍贵的就是这种尊重和鼓励了。张炜说:"这在我来说可是了不起的经历。"①他后来回想,这也是他文学创作的开始:"现在回想起来还心存感激:我们初中时的校长喜欢文学。他倡导办了一份叫《山花》的油印刊物,并且制作漂亮到了无法言说的地步。我们于是在他的鼓励下起劲地写稿。这种热气腾腾的文学生活幼稚而纯洁,一生难忘。有时想——现在想,那时的文学才是真正的文学吧。反正我们的文学创作就是从此开始的。"②

他感谢这份简陋的油印刊物,感觉它就像空气和水一样不可或缺。有时候,他会在一个没有人的地方长时间地与这本刊物待在一起,嗅着它的油墨香气,不止一次地把它贴到脸上。可惜的是,因为年代久远,那份《山花》没有保存下来,我们已经看不到它的原貌了。

这个时候,他的阅读范围也在不断拓展。张炜后来回忆:"我从很早起就接触到孔子和屈原,还有鲁迅。在中学时,在我们《山花》文学社,那时就开始传看鲁迅的书了,《野草》给读得烂熟。孔子和屈原也读过,但不系统,所受影响主要是思想方面的。后来上了大学中文系,才慢慢爱上他们。苏东坡也让我喜欢。《诗经》我当时能背许多。"③他还记得当时读《野草》的情景:"初中看《野草》,非常震惊:因为第一次看这样的文章,发现了世上还能如此作文。这是使人解放思想的一种阅读,从此文学之路就有了门径。我当时朦胧感到,《野草》中跳动的,是一颗有别于所有人的心,无论多么美丽和忧伤的心,都比不上这颗心给我的触动更深。"④中学时代,他还开始阅读托尔斯泰,读过《红楼梦》、"三言二拍"等一批白话小说,受到了多方面的文学滋养。

在学校里,最让人难忘的娱乐是学校宣传队的表演。那个时候,几乎所有的学校、农村、工厂都办起了宣传队,就像村村出"诗人"一样,村村也有自己的"演员"。起初,灯影史家学校的宣传队并不引人注目,因为校长虽然擅长文字并爱好

---

① 张炜:《游走:从少年到青年》,张炜:《游走:从少年到青年》,广西师范大学出版社2012年8月版,第5页。
② 张炜:《匆促的长旅》,张炜:《风姿绰约的年代》,昆仑出版社2005年1月版,第327页。
③ 张炜:《匆促的长旅》,张炜:《风姿绰约的年代》,昆仑出版社2005年1月版,第337页。
④ 张炜:《匆促的长旅》,张炜:《风姿绰约的年代》,昆仑出版社2005年1月版,第330页。

文学,可对表演是个外行,只会拉胡琴、化装。在他们临近毕业的时候,上级分配来一个女教师,她跟所有的人都不一样,她唱啊、跳啊,还不停地笑。她教同学们唱婉转的歌,手持马鞭教大家跳"奔驰在草原上"的舞蹈。她还能自创节目,先从海边渔民生活中取材作歌,然后又从全校挑选出具有表演潜质的少男少女,领着他们认真排练。他们搞出来的"渔鼓歌"和"拉网号子"在上级汇演中不断获奖,声名远播,有时还代表园艺场、乡镇和矿区到附近的部队去做拥军表演。"渔鼓歌"和"拉网号子"都是张炜所熟悉的,他听起来特别亲切。

张炜一开始也在学校宣传队员的备选名单中,但后来因为家庭原因落选了。不过,这并没有影响他对这个女教师和文艺的喜爱,虽然相对于舞台上的表演,他还是更喜欢到大海边去看真实的"拉大网",听那震动海浪、响彻天空的"拉网号子"。这个女教师,这段有点戏剧性的经历,成了他初中生活中除了《山花》之外的另一段美妙记忆。这个女教师也与他小学时代的"长辫子老师"一起,叠印在了他的许多文学作品中。张炜后来说:"我们的中学生活并不有趣,可是有一个漂亮的结尾:奔驰在草原上!"①

二

初中阶段,张炜因为热爱文学,还有一段曲折的寻找文学"老师"的经历。因为当时他们听说,干任何事情要想成功,必须要有一个好老师,没有师承关系是不行的。

有一年,他和同学听说南部山区的一个洞里住着一个很大的作家,于是就趁着假期一起去找他。他们两人骑了自行车,好不容易才赶到那里。到了那里才知道,原来"老师"并不住在洞里,而是那个村庄的名字中有个"洞"字。"老师"在一个粉丝房里工作。他们见面之后来到他的家里,他让他们看了他的一沓手稿和一本剪报——一些通讯报道。"老师"告诉他们,他现在一个人生活,因为老婆不孝顺爹娘,被他赶跑了。张炜回忆:"他与我们交谈中,主要强调了两个问题:一是自己要孝顺,将来找个女人也要孝顺;二是写作要多用方言土语,这才是最重要

① 张炜:《游走:从少年到青年》,张炜:《游走:从少年到青年》,广西师范大学出版社 2012 年 8 月版,第 117 页。

的。"①

这次访师的经历让他们感到新鲜和兴奋,后来他们又想去做第二次拜访,可是不幸的消息传来了:"老师"因为脑中风突发去世了。这让他们泪流满面,无比悲伤。

此后不久,他们又拜访了邻村一位代课老师,也是一位作家。这个"老师"虽然只有二十多岁,但因为父亲是"村头",十分傲慢,根本就不拿正眼看人,而且见面之后就问他们的家庭出身、年龄、所在学校之类,一听他们吞吞吐吐,就把他们训斥出来了。

半年之后又听说从城里来了一位真正的作家,是来为本地一个先进人物写文章的,要在这里住上一段时间。他们赶到那位作家的住处,小心翼翼地敲开了他的门,并表达了拜师的愿望。张炜回忆:"交谈中,他主要谈了文章中要多多描写景物,并且一定要与人物的心情配合起来,并举例说:文章中的人如果烦恼,就可以描写天上乌云翻滚;反之则是万里无云。"②这让他们十分受益。遗憾的是,这位作家回城之后,他们再去拜访就难以见到了,这让他们大感不解。后来有人告诉他们,以作家那样的身份,怎么能收家庭有严重历史问题的人做学生呢? 张炜说:"我觉得头皮有一种悚悚的感觉,什么话也没说,扯扯伙伴的手就出来了。""就这样,直到我初中毕业,不得不一个人到南部山区游走的时候,还是没有找到师傅。"③

这期间,他还独自一人到龙口南部山区拜见过一位老琴师,跟他学琴。那个时候,张炜已经能够演奏扬琴、手风琴,虽然技艺不是很高。后来又迷上了京胡。他听说南山里有一位老人,旧社会在大城市里当过琴师,还给名角马连良伴奏过几次,就一路打听,前往拜师学艺了。他在山里一个小矮房子里见到了那位老人,老人已经很老了,满面灰尘,只是那一双手大极了,指关节也比常人大一倍。他从换弦开始教起,又教给张炜压弦、揉弦、颤动手指等。张炜开始觉得他教得很平常,但回来以后就发现自己的琴艺长进了。不过,之后他再也没有见过那个师傅,

①　张炜:《游走:从少年到青年》,张炜:《游走:从少年到青年》,广西师范大学出版社 2012 年 8 月版,第 41—42 页。

②　张炜:《游走:从少年到青年》,张炜:《游走:从少年到青年》,广西师范大学出版社 2012 年 8 月版,第 44 页。

③　张炜:《游走:从少年到青年》,张炜:《游走:从少年到青年》,广西师范大学出版社 2012 年 8 月版,第 45 页。

后来听说他在一个冬天里吊死了。① 张炜的早期作品中有一篇短篇小说《造琴学琴》,讲的是一个少年跟一个会造琴的人造琴学琴的故事,可能就有一点这段经历的影子。他们当时造的是二胡。张炜喜欢拉京胡,而且水平不低,大概就是从小练习的结果。

后来,他那个一同到南山拜师的初中同学,一直过着贫困的生活,可对文学的热爱之心从未改变。等到很久以后,张炜再与他相见时,他已经因两次中风卧在了炕上。但他依然没有忘记当年的情景,他用力地握住张炜的手,断断续续地说:"咱老师……咱老师,和我的病一样,他走得更早……"②文学的力量到底有多么强大?我们不仅能从张炜的身上看到,也可以从这个"书痴"同学的身上看到。

三

初中毕业之后,张炜本应继续上高中,但因为家庭原因失去了这个机会。有人曾经这样说过:"初中阶段,考试总是名列第一,却没有资格升学;会六七种乐器,却没有哪个文艺团体敢招收他。"③这是时代的悲哀。

好在校长真心喜欢这个有写作才华的学生,希望他能继续上学。他积极去为张炜争取,可是上面管教育的领导坚决不同意,说这样人家的孩子上个初中就不错了,上高中门都没有。不能继续上学,就得失学在家,或者去参加劳动。可是张炜多么愿意待在这个校园里啊,尽管在这里也受到歧视,但总比社会上那些冷眼和戕害要好很多。他为此备受煎熬。

真是天无绝人之路。就在这个时候,他终于在无数的坏消息中盼来了一个好消息:他可以留在校办工厂——一个小橡胶厂里做工了。虽然那只是学校响应"勤工俭学"号召建立起来的一个小作坊,根本算不上"工厂",但他因此就可以不用离开这所学校了,这是多大的幸运与幸福。后来他才知道,那也是校长费了九牛二虎之力才为他争取到的。校长为了把他留下,甚至动用了一位"老贫管"来为他说情——当时实行贫下中农管理学校,"老贫管"是有很大的话语权的。张

---

① 张炜:《周末问答》,张炜:《周末对话》,江苏文艺出版社 1991 年 12 月版,第 202—203 页。

② 张炜:《游走:从少年到青年》,张炜:《游走:从少年到青年》,广西师范大学出版社 2012 年 8 月版,第 53 页。

③ 房福贤:《阴阳之道:张炜与矫健创作个性比较》,载于《山东师大学报(社会科学版)》1986 年第 5 期。

炜说:"文学可以让人在一定程度上免遭苦难,这是我在那个年代里稍稍惊讶的一个发现。"①

张炜对校长充满了感激之情。也许是因为已经初中毕业、参加了"工作"的缘故,他与校长之间的关系也有了一点微妙的变化。张炜后来回忆:"这是我极为重要的一个人生转折。因为工厂里实行'三八'工作制,分为早中晚三个班次,我在八小时之外可以有大量时间看书。我不断写出新的文章送给校长看,获取他的赞许。这段时间里我和他几乎成了一对文章密友,相互切磋,甚至是鼓励。我们彼此交换作品,快乐不与他人分享。我们写出的文辞并不一定符合当年的风尚和要求。这全是私下阅读的结果:我们只要找到有趣的书就快速交换,这当中有翻译小说,有中国古典文学。这些书中有五花八门的造句方式,它们与当时的教科书完全不同。"②

这的确是张炜"极为重要的一个人生转折",它不仅改变了张炜的生活,也扩大了他的阅读范围,使他接触到了古今中外一些文学名著。这类作品虽然是极其有限的,但毕竟超出了外祖母那个"书箱"的范围。更为重要的是,他幸运地遇到了人生中的第一个文学师长和知音,他们可以在私下里探讨与那个时代的流行话语稍稍不同的文学表达方式,可以真正地接近文学。

在这个小工厂里,张炜还接触到了一些与海边丛林和学校里的老师不太相同的人。在他的工友中,有一对恋爱中的男女,还有一位以前在东北的兵工厂工作过的年纪较大的人。这个老工友见多识广,十分健谈,给他讲了许多有趣的故事:深山老林、兵匪、私通、贩毒、酗酒、打劫、抢寡妇,等等。别的工友都指责他乱讲,张炜却听得津津有味。张炜说:"我这一生所受到的主要的精神毒害,就来自校办工厂的老工人。他毒害了我,反而让我感激和怀念。我再也没有遇到像他一样广闻博记、多趣和生动的人了。"③长篇小说《你在高原》中那个"拐子四哥",或许就有一点这个老工友的影子。

那对恋爱中的男女,也给张炜留下了深刻的印象。他们看起来关系紧张,平时不太说话,要说也大半是相互顶撞,背后还相互"诽谤",但有时又会做出一些

---

① 张炜:《游走:从少年到青年》,张炜:《游走:从少年到青年》,广西师范大学出版社2012年8月版,第6页。

② 张炜:《游走:从少年到青年》,张炜:《游走:从少年到青年》,广西师范大学出版社2012年8月版,第24—25页。

③ 张炜:《游走:从少年到青年》,张炜:《游走:从少年到青年》,广西师范大学出版社2012年8月版,第27页。

捏对方大脚趾一类的亲昵动作。一年后,他们结婚了。张炜说:"这使我在很长的一段时间里,认为所谓恋爱就是相互顶撞、捏大脚趾、背后里诽谤对方。"①张炜对人的情感的幽微复杂,观察得是多么细致,体会得也极其独到。或许,这就是一双"准作家"的眼睛。

后来,张炜离开了这个小工厂。他离开之后,小工厂发生了爆炸,结果是两死一伤。小工厂也从此停掉了。这是人生的偶然还是必然呢?

四

在那段失学就工的时间里,张炜与几个和他一样没能上高中但同样爱好文学的同学也保持着密切的联系,共同继续着文学之梦。这段时间,他们主要是写诗。同时,他还写出了自己的第一篇小说初稿。张炜回忆:"我们当中的三个没有接着上高中,就带着一种怀才不遇的劲头,凑在一起更起劲地搞起了'文学'。主要是写诗。我们模仿了被禁读的诗,包括徐志摩哼哼呀呀的爱情诗等。""我的第一篇小说《木头车》就是没有上高中的这一年写的,1973年春天又改了一遍。后来这篇小说收在我的短篇小说集《他的琴》中。"②

由此看来,短篇小说《木头车》写于1972年,1973年春天"又改了一遍"。那一年,张炜十七岁。张炜后来确认的《木头车》完稿时间是1973年6月,这可能是他最后一次修改此文的时间。那时,张炜已经进入高中学习。1973年,也被认为是张炜文学创作的时间起点。

张炜后来曾经回忆他写《木头车》前后的情形:"这之前已经写了好多篇散文和诗歌,但一直没有动手写小说。因为在我们眼里小说不是轻易就可以写的。我们当时看到印刷出来的书籍,惊叹不已,甚至对它分成的整齐的自然段落都觉得神秘。我们不知道自己到时候能不能分理出来。记得一些试图学习写作的高中同学在一起,围绕一本书议论横生。但这个段落为什么要这样分?为什么要那样分?为什么要分?没有一个能令人满意的回答。特别是小说中的对话,有的要连写,有的一句写一行,有的在句子前后有'他说'的标记,有的干脆就没有,只把一句话加上引号。这些在我们看来都很奇怪。而散文和诗歌在我们看来就简单得

---

① 张炜:《游走:从少年到青年》,张炜:《游走:从少年到青年》,广西师范大学出版社2012年8月版,第25页。

② 张炜:《匆促的长旅》,张炜:《风姿绰约的年代》,昆仑出版社2005年1月版,第327页。

多。散文和我们学习的作文很接近;而诗可以从掌握韵脚开始。"①

他也记得写这篇小说的经过:因为当时对小说写作有一种神秘感,就特别想写一篇试试。写什么呢? 他记起了小时候在林场的一个饲养场玩,看到一个猪栏的出口处挡了一个废弃不用的木头车轮,车轮上还留有一些黑钉帽,看上去像贴了膏药似的。他就围绕这个木头车轮编出了一个故事,想象在胶轮大车已经普及了的当时,一辆木头车在林场大路上行驶的情景。它的名字就叫《木头车》。②

20 世纪 70 年代,张炜在海边写作的老屋

这是张炜保存下来的第一篇文学作品,讲的是园艺场老阮家的儿子小春从学校毕业之后回到园艺场工作的故事,表达的是当时知识青年思想改造的主题。时过境迁,内容已少有可取之处,但它表现出的青年人积极向上的精神风貌,却是永远不会过时的。那么,在园艺场已经用上胶轮大车的时代,小春依然对"木头车"情有独钟;他本来是回园艺场当老师,却宁愿去参加生产劳动,这种思想上不跟风趋时的"保守"姿态,是否也预示了张炜将来的文学立场呢?

这就涉及了人的精神、道德问题。我们知道,在这个问题上张炜始终是有自己的坚守的。固然,一个时代有一个时代的精神,一个时代也有一个时代的道德,

---

① 张炜:《葡萄园畅谈录》,作家出版社 1996 年 2 月版,第 67 页。
② 参见张炜:《葡萄园畅谈录》,作家出版社 1996 年 2 月版,第 66—68 页。

抱残守缺,顽固不化,必然会被时代遗弃。但从另一个方面来看,古往今来,人类之所以能够绵延不尽、代代相承,必有其基本的精神操守和道德规范作为支撑。这大概就是被人们称作"底线"的东西。时代不断变革,社会不断转型,有些时候会对"底线"造成强烈冲击。这个时候,那些维护"底线"的人也就常常被认为是"保守主义者"了。可是,一个真正的人文知识分子、一个作家,难道不应该坚守并维护这条"底线"吗?

张炜回忆,当年的龙口林场里面曾经住过一个排的士兵,他曾看到那些战士不停地为西岚子村做好事,比如给老太太担水等。有一天小村边的一个麦草垛着火了,本来是一点小火情,那一个排的战士还是急急地赶来了。一个战士还拉不住地硬往火里撞,要用身体扑火,结果留下了不轻的烧伤。张炜认为,这样极端的表现虽然不值得提倡,但人人都以做好事为荣的想法却是不应被嘲笑和指责的。今天的社会风气一变再变,不停地做好事、体恤弱小、帮助别人的人,竟变成了一个不被理解和容忍的人,甚至被视为"精神病",这样极端的利己、无义和冷漠就是正常的吗? 如果社会没有了起码的道德底线,还会有幸福可言吗?①

由此看来,张炜在一些问题上表现出来的"保守"姿态,实际上是一种可贵的"底线"思维。这种姿态和思维,在他的中学时代就开始萌芽了。

五

1973 年春天,是个令人难忘的季节。就在这个春天,张炜获得了进入高中读书的机会。

这年 4 月,他离开自己从 1964 年开始待了将近九年的灯影史家学校,进入黄县乡城高中(黄县十三中)就读。他在那里断断续续度过了自己的高中生活,直到 1976 年毕业。说是断断续续,是因为那时还处在"十年浩劫"时期,学校并不能坚持正常教学。这期间,张炜还因家庭和环境所迫,被送往栖霞叔父那里生活。因为难以适应叔父那里的环境,他还有过一段独自游荡的日子,这成为他高中生活的一个插曲。

关于他的高中在校生活,我们所知甚少,张炜自己也很少提及。我们只知道他在高中做过学校宣传队的队长,这是他在学生时代做的最大的干部。张炜

---

① 参见张炜、朱又可:《行者的迷宫(全新修订版)》,商务印书馆 2018 年 9 月版,第 167—168 页。

说:"那时的宣传队很大,也很重要,学校的领导经常莅临指导。宣传队活动时,我们可以不上课。我们经常到校外去演出,这些经历是难忘的。"①张炜能够进入校宣传队,与他日渐表现出来的写作才能和文艺才能可能不无关系,也与社会政治环境的稍稍松弛不无关系。张炜回忆:"1973 年我终于上了高中,继续写作,不知深浅,戏剧、诗、小说、曲艺,简直什么都敢写。"②

后来,他还在回答一份杂志提问时谈到了自己高中阶段的阅读经历:"当年读过的真正优秀的作品,使我久久难忘的,有鲁迅的《野草》《故事新编》,屠格涅夫的《猎人笔记》,还有一本写森林生活的俄罗斯中短篇小说集(书皮撕掉了,所以至今也不知道名字)。高尔基的自传体小说《童年》《在人间》《我的大学》,还有他的短篇小说集,不知看了多少遍。中国的,有《西游记》《红楼梦》,还有几本武侠神怪小说,比如《封神演义》,再比如《响马传》。这些算不得什么好书,今天的年轻读者不看也罢。几本散文集也让我久久难忘。托尔斯泰、陀思妥耶夫斯基的小说,是高中快毕业的时候才喜欢上的。原来只是特别喜欢高尔基,后来范围才渐渐扩大到其他的苏俄作家。美国有一位作家叫萨洛扬,他的一本小说集《我叫阿剌木》,让我入迷。他夸张的笔法,平凡而怪异的故事,都令我耳目一新。在高中读书时,我有一段时间写东西很想模仿他。"③

这时,他还读到了杰克·伦敦的中篇小说《荒野的呼唤》,这部作品让他深深感动,因为作家通过小说里写到的一条狗,"写出了那么多的热爱,那么多的对社会不公平的反抗、个人的愤怒、柔善的情怀、神秘的旷野……这里面有杰克·伦敦扑扑跳跃的心脏,这让读者清晰地听到了。他和那条狗的关系,不是与某个动物的关系,而完全是一个生命与另一个生命的关系。这里面有无限的意蕴。"④

看看张炜这一时期的文学年表,的确是比较丰富的,甚至有点让人吃惊:1973年 6 月,完成短篇小说《木头车》。1974 年 6 月,完成短篇小说《槐花饼》、中篇小说《狮子崖》。1975 年 3 月,完成短篇小说《小河日夜唱》;8 月,完成短篇小说《花生》;9 月,完成短篇小说《夜歌》;冬,完成短篇小说《他的琴》。1975 年,发表长诗《访司号员》。1976 年上半年,完成短篇小说《钻玉米地》。⑤

---

① 张炜:《周末对话》,《张炜文集》第 34 卷,漓江出版社 2019 年 10 月版,第 262 页。
② 张炜:《匆促的长旅》,张炜:《风姿绰约的年代》,昆仑出版社 2005 年 1 月版,第 327 页。
③ 张炜:《书的魅力》,《张炜文集》第 37 卷,漓江出版社 2019 年 10 月版,第 35 页。
④ 张炜:《小说与动物——在香港浸会大学的演讲》,张炜:《午夜来獾——张炜 2010 海外演讲录》,作家出版社 2011 年 4 月版,第 19 页。
⑤ 参见张洪浩编辑审定《张炜作品总目》,万松浦书院 2019 年 2 月印行。

这仅仅是张炜高中阶段保留下来的部分作品,竟也有十多万字。据说,在1980年短篇小说《达达媳妇》发表之前,他共写下了三百多万字的文稿。后来他走上文坛,担心自己会不断修改一些旧作以求发表,因之而失去了创作的激情和动力,就从旧作中挑选了很少一部分保存下来,而将大部分草稿毅然决然地烧掉了。今天看来,这对于张炜研究是一个无法弥补的损失,但对于张炜之所以成为张炜,却是极其重要的。如果没有当年这场"壮士断腕"式的决绝一烧,影响的可能不只是张炜文学的创造力,还可能影响他的精神质地。一个作家,只有精神质地不改变,才能保证作品的品质不改变。

六

1974年,同样是张炜一个十分重要的年份。这一年,张炜完成了儿童中篇小说《狮子崖》初稿。但这部小说直到四十二年后的2016年才被重新发现,成为一段小小的传奇。张炜写道:

> 2016年春节前,作家洪浩与我一起去看望老作家曲克勇先生。八十岁高龄的老作家回忆了我们四十多年前的交往,问我还记不记得有一部写海边育贝场的小说。我依稀想起,说大概被我烧掉了。老作家说:"没有,这部书是我推荐给出版社的,退稿就在我那儿,也许还能找到。"
>
> 老作家翻遍了积存的书籍文稿,而后联系爱好文学的侄子:竟然保存在他那里!我和洪浩于是当天就得到了一份泛黄的手稿。
>
> 面对这些纸页,当年的一幕幕又变得簇新:我1974年写了一个海边少年与阶级敌人斗争的故事,1976年听从曲先生的建议,重写时加上了少年科研的内容。整个育贝场的事都是曲先生下基层体验生活所得,他慷慨地让我写出来。
>
> 这部小说未能出版。第一稿的致命伤是"火药味不浓",第二稿是"科研内容不充实"。
>
> 海栖和洪浩建议将其修订出版。修订是必须的,但我深知:去掉了原稿中的那些"火药味",也就失去了认识价值,甚至还要损伤一些艺术价值。
>
> ……
>
> 我尽量保留了原有风貌。作者的稚嫩,时代的荒谬,生机勃勃与贫瘠简

陋,一切都在这些文字中了……合上书页,我自己也不由得慨然一叹:"啊,昨天!"①

2016 年 5 月,《狮子崖》在《天涯》第 3 期初次面世;2017 年 1 月,由山东教育出版社出版单行本。

今天,让我们从内容和艺术上来分析这部儿童中篇小说,显然是不合适的。它毕竟产生在一个特殊的时代,又出自一个十八岁的"准作家"之手。它具备的更多的还是文本价值,它使我们又一次看到了张炜的文学跋涉之路的一个标记。

当然,如果抛开《狮子崖》中那些共同的时代话语,如"阶级敌人""革命同志""忆苦会""改造""斗争"等,我们还是可以看到张炜与同时代作家和那个时代文学风气的不同之处,他所描述的少年林林的成长历程,以及这个少年与自然之间的和谐友善关系,特别是其中洋溢着的诗情画意与浪漫气息,都是令人神往的。

张炜在这部作品中表现出的文学才华,虽然不能过于高估,却是非常值得我们珍视的。于是,我们也不能不像张炜那样慨然一叹:"啊,昨天!"

七

其实不只是 1973 年、1974 年,其后的每一年都是张炜文学写作的重要年份,因为他一旦踏上文学的长途,就再也无法遏制自己的激情,停下自己的脚步了。

1975 年,张炜发表了他平生第一篇文学作品,是一首题为《访司号员》的叙事长诗,写一个复员的老红军在海边上吹号的故事。可惜的是,这首诗"最初收在一个红皮集子中,欣喜传看中弄丢了"②。它对张炜文学创作的意义却是不言而喻的,因为这是他正式发表的第一篇作品。不过,此作就其内容来讲也具有那个时代的明显特点,无甚可取之处。

张炜后来回忆:"海边上要开垦荒地,要兴师动众,所以也就有了一个在工地上吹号的人——他把垦荒多多少少当成了打仗。"③这当然是一首赞歌,因为当时张炜不仅觉得好玩,也很迷恋老红军的那把大铜号。那时,他还不知道这是一场多么可怕的"战斗",还不知道这场"战斗"将带来的恶果。张炜后来回忆:"开垦

---

① 张炜:《作者附记》,张炜:《狮子崖》,山东教育出版社 2017 年 1 月版,第 169—170 页。
② 张炜:《匆促的长旅》,张炜:《风姿绰约的年代》,昆仑出版社 2005 年 1 月版,第 327 页。
③ 张炜:《我跋涉的莽野——我的文学与故地的关系》,张炜:《游走:从少年到青年》,广西师范大学出版社 2012 年 8 月版,第 146 页。

那种打击之大,没有亲身经历过的人是不可想象的。"①张炜说,从那时起,他的诗就愈来愈差、愈来愈少了,但一个人从很小的时候就开始燃起的热望,一直都是滚烫的。

张炜认为,他的诗写得并不好。他觉得,"这可能是被另一种文体干扰或过分吸引的结果。从事别的文体,当劳动叠加到了一定数量以后,二者会渗透和嫁接,在内部发生变异——这一变异就不得了,诗里面有了散文和小说的因素,处理好了是一个优点,处理不好只能让作者痛苦,再也走不出语言的魔障。"但他同时认为,"诗实在有恩于我,它强有力地支持了我的创作,而不是减弱了我的创作。它甚至是我构思、架构叙事作品的一个基础。我觉得抓住了诗——不是形式,而是本质——也就抓住了文学的全部。"②在张炜的小说、散文甚至文论中,那种浓烈的诗情的确是可触可感的。

在漓江出版社 2020 年出版的五十卷本《张炜文集》中,近两卷是他从 1986 年到 2018 年间写下的诗歌,有一百五十余首,其中包括长诗《归旅记》。这些诗篇,从内容上看主要是两大类:一是故地抒写,如《大李子树》《椿树》《跳跃的杨树》《龙口三港》《东去的居所》《半岛札记》《松林》《半岛草木篇》等;二是异域书写,如《人·黑夜——在纽约》《费加罗咖啡馆》《瓦尔登湖》《康科德一日》《里尔里尔——记第一次世界公民大会》《风车——荷兰小记》《东欧诗记》等。还有其他一些有感而发或富有哲思的诗章。这些诗篇大多将诗情寄寓在对具体的人、事或物的叙写之中,有的可与他的散文、小说对读。

实际上,张炜的诗歌创作远不止这些,他不仅写下了大量的散文诗,还在小说作品中经常插入诗歌或诗句。有些作品中的大量抒情文字,其实也是诗或散文诗,如《你在高原》之一《家族》中那些的抒情篇章,《你在高原》之三《海客谈瀛洲》中的《致海神书》,等等。他认为诗是文学的核心,是所有文学表达的最终旨归。他说:"如果不是一个以诗性为核心的小说,在当今就不会是真正的现代小说,严格地讲也不会是一个纯度很高的文学作品。"③

他的小说中的一些人物,如《你在高原》中的宁伽,除了向往地质工作以外,最渴望的就是做一个行吟诗人,并且经常吟诵诗章、涂涂抹抹。宁伽的外祖父曲

① 张炜:《地理空间和心理空间——在香港浸会大学"文学空间"座谈会上的发言》,张炜:《午夜来獾——张炜 2010 海外演讲录》,作家出版社 2011 年 4 月版,第 179—180 页。
② 张炜、朱又可:《行者的迷宫(全新修订版)》,商务印书馆 2018 年 9 月版,第 332 页。
③ 张炜、朱又可:《行者的迷宫(全新修订版)》,商务印书馆 2018 年 9 月版,第 327—328 页。

予、他在地质研究所的导师朱亚,也都爱诗。张炜喜爱和赞颂的那些小说人物,骨子里都有一点诗人气质。他说:"这一方面是我向往的气质,是个人内心的浪漫想法;另一方面我也清楚地知道,如果一个人不懂诗不爱诗,他就不足以让我深深地喜爱,这个人也不够更高的品级。……当然,他可以不做诗人的工作,甚至可以一句诗都不写,但应该是一个与诗性深刻相通的生命。"①

张炜文学作品的这个特征,我们在阅读过程中应该很好地把握。它的根脉,在他的文学起步阶段就已经深深地扎下了。

九

这一时期,张炜也开始有了一些真正的文学交往活动。

1975 年春天,他在龙口结识了当时已经小有名气的青年作家王润滋。他对王润滋十分钦佩和羡慕,并受到了王润滋在文学上的激励和鼓舞。后来,他一直将王润滋当作文学上的兄长来尊重和对待。

张炜回忆:"1975 年春天,我与王润滋在小城龙口结识。他当年三十岁左右,血气方刚,文名远扬。我当时在高中读书,酷爱文学,尝试不断。我从没见过脸色像他一样红的人,记得他那天刚刚理过发,神采奕奕。总之在那个春天里,他作为一个清新的形象被我长久记住了。"②

后来他们再次相见时,他还看到了王润滋刚刚出版的一部著作,那是一本厚厚的"大书"。从王润滋的创作经历看,那本"大书"应该是 1976 年 4 月由山东人民出版社出版的长篇小说《使命》,一部典型的"文革"作品。张炜后来回忆:"不必讳言,这些作品的政治视野和文化视野都不够开阔,甚至有认知上的陷阱,有幼稚和盲从。我当时唯有钦佩和羡慕,将他刚刚出版、透着墨香的大书抚摸再三。"③依据这部作品的出版时间,他们这次见面应该是在 1976 年 4 月之后。

这个时候,大概因为张炜喜欢写作并且发表过一首长诗《访司号员》,他的文名也在一定范围内传扬开来,引起了一些文友的关注。1976 年,在乳山县文化馆

---

① 张炜、朱又可:《行者的迷宫(全新修订版)》,商务印书馆 2018 年 9 月版,第 328—329 页。
② 张炜:《当代阅读·文学的兄长》,张炜:《世界与你的角落》,昆仑出版社 2003 年 5 月版,第 173 页。
③ 张炜:《当代阅读·文学的兄长》,张炜:《世界与你的角落》,昆仑出版社 2003 年 5 月版,第 173 页。

（时名"毛泽东思想展览馆"）工作的文学青年矫健,在一个朋友那里看到了张炜的一部长篇草稿,竟急匆匆地从遥远的乳山到龙口找他来了。两个文学青年相见,分外激动,用张炜的话说是"浑身炽热"。

张炜后来回忆:"我们第一次长谈是在县委招待所的一扇大铁门后面,当时我们都不足二十岁。我们相视而笑,紧紧地握着手……这天我们谈论了很多很多,过去的生活,未来的向往,坎坷的经历。我渐渐明白我们有着很大的性格上的差距,然而我们挚爱文学的程度却是一样的。"①

后来,他们常常通信,有时也相聚,彻夜长谈。1978 年张炜考入烟台师专中文系时,矫健已经转到烟台地区文化馆工作。一次张炜去地区文化馆找他,见他正一手插在蓬乱的头发里,口中念念有词地背地理书,准备考烟师。第二年矫健也考上了,他们成了前后级同学。矫健也参与了校园文学刊物《贝壳》的编辑。20 世纪 80 年代初期,两人都在山东文坛崭露头角。

张炜觉得,矫健作为一个回乡知识青年,"在性格上,他具有别人所没有的优势。养兔子,要养百只;做赤脚医生,发誓两年要攻克癌症! 那么写作呢? ……他头脑中时常涌出一些让人惊讶的念头,不止一次悄声对我说着,像传达一个隐秘:'我是个天才呢! 我不久的将来会是个大师级的人物……'这些念头成功与否是另一回事,但愿它始终会像星月一样悬在空中,辉映着他攀登的道路!"②

可是后来随着时代风气的转变,矫健弃文经商,告别文坛,从小打小闹到搞股票、开发房地产,慢慢将"文学大师"的念想变成了"亿万富翁"的企盼。后来,他又在经历多年商海沉浮之后回归文坛,写出了一些"商战"作品。据说,张炜的长篇小说《能不忆蜀葵》的主人公淳于阳立,就有一点矫健的影子。当然,若将现实中的人物与虚构的小说人物对号入座,是十分无趣的。

实际上,《能不忆蜀葵》写的是 20 世纪 80 年代中后期之后,在中国经济剧烈转型时期,面对市场文化和大众文化的兴起,一代青年知识分子的精神迷惘、生存困惑和艰难选择。淳于阳立作为一个天才的艺术家,有着张扬的个性和不羁的才华,但在物质主义、消费主义浪潮滚滚而来的时代,他在金钱与性的诱惑之下变成了一个"饿痨"和"色痨",艺术、爱情、道德、理想都被他弃于一边。他汇入了时代的狂欢,唯独丢失了自己,最后只能带着他那幅寄寓着艺术理想的画作《蜀葵》,

---

① 张炜:《山路》,《张炜文集》第 31 卷,漓江出版社 2019 年 10 月版,第 4 页。
② 张炜:《山路》,《张炜文集》第 31 卷,漓江出版社 2019 年 10 月版,第 6 页。

逃离了这个物欲横流的城市。作为与之相对的另一个艺术家、他的好友桤明,始终艺术初衷不改,坚守自己的梦想,或许这个人物才代表了张炜所追求的那种不灭的人文精神。

张炜认为,面对现实,作为个体、个人,他们的普遍合作与强烈拒斥是形成某种历史的前提。历史是由人塑造的,像淳于阳立那样汇入"历史的潮流",必然会有荒诞的人生。而只有像桤明那样站在潮流一边或者逆流而上,才是一个知识分子应有的坚守。张炜说:"没有什么'历史的潮流'是经得住推敲的,因为潮流总归是在较低的认知层面上得到的一种折中,是一种勉为其难的结局。具体到一个历史时期,越是有更多的人逆潮流而动,这个时期的'历史潮流'就越会涌动更高更猛的浪头,使整个的历史平面得到抬升。所以,我们总是格外尊重和注意那些逆潮流而动的人,希望听到他们未被喧嚣淹没的声音。"①那个时候,张炜不仅用《能不忆蜀葵》这样的小说作品,还用散文随笔等形式描画了一些人放弃文学、步入市场大潮的脚步与面影,也对一些人利用文学或文学刊物、文学阵地等进行商业运作、谋取经济利益的行为表达了深深的忧虑。

实际上,从第一部短篇小说《木头车》中的小春开始,张炜就特别青睐那些"逆流而上"的人。这应该也与他的童年生活经历有关。从出生到长大,不论是他的家庭还是他自己,从来也没有在滚滚而来、不断变换的任何一个潮流中成为弄潮儿、获益者,这种逆行对于张炜面对各种潮流都能保持必要的冷静和清醒,无疑是有极大助益的。的确,一个人的一切表现都可以从童年那里找到源头。

十

如果我们以 1978 年 9 月张炜考入烟台师范专科学校中文系为界,他在 1976 年高中毕业到 1978 年进入大学校门之前,这一个阶段保留至今的作品还有:1976 年下半年,完成短篇小说《槐岗》《叶春》《锈刀》《铺老》《开滩》《石榴》《造琴学琴》。1977 年 4 月,完成短篇小说《玉米》;5 月,完成短篇小说《蝉唱》;12 月,完成短篇小说《战争童年》。1977 年,还完成短篇小说《公羊大角弯弯》《在路上》《下雨下雪》。1978 年 8 月,完成短篇小说《田根本》。② 以上这些篇章,总字数也有八

---

① 张炜、王光东:《张炜、王光东对话录》,苏州大学出版社 2003 年 12 月版,第 21 页。
② 参见张洪浩编辑审定《张炜作品总目》,万松浦书院 2019 年 2 月印行。

万多字。

除中篇小说《狮子崖》比较特殊之外，张炜自 1973 年以来创作的这些短篇小说，后来绝大多数都经过修改在报刊上发表过。1990 年 9 月，他又将这些作品连同 1978 年创作的短篇小说《人的价值》，1979 年创作的短篇小说《悲歌》《告别》《初春的海》《自语》《春生妈妈》《善良》《七月》，合编为短篇小说集《他的琴》，由明天出版社出版。至于矫健曾经看过的那部长篇小说文稿，我们尚不得其详。

关于短篇小说集《他的琴》的出版，当时的明天出版社总编辑刘海栖曾有详细记述："20 世纪 80 年代末期，我和张炜都还年轻，都三十岁出头的年纪，那时张炜已经写出了《古船》和《九月寓言》（长篇小说《九月寓言》1992 年 1 月创作完成，5 月发表于《收获》第 3 期，刘海栖记述有误——引者注），一时轰动，成了很有名气的作家，我则在明天出版社担任总编辑，多次约张炜为我们的刊物写稿子。有次聊天，说起他的创作，他告诉我，在他正式发表第一篇作品之前，就已经写了三百多万字的作品，都放在一个纸箱子里，塞在床底下。我心想这很了得嘛！他说，他决定把这些稿子都烧掉！我吃了一惊，便问他这是干吗？张炜说，守着这些作品会叫人变懒，叫他只往后看，不往前看，谁来找他约稿，他在这些旧稿子里翻翻，就给人一篇，这样不行！我觉得他说的也不是没有道理。后来他又来找我，说都烧了都烧了，当了冬天点炉子的引火纸，可用了些日子。叫当时看到实况的山东师范大学的宋遂良教授直呼可惜。他又拿出一沓稿子，说烧虽烧了，也没彻底烧，还是从里面挑了些好的留下做个纪念。这二十多万字的稿子就由我出了书，便是《他的琴》，我意识到这些书稿对他的意义，还给他做了精装——这部书最近又由安徽少年儿童出版社重新出版——这是后话。"[1]

短篇小说集《他的琴》的出版，不仅具有保存张炜早期作品之功，也可以让我们集中、方便地看到张炜早期作品的面貌。那么，有些书稿当时烧掉了是不是有点可惜呢？我们在前面已有论及，并完全同意刘海栖的观点："也许那些书稿没有被当作引火纸烧掉，张炜也就不会成为今天的张炜了。"[2]

由张炜的"焚稿"，我们也记起了文学史上那些类似的故事。俄国作家果戈理二十岁那年，出版了处女作叙事诗《汉斯·古谢加顿》，但作品不仅没受到欢

---

① 刘海栖：《从〈狮子崖〉出版想到的》，张炜：《狮子崖》，山东教育出版社 2017 年 1 月版，第 1—3 页。

② 刘海栖：《从〈狮子崖〉出版想到的》，张炜：《狮子崖》，山东教育出版社 2017 年 1 月版，第 3 页。

迎,还招来了不少批评和嘲讽。果戈理痛定思痛,便从书商那里收回了全部存书,付之一炬。他还曾把长篇小说《执政》和喜剧《三级符拉基米尔勋章》的稿子烧掉。《死魂灵》第二卷,他至少烧过三次,其中一次就在他死前两个星期。果戈理说:"我之所以烧掉《死魂灵》第二卷,是因为需要这样做,'不死岂能复生',……当火焰刚刚吞噬了我写的书的最后几页,它的内容便突然以净化和光明的形式重现出来,就像从篝火中飞出的不死鸟,于是我猛地看到,我先前认为已很完整与和谐的东西是多么的杂乱无章啊!"法国诗人贝朗瑞也在自传中说:"再没有什么东西比勇敢投入壁炉中的手稿的火焰更能启发一个作家了。"①

张炜当年焚稿时,也许知道、也许并没有听说过果戈理和贝朗瑞的故事,但他们对自己作品的要求之严都是相同的。那种将自己的心血和汗水付之一炬的勇气,很令人敬佩。这些,也都是足以载入文学史册的佳话。我们从中可以看到,一个作家之所以能够创作出不朽的杰作,是因为他对自己的要求极其严格,并且有投身烈火、浴火重生的勇气。

张炜短篇小说集《他的琴》中的作品,大多是发生在林子里和海边的故事,有些是他亲身经历的虚拟和演绎,有些是他听来的神秘传说,即那些成人世界里的故事。这些作品虽然稚嫩、简单,但多少都有一些浪漫气息和诱人色彩,有些诗意。我们从中可以清楚地感到,诗意和美,是张炜开始尝试文学创作时的明确追求。纵看他的文学发展轨迹,这也是一条贯串始终的主线。

另外,这个集子里的一些作品中,开始出现了他后来反复吟咏的"芦青河"。这条河最早出现在他1974年6月写下的《槐花饼》中,其后又在《花生》《夜歌》《造琴学琴》《下雨下雪》《悲歌》中出现。这条河从林中穿过,一直通向大海。后来,随着它名气越来越大,渐渐成了张炜故地书写的一个象征,成了一个作家对一方土地最为精彩的命名。

有些篇章,如《他的琴》《石榴》等写到的家族故事,《自语》《悲歌》《公羊大角弯弯》等写到的世事不平、人间冷暖,也给人留下了较深的印象。而《钻玉米地》中写到的玉米地里发生的神奇故事,则呈现出一种浓厚的地域文化和民间文化色彩。这些故事看似荒诞不经,其实有着出乎意料之外、入乎情理之中的社会内涵,让人深思。

陈思和在研究1949年至1976年的中国文学史时,提出了一个"潜在写作"的

---

① 参见且闲斋主:《焚稿》,《且闲斋闲话》,广东人民出版社1986年3月版,第12—13页。

概念。所谓的"潜在写作",就作品而言,是当时没有发表,但在若干年后又发表了的;就作家而言,是创作的时候明知无法发表仍然坚持创作的。其中,"(20世纪)70年代以后,'文革'的疯狂性稍稍受到遏制,但荒诞性则如桃偶登场,层出不穷,导致了一批中学毕业的知青在生活实践的磨难中早熟,杨健的《文化大革命中的地下文学》、廖亦武编的《沉沦的圣殿》等书中提供了这批后来构成潜在写作主力的青年诗人和小说家许多可贵的材料。老作家在70年代以后也开始在各种困难的环境里秘密写作,穆旦的诗歌、丰子恺的散文、朱东润的传记文学,等等,五四以来的文学传统在潜在写作里慢慢地聚拢起来,达到了那个时代的文学最高艺术境界。70年代民间的文学创作浩浩荡荡,从反映上山下乡命运的'知青文学'雏形到流传在社会中的各色手抄本与口头创作,即使在'文革'毫无自由可言的环境里,仍然以其粗糙、野性、活泼的创造形态,生气勃勃地生长着"①。

张炜这一时期的文学作品,因尚处于学习、练笔阶段,可能还不符合陈思和"潜在写作"的范畴,但它们又的确是一种"潜在写作",因为它们与当时的"流行文学"有着不同的质地。这些作品虽属尝试,但也在慢慢为张炜的文学大厦奠基。

第四节　游走生活

一

熟悉张炜及其作品的人都知道,游走,既是他的一种生活方式,也是他文学创作的原料。他的作品中写到的人与故事,很多都是在游走中映入他的眼帘和脑海的。他是在游走中长大成人的,甚至始终都在游走。后来,即使身体的游走少了,心也没有停止游走。

对此,张炜曾有清晰的自述,并将自己的游走细分为四个阶段:一是少年阶段;二是少年到青年的过渡时期;三是1984年7月离开山东省档案馆调入山东省

---

① 陈思和:《试论当代文学(1949—1976)的"潜在写作"》,孔范今、施战军主编,陈晨编选:《中国新时期新文学史研究资料(中)》,山东文艺出版社2006年4月版,第272—273页。

文联创作室之后,围绕写作《古船》的社会调查,以及前前后后的行走;四是1987年11月到龙口挂职之后,直至2010年完成"大河小说"《你在高原》。此后,他的游走才慢慢少了下来。

少年阶段,是张炜游走的开始。这与他出生在海边林子里有关,也与他的家庭环境有关。不过,因为年龄尚小,他的活动范围不可能很大,主要就在那片海滩平原上。张炜说:"那个时候很孤独,有时候不跟家人在一起,父亲又不在身边,个人游历的范围、广度和深度是有局限的,也就是在登州海角的林子里、海边加河边,跟猎人、打鱼的人、采药的人接触比较多。这可以看成我少年游历的前奏,也是一个组成部分。"①

因为孤独、童趣、好奇,张炜小时候与别人的性格是不太一样的;又因为长期生活在林子里,也形成了他与别的地方的孩子不同的知识结构。张炜说:"比如关于植物、动物、林子、海洋、渔民的生活,包括地质队员的生活、流浪人的生活,像猎人、采药人,我对这一部分人的生活内容的了解,和关于他们的知识,可能要比一般少年要多。如果说这一范围不大的游历也很重要的话,那么它就意味着为后来文字的长途跋涉和身体的长途跋涉构成了一个基础、一个开端。这是少年的游历,这中间我也曾到南部山区去过,但是时间比较短暂,范围仍然局限在登州海角那么一个范围。这是第一个阶段。"②

这个阶段,从时间上看是在他初中毕业之前,也就是1970年8月之前。严格地讲,他这个阶段的"游走"还算不上真正的游走,因为他还在外祖母和家人的看护之下,在学校的约束之下。正如张炜自己所说,它的重要性在于"为后来文字的长途跋涉和身体的长途跋涉构成了一个基础、一个开端"。这中间他的南山之行,大概就是与那个初中同学去南山寻找文学"老师"。

二

张炜真正的游走生活是在初中毕业之后,这被他称为第二个阶段。这是张炜从少年到青年的过渡时期。我们知道,这一时期他因初中毕业不能升入高中,曾在灯影史家学校校办工厂做过工;后来进入高中,整个教学秩序也不是特别正常;

---

① 张炜、朱又可:《行者的迷宫(全新修订版)》,商务印书馆2018年9月版,第389页。
② 张炜、朱又可:《行者的迷宫(全新修订版)》,商务印书馆2018年9月版,第389页。

高中毕业后,又开始了游走生活。

他这一阶段的游走,已经离开了那片熟悉的海滩平原,主要是在包括栖霞在内的南部山区。原因当然并非自愿,而是为生活和环境所迫。张炜后来曾说:"我不得不离开林子里的家,一个人到南部山区游历。那是被生活所迫的离去,从此游历的范围就特别开阔了。比如经常翻越很大的山,翻越胶东屋脊(栖霞市境内),西到胶莱河,南到琅琊台,东到荣成角——就是那个有名的'天尽头'。"①

起初,是被父母送回栖霞老家跟随叔父生活,但他在那里没待多久就离开了,开始了独自一人的山地游荡。他的离开,除了在叔父家不习惯之外,或许还有那些山地文友的吸引。不过,一个少年对家乡、对亲人的思念却是无法消除的。汪家明先生曾经写道:"每年冬天,他携干粮包裹,步行回家探亲。路途百里,独自一人,山梁山谷,晨光暮色,野林惊兔,有时大雪纷飞。这对于一个生活敏感的少年来说,是刻骨铭心的经历。"②

山地奔波是艰苦的,艰苦的生活也让他遭受磨砺、快速成长。后来,张炜在散文《绿色遥思》中写道:"我曾经一个人在山区里奔波过。当时我刚满十七岁。那是一段艰难的日子,当然它也教给我很多很多。……当我今天回忆那些的时候,总要想起几个绚丽迷人的画面,它使我久久回味,再三地咀嚼。记得我急急地顶着烈日翻山,一件背心握在手里,不知不觉钻到了山隙深处。强劲的阳光把石头照得雪亮,所有的山草都像到了最后时刻。山间无声无息,万物都在默默忍受。我一个人踢响了石子,一个人听着孤单的回声。不知脚下的路是否对,口渴难耐。我一直瞅准最高的那座山往前走,听人说翻过它也就到了。我那时有一阵深切的忧虑和惆怅泛上来,恨不能立刻遇到一个活的伙伴,即便一只猫也好。我的心怦怦跳着。后来我从一个陡陡的砾石坡上滑下来,脚板灼热地落定在一个小山谷里。映入眼帘的是一片清澈透底的亮水,是弯到山根后面去的光滑水流。我来不及仔细端量就扑入水中,先饱饱地喝了一顿,然后在浅水处仰下来。……水在上面滑过,永无尽头地刷洗,有一尾黄色的半透明的小鱼卧在熔岩上,睁着不眠的小眼。细细的石英砂浮到身上,像些富有灵性的小东西似的,给我以安慰。就是在这个酷热的中午,我躺在水里,想了很多事情。我想过了一个个的亲属,他们的不同的处境、与我的关系,以及我所负有的巨大的责任。就是在这一刻我才恍然大

①　张炜、朱又可:《行者的迷宫(全新修订版)》,商务印书馆 2018 年 9 月出版,第 390 页。
②　汪家明:《〈秋天的思索〉序》,张炜:《秋天的思索》,香港天地图书有限公司 1992 年版,第 2 页。

悟：'我年轻极了，简直就像熔岩上的小鱼一样稚嫩，我还有很多时间可以成长，可以往前赶路。'不久，我登上了那座山。"①

他还曾在山间孤屋里夜宿，并为自己能够战胜荒野的孤独与恐惧自豪。张炜写道："因为我们的那一帮谁也没有见过真正的山。我已经在山里生活了这么多天了，并且能在山野中独处一个夜晚。这作为一个经历，并不比其他经历逊色，因为我至今还记得起来。就是那个夜晚我明白了，宽阔的大地让人安怡，而人们手工搭成的东西才装满了恐惧。"②

张炜回忆，这个阶段是"初中之后，大约有几年的时间，这中间又返回海边的一个高中读了一段，后来又回到了南部山区。当高考制度得以恢复，我就在南部山区参加了一个补习班，突击了数学。语文和历史考得很好，地理也不错，但是数学不及格，因为没有好好学过。那时候考学多难，文科就更难了，与我们对决的不是别人，正是可怕的'老三届'"③。升入大学意味着第二阶段游走生活的结束。也算是老天有眼，让这个年轻人进入了大学的校门，要不然他的生活就会是一个完全不同的样子；即便能够成为一个作家，作品也会是另外一种风貌。

当然，张炜能考上大学，最根本的还是靠自己努力。他的求知欲望是十分强烈的。初中毕业之后，他一直在寻求继续读书的机会，即便在南山游荡的艰苦岁月中，他在想办法填饱肚子、活下去的同时，也一直没有忘记、没有间断读书。在他的背囊里，始终装着自己的教科书和所爱的文学作品。在参加高考时，他的语文、历史、地理等科目能考出好成绩，不是偶然的。虽然数学经过突击补习还是没考及格，但并没有影响他如愿入学。

三

这一阶段的游走生活对张炜最大的帮助，可能就是使他经受了磨砺、开阔了视野。从他的自述来看，他的游历范围是很广的，从南到北，从东到西，几乎走遍了整个胶东半岛。从他接触的人来说，有散居各处的山里人，有形形色色的文友，也有流浪汉。这些都是他原来不曾接触或很少见到的。而且，他要在游荡中填饱肚子，就得学会和各种各样的人打交道，了解风俗，熟悉民情，这方面的知识完全

---

① 张炜：《绿色遥思》，《张炜文集》第29卷，漓江出版社2019年10月版，第98—99页。
② 张炜：《绿色遥思》，《张炜文集》第29卷，漓江出版社2019年10月版，第99—100页。
③ 张炜、朱又可：《行者的迷宫（全新修订版）》，商务印书馆2018年9月版，第390页。

不是书本上能够学到的。同时,胶东半岛的山川大地也慢慢地进入他的视线,并被他的脚步丈量,这份收获同样是巨大的。"读万卷书,行万里路",我们虽然无法计算张炜当年走过的路程,但连接起来一定是一条长长的、曲折的、纵横交织的路线。这不禁让我们想起唐代诗人那些关于壮游的诗篇。

张炜说过:"这是我一辈子最深刻的游荡记忆。很多的痛苦、欢乐,成为写作的情感和生活的资源。有时候作品的内容可以变一下,但是写的常常是那时候的感触。"①事实也的确如此,如果没有这种深刻记忆,他就很难写出《远河远山》中那个跋山涉水的"我",很难写出《丑行或浪漫》中不断奔跑的刘蜜蜡,也不可能把《你在高原》中的主人公宁伽塑造成一个地质工作者——即使他能借助童年时代关于地质队员的想象,把宁伽塑造成一个地质工作者,也只能是一个平原上的钻探队员,更不用说他对山地地质、土壤、动物、植物、建筑、劳动、民俗、风情的书写了。

对于一个尚处于求学阶段、涉世未深的文学少年来说,这时到处寻找新的文学伙伴,成了他游走生活的一个重要内容。寻访文友的急切和找到文友的喜悦,也在一定程度上消解了游走中的寂寞,让他得到了另一种形式的温暖和快乐。除此之外,主要的享受和安慰就是读书了。

张炜后来曾经回忆:"我上大学之前没能成功地拜师,却得益于形形色色的文友。这是一想起来就要激动的经历。那时我在山区和平原四处乱跑,吃饭大致上是马马虎虎,有时居无定所,但最专心的是找到文学同行。我在初中时的文学伙伴离我很远了,并且他常常有心无力,渐渐知难而退了。一说到写作这回事,无论是山区还是平原的人,他们都叫成'写书',或者叫成'写家',说:'你是找写书的人啊,有的,这样的人有的。'接着就会伸手一指,说哪里有这样的人。……不论这样的人住在多么遥远的地方,我只要听说了,就一定会去找他。"②这些"写家",有的在乡村,有的在县城;有的是当地的通讯报道员,有的是写家谱的人,还有的是一个村子里的极少能拿起笔杆的人,即便是真正的文学创作者,也还停留在起步阶段。但在那时,他们也就是张炜能够找到的最好的朋友了。

他见过的一个老"写家",是一个快八十岁的老人,白发白须,不太愿意说话。当他翻山越岭找到他时,那位老"写家"正在写一部已经写了好几年的"三部曲"。

①　张炜、朱又可:《行者的迷宫(全新修订版)》,商务印书馆2018年9月出版,第390页。
②　张炜:《游走:从少年到青年》,张炜:《游走:从少年到青年》,广西师范大学出版社2012年8月版,第48页。

他给这个老"写家"读了自己的作品,得到了很高的评价。

还有很多"写家"散落在山区和平原,散落在乡村和城市,有贫穷的也有富裕的,有年纪大的也有年纪小的,他们都酷爱文学,不光写诗歌、散文和小说,还写戏剧。他们写出的剧本,有时就在自己的车间或村子里上演。有一次,他被一个山村里的黑瘦青年邀请,去看村里上演的那个青年编排的一部大戏。还有一次,他住在一个小村里,房东刚十七八岁的女儿恰巧就是一个"写家",已经在公社广播站播发了好几篇稿子。她平时爱说爱笑,但一投入写作就会边写边流泪。

他所遇到的一个最大的"写家",是在半岛平原地区,住在一所空荡荡的青砖瓦房里。他们一见面,那个"写家"就找出了一捧地瓜糖,他们一边嚼着一边就进入了"文学"。大"写家"着急地给他读自己的作品,他的作品太多了,一摞摞积起来有一人高,字数无法计算。因为写作,妻子与他分手,但他认为这也是值得的。

这些"写家"都让张炜难以忘怀,几十年之后他还在打听他们的消息:有的远离了文学,有的不知下落,有的去世,有的过着并不幸福的生活。那个最大的"写家",后来做了一家公司的老板。张炜见到他时,虽然年纪很大了,他仍留着板寸头,两眼炯炯有神。问起他的书写得怎样了,他说:"书?好办。等我挣足了钱,就把它们印出来,印成全集,精装烫金!"说着,他还伸直两臂比画,那就是全集的规模。① 这个大"写家",有点张炜长篇小说《艾约堡秘史》中的主人公淳于宝册的影子。

张炜说:"文学让我们珍视友情,朋友之间、师生之间,所有的情谊都不能忘记。仅凭这一点,文学也是伟大的。"②是的,这是他这个阶段游走生活中的最大亮色和最美记忆,也让他更加感受到了文学的伟大和魅力,更加紧密地靠近了文学。

四

在张炜这个阶段的游走生活中,还因为文学、因为以文会友,有了一场奇遇。他有缘结识了一位爱好文学的当地领导,得到了很多令他意想不到的关照:让他

① 参见张炜:《游走:从少年到青年》,广西师范大学出版社 2012 年 8 月版,第 48—53 页。
② 张炜:《游走:从少年到青年》,张炜:《游走:从少年到青年》,广西师范大学出版社 2012 年 8 月版,第 53 页。

住在一座好房子里,下乡时还带上他。

有一次,他们到了一个小山村,那位领导突发奇想,对张炜说:"你走南闯北见多识广,就不能帮村里搞个工业?"这突然一问,让张炜想起了在校办橡胶厂的"从业"经历,于是就向那位领导和小村里的人提出了这个建议。没想到这个建议顺利通过,他们就在村外河边找了块空地,到山上开了一堆石头、砍了一些树,很快把厂房建起来了。

怎么解决橡胶厂的机器问题?这个小厂的最终结果如何?张炜后来有着详细记述:

难的是机器,它叫"硫化机"。这个问题把我挡住了。我那时想,它不是人造的吗?能不能想法慢慢造出一台机器呢?我想到这里,就急急地翻越大山,返回了平原上的那个校办工厂,仔仔细细地把屋里的机器观察度量了一番。出了厂门,我还请教了当年去工厂拉机器的人,因为他能够凭记忆说出一些正在制造的机器的模样。那几台硫化机能生产一些小型橡胶制品。

可是当我去城里的工厂联系造机器时,他们马上问:"有图纸吗?"我垂头丧气地走开了,半路又折回,到书店买了一本机械制图的书。这期间我又跑了东部一座大城市,看了好几家大大小小的橡胶厂。我发现,即便是像样的厂子,也少不了使用手动的机器,那时还不全是电动液压的。我在短时间内搞通了一点绘图,并画出了一本子图纸,可是送到城里加工机器时,他们全都拒绝了。没有办法,最后只好找离山村不远的乡办农机厂,这些粗汉拿过图看了看说:"没什么,机枪咱都敢造。你在边上蹲着,咱不明白的就问你。"

一个星期后,机器真的造好了。因为要试压力,他们不舍得那么多瓶氧气,我就和赶车的人把机器拉到了大沙河套子里,先将气包灌了水,再垫上石头,用柴火烧了半晌。直烧到二十多个大气压,气包还没有爆裂,就说明合格了。这在今天看起来是多么冒险的行为,想一想都后怕。可是当年一点都没有犹豫就那样干了,可见年轻人顾虑少,思想负担也就少。社会上有许多事情总是需要年轻人冲上去,这可能就是主要的原因了。

工厂开起来了,上班三三制,竟然在两年时间里红红火火赚了不少钱。当年造机器和出差的钱,都是小村人一元一角凑出来的。两年后开始高考我就上学离开了,工厂的情况就不太清楚了。有一次在学校闲聊文科与理工科的事,我随口说了"造过两台机器",一位同学就嗤笑说:"大概是木头扎的吧。"我强调是铁的,"还有两个仪表"。同学就再也不笑了。

　　更有趣的是,多年后我挂职到海边小城,有一天听说某个村子的工业搞得不错,就去参观。我看到了一个小型橡胶厂,精神马上集中起来。几个女工分别在一台四轮和两轮手动硫化机前忙着,我再也挪不动腿了。随行的问我:"你爱好这个?"我没答,只问负责人这两台机器的来路。对方答:"从南山买来的。那里的厂子不干了,两台机器扔在牲口棚里,我们只以废铁价就把它们买了来,修巴修巴还不照样用?"①

　　这段"造了两台机器"的经历和张炜在校办工厂的经历,看似与他的文学没有关系,其实不然。首先,这两段经历都使他在动荡岁月和动荡生活中找到了一个安居之所,可以暂且安身,算是人生之幸。两次幸运又都是文学带给他的,自然也就增加了他对文学的情感和忠诚。其次,他亲身体验了当时的"工业"生产劳动,这对他的文学创作不无助益。最后,也是更重要的,他在青少年时代就造过"两台机器"的不可思议的"壮举",也在某种程度上消除了他对理工科、对技术的神秘感,不至于让他在后来的技术主义时代走向技术崇拜,而能够始终对此保持清醒、理性的认识。所有的日子都是值得的,对一个作家尤其如此。

　　张炜说:"两年后开始高考,我就离开了。"那么,他造这两台机器的时间,应该是在他 1976 年黄县乡城高中毕业到 1978 年考入大学之间。随着这个阶段游走生活的结束,一段新的生活、一个新的世界将在他的面前展开。他在文学征程上一路蹒跚走来,就要走进一片新的天地之中了。

---

① 张炜、朱又可:《行者的迷宫(全新修订版)》,商务印书馆 2018 年 9 月版,第 361—362 页。

第三章　在大学校园里

第一节　天之骄子

一

　　2018 年 10 月 25 日,地处山东烟台的鲁东大学官网发布消息:学校 2018 年重大文化建设项目——鲁东大学"三院一馆"筹建完成,正式运营并对外开放。"三院一馆",是指鲁东大学张炜文学研究院、胶东文化研究院、万松浦书院和文学博物馆。一所大学,能够建起这样一套颇具规模的文化设施,除了决策者的眼光、决心和魄力,没有学校深厚的文化底蕴和扎实的文学创作实绩,显然是不行的。

　　这就需要来看看鲁东大学的历史。这所大学的前身是烟台师范学院,再往前推是烟台师范专科学校,也就是张炜当年的母校。烟台师范专科学校,最初是由莱阳师范专科学校中文科发展起来的。

　　如果再向前追溯,这所学校还有三个前后断续相连的重要源头。一是始建于 1930 年 6 月的山东省立第二乡村师范学校,驻地莱阳。1936 年 9 月,诗人、散文家何其芳到校任教;1937 年春,散文家、教育家吴伯箫担任校长,其间还曾邀请著名作家老舍到校讲学。后因抗战爆发,学校被迫停办。二是始建于 1938 年 8 月的胶东公学,驻地黄县。这是一所由中国共产党胶东特委按照陕北公学模式创办的学校,部分教师由被迫停办的省立第二乡村师范学校转入,是以此校也就承续了二乡师的传统。在此任教的有著名作家罗竹风、马少波等,在此学习的则有后来成为作家的曲波、孔林等。三是 1948 年 11 月在莱阳复校的莱阳师范学校(当时名为胶东师范学校),它的前身就是当年的山东省立第二乡村师范。在此学习的有后来成为作家的牟崇光等。

　　1960 年年中,莱阳师范专科学校中文科由莱阳迁至烟台,同年底更名为烟台师范专科学校。1984 年,经教育部和山东省政府批准,烟台师范专科学校升格为烟台师范学院。2006 年,又更名为鲁东大学。

　　如果从 1930 年山东省立第二乡村师范学校成立算起,这所学校已经有九十多年的办学历史。大学文学博物馆,陈列了这所学校有史以来养成的八十多位作家的其人其作,其中有这所学校毕业的学生,也有各个时期在校任教的老师。在学生作家中,张炜是重要的一个。

二

称那个时代的大学生为"天之骄子",今天的年轻人恐怕已经很难理解。因为中国教育历经改革开放四十多年,高校数量之多已是世界少有,入学门槛也变得很低,"大学生"已经不再是一个稀罕的名词了。我们只有让时光倒流一下,才能看到1977年恢复高考对于中国和绝大多数中国人的意义。

中华人民共和国的高考制度确立于1952年,从这一年到1966年,高等学校招生主要实行全国统一命题、一次考试、分批录取的办法。1966年"文革"开始后不久,教育受到最早也是最严重的冲击与破坏,原有的招生制度遭到批判,通过考试选拔新生的办法被废除。1970年起,虽然高校陆续恢复招生,实行的却是"自愿报名、群众推荐、领导批准、学校复审"的办法,录取新生没有客观标准,难以做到公平公正,学生总体文化水平和学校教育质量根本得不到保证。因此,"文革"之后在教育上拨乱反正,恢复高考制度,就成为民心所向、大势所趋。①

可是,因为受到当时政治形势和思想观念的影响,恢复高考并非一帆风顺。1977年6月29日至7月29日,教育部在太原召开1977年高等学校招生工作座谈会,讨论了《关于一九七七年高等学校招生工作的意见》,但最后形成的意见并没有突破"文革"时的条条框框,提出的招生办法依然主要是推荐制,对于"试招少数应届高中毕业生直接上大学"的办法,不仅安排的数量极少(只占高等学校招生计划的2%~5%),而且限制条件很多。

这个状况,随着邓小平的复出,才得以彻底改变。邓小平上任后,迅速把目光投向了教育,尤其是高等教育。按照他的批示,8月13日至9月25日,教育部在北京重新召开了1977年高等学校招生工作座谈会。在这次历时四十四天的会议上,按照邓小平的要求,废除了7月份教育部刚刚讨论、起草的《高等学校招生工作的意见》。10月初,教育部重新制定了《意见》并提交中央政治局研究讨论,10月12日由国务院下发,高考正式恢复。但由于当年文件下发已晚,所以规定"今年招生推迟到第四季度进行,1977年的新生于明年2月底以前入学。从1978年

---

① 参见赵亮宏:《关于恢复全国统考后第一次命题工作的会议》,《中国考试》杂志社组编:《恢复高考30年(上)》,中国传媒大学出版社2007年9月版,第12页。

起,普通高等学校,6月份开始招生,9月上旬开学"。

新的招生制度,使招生对象广泛了,符合条件的工人农民、上山下乡和回乡知识青年、复员军人、干部和应届高中毕业生都可以报名;对文化水平的要求提高了,从应届高中毕业生中招收的人数占招生总数的20%—30%,考生要具有高中毕业或与之相当的文化水平。由于重视了文化考试,新生质量有了较大提高。同时,因为这一招生制度是压抑多年之后的重新恢复,许多大龄考生参加高考,在录取学生中出现了年龄差距极大的现象,甚至父子、母女同进一个课堂的奇观。

张炜就是在这种情况下参加了1978年的高考,成为中国"文革"后恢复高考的第二届大学生。他们1978年秋季入学,与1978年2月入学的第一届大学生只差了半年。因此,人们也常将1977、1978两届大学生并称。

他们是历史的不幸者,又是时代的幸运儿,是当之无愧的时代骄子。在这里,一组统计数字就很能说明问题:1977年底,全国约有570万人参加了高考,因为报考人数过多,造成印刷试卷的纸张不足,最后中央拍板,调用印刷《毛泽东选集》第五卷的纸张印刷试卷。当年各大专院校从中录取27.3万名学生,录取比例为29:1。1978年参加高考的人数为610万,录取人数40.2万,录取比例为15:1。当时能考上大学的实属"凤毛麟角"。其中,文科的录取比例更低。

三

1978年的全国高等学校招生统一考试时间,是7月20日开始,7月22日结束。考试实行全国统一命题,分文理两科,文科考试科目有政治、语文、数学、历史、地理、外语,理科考试科目有政治、语文、数学、物理、化学、外语。除外语院校或专业外,外语考试成绩不计入总分,作为录取时的参考。

今天,我们已经难以还原张炜高考时的具体情景:他的复习备战、报名参考,他在整个考试和录取过程中的焦灼与喜悦、希望与失望。但一个青年学子对于上学求知的渴盼,尤其是一个文学青年对于文学的梦想与期待,恐怕当如熊熊烈火一般,在他心中燃烧。

今天,当我们翻看1978年全国普通高等学校统一招生考试语文试题时,不禁打内心里为张炜感到幸运。1977年山东的高考,是山东省自行命题,作文题目是《难忘的一天》,如果张炜是这一年参加高考,我们不知道他会怎样面对这样一个题目。他的童年、少年经历,他的校办工厂和山地游走生活,给他留下的难忘印象实在太多了；他又是一个从小作文就爱自由发挥，不按常规书写、喜欢"跑题"的学生，他会写出一篇什么样的文章呢？如果他写出了一篇事件和文字都有些另类甚至"越轨"的作文，那些阅卷老师会怎样判断呢？如果那样，他还会幸运地获得一个较好的语文分数，顺利地考上自己梦想的学校吗？

当然，我们这些担心都是多余的，因为历史不能假设，他参加的是 1978 年而不是 1977 年的高考。这一年高考全国统一命题，作文是将一篇题为《速度问题是一个政治问题》的文章缩写成一篇五百至六百字的短文，并且要求按照原文内容缩写，不能写成读后感之类。同时，要突出原文的中心思想，全面、准确地反映原文要点。这对张炜来说实在有点太简单了。

那么，面对这样一个无法驰骋想象、不能自由表达的题目，他是否会有一点小小的遗憾呢？我们觉得应该会有，因为这篇作文的局限性太大了，他可能会有点英雄无用武之地。但是，也许正是这种有点让人遗憾的"约束"与"局限"拯救了他，他因此能够按部就班、循规蹈矩地做完这道三十分的题，而不至于写出一篇虽文采飞扬却可能不被认可的文章，丢失了人生应该属于自己的机会。

不论怎样，他越过了人生的这一道坎，成了烟台师范专科学校中文系的一名 1978 级大学生，成了一个名副其实的"天之骄子"。这一年，他二十二岁。这个年龄上大学，今天看来已经很大，差不多已经到了大学毕业的年纪。但在那个时代，对那些被耽误了整整十年的青年来说，还正年轻；对于在海边丛林长大，无法顺利进入高中，又在胶东半岛经历过艰辛游走生活的张炜来说，则是一种难得的幸运。

我们现在无法知道张炜收到录取通知书后，他的外祖母、父亲、母亲、姐姐和弟弟的心情与表现，但是我们完全可以想象当时那激动人心的一幕。还有他灯影史家学校、黄县乡城高中的老师和同学，那个如同他的"文友"一般的校长，园艺场和西岚子的儿时玩伴，他在平原、山地和城市中的那些文朋诗友，那个给他很多关心和爱护的基层领导，以及所有认识和知道张炜的人，他们的心情和表现应该与他的家人是一样的。在那样一个时代，一个家庭出个大学生，是十里八乡的熟人、朋友都格外高兴的事情。张炜，是值得他们骄傲和自豪的。

第二节　校园忆往

一

　　当时的烟台师专，是胶东大地上唯一一所高等学校。现在，这所学校经过数次扩建、合校，已经发展成为今天的鲁东大学。学校面貌早已改变，旧时踪影已很难找到。好在政史系1977级学生林永光给我们留下了这样一段珍贵记述：

　　　　当时的烟台师专，位于烟台市南郊上尧村西侧。师生们上学、放学均须穿村而过。如遇雨雪天气，村里的土路泥泞不堪，实在令人望而却步。东西而立的校门至今犹在，只是两扇木门早已被铁门替代。进门之后，首先映入眼帘的是相向而立的两幢红砖小楼。其南侧为两层的中文教学楼和校图书馆所在地；路北侧则为二层的英语系和刚成立不久的政史系教学楼，楼上则为学校机关办公所在地。楼东地下一层的机房，是学校冬季供暖的锅炉房。向西行不足百米，路南为运动场，路北为全校最为壮观的一座综合教学楼，有四层之高，供物理、化学、数学三个系的众多学子学习、实习之用。再沿路西进，北面几幢小宿舍楼和平房，是学校教职工生活居家之地。楼前屋后，鸡犬之声相闻、菜田黍地相间，宛如农村田舍般亲切。西边比邻而居的是校职工食堂，供教师们进餐。对面的一小院落平房内，则是整日忙碌的几名校医的工作之地——校卫生室。全校学生用餐的食堂，是当下学校铝制品厂的工作车间，内置数十张大方桌，纵横排列开来，就餐时，上千人同场"竞技"，其场面也甚是蔚为壮观。食堂北面，是供全校师生日用消费的小百货商店，至今犹在。商店北面，是全校男女生共有的唯一一座学生宿舍楼。楼高三层，红色砖墙，东西各开一门出入。男女学生们整日出出进进，也煞是热闹。可惜此楼前几年已拆，现坐落其上的是学校南区的学苑南一号女生宿舍楼。体育爱好者们所活跃的场所，据我回忆，在政史系东侧有一块短斤缺两的篮球场、中文系南侧有一个排球场和篮球场，并出人意料地有一偌大的水泥露天游泳池，四面以墙围之（但据我观察，我在校期间，池内一直无水）。校区北面有一个规模不大的袖珍体育场，作田径锻炼之用。值得瞩目和赞美的，是纵贯全校东西主干道两侧的那两排气势伟岸、挺拔的白杨树,它们高耸入云、临街而立,望之大有令人"高山仰止"之势。这两排高高的白杨树,可能已经默默地关注和见证了烟台师专自上世纪 60 年代以来的全部岁月风雨历程,至今依然生机勃勃、愈老弥坚,实在令人感慨万千。另外值得一提的是,在这所高等师范院校内,当我们入校时,校园里还"寄生"着一个名副其实的"梨园"——烟台艺校。在中文系的教学楼内,每日常常有一批年纪轻轻的少男少女,个个步履轻盈、姗姗出入,颇具艺人风范。楼内也不时传来阵阵鼓锣琴瑟的热闹演奏。真不知当年中文系的诸多师长师兄们在此环境之中、在如此震天的铿锵鼓乐声中,如何吟诗作文、呼唤灵感? 我倒是觉得,这种教育环境和氛围,似乎大有两千多年之前,孔老夫子与众多弟子在杏坛之内,吟诗诵经、弦歌鼓舞的古之遗风。好在这种"闹中取静""礼乐齐鸣"的场景,并没有维系多久,艺校就搬离此处了。①

在张炜的印象里,校园则是美丽而幽静的:"进了校园,马上看到的是一座座大屋顶红楼,一排排雪松。笔直的路旁除了雪松就是粗大的白杨。这里安静,深奥,美妙,似乎潜藏孕育了一种大气象。""在我的心中,母校就是红楼与雪松,就是笔直的路和白杨树。还有,她就是那种安静、热烈、向上、质朴——这一切精神气质的综合。"②看来,在不同人的眼里,同一个校园也会呈现出不同的风貌。张炜是作家的眼光、文人的情怀,注重了其精神气象;林永光则力求真实具体,是一种历史考据的思维。

二

根据鲁东大学校友工作办公室整理的《鲁东大学(原烟台师范专科学校)77级 78 级学生名录》③,烟台师范专科学校 1977、1978 级共 6 个系 27 个班,在校学生 934 人。其中 1977 级 6 个系(中文、政史、英语、数学、物理、化学)12 个班,432人;1978 级 5 个系(中文、英语、数学、物理、化学)15 个班,502 人。1977 级中文系

---

① 林永光:《为了那不能忘却的纪念》,柳新华主编:《难忘的一天——恢复高考 35 周年回眸》,黄海数字出版社 2012 年 10 月版,第 157—158 页。

② 张炜:《校园忆》,张炜:《我跋涉的莽野》,春风文艺出版社 2001 年 9 月版,第 67—68 页。

③ 鲁东大学校友工作办公室整理:《鲁东大学(原烟台师范专科学校)77 级 78 级学生名录》,柳新华主编:《难忘的一天——恢复高考 35 周年回眸》,黄海数字出版社 2012 年 10 月版,第 377—413页。

有 2 个班,每班 43 人;1978 级中文系 4 个班,分别为 36 人、35 人、40 人、40 人。张炜被分在 1978 级中文系 1 班,学号 006。

他们这两级学生,最大的特点是年龄差距大,且以年龄大的居多。以张炜所在的 1978 级中文系 1 班为例,最大的出生于 1945 年,最小的出生于 1961 年。而且,36 人中 1940 年代出生的有 17 人,1960 年代出生的只有 4 人,其余 15 人出生于 1950 年代。1956 年出生的张炜,属于其中年龄略略偏小的一个。

对此,1977 级中文系学生、时任校学生会主席于清才曾有回忆:"1978 年春天,我们走进了烟师的校园。中文系 77 级分两个班,八十六名新生,最小的不满十八岁,最年长的几位师兄已届三十有六。相差二十岁的同窗、父子同校、母女同班那时已不是孤例,生命的喜悦里浸满了辛酸。""77 级和 78 级两级学员入校时间相隔仅半年,人生的背景和年龄结构大致相同。在以后的叙事中我们常常把 77、78 级视为一体,这是那个特殊年代出现的特殊现象。""在中文系,许多大课、公共课都是两个年级一块儿上,许多活动也搅在一起搞。比起 79 级及以后的师弟师妹们,77 级、78 级似乎没有什么明显的学龄分界。可以说,那时学生运动的此起彼伏,那时校园思想解放运动的风云际会,那时高涨的学习热潮和丰富多彩的文体活动,都是 77、78 两级学员携手共创的。"①

当年那一幕幕生动的场景,时任校团委书记于文书的回忆,也是很有代表性的:"在我的记忆中,那两年的文艺活动是最活跃的,每逢元旦、国庆等节日,校团委和学生会都要组织歌咏比赛和文艺晚会。在一次歌咏大会上,我指挥全场师生齐唱《歌唱祖国》,群情激沸,把大会推向了高潮。……那时的文艺演出,虽然没有现在这些高科技手段和良好的条件,但因同学们是带着一种特殊感情出现在舞台上,因此情绪饱满、纯朴自然、感人至深。每逢元旦,各班都要举行茶话会,我几乎都要到各个班走一圈儿,和同学们共度佳节……""体育活动在当时也十分活跃,学生会的体育部长李世惠擅长体育,颇有组织能力。学校除每年春、秋两季运动会外,还经常组织各种比赛,篮球赛、排球赛、乒乓球赛、队列比赛……整个校园充满生机。""演讲比赛、诗歌朗诵会等,也是学校经常组织的活动。……为了开展革命传统教育,每年清明节都要组织学生去英灵山革命烈士陵园,为烈士扫墓,开展向烈士献诗歌、宣誓等各种教育活动。每次活动过后,都对同学们有很大的

---

① 于清才:《烟师岁月长相忆》,柳新华主编:《难忘的一天——恢复高考 35 周年回眸》,黄海数字出版社 2012 年 10 月版,第 61—70 页。

触动。""办好广播和刊物,也是当时团委的重要工作。学校的广播站由团委负责,除了早晨 6∶30 雷打不动的《新闻和报纸摘要》节目以外,那就是每日三次的自办节目。学校里的要闻大事、学生中的好人好事、社会上的趣闻逸事,校园生活、文艺欣赏等,内容丰富多彩,稿子的采编全由学生在课外活动时间来做。……再就是办刊物,团委办了个《团的工作》,在当时没有网络的情况下,这个刊物很受同学们的欢迎。另一个有影响的刊物——《贝壳》,是由中文系 78 级张炜等同学创办的,同学们自己撰稿、刻版、印刷。成为当时令人瞩目的文学刊物,也成了作家成长的摇篮。"①

这便是张炜置身其中的校园环境,与他的海边林中岁月,与他的小学、初中、高中生活,与他在胶东半岛游荡的日子,已经大为不同。更重要的是,时代变了。在这样一个时代,能够激起一个青年人的热情和希望,能够让他拥有一个阔大美好的梦想空间。张炜说:"1978 年是人心思变、努力向上的特殊年代。在大学校园里,每个人都想把失去的时间追回来,每个人都在心中崇拜公认的英雄:诗人、科学家、教授、学者、作家、艺术家,以及诸如此类的人物。人们的价值标准就是这样,它和人类千百年的历史形成的相对固定的标准大体一致。当时人们还如饥似渴地学习,追求自己的目标,并且对种种刻苦的追求深以为荣。不论是深夜还是黎明,只要走到校园里随便一个安静的角落,都会遇到那些埋头读书的人:背外语单词,背古文。阅览室里总是人满为患,图书馆永远是人们最向往的地方之一。"②

当然,在这样一个人生舞台上,张炜留下的最清晰的印痕,还是文学。在他的生命旅程上,最重要的永远都是文学。张炜说:"在学校时,我们都很年轻,我们或许并不太清楚坚持一种道路的艰辛与险峻;但是要坚持就要付出一定的代价,这一点似乎是知道的。我们那时还没有一个人天真到把文学看成是一条铺满鲜花之路,一条攫取名利之径。我们只是需要,觉得它像光、像水、像食物。"③

---

① 于文书:《难忘的友谊　巨大的财富》,柳新华主编:《难忘的一天——恢复高考 35 周年回眸》,黄海数字出版社 2012 年 10 月版,第 3—6 页。
② 张炜:《校园忆》,张炜:《我跋涉的莽野》,春风文艺出版社 2001 年 9 月版,第 67 页。
③ 张炜:《校园忆》,张炜:《我跋涉的莽野》,春风文艺出版社 2001 年 9 月版,第 70 页。

第三节　海边拾贝

一

我们已经知道,当时的烟台师专是一所富有文学传统的学校。1977 年恢复高考以后,学校中文系的文学创作由著名作家萧平倡导和带领着,学校又承继着那悠久的文脉,是以形成了更加浓郁的氛围。一大批优秀师生作家喷发式涌现,成为 20 世纪 80 年代中国高校的一道亮丽景观。萧平、山曼、张炜、滕锦平、马海春、矫健等,都以自己不同的创作风貌在山东乃至中国文坛占据了一席之地。其中,张炜无疑是最具代表性的一员。

当年烟师中文系的盛大文风,在于清才笔下有着生动的描述:"原来这小小的烟师中文系竟也是藏龙卧虎之地,不仅有萧平先生那样驰名中外的作家,而且还有刘菩安、山曼那样洋得淹博、土得深厚的专家学者,刘菩安先生是'文化大革命'以前的教授,而在中文系的中青年教师梯队中,光'文化大革命'前有研究生履历的就有五位。须知那时候,中国还没有自己的博士生培养制度,硕士研究生已经是顶天了,何况这五位研究生的导师都是享誉一代的学界翘楚:王瑶、冯沅君、孙常叙、黄药眠、王汝弼先生。除了这些闪闪发光的学术品牌,在我看来,中文系的师资团队称得上群英荟萃,此后每逢在脑海里想起一位位业师的音容笑貌时,总是联想到历史上的一些画面:曹孟德占天时兵多将广,雄兵百万、战将千员……我的形象思维一向穷困,不知这一次为什么大跨度地将不沾边的古今文武煮在了一锅,也算是'闪回'吧! 我一直认为西山是烟台的风水宝地,所以才应了人杰地灵之语。人道与天地之道一样,无水不生无山不长无风不净,烟师都占尽了。所以后来我有诗赞曰:西山无尘栖彩凤,东莱有幸降文昌。就是状写那时中文系师生之群星灿烂的。"[1]

在这个名师云集、教风学风甚好的风水宝地中,张炜徜徉在中国古典文学、现

---

[1]　于清才:《烟师岁月长相忆》,柳新华主编:《难忘的一天——恢复高考 35 周年回眸》,黄海数字出版社 2012 年 10 月版,第 68 页。

当代文学、外国文学、文艺理论、古代汉语、现代汉语、逻辑学、教材教法、写作等学科领域的知识海洋中,感受到了一个极为丰富饱满的文学和文化世界。同时,那些高水平的学术讲座,也给他和同学们带来了一场又一场心灵盛宴:北京师范大学的王汝弼先生、辛志贤先生,山东大学的孙昌熙先生,山东师范学院的庄维石先生、冯中一先生、冯光廉先生,等等,都使他们如沐春风,如饮醍醐。当然,最为有幸的,还是遇到了著名作家、时任烟台师专中文系主任萧平先生。

萧平(1926—2014),本名宋萧平,又名肖平,山东乳山人。1944 年参加革命工作。1953 年毕业于山东师范学院中文系,1955 年至 1957 年在北京师范大学著名文艺理论家黄药眠先生指导下研究文艺理论和美学,其后一直从事教育工作。曾任烟台师范专科学校校长、烟台师范学院院长、山东省作家协会副主席等职。

萧平是 20 世纪 50 年代就已成名的儿童文学作家,有影响广泛的短篇小说《海滨的孩子》《三月雪》等,中篇小说《墓场与鲜花》《啊,少年!》等。其中,《墓场与鲜花》获 1978 年全国优秀短篇小说奖;1979 年,《海滨的孩子》获第二次全国少年儿童文艺创作一等奖,并被收入联合国教科文组织选编的《当代亚洲儿童小说选》。他也与著名儿童文学作家李心田、邱勋一起,被誉为山东儿童文学的"三驾马车"。

张炜入校时,萧平已是中文系主任,并被省里安排搞文学创作,没有直接给他们上课。但他们在校之时,正赶上萧平的两篇重要作品连获全国大奖,这对那些热爱文学的年轻人该是多大的鼓舞和激励啊!烟台师专这所普通的师范专科学校,也因为有萧平而名声大振。记得我们 1985 年秋考入泰安师专中文系读书时,我们的当代文学老师给学生们讲的不是我们本校的优秀师长,而是烟台师专的萧平,是萧平培养的两个有名的作家张炜和矫健。萧平和烟台师专中文系的影响,在山东全省乃至全国的师专中文系都是很大的。

同时,十分关爱学生的萧平也没有因为自己的事业而放弃自己的责任。他虽然没有直接上课,行政工作、创作任务又很繁重,但他仍然抽时间给学生们搞讲座,介绍当时的文学作品,评述当时的文学现象。因为他既是著名作家又是著名学者,讲座既有理论高度又有实际应用价值,很受同学们欢迎。据张炜的同学马泉照回忆,萧平曾给他们讲过如何正确处理艺术与政治的关系问题。他说,艺术离不开政治,但不能简单地理解为图解政治。艺术的强大感染力,来源于它的审美功能,搞文学就要在这方面多下功夫。马泉照说,萧平从文学的角度厘清了这对关系,加深了他们对诸如朱自清的《荷塘月色》等作品的理解。马泉照说,中文系还不断把当时的一些作品印出来,像刘心武的《醒来吧,弟弟》、卢新华的《伤痕》、韩少功的《月兰》等,供同学们传阅、品鉴、讨论。文学,成了那个时期的一个热门话题。① 这些,应该都对张炜产生过积极的影响。

张炜也曾回忆:"刚入学的时候,同学们在宿舍里每天有很多事情需要谈论。新的环境,有无数新的话题。但大家常常谈到肖平。不久他发表了小说《墓场与鲜花》,大家争相传阅。谁是肖平? 没见到的老这样问。后来一次开会,他作报告,使同学们都认识了。他五十多岁,高高的个子,身躯笔直。他根本就不像五十多岁,显得年轻的可能主要是乌黑的头发和明亮的眼睛。这双智慧的、敏锐的眼睛当时望着同学们,使大家心头既温暖又羞怯。从会上回来,都说这回认识了。"②

张炜对老师的敬佩和仰慕是由衷的。这时,他也许会想起自己当年曲折艰辛的"拜师"之路,以及他所拜会的形形色色的文学"老师",并庆幸自己终于找到了真正的文学领路人。

二

或许是因为内向、腼腆的性格,或许是因为自幼形成的独立生活习惯,初入学校的张炜,并没有引起大家太多的注意。在同学眼里,他独来独往的时候多,平时默默无语,显得有点儿孤僻和不合群;他没在班里担任任何职务,又极少出现在操场等集体活动的地方,甚至连学校每周一次和附近一个营房里经常放的电影也很少去看,就更加少有与同学们交流的机会了。

但这并不是因为张炜孤傲和清高,他也没有什么值得孤傲和清高的地方。一些细心的同学很快发现,张炜根本就没有时间和心思享受校园的美好、挥洒青春的浪漫,他太珍惜这来之不易的学习机会了,他几乎把全部时间和精力都用在了学习上,尤其是用在了文学写作上。他们毕业三十多年之后,他的同学马海春还对此记忆犹新、津津乐道:

　　……饭后,同学们大多数都回了宿舍,可他一般就径直去了教室。我曾纳闷不解,他学习怎么这么用功呢?

---

① 参见马泉照:《在生长大树的地方》,柳新华主编:《难忘的一天——恢复高考35周年回眸》,黄海数字出版社2012年10月版,第213页。

② 张炜:《烟台有肖平》,《张炜文集》第29卷,漓江出版社2019年10月版,第19页。

　　快上课了,我们提前几分钟奔向教学楼。可这时,张炜已在楼前徘徊多时,他是在自学英语。沿着圆形花坛,或是在雪松掩映下的冬青甬道上慢慢走着,一边翻着一摞卡片,口中念念有词,一旦意识到前面有人便立刻踅转——所以看上去像在"徘徊"。张炜无疑是待在教室时间最多的一个,还有阅览室。他几乎每晚都是在规定熄灯之后摸黑回到宿舍。周末这一天,教室里又空又静,用功的同学少了,而张炜的座位很少空过。他坐在后排,靠后门,一推门就能看见。有时在这一天,他会整天不挪窝儿。

　　后来我才知道,张炜的"功"都用在了文学上,他不停地读和写。我们每人都发了一个借书证,有借阅次数的限制,但许多人的都用不完。这样,张炜就总是同时拥有好几个,当然是借朋友们的。他如饥似渴狼吞虎咽地阅读——我想,这样形容并不为过;据说他把图书馆的文学名著都借读空了。在校期间他主要是写短篇小说,其中多篇选入后来出版的他的一本专收早期创作小说的集子中,即《他的琴》。有一次,他让我和老徐几个同学帮着誊抄一部长篇,我分的一章题目是"一片芦花飞向北"。我暗自惊佩:好家伙,写长篇!张炜的名声传开,同学们也都知道了他"就爱写小说"。其实当时没人知道他已经在文学道路上走得很远了,从上初中就开始写,一直写出了二三百万字!这是多么惊人的巨大数字——如果排列开,会是一条多么漫长而曲折的文学之路![1]

　　一个人们公认的天才的出现,总有些常人不能比肩的地方,但他养成的过程,却又是平常不过的。鲁迅先生说,哪里有天才,我只是把别人喝咖啡的时间用在工作上了。其实,这"平常"之中又蕴含着极大的不平常。谁不愿意轻松愉悦?谁不愿意享受生活?一个人能够自觉地把别人喝咖啡的时间用在工作和学习上,这本身就是超常的毅力、坚定的内心,本身就是天才的表现。从某种意义上说,天才就是那些比常人更能战胜自己的五花八门的欲望,把时间和精力都集中于某件事情之上,并且取得了成功的人。一个天才养成的过程,就是长期甚至终生围绕某一个目标和方向,付出"专注的努力"的过程。

　　马海春讲述的张炜这段求学往事,也让我们想起了广为流传的马克思在大英博物馆、钱锺书在清华大学图书馆读书的故事。一个能够久坐冷板凳、"扫荡图书

---

　　[1]　马海春:《张炜与〈贝壳〉》,柳新华主编:《难忘的一天——恢复高考35周年回眸》,黄海数字出版社2012年10月版,第216—217页。

馆"的人,成功不过是水到渠成、顺理成章的事情。这个自小在外祖母、母亲、姐姐身边通过"听书"方式开始阅读的孩子,这个在小工厂做工、在山地和平原游荡时都不忘阅读的孩子,一旦进入书的海洋,哪里还有别的什么心思呢?

三

张炜当时阅读的书目,我们已经很难见到。从他后来的一些讲述和别人的回忆中,我们知道他那时可谓博览群书。当时,他最喜欢的作家是孙犁和屠格涅夫,同时开始阅读中国先秦文学。

张炜说:"我在烟台师专读书时,尤其喜欢孙犁。孙犁的《铁木前传》今天看,也是写得不能再好了。她让人久久不忘。我把作家的所有作品都找来读了,深受影响。也就是这个时候我读了《猎人笔记》。这本书是我读过的屠氏的最好的作品。他的有较大反响的《父与子》《罗亭》等长篇,对我的影响都不如那本书大。有一股奇怪的内力从书中生出来,一直左右着我。先秦文学接着也开始学习,因为这是中文系的必修课。毕业后,我又自修下去。我得承认,一种强大的力量彻底征服了我。我们的文学中,还有比先秦文学更伟大更绚丽的吗?我看不出了。那是一种无法言说的品格,是后人没有复制出来也无法复制出来的。我只要写东西,就得常常温习我们的先秦文学。"[1]

张炜说:"一个人在搞创作时,特别是刚刚起步,对他发生影响的作家有时会是刚刚接触的作家。他不一定是最重要的,但由于特殊原因,在你攀登之路上和他遭遇。遭遇了很可能就喜欢起来。那么这个作家在这个阶段上对你会产生很大影响。……比如最早孙犁对我有影响。受这些影响我写乡村少女、田园风光,用一种很柔和的笔触再现生活,想掌握几笔就把一个人物雕刻出来的技能。后来屠格涅夫对我产生了很大影响,再后来是艾特马托夫和阿斯塔菲耶夫。当然,中国很早的作家,像徐志摩,对我也产生了影响,他的许多诗我小时候就读过。"[2]

孙犁和屠格涅夫,是对张炜的前期创作产生过重要影响的两位作家,尤其是孙犁小说的美与诗意,屠格涅夫《猎人笔记》中大量迷人的景物描写,都让张炜着

---

[1]　张炜:《周末问答》,张炜:《周末对话》,江苏文艺出版社 1991 年 12 月版,第 128—129 页。
[2]　张炜:《期待回答的声音——'93 张炜文学周》,明天出版社 1995 年 5 月版,第 76 页。

迷。后来,张炜在漫长的文学道路上从未放弃过对"美"与"诗意"的追求,大段甚至长篇精彩诱人的景物描写也成为他作品的一个明显特点,这与他从小的生活环境和逐渐形成的思想情感有关,也与他向这些前辈大家的学习不无关系。

张炜特别感激他的大学生活。他认为大学生活的一个重要收获,就是知道了一个读书提纲,知道了老师们是怎样认识文学问题的,知道了做学问要有耐性、讲究步骤。而且,在学校里学业还可以逼迫你学一点不太爱学的东西,比如古汉语。你要毕业就得学,就得忍耐。在忍耐之间不仅增长了知识,而且以后受益很大。他说:"正规的教育使人健康成长,熏陶人,默默地感化人。""上大学,对一个作家来说是幸运的。我如果靠自学,可以想见要独自摸索很长时间。我的韧性有限,悟性也有限。我一直会感激教导过我的师长。"①

事实的确如此,如果没有这时学到的古汉语知识,就不可能为他打开一个中国先秦文学和唐宋元明清文学的窗口,外祖母书箱中那些繁体竖排的线装书就很难读懂,他后来也就不会写出《读〈诗经〉》《楚辞笔记》等那样带有专业性质的读书随笔了。更为重要的是,他就有可能因缺乏中国古典文学、古代文化这一课,创作出的作品的历史感、厚重感和文化含量都会被削弱。

后来,随着张炜年龄和阅历的增长,阅读视野和文学经验的增多,对生活认识程度的加深,更多中外作家进入了他的阅读范围,其中对他影响最大的是中国的鲁迅和俄国的托尔斯泰。这也是与时代变迁、文学潮流的演变分不开的。20世纪80年代末90年代初之后,在物欲高涨、精神微弱的时代氛围中,他觉得中国文坛最缺乏的就是鲁迅那样的永不妥协者,也需要托尔斯泰那样具有深厚大地情怀、人道情怀的伟大作家。他不断地阅读鲁迅,理解了鲁迅的孤独、决绝、冷峻和伟岸,写下了大量读书随笔,仅《荒漠之爱——夜读鲁迅》就写了四十多篇。他也读完了托尔斯泰的所有作品,深刻体会到了这个伟大作家与土地、人民须臾不可分离的关系,认识到这是一个伟大作家与庸常写作者的最本质、最重要的区别。

他把最高的赞美献给了鲁迅:"鲁迅是任何时候都要学习的。鲁迅对于这个民族的成熟和成长起着无法估量的作用。今天中国的前进、希望,都与鲁迅给我们的精神饲养分不开。鲁迅是战斗和良知的代名词。""对于虚伪者而言,鲁迅是咄咄逼人的;对于邪恶者而言,鲁迅是永不饶恕的。鲁迅又是一个最懂得宽容、也最能宽容的人。他心里装不下污浊、病态、虚妄、丑恶,却能容下、能记挂着千千万

---

① 　张炜:《周末问答》,张炜:《周末对话》,江苏文艺出版社1991年12月版,第150—151页。

万平民。""鲁迅先生对我的影响差不多超过了所有中国作家。他永不妥协,永不屈服。他使我懂得:一个真正的作家必定是一个战士。一切闲适的、超然的作家,都有可能变成酸腐的文人,而不是作家。"①

他也把最高的赞美献给了托尔斯泰:"对于他,稿纸和土地一样,笔和犁一样。于是他的稿纸就相当于一片田园,可以种植,可以催发鲜花、浇灌出果实。在这不息的劳作之中,他寻求着最大的真实,焕发出一个人的全部激情。""托尔斯泰的故事差不多等于大地的故事。他是一个贵族,后来却越来越离不开土地。于是他的情感就更为质朴和扎实,精神与身体一样健康。""这种真正的质朴没有任何一个诗人能够重复,能够像他那样经过生活中的长久发酵而散发出真正的芬芳。"②

张炜一路走来,渐走渐远,渐走渐高,不是偶然的。其中一个重要原因就是阅读——经典的、纯粹的、高品质的阅读。阅读铸造了他的生命质地,也影响了他的文学质地。这也提醒我们,在阅读张炜作品时,不能只看到他的童年、少年时代生活的影响,还要看到他的烟师岁月,知道他是一个"科班"出身、熟稔古今中外文学经典的当代作家。这对我们阅读和理解张炜作品及其情感倾向、思想倾向、美学追求,都是有益的。

四

那个时候,张炜给同学的印象,还有他对劳动的热爱,以及让人难以想象的洁净。

他的同学于新媛回忆,有一次班级劳动,他们班分到了一项艰巨任务:清理一排旧房子和山坡地堰夹道中的垃圾。夹道很窄,垃圾积存很厚,幸亏张炜想出了一个分段往外挖的主意,才加快了劳动进度。在需要到夹道中清理垃圾时,穿着一身干净整洁的深蓝色中山装和一双洁白如新的白色运动鞋的张炜,又抢先跳进夹道里,"一会儿抢起镐头,一会儿扬起铁锨。挖着,挖着,遇到一根粗绳子,黑乎乎,湿漉漉,脏兮兮,油腻腻,还有一部分压在垃圾底下,大概很长,用三齿镐也不管用了,他干脆用手拽。这双手和他的脸一样,那么白皙,与这根绳子形成巨大的反差。大家齐上阵,七手八脚把这根长长的绳子拽出来了"。令人惊奇的是,劳动

---

① 张炜:《再谈学习鲁迅》,肖夏林主编:《忧愤的归途》,华艺出版社 1995 年 6 月版,第 2 页。
② 张炜:《耕作的诗人》,张炜:《冬天的阅读》,东方出版中心 1997 年 3 月版,第 35—38 页。

结束后集体就餐时,眼前的张炜"仍然是一身深蓝色的中山装,干净整洁;一双白色的运动鞋,洁白如新。除了那一头乌亮茂密而富有弹性的头发刚刚洗过还没干,找不到任何刚刚劳动过的痕迹"①。

这个时候,对张炜尚缺了解的同学可能还不知道,他是一个经历过艰辛生活和艰苦劳动的孩子,这点辛苦对他而言根本就算不了什么。他在海滩平原与山地间长大,长期生活在社会的底层,对何为清洁何为肮脏也有着自己的标准和理解。他热爱劳动,以劳动为美、为荣。而他洁净的外表和洁净的心灵,与他承续着外祖父一脉的血缘精神、与他童年时代外祖母的教育熏陶,可能有很大关系。

张炜向来不把自己当成一个作家,而认为自己只是一个劳动者。他对劳动者,特别是对于农民的理解和尊重是非常真诚的。张炜说:"比较一下,还是农民最苦。虽然不能说世界上各国都是这样,但绝大多数国家恐怕是这样。这看起来好像是自然而然的,事实上却包含着许多可怕的东西在里面。你想一想,人在土地上行走、建筑、繁衍生息、获得水和吃食,而他们当中最亲近土地的这部分人却要活得最苦。可怕的颠倒,可怕的不通情理。照这个方向发展下去,人类必然是贫穷,是走向彻底的衰败。"②

这些愤激之语,或许只有张炜这样的劳动者才能体会到并说出来。他同时也深知自己的责任,"就是不断提出新的警醒,与人民融为一体"③。张炜的这些思想形成不是偶然天降,是他始终从一个劳动者的角度和情感出发,真正将心贴近大地、贴近人民的结果。这就使我们相信,于新媛的回忆是真实可信的,没有半点掺假、夸张的成分。

这种思想情感,也深深地影响了张炜的文学创作。这一点,李洁非在《张炜的精神哲学》中说得尤为清楚:"读张炜所有作品,不论是写于 80 年代的或 90 年代的,也不论是在小说的虚构世界里还是在散文随笔的自白直陈中,你会发现'劳动'和'劳动者'这两个词占有特殊的地位,不光出现密度大,而且一经出现往往与作家本人的最高道德理想、美学理想联系在一起。我认为,这正是张炜精神哲学的一条界限,它的一边,站立着善、美,另一边,站立着恶、丑;进而言之,如果说这个人心目中有什么'宗教'的话,那么,对'劳动'的信仰和对'劳动者'尊崇,便

---

① 于新媛:《大学生活真好》,柳新华主编:《难忘的一天——恢复高考 35 周年回眸》,黄海数字出版社 2012 年 10 月版,第 205—207 页。

② 张炜:《葡萄园畅谈录》,作家出版社 1996 年 2 月版,第 277 页。

③ 张炜:《葡萄园畅谈录》,作家出版社 1996 年 2 月版,第 285 页。

是他的宗教!""所有这一切,都源于或者说支撑着同一个信念,那就是'劳动神圣'。"①

　　对于劳动,不论是体力劳动还是脑力劳动,张炜历来都是诚实无欺的,所以王安忆称他为"最诚实的劳动者":"张炜是最诚实的劳动者,他在稿纸的格子里写字,就像农人在挖松的土地里播种。他所表达的从不超出心里所有的。他也不会夸张的表达。这样的作家,他的每一个字都要得到注意和重视。他的每一个脚步,都印下了深深的脚印。"②

五

　　在烟台师专中文系,对张炜产生重要影响的一件大事,是萧平等老师倾力支持一些爱好文学的同学组织文学社。那个时代,是校园文学十分活跃的时代,也是校园文学社如雨后春笋般到处崭露头角的时代。

　　最早提出创办文学社的是1978级的一些同学,它的发起人和组织者之一便是张炜。萧平回忆:"我认识他是在七九年春。他们几个爱好文艺的学生发起组织了一个文学社,并出版一个油印刊物,有些事来问我,以后又拿稿子来给我看。给我的印象是他性格有些内向,朴实,诚恳,有些拘谨。慢慢熟了,片片断断地向我讲了些家庭情况和个人遭遇。他的家住在一个镇子上,后来又迁到了海边。住宅不在村里,而是孤零零地在一条大河入海口岸边的果园里。家里有许多书,他就读了不少文艺作品。十几岁的时候,离开了父母,到百多里外的叔叔家住了。叔叔家同他们家隔着一座大山。每年他都盼望着看家的日子,终于盼到了,背着包裹,翻过这座大山,走上百多里,回到家里,同父母姐姐团聚几天。而常年只能望着乌云漫漫或白雪皑皑的远山,思念着山那边的亲人。当他说起这些的时候,看得出是很动感情的。"③

　　从萧平的回忆看,这个文学社1979年春天就开始筹备,并且已经有了初步的计划。那么,张炜等筹备者动议的时间当然更早一些。也就是说,他们在1978年

---

① 李洁非:《张炜的精神哲学》,张炜:《怀念黑潭中的黑鱼》,北岳文艺出版社2001年5月版,第305页。
② 王安忆:《最诚实的劳动者》,肖夏林主编:《忧愤的归途》,华艺出版社1995年6月版,第216页。
③ 萧平:《〈秋天的愤怒〉序》,张炜:《秋天的愤怒》,人民文学出版社1986年12月版,第1页。

秋天入学不久就开始构想、谋划此事了。

经过紧张愉快的筹备,1979年深秋的一天下午,他们在中文系合堂教室举行了成立大会,到会师生三十多人。成立大会由中文系1978级1班团支部书记徐世国主持,张炜代表文学社筹备组报告了活动打算和办刊计划,张炜的同桌李世惠还按照张炜的事先安排,登台朗诵了诗歌《假如你真的爱我》。系主任萧平和写作教师刘传夫、李慧志伉俪等到会祝贺,提出了殷切的希望。几位老师都对文学社关爱有加,特别是对张炜十分器重和赏识,给了他很多的鼓励和支持。在此后的岁月里,张炜也一直不忘师恩,每次返校都回去看望他们,这在烟台师专被传为佳话。①

就这样,烟台师专中文系历史上第一个文学社——芝罘文学社,在1978级同学的手中诞生了。随后,1979级同学也创办了同学文学社,中文系的文学氛围更加浓郁。两个文学社决定共同创办一份文学刊物,建立自己的文学阵地。当他们带着事先拟好的几个刊物名称去请教萧平老师时,萧平一锤定音:就叫"贝壳"吧,我们在大海边,等于是捡回了一些美丽的贝壳。一份校园文学刊物就这样应运而生了。② 在芝罘文学社筹建和《贝壳》创刊过程中,张炜无疑是一个最重要的人物。他那时的全部文学热情,大概都倾注在这个文学社和这份刊物之中了。

同学们看到,这个平时似乎有些孤僻和不合群的张炜,一下子成了最忙的人。马海春回忆:"约稿,帮人构思。稿子交到他那儿,跟人谈修改意见。多方联系有关事宜。他走路都兴冲冲的,油黑浓发沉甸甸地掀动着、滑向前额,他不时地用手向后抄拢一下。那一阵子,他显得意气风发,浑身带劲。稿子齐了,全部定稿,他精心编出了目录,连字体、字号都分清楚了。然后他就分别找到我们几个刻板的同学,一一交代……"③他在文学的海洋里找到了自己的位置,自然而然地成了文学社的核心,成了《贝壳》实际的主持人、主编者。

李世惠回忆:"《贝壳》是中文系77、78、79级部分同学尤以78级为主体而创办的一份油印文学刊物,当年共出了两期,第一期是手刻油印的,第二期是打字油印的。《贝壳》的核心成员有张炜、李曙光(77级)、矫健(79级)、滕锦平、徐世国、

---

① 参见李世惠:《沐风饮露两年间》,柳新华主编:《难忘的一天——恢复高考35周年回眸》,黄海数字出版社2012年10月版,第262—263页。

② 参见马海春:《张炜与〈贝壳〉》、张炜《〈贝壳〉的由来》,柳新华主编:《难忘的一天——恢复高考35周年回眸》,黄海数字出版社2012年10月版,第215—219页、第275—277页。

③ 马海春:《张炜与〈贝壳〉》,柳新华主编:《难忘的一天——恢复高考35周年回眸》,黄海数字出版社2012年10月版,第217页。

黄志毅、马海春、冷丽华、刘向红、马泉照、孙和平、于世宝等,张炜是名副其实的主编,所有的稿件都经由他审阅、把关和修改,然后编好目录,安排马海春、孙保健等同学刻印。"①

1980 年,烟台师专文学社同学与萧平老师(后排中)合影,前排左二为张炜

1980 年 1 月,由烟台师范专科学校中文系芝罘文学社、同学文学社编辑的《贝壳》第 1 期刊印,为蜡版刻字油印本,十六开本,共四十二页。这期《贝壳》在《致读者》中写道:"一群热爱大海的孩子,在生活的海边寻来了几颗贝壳。初次赶海,收获甚微,品种单调,色彩也不够富丽。这与包罗万象的大海相比,简直是微不足道。但它毕竟倾注了我们热爱大海的一腔深情,反映出我们潮头求珠的一片渴望。如果它能闪烁出一点醒人耳目的色彩,那该归功于太阳的照耀和大海的培育。"

这期《贝壳》共发表小说三篇,分别是滕锦平的《代表》、张炜的《春生妈妈》、冷丽华的《"一葫芦酒"》;散文两篇,分别是李世惠和姚纪宁(张炜化名)的《鼓手·鼓声·心声》、知了(滕锦平化名)的《我热爱生活》;诗歌二十多首(组),其

---

① 李世惠:《沐风饮露两年间》,柳新华主编:《难忘的一天——恢复高考 35 周年回眸》,黄海数字出版社 2012 年 10 月出版,第 261 页。

中有马海春和巧兰(张炜化名)的一首二百多行的叙事诗《采摘》;理论栏里还发表了矫健的《艺术形象要真实》。散文《鼓手·鼓声·心声》是李世惠根据一次运动会见闻写成的习作,张炜看后决定采用,并进行了认真修改;诗歌《采摘》是张炜"逼"马海春写出草稿后,他又精心修改而成的。这两个作品因为张炜都付出了很多心血,作者执意要他加上名字,张炜拗不过他们,于是分别取了"姚纪宁"和"巧兰"的化名。这应该是张炜最早使用的笔名。

《贝壳》创刊号的封面设计十分写实:右下部是海滩一角,远处云山迷茫,天空中飞翔着一只海鸥;海边有两个孩子,其中一个正在弯腰拾贝。也许是因为办刊条件比较简陋的原因,它的纸张比较粗糙,刻印、装帧都说不上精美,但还是受到了很多同学的欢迎和喜爱。当然,在一些不喜欢文学的同学眼里,它又是没有多少价值的,甚至被个别同学讥为"蛤皮"。张炜他们并不以为意,还是和社员们兴致勃勃地分送各处,与大家分享他们的成功与喜悦。不仅如此,他们还与全国各大院校的文学社互相联系,互寄刊物,交流学习。当时的文学社社员冷丽华记得,他们曾与北京大学未名文学社有过联系,还曾收到过他们寄来的社刊《未名湖》。①

也许张炜那时就已明白,做任何事情都会有人说三道四,但一个人做事,不是做给别人看的,而是出于一种内心的需要。就像他毫无顾忌地去清理夹道中垃圾一样,他不嫌肮脏;也像他整理完垃圾就把自己收拾得整洁如新一样,这来来去去没有任何矫情。他的一切都从内心出发,始终都在做一个真实的自己。

这样一种办刊态度,与他后来的写作态度是一脉相承的。张炜始终认为,一个作家与读者的关系是十分复杂的,拥有众多读者固然很好,但也不能为读者的流失而丧失信心。一个作家当然需要读者的阅读和鼓励,"但我不愿去取悦读者。因为我太尊重他们了。尊重,就是送给他们更真实的东西。我坚持自己所追求的一切,而不是跟住读者的兴趣"②。或许,我们可以从这些言辞之中理解张炜的诚实和质朴、执拗与倔强。他能在长期的文学创作旅程中,在风云变幻的文学大潮中,从不跟风趋时,永远脚踏实地、保持定力,绝不是偶然的。这是他的性格使然,也是他的坚定追求,因为他不仅是一个"劳动者",而且是一个"最诚实"的劳动者。

---

① 参见冷丽华:《难忘的朝阳般的年代》,柳新华主编:《难忘的一天——恢复高考35周年回眸》,黄海数字出版社2012年10月版,第300页。

② 张炜:《期待回答的声音——'93张炜文学周》,明天出版社1995年5月版,第59页。

　　我们应该感谢烟台师专中文系,感谢萧平和那些老师,感谢芝罘文学社、同学文学社和《贝壳》杂志,他们不仅为张炜,也为那一时期成长起来的滕锦平、李曙光、李尚通、冷丽华、马海春、矫健、黄志毅等一批青年作家奠基,个中意义,非同一般。

六

　　这么多的文朋诗友聚集在一起,相互之间的学习、交流也日益增加。这比张炜去寻找那些"大地上的文友"要好得多了,让张炜有了一种如鱼得水的感觉。

　　张炜回忆:"当年求学的情景还在眼前。当时恢复高考不久,每一级的入学间隔时间还没有调整好,三个年级的学生在学校交汇的时间很长。这就有了更多相互交流和学习的机会,不同年龄不同地区的人在一起,说话南腔北调,特别有意思。""当时热爱文学的同学比现在多,中文系差不多是百分之九十以上。上课谈文学谈语言,下课也是如此,大家常常就新读过的作品争论起来。"①

　　"在学校里我结识了一批文学朋友,他们现在也都毕业了。他们的作品发表了很多。那时我们一起办刊物,搞文学社,大家都兴致勃勃。如果不是在学校里,就很难那么集中地一块儿研讨文学。哪里有这样一群无牵无挂、一心扑在文学上的人? 到了社会岗位上就不行了,大家都在为自己眼前的事情忙,忙生计。只有学校才有那么浓的研讨问题的气氛。如果有什么不同意见,大家就争论得面红耳赤。"②

　　"中文系主任、作家萧平关心我们的文学活动,中文系的老师与我们一起讨论稿子。不仅是中文系,即便是化学系、英语系的学生也来参加我们的文学社。我们油印刊物的征稿启事吸引来大批稿件。当时一些国内公开刊物上发表的一些作品常常为我们所注意,有时围绕这些作品还发生激烈的争论。如果有好的作品,就迅速在同学们当中传阅。

　　"我们学校地处市郊,不远处有一座稍大点的山。我们常常爬山。在山顶,一些写诗的同学就不停地朗诵自己的作品。山下是大片的果园,在果园里,我们开了不少文学讨论会,会上总是争论得面红耳赤。我们当中有出色的辩才,有绘声

---

　　①　张炜:《〈贝壳〉的由来》,柳新华主编:《难忘的一天——恢复高考35周年回眸》,黄海数字出版社2012年10月版,第275页。

　　②　张炜:《周末问答》,张炜:《周末对话》,江苏文艺出版社1991年12月版,第150页。

绘色的讲述者,有博闻强记的人,有冲动起来像个疯子的可爱人物。

"转眼二十余年过去,生活给人如此鉴定:当年所有挚爱文学和艺术的同学,今天都成为各个方面非常优秀的人才。他们都在自己的领域里做出了很大的成绩,都始终保持了积极向上的奋斗精神。这种精神正是文学和艺术的精神,是生命的创造特性。"①

冷丽华也回忆:"文学社的成员经常凑在一起研究稿子,通常是一人把他写的稿子念出来,大家一块儿评论,挑毛病、出点子、集思广益。"②一人念稿大家讨论,或者把稿子分送好友阅读,然后集中讨论,大概就是这个时候形成的习惯。后来,张炜的很多作品在发表前都经过了这样一个过程。

信息的传递、观点的碰撞、思想的交锋,在那些年轻学子之间涌动成一股激情勃发的洪流,沸腾涌动。张炜说:"我们有了刊物,就分别写稿,分开栏目,各自完成'主打作品'。那时好胜心极强,一心要超过其他院校寄来的社团刊物。当年铅印的院校刊物还不多,在今天看来都是很简陋的。不过当时并不这样看,只觉得寄来的所有刊物都香气逼人。这仿佛是一场较劲的比赛,既有趣又费力,四周吸引了很多的人。""同学们飞快传递彼此的一些阅读信息,总是非常兴奋。比如说一个人在阅览室里读了一篇刚刚发表的作品,就赶快告诉大家。什么刊物出了一个新的作者,哪一篇作品产生了影响,大家心里清楚极了。那时候没有网络,基本上也没有电视,就靠阅览室来满足我们。问一下,可能大家印象最深的地方就是那间大阅览室了。我们在那里度过了多少欢乐的时光、产生过多少激动。""还记得第一次看二十多时的彩色电视,是在中文系的合堂教室里。看的第一个话剧是曹禺的《雷雨》,不久又看了德国作家席勒的《阴谋与爱情》。那种激动如在眼前:回到宿舍已经很晚了,还要讨论剧情,多半夜都不愿睡觉。看文学作品也是这样,当年任何一个有影响的短篇小说或散文都不会被我们忽略。"③

就在这时,振奋人心的消息接连传来。1980 年 3 月,张炜的短篇小说《达达媳妇》在《山东文学》第 3 期发表。这是张炜在省级刊物上发表的第一篇作品,刊物本身又是山东最重要的一份文学月刊,其意义自不用说。这个短篇原来叫《小

---

① 张炜:《校园忆》,张炜:《我跋涉的莽野》,春风文艺出版社 2001 年 9 月出版,第 68—69 页。
② 冷丽华:《难忘的朝阳般的年代》,柳新华主编:《难忘的一天——恢复高考 35 周年回眸》,黄海数字出版社 2012 年 10 月版,第 299 页。
③ 张炜:《〈贝壳〉的由来》,柳新华主编:《难忘的一天——恢复高考 35 周年回眸》,黄海数字出版社 2012 年 10 月版,第 276 页。

河默默流》,是编辑把它改为《达达媳妇》的。那条小河,当然就是芦青河。

虽然样刊收到得较晚,但他们看到这期刊物时还是非常激动的。刊物在同学们手中快速流传,大家都纷纷向张炜表示祝贺。张炜用稿费请了一些文学社的朋友在学校附近的一家饭店相聚,大家一醉方休;他还买了糖果带到教室,放在前排课桌上,请同学们品尝。①

1980 年 5 月,他们的第 2 期《贝壳》也印出来了。由于创刊号反响良好,这一期改由系里安排打印,形式上更加美观。这期《贝壳》上不仅刊登了同学们的一些作品,还刊登了萧平老师的《贝壳的启示》、王志强老师的《贝壳与珍珠》。张炜的短篇小说《当我走上讲台的时候》也刊登在上面,这次他取的笔名是"宁伽"。这是张炜在《贝壳》上使用的第三个笔名。后来,他的长篇巨著《你在高原》的主人公便叫"宁伽"。这恐怕不是偶然的巧合,而是从那个时候便埋下的一颗情感的种子,后来,这颗种子在《你在高原》中生根发芽并化作人物形象了。

两年的时光是多么短暂,转眼之间就到了毕业的日子。1980 年 7 月,张炜和同学们毕业离校,各奔东西。但母校也像母亲一样,成了他们终生的情感纽带。他们当年创办的文学社和文学刊物,后来虽然时断时续,但至今仍然顽强地存在着。这里面记录着他们的青春印记,也绵延着他们的文学血脉。

我们今天回首张炜为期两年的大学生活,时间虽短,还是相当重要的。在这里,因为文学和集体生活,他找到了自己青春活力和生命激情的最好喷发点、燃烧点。烟师两年,他像一头饥渴的小兽,一步步走进知识的山坳;又像一条快乐的游鱼,一头扎进文学的海洋。他积极向上、宽容大度,也执拗坚定、绝不妥协。他在广泛的阅读和真诚热切的讨论中升华自己的文学理想、提炼自己的文学观点、找寻自己的文学阵地;在办社团、组稿件、编刊物中学会与师长、同学、朋友等交流沟通,增长自己的人生历练与合作共事的才力;也在一些人的冷眼旁观、冷嘲热讽中锻炼自己的耐力和定力。正像他的同学马泉照所说,张炜成功的"根本原因就在于他心胸宽广,宠辱不惊。他既不会在谗言前裹足不前,也不会在荣誉前忘乎所以,就这样一路走来,成了今天的辉煌。其他人之所以没有成功,除去天赋的原因,就是在这两点上做不到他那样,用老百姓的话讲:'担不起。'"②

---

① 参见马海春:《张炜与〈贝壳〉》,柳新华主编:《难忘的一天——恢复高考 35 周年回眸》,黄海数字出版社 2012 年 10 月版,第 219 页。

② 马泉照:《在生长大树的地方》,柳新华主编:《难忘的一天——恢复高考 35 周年回眸》,黄海数字出版社 2012 年 10 月版,第 214 页。

就这样,一个文学新人就要从这里启航了。他将要走出一个怎样博大辽阔的世界?很多人都在拭目以待。

第四章　从"芦青河告诉我"
　　　　到"秋天的愤怒"

第一节 档案生涯

一

1980 年 7 月,张炜从烟台师专中文系毕业,被分配至山东省委办公厅档案编研处工作。这个地方后来升格为档案局,与档案馆合署办公。一个海边丛林中出生、平原山地间长大的孩子,经过两年的大学学习,离开胶东半岛,一步踏进省城,走进了省委机关,这是不是像个神话?

时代确实变了。如果还是那个"以阶级斗争为纲"和唯"出身""成分"是举的年代,这是不可想象的。时代的一粒灰,落到一个人头上,就是一座沉重的高山;时代的一滴雨点,落到一个人头上,则有可能滋生出一片绿荫。

按照当时的常规,师专毕业生应该分配回原籍,大多数师专毕业生是到中学从事教学工作。这些青年学子也愿意回原籍,因为那时候渴望走出家门看世界的人还很少很少,人们普遍有一种恋家心理:依恋故土、依恋亲人,不愿远行。张炜的同学黄德民是烟台海阳人,毕业时被分配到了栖霞,他哭着闹着要回原籍,可是分配方案已不能更改。张炜得知后,就给栖霞的文友、县文化馆馆长李世武写信,请他多多关照这个到栖霞后"人生地不熟"的同学。①

张炜能够走出这一步,应该是得益于文学,得益于那些赏识器重他的师长对他的写作才华的肯定。当然,一个更重要的前提是师长们对他个人品质的肯定——政治品质、思想品质、道德品质——这一点在那个时代应该是特别重要的。因为他要进入的是省委机关,一个政治性、保密性极强的档案管理部门,"政治标准"应该是第一标准,各方面的考察尤其是政治审查应该是十分严格的。而且,当时从大学生中直接选调到省委机关的是极少极少的,相关程序应该更加严格。张炜经受住了这番考察。

①　参见黄德民:《我在师专二三事》,柳新华主编:《难忘的一天——恢复高考 35 周年回眸》,黄海数字出版社 2012 年 10 月版,第 317 页。

二

这时张炜的主要工作内容，是从事《山东革命历史档案资料选编》的编辑工作，就是要从堆积如山的库存档案中选出需要的历史资料。因为工作关系，他开始有机会接触到大量档案史料。他们的工作，也陆陆续续地取得了一批成果。

1981年9月，由山东省档案馆、山东社会科学院历史研究所合编，张炜参与编写的《山东革命历史档案资料选编》第1辑由山东人民出版社出版；至1986年5月，全套二十三辑全部出齐，加上第24辑"目录索引"，这套书共计一千多万字。这套"选编"出齐时，张炜已离开这里，调入山东省文联创作室任专业作家。他在这里整整工作了四年，参与了《山东革命历史档案资料选编》一至十七辑的编选工作；对于后续各辑的资料选择和整理，在离开之前，他也做了大量工作。这套已经出版的"选编"，全部都是当时的省级文件。据说，"原拟编完省级文件后，继续编辑各行政区（战略区）的文件，由于情况有变，决定不再续编"。①

这段档案工作，给张炜打开了一个全新的世界。据《山东革命历史档案资料选编》"编辑说明"介绍："本书所选档案资料为一九二三年至一九四九年十月期间山东早期党团组织，省级党、政、群机关及各区党委、行署机关的文件。文件编排以时间先后为序，分若干辑出版。文件内容包括政治、经济、军事、文化、教育、工运、青运、妇运等方面。全部文件均由山东省档案馆提供。"②而为选编这些档案资料，张炜看过的材料更是海量的。

那个时候，张炜边工作边创作，他的刻苦勤奋也是常人难以企及的。张炜回忆："这个工作使我耗去了许多精力，因为差不多是我一个人从数量惊人的历史资料中选取篇目。除此而外，夜晚和星期天往往还要校读清样。那时候的创作主要是在每月空出来的寥寥可数的几个晚上进行的，一般都要写到深夜两点。""那时候的写作之苦，使我觉得在从事了专业创作之后的所有辛苦都算不了什么。深夜两点以前不记得睡过觉。从一九八○年到一九八四年，这是我大量阅读和刻苦写

---

① 山东省档案馆、山东社会科学院历史研究所合编：《山东革命历史档案资料选编》第23辑，山东人民出版社1986年5月版，第556页。

② 山东省档案馆、山东社会科学院历史研究所合编：《山东革命历史档案资料选编》第1辑，山东人民出版社1981年9月版，第1页。

作的年头。《秋天的愤怒》之前,我的稍有一点意思的作品都是这时候写成的。"①

张炜在 2016 年创作完成的长篇小说《独药师》,以一个档案管理员的口吻切入小说,开头的"楔子"可能就是他当年工作场景的回放,至少也是有些现实依据的:"我大学毕业后的第一份工作是到档案馆做档案员。这在上世纪 80 年代还是一个神秘的职业。这家档案馆拥有江北最丰富的馆藏:清末以来的海量文字及图片等。因为人力不足和其他一些原因,我进馆时还有超过三分之二的原始藏品仍未归档,一捆捆一箱箱堆在架子上。库房大极了,我每次进入这里都像小鸟入林,收声敛翅。""进库房时要穿一件深蓝色的隔离服,很像古旧的长衫。我觉得这样的装束才对得起每天吸入的一百多年的尘埃。打开那些发霉或半残的纸页,各种陌生的痕迹引人幻想。"②

他当时的工作,也确如《独药师》中的"我"一样,既辛苦寂寞,也常有新鲜、惊喜。因为那时他所接触到的历史档案,有一部分还是所谓的"秘密"。张炜说:"对于一个刚刚走出校门的学生来讲,接触那样的材料还是有很大的新鲜感、刺激性。以前看到的文学、书籍都是被别人过滤了的、重新组合编辑过的,而我这时看到的几乎全是原始资料。早已过世的声名显赫者的手迹、他的图片、声音,等等。大量的第一手资料常常使人一整天处于激动之中。人的想象难以超越现实。当时,无论是战争环境还是和平环境,留下来的记载、形成的文字,都是极其特殊的,弥散着无法言喻的气息。你真的可以不时嗅到血腥味和硝烟味,还有历史的莫可名状的气味。"③

1982 年 12 月,张炜在济南参加中国作家协会山东分会为其举办的短篇小说讨论会发言时说:"我现在做档案编纂研究工作,很安定,也可以接触大量的材料。有时看着看着,就沉浸到过去的那个生活场景中去了。它可以使我对照眼前的生活,无形中帮助我的认识能力。还有,我虽然现在不能直接消化处理它们,但将来一定会有用的。""我已经读了上千万字的档案资料。当然读得很粗。我感到这是一笔财富。其中的内容有的记不清了,但留下的感觉还在,滋味还在。有时候我待在档案库房里,一待就是一个上午、下午,出来时两手陈灰、满襟土末。看完这些奇怪的各种文字,要费好大劲才能返回小说创作中。但我一旦返回之后,就

① 张炜:《匆促的长旅》,张炜:《风姿绰约的年代》,昆仑出版社 2005 年 1 月出版,第 339 页。
② 张炜:《独药师》,《张炜文集》第 19 卷,漓江出版社 2019 年 10 月版,第 1 页。
③ 张炜:《心事浩茫》,《张炜文集》第 36 卷,漓江出版社 2019 年 10 月版,第 78 页。

觉得现在写下的纸面上的语言特别鲜亮。"①这是多大的阅读量啊,又得需要多少时间!

由此我们知道,张炜的阅读不仅有文学阅读,还有广泛、深入、扎实的档案阅读,这对他的文学创作,影响和助力都将是巨大、深远的。张炜说:"作为一个编者,我看过的所有东西,有些是深刻地记住了,有些要在潜隐的记忆深处发挥作用。"②

三

四年的档案管理生涯,对张炜的一个直接影响,就是启发他不能轻信一些"成说",而要从丰富、复杂的历史记录中去探寻历史、观照现实,思考那些所谓"历史结论"的真实性和现实存在的合理性。因为这些档案资料记载的事物原貌和本真,打破了现实中由于各种原因形成的通行概念,让他看到了过往历史的另一面。

张炜说:"我可以从那些记录中看到大量活生生的人物,那不是被别人加工了的事件和人,而是第一手的资料。……从真实的记录出发,再配合实地勘察,让思维材料变得进一步坚实。档案是凝固成文字的历史,是见证,它将与生活互补印证,这对一个作家很重要。"③比如韩复榘这个在民间和曲艺作品中被丑化、嘲弄的历史人物,张炜看到,"照片上的他不但不是一副蠢样子,气质还有点斯文,看起来是睿智的。他的毛笔字也很秀气。记载中他被誉为'常胜将军',打胜仗很多,非常英勇,身先士卒,还是西北军内三个体育健将之一;他的文笔很好,写文章能够抓住要点,思路清晰。就是这些非凡之处,使他在部队里青云直上。这样一个人怎么会是流传中的傻子?"④

让他感到震惊的,还有民国时期有名的山东枣庄抱犊崮土匪劫车案。当时土匪劫持了一列火车上的许多外国人和中国人,将他们拉到抱犊崮上,目的是利用外国人要挟国民政府,要钱要官。档案资料中的那些报道和来往电文,包括记者对事件的目击记录,其惨烈程度让人惨不忍睹。这些记录让张炜形成了一个"底

---

① 张炜:《文学讨论会(济南,1982年12月,张炜短篇小说讨论会)》,张炜:《周末对话》,江苏文艺出版社1991年12月版,第254页。

② 张炜、朱又可:《行者的迷宫(全新修订版)》,商务印书馆2018年9月版,第374页。

③ 张炜、朱又可:《行者的迷宫(全新修订版)》,商务印书馆2018年9月版,第373页。

④ 张炜、朱又可:《行者的迷宫(全新修订版)》,商务印书馆2018年9月版,第375页。

层痞子"的概念。他发现这些人都出身于社会底层,也是一些不合理社会的受害者,但他们在与社会的对抗过程中,人性中善良的部分渐渐消亡,兽性则被极端放大以致爆发,最终成为令人恨之入骨的野蛮暴力的代表。可怕的是,他们还常常为各种政治、军事势力所利用,并会在一些特殊历史时期受到重视和赞扬。张炜指出:"对于这部分人的社会意义,正常人既不相信,也不苟同。出于各种利益集团的需要,有人会歌颂野蛮的暴力和底层痞子,这太可怕了。中国的很多事情都是被他们毁掉的。无论是文化事业还是经济建设,常常毁于野蛮的流氓痞子。我们一度盛行和推崇的痞子文化中,对所谓的痞子的勇气、痞子的牺牲精神、痞子的奋不顾身,给予了大量的赞扬。它在我们的传统里,在我们不是太短的文化传统里,流脉长远。但是如果看了抱犊崮匪事,看了关于它的这批档案资料,就会觉得再泼辣的笔墨,都难以写出这部分黑暗的人性,都难以把这种底层的野蛮凶残充分地表达出来。"[①]

张炜在许多文学作品中,对这些"底层痞子"都保持了高度的警惕和极大的愤慨。他从来没有把他们看作一种正面和进步力量,而是清醒地看到了他们罄竹难书的罪恶和可怕的倒行逆施,这在中国文学的百年叙事中既是令人惊异的,也是令人深思的。他在《你在高原》之一《家族》中写到的那些土匪的残酷暴烈,就得益于这些档案资料的帮助。在现代中国各个历史阶段,这些"底层痞子"及其演变而来的"村头""民兵""企业家"等变种,又何其多也。

四

作家的创作当然要靠虚构与想象,因此,很多写作者对档案资料并不太重视。张炜当时就看到,那时国内的档案馆虽然已经开放很久,但与图书馆相比,到访的人非常少,至于作家,他所在的档案馆几乎从来没有接待过。他在那里工作期间,接触到的大多是一些因为修史撰志需要来查资料的人。而国外的档案馆利用率很高,很多人把大量时间花在档案馆里,那里比图书馆更吸引作家、记者和学者,而图书馆吸引一般读者更多一点。

张炜认为,作家采访,到外面走,是深入生活,是为创作做功课的一种方式;查阅档案资料,同样是深入生活,是做功课的另一种形式和渠道。张炜说:"这一系

---

①　张炜、朱又可:《行者的迷宫(全新修订版)》,商务印书馆 2018 年 9 月版,第 379—380 页。

列的工作全是为了一个目标,就是进行一次大规模虚构——虚构越大,求实的力量就要投放得越强。仅仅用自己无所不能和千变万化的想象力去替代求实的工作,可能仍然不够。这里面涉及一个'做功课'的问题,功课做得越扎实,作品的虚构越有趣。仅凭斗室里翻天覆地的想象,一定会露出中空的虚症。"①

　　生活、阅读、档案,都从不同角度和层面支撑了张炜的文学想象和虚构,尤其是档案,是其他很多作家都没有的难得经历。这段经历让张炜受益无穷,也产生了浓厚的"档案情结"。后来,他常常被人们称为从"兰台"走出的作家。所谓"兰台",是汉代皇宫内藏书的石室,也曾作为档案典籍的库房。这是后人对档案馆的雅称。

　　2003年11月26日,山东省档案馆名人档案库建立暨张炜手稿捐赠仪式在山东省档案馆举行,张炜向山东省档案馆捐赠和寄存了四千余件手稿、著作版本等资料,其中包括长篇小说《古船》的手稿。张炜在发言中深情回忆了那段岁月,并着重谈了对档案的认识:"档案的确具有伟大的见证力,它有时候是唯一能够穿越时空的出场者,是历史,是生命的刻记。当我打开一册尘封的历史档案,看到只有在传说中才活着的人物留下的真实笔迹,简直是又好奇又兴奋,还多少有点慌张。这一切就像梦境一样。其实档案就是让梦想复活,让历史发声,让现实变得更加真实,让浪漫主义找到自己想象的归宿。"②

　　时隔十年之后,2014年11月22日,"张炜创作四十年研讨会暨手稿、版本展"系列活动在山东省档案馆举行。此次活动中,张炜又将八部中长篇小说手稿捐赠给了山东省档案馆。此后,他每年都向省档案馆捐赠著作、资料,此事成为常态。或许他认为,将这些饱含热血与情感的著作、资料放置在这个地方,是它们最好的归宿。

　　我们由此想到,那些试图指出张炜文学作品中历史史实错误的人,不管是严谨科学的研究还是怀有目的的指责,都应该稍稍谨慎一些才好。因为他们面对的,不仅是一个具有浪漫气质的作家,还是一个有着四年档案管理经历并且一直对档案资料情有独钟的"兰台"专业人士。

---

① 张炜、朱又可:《行者的迷宫(全新修订版)》,商务印书馆2018年9月版,第373页。
② 张炜:《我与档案馆》,张炜:《张炜文集》第32卷,漓江出版社2019年10月版,第217页。

第二节　潮流内外

一

在档案馆的库房里吞吐着旧年陈灰也读到许多档案的张炜,一刻也没有停止自己的文学脚步。经过长期积蓄,他的文学才华开始压抑不住地展现出来。继1980年3月短篇小说《达达媳妇》在《山东文学》上发表之后,9月,短篇小说《操心的父亲》又在《山东文学》第9期发表。随后,他又相继完成了《芦青河边》《深林》《桃园》《永远生活在绿树下》等短篇小说的创作。

1981年,他继续发力,相继完成了《黄烟地》《看野枣》《天蓝色的木屐》《丝瓜架下》《两个姑娘和一个笑话》《三大名旦》《女巫黄鲶婆的故事》等短篇小说的创作。其中,短篇小说《看野枣》在《泉城》上发表,《芦青河边》《七月》在《柳泉》上发表,《黄烟地》在《上海文学》上发表。他还参加了这年5月《青年文学》编辑部在青岛举办的"青年作家笔会"。大学毕业之后短短的一年多时间里,他就以自己的创作实绩成了山东文坛一个颇受关注的青年作家。

但是此时,他的文学创作并没有与时代文学潮流形成互动关系,在当时的文坛上显得有些特立独行。他既没有参与到"文革"之后兴起的"伤痕文学"之中,也没有参与到随后出现的"反思文学"中去,这在某种程度上削弱了他的作品在当时的影响力,因而他的创作没有产生当时文坛常见的"轰动"效应。

中国新时期小说是以"伤痕文学"开端的,作为一种整体性文学思潮,它以刘心武1977年11月在《人民文学》上发表的短篇小说《班主任》为起始,被以卢新华1978年8月在《文汇报》上发表的短篇小说《伤痕》为之命名,意在揭露刚刚过去的"十年动乱"带来的种种灾难和痛苦记忆。一时间,"伤痕文学"作品大量出现,形成了新时期文学的第一个大潮,引起了全社会的强烈共鸣。这是中国文学长期压抑之后的一次集中爆发,备受扭曲之后的一次集中"反正",揭露与批判成为其鲜明主题。"伤痕文学"瞄准的靶心,是"十年动乱"以及此前的历次政治运动给国家、社会、家庭、个体带来的深重灾难。作家们在思想上力图通过思想解放运动,摆脱所谓"句句是真理""一句顶一万句"的现代迷信和蒙昧主义;在创作上力图通过纠正"文艺是阶级斗争的工具"论,重新确立文艺与政治、文艺与生活、内容与形式的关系,为文艺正名。一大批重获"解放"的老作家焕发了生机,许多中青年作家迅速崛起,文学充当了思想解放的先行者和排头兵作用,许多作品一出现便引起强烈关注和巨大轰动,许多作家刚崭露头角便被人们牢牢记住了。

这时,张炜的文学创作还处于摸索学步阶段。1977 年末,刘心武的《班主任》发表时,张炜还在南部山地游走,并为考大学做准备。这一年,他所完成的短篇小说《玉米》《蝉唱》《战争童年》《公羊大角弯弯》《在路上》《槐花饼》《下雨下雪》等,基本上还属于乡野叙事的范畴,有一个少年眼里的人生冷暖,更多的还是对于生活浪漫诗意的想象和描绘。1978 年卢新华发表《伤痕》时,张炜刚刚走出故地到烟师就读,这一时期他所完成的短篇小说《田根本》《人的价值》《悲歌》《告别》《初春的海》《自语》《春生妈妈》《七月》《老斑鸠》《善良》等,主题内容与他之前的创作并无二致。

紧随"伤痕文学"出现的"反思文学",滥觞于茹志鹃在《人民文学》1979 年 2 月号发表的短篇小说《剪辑错了的故事》。其后,一大批主题相似的作品出现在文坛。这个时候,以蒋子龙获得 1979 年全国优秀短篇小说奖的《乔厂长上任记》为代表的"改革文学",从诞生之日起就显示了新的美学风格的"朦胧诗"也迅速崛起。一大批作家、诗人"一夜成名",文学开始迎来它在新时期最为辉煌的"黄金时代"。

这时的张炜,依然在他童年的"芦青河"畔悄吟浅唱,好像没有看到大潮涌起,又似不愿加入这场"合唱"。也许是写作的惯性太过强大了,也许是受孙犁、屠格涅夫的影响太深,即使面对生活中的痛苦、无奈和忧伤,他也像孙犁的"战争小说"那样,坚持用一种清澈明净、委婉细腻的方式来表达,力图创造一种意境,追求一种朴素、含蓄的美。

这个时期,他的记忆还被海边林子里的美好、迷人占据着,那片林子的复杂、幽微,林子之外的阔大世界,还得在一段时间之后才能进入张炜的文学天地。于是我们看到,张炜在 20 世纪 70 年代末、80 年代初的时代文学大潮中成了一个地地道道的特立独行者。他身处潮流之外,当时并不显耀,但时过境迁之后人们发现,他那时的作品正因没有随"潮"起伏,所以也就没有随着岁月流逝完全"过时",还有阅读价值和文学魅力。

二

　　大潮涌起,他在潮流之外,这看似"落伍"的姿态,似乎也是张炜的一种坚守。这应该是由张炜的性格和他的文学观念决定的。他是一个不太习惯在别人面前表现的人,一向尊重自己的内心,力求质朴、真淳。他的观念是不容易为时风和别人的意见所左右、所改变的。

　　1982 年 3 月,他在接受《青年作家》编辑采访时,曾被问到是否重视批评家的意见并受其影响,张炜回答:"我十分敬重批评家,他们的话我常常反复考虑。当然受过影响。现在我正根据几位批评家的意见,修正学习、创作的道路。我永远追求自然、优美、淳朴,也想给作品增加些力度。"①作为一个初出茅庐的青年作家,他这段话说得很委婉,表达了对批评家和他们的创作指导意见的尊重,但他同时也坚定地表示了自己的追求。显然,对于批评家们希望他增加作品力度的建议,他是赞同并接受的,但前提是不能损害作品的自然、优美、淳朴。换句话说就是,作品的力度不是生硬地加在作品之上的;作品的力度能否增加,还得遵循文学创作的自然之道。

　　尽管在潮流之外,张炜的创作还是引起了山东文坛的关注。这也可以看出当时的文坛风气,以及山东作为齐鲁之邦的优良传统。那时的文学界,对初显才华的青年作家是关爱的、提携的。

　　1982 年 3 月,张炜的短篇小说《看野枣》获《泉城》编辑部 1981 年"泉城文艺奖",这是张炜获得的第一个文学奖项。4 月,这篇小说又获得了山东省文学评奖委员会评选的小说二等奖。同月,他还被批准加入了中国作家协会山东分会,次年 3 月又加入了中国作家协会。

　　1982 年 5 月,《山东文学》推出张炜的短篇小说《声音》,这篇诗意浓浓的作品迅速引起了文坛注意,7 月即被《小说选刊》选载。11 月,《山东文学》刊载赵鹤翔的《〈声音〉艺术特色初探》,指出"这个短篇的最大成功之处就在于它给人以美的艺术享受。我认为作者是以高尚的美的情感,恪守美学原则来完成这个优秀短篇的"。次年 2 月,《声音》获得中国作家协会 1982 年度全国优秀短篇小说奖,这是张炜作品在全国产生影响的开始。两年之后,他的短篇小说《一潭清水》又获得

---

　　① 　张炜:《答〈青年作家〉》,张炜:《周末对话》,江苏文艺出版社 1991 年出版,第 245 页。

1984 年度全国优秀短篇小说奖。两个短篇小说获奖,预示着张炜已成为新时期中国文坛的一位令人瞩目的青年作家。他的成长速度之快,确实令人惊异,这是他长期厚积薄发的结果。不知他获奖之时,是否记起了当年听到萧平老师连获大奖的激动心情。这时的张炜,已经可以用文学创作实绩来回馈老师的心血和培养了。

　　这一时期,《青年文学》对张炜的扶持也是不能忘记的。1982 年 5 月,他的短篇小说《天蓝色的木屐》在《青年文学》第三期发表,同时刊载陈静的短评《富于表现力的细节描写》,这是关于张炜作品的第一篇评论文章,尽管很短、很简略,却具有标志意义。张炜随后参加了《青年文学》编辑部组织的青岛笔会。1983 年,《青年文学》又推出了他的短篇小说《拉拉谷》和创作谈《在肯定与否定之间——我为什么写〈拉拉谷〉》,小说随即被《小说选刊》选载。1984 年 5 月,《拉拉谷》获得青年文学杂志社首届(1982—1983)青年文学创作奖。6 月 5 日,他在北京参加授奖大会,受到肖华、宋德福等领导的亲切接见。这对一个青年作家的鼓励是巨大的。

　　1984 年 7 月,在山东省第二次新长征突击手代表大会上,张炜被表彰为山东省新长征突击手;随后离开省档案局,调入省文联创作室。1984 年 12 月 28 日至 1985 年 1 月 5 日,他又作为山东代表在北京参加了中国作家协会第四次代表大

1981 年,张炜(右)在龙口海边采访渔民

会,这是张炜第一次参加这一盛会。

张炜在毕业之后四年多的时间里,完成了从一个"文学青年"到一个在全省、全国具有一定影响力的"青年作家"的转变,他靠的不是在潮流之中随潮涌动,而是在潮流之外默默耕耘,在潮流涌来之时屹立坚守,此时如此,今后也是这样。在后来的岁月中,他甚至超越潮流之上,俯瞰大潮涌动,思考我们的时代和人类的未来走向,这是张炜独特的思想品质、精神品质和文化品质,也是其作品在中国当代文学史上的独特价值所在。

三

张炜这一时期的作品,主要集中在 1983 年 10 月由山东人民出版社出版的短篇小说集《芦青河告诉我》中,这是他 1980—1982 年三年创作的主要部分。从书名也可看出他对故乡、对"芦青河"的珍爱。

张炜笔下的"芦青河",最初是指从龙口海滨平原上流过的泳汶河。张炜说:"芦青河与泳汶河是同一条河流。泳汶河发源于南山,它的上游叫泳汶河,到北边就不是了,而随流经的村庄取名。""现在那条河干了。过去印象中芦苇青青,遮了河道。所以为它取名'芦青河'。"①张炜说:"一回忆,就是关于河的一切,声音、故事,等等。那条河在胶东西北部小平原上,在那儿入海。我印象它非常宽大,水很凶;也有平静的时候,但一般都在冬季、春季。秋天它就了不得了,还有夏天。总之它一年到头有水。芦苇茂密,蒲草荻草很多,所以我给它取名芦青河。"②

是什么时候将这条河命名为"芦青河"的,他已记不清楚。他曾翻看少年时代写下的一些旧稿,发现其中很多小说、散文中都用了这个名字。当然,那时也用了其他的名字。后来,他把它们统一写成了"芦青河"。张炜说,他后来又见到了烟台的夹河、济南的黄河,看到了比芦青河更宽更长的河,于是这条记忆中的河流也就越变越宽,越变越丰富、复杂。他说:"最早作品中的芦青河就是泳汶河,后来就不是了。它幻化成了北方的一条河。随便哪一条河都可以。可以把它看成黄河,也可以把它看成夹河(烟台市郊的一条大河)。芦青河在这儿是北方河流的

---

① 张炜:《葡萄园畅谈录》,作家出版社 1996 年 2 月版,第 50 页。
② 张炜:《文学讨论会(济南,1982 年 12 月,张炜短篇小说讨论会)》,张炜:《周末对话》,江苏文艺出版社 1991 年 12 月版,第 254 页。

总称,作品中狂想写出它的总体性格。"①

当然,在《芦青河告诉我》中的"芦青河",还是一条童年的河、故乡的河,还没有幻化成"北方河流的总称"。他对这条河是充满了深情的。张炜说:"芦青河(泳汶河)在胶东西北部小平原上。我出生在河边,在这个可爱的地方生活了近二十年。后来我离开了,到山区、到城市……我再也没有遇到比那儿更好的地方。芦青河穿过小平原注入渤海,河两岸,有平展展的原野,有密匝匝的林子。大约因为河水的滋润,一切都长得那么茂盛——还记得夏秋的树木和稼禾,浓绿浓绿,真正是苍翠欲滴啊! 不记得庄稼有歉收的时候,人勤劳,土地也太肥沃了。总之,河两岸出奇的美丽,也出奇的富庶。""我一个人生活在外面,常常思念母亲,思念故乡。思念故乡和思念母亲的心情是一样的。我是带着深深的思念,写起了这些小说的。我很爱小平原,爱海,爱芦青河,爱密匝匝的林子,更爱那里的人们。"②

因为张炜是带着深情来写这一切的,他把一切写得那么美也是很自然的事情。他尤其把无限美的情愫倾注到了笔下的一些女孩子身上,像《看野枣》中的大贞子、《生长蘑菇的地方》中的捧捧、《山楂林》中的阿队、《紫色眉豆花》中的小疤、《声音》中的二兰子、《芦青河边》中的小碗儿、《天蓝色的木屐》中的小能、《三大名旦》中的大萍儿、《夜莺》中的胖手等,都让人过目不忘。张炜创造了一个美好的"芦青河"世界,写出了"芦青河"两岸美好的人与事。

但如果把这些作品放在当时"伤痕文学""反思文学"的背景下,的确是显得轻淡了些,与时代游离了些。不过,对一些批评家和文友"不能只写童年和少年时代的印象,那样写会失去强烈的时代主旋律"的提醒,张炜的观点一如既往,并不能完全赞同。因为他觉得"主旋律"一定有很多人去表现和追踪,他不想挤入那样一个热闹的行列;他也不是没有能力变换自己的写作内容,像大学、中小学、山区、工厂、机关的生活他都很熟悉,但他还是坚持写自己更乐意写、更会写的东西,写他的"芦青河"。张炜表示,他对童年、少年时代那一段段生活的印象太深了,他只能这样写下去。也许这样写上很久以后,他才会渐渐走向更广阔的地方,但即使走得再远,他的作品中也仍然会留有童年、少年时代的印象和痕迹。③

若干年以后,当有人问起张炜对"伤痕文学"的看法时,张炜说:"这是中国新

---

① 张炜:《葡萄园畅谈录》,作家出版社1996年2月版,第50页。
② 张炜:《芦青河告诉我·后记》,《芦青河告诉我》,山东人民出版社1983年10月版,第321页。
③ 参见张炜:《文学讨论会(济南,1982年12月,张炜短篇小说讨论会)》,张炜:《周末对话》,江苏文艺出版社1991年12月版,第259页。

时期文学的发端。它所积蓄的淤愤使其有了力量。它推动中国文学走了很远,直到今天。但它缺乏更高的审美理想,显得单薄了些。""我更早的一些短篇,如《他的琴》小说集中的不少短篇,属于'伤痕文学'的大范畴。而我的主要作品大概不属于'伤痕文学'。它们往往游离于当时的文学主潮之外。""回头看自己二十余年的创作,我的作品常常并不属于一个时期的文学潮流。"①显然,相对于文学作品的历史价值、时代价值来说,张炜注重和追求的是它的文学价值、艺术价值,他从不为所谓的"主旋律"写作,也从不为追求"轰动效应"跟风而动,他的写作只遵循自己内心最真实的想法。

这样,我们或许就可以理解他这段话的深意,也可以理解他的"芦青河"为什么会呈现出与时代文学主潮完全不同的风貌了:"我厌恶嘈杂、肮脏、黑暗,就抒写宁静、美好、光明;我仇恨龌龊、阴险、卑劣,就赞美纯洁、善良、崇高。我描写着'芦青河'两岸的那种古朴和宁静,心中却从来没有宁静过。我常常想,世界上如果全是善良正直的人多好啊。社会主义在前进,有好多伟大的目的,其中之一,就是不断剔除那些丑恶的灵魂。我瞧不起那些工于心计、使用小手段骗取各种利益的人;当我在生活中产生那些卑微的念头时,我同样也瞧不起我自己!"②原来在张炜看来,违心逆志去写"伤痕""反思""主旋律",即使爆得大名,也是工于心计、使用小手段骗来的,他不能那样做,因为那样他会瞧不起自己的。这是一种多么严格的自警与自励,又是一种多么严肃的创作态度。

他当然渴望自己的作品深沉、复杂、厚重起来,但他知道,那不是想想就能做到的事情,也不是"紧跟"和"拔高"就能做到的,那是一个不断探索、不断积累、自然而然、水到渠成的过程。所以在任何时候他都没有放弃阅读和学习,他深知自身丰富作品才能丰富、自身厚重作品才能厚重的道理。而现在,他还只能这样做。

四

但是,现在只能这样做,并不意味着张炜满足现状、故步自封,也不意味着他会把那些批评家和文友的意见置之一旁。对他们的意见,他是尊重的,也是用心

---

① 张炜:《关于四个短篇》(答德国学者提罗·蒂芬巴赫),《张炜读本》,花山文艺出版社2002年1月版,第353页。

② 张炜:《芦青河告诉我·后记》,《芦青河告诉我》,山东人民出版社1983年10月版,第321—322页。

进行思考的,只是不愿也不能盲从而已。在 1982 年 12 月召开的一次张炜短篇小说讨论会上,他就坦承自己的作品冲击力不够,调子软了一点,但要他改变自己的艺术个性,也是万万不能的。因为他深知,一个作家如果没有了艺术个性,将自己的艺术融入所谓的"共性"之中,就会泯灭了自己。

实际上,张炜在描写"芦青河"两岸的那种古朴和宁静的时候,"心中却从来没有宁静过"。这内心的"不宁静"如何化作文学表达,是他将来实现创作突破的一个重要方面。在"芦青河"畔,他也在思考和探索这些问题。比如他笔下的一些"村头"形象,像《看野枣》中的三来、《生长蘑菇的地方》中的刘兰友,虽然还称不上恶棍,但总有些"不正经"。他的小说中也写了一些真正的恶棍,他们最终都受到了惩治,像《操心的父亲》《猎伴》中的村支书刘三拐子,虽然公社、县里都有人,什么事都敢干,还是被大碾、二满、三喜等一帮年轻人告倒了;像《丝瓜架下》中有人命在身的村支书卢大麻子被判了重刑,做了不少害人之事的村调解委员"二老鬼"李来祥也被戴上手铐拉走了。

这个李来祥的经历尤其值得注意:"人家解放前虽然吃喝嫖赌,连偷墓的事都干过,却是叮当响的真正的穷人,早几年趁着动乱当过贫协主任、治保主任,如今又是'调解';人家到了哪里不是吃烟喝茶,耳朵上什么时候断过雪白的烟卷儿!哪回'运动'都离不了他,哪回他都'坐三抽桌'啊!共产党的'运动'又多,就该他李来祥'坐三抽桌'了……"①这正是一个张炜所无比憎恶的"底层痞子"。他在一些作品中也偶尔写到了"民兵",如《操心的父亲》中的"民兵连长",在村边树林里抓住了一对"说夜话"的青年男女,将他们当成流氓挂牌游了街。这些人虽无大恶,却是十分蛮横霸道的。

"村头"与"民兵",包括"二老鬼"李来祥一类的人物,将是张炜以后文学作品中重点描写的对象。这些在"芦青河"畔偶尔出现的形象,不管是其历史还是现实表现,都是极其恶劣的,是农村里打着"正确"招牌的恶势力代表。在将来的作品中,这些人物将同张炜的童年记忆和他在档案资料中看到的那些残酷事实联系起来,成为张炜探索社会历史灾难成因的一个重要突破口。

除此之外,张炜在《山楂林》中还写到了离山楂林不远的一处煤矿,成天在地底下放炮、开洞子,挖到哪里,哪里就塌陷成一片净长苇子的大水湾,不光不能种庄稼,连树也长不成了。小说中的姑娘阿队和爷爷想阻止这种"开采",曾在这里

---

① 张炜:《丝瓜架下》,《芦青河告诉我》,山东人民出版社 1983 年 10 月版,第 228 页。

当过知青、而今回城并考入大学的莫凡,却认为这是阻挡不住的现代化洪流。这篇写于 1982 年 4 月—6 月的短篇小说,大概是张炜第一次反映现代化浪潮下所谓"开发"对环境带来的灾难性破坏,应该也是中国新时期文学较早关注此类问题的小说。这也是此后张炜文学创作的一个重要主题。

有人曾将张炜的一些作品归入"自然文学""环境文学"之列,可能不无道理,但是如果细究一下,文学品类中是否真有所谓"自然文学""环境文学"恐怕是个问题。一个作家,如果不关注自然、关注环境,还是一个好作家吗? 至于那些以环保为主题进行的"创作",与其他"主题先行"的作品可能并无二致,难脱"概念化""公式化"的窠臼,它们究竟是文学还是文学性的环保宣传品,尚需讨论。而张炜创作这些作品,并不是因为接受了某种理念,只是出自内心深处对故土、自然的热爱,是与所谓的"自然文学""环境文学"有着本质区别的。张炜认为:"如果是一颗干枯的心灵,就不会滋生出柔软湿润的绿色。""一个真正的诗人可以不写大自然,但仍然会让人感到他是一个大自然的歌者。他的那种柔情,遍布在每一个细胞里,这就是艺术的细胞。……自然风光部分是绝对不能矫情的,不能够图解,不能够掺假。它绝对需要你艺术触角的敏感,需要一种源于生命深处的激情。"[1]

在《芦青河告诉我》中,我们还欣喜地看到了《女巫黄鲶婆的故事》,其中那些带有"迷信"色彩的描写,如黄鲶婆的占卜算命、跳大神等,显示了张炜对于胶东半岛地区民间文化的关注,虽是初露端倪,却预示了未来的一条写作路径。我们知道,"芦青河"畔、"登州海角",是中国古莱夷文化的核心区域,方仙道文化盛行,民间文化丰富斑斓,这些都将在张炜的作品中得到精彩的呈现。

值得注意的还有《拉拉谷》,在这部小说中,他写到了海边渔民的生活,写到了铺老、拉网号子。大海,是"芦青河"的归宿;海滩和海滩上的渔民,是海边丛林、小平原的重要组成部分,将来张炜还会浓墨重彩地表现它们。

有意思的是,在这十九篇短篇小说中,《黄烟地》和《女巫黄鲶婆的故事》、《操心的父亲》和《猎伴》的故事都是紧密相连的。很显然,那些在他的头脑中孕育的故事,较小的篇幅已经很难容纳,他需要一场更长也更酣畅淋漓的诉说。正如评论家宋遂良所说:"芦青河是张炜的文学摇篮,是他走向创作的起点,他已经从这里出发了,要驶向大海。大海是辽阔的,浩瀚的,有排天的浊浪,有宁静的港湾,熟

---

① 张炜:《葡萄园畅谈录》,作家出版社 1996 年 2 月版,第 77—78 页。

悉渔民生活的张炜,是懂得怎样乘风破浪,扬帆远航的。"①

五

我们说张炜的创作在"潮流之外",是就写作内容和写作风格而言。此时他的文学活动,一直都在山东文学界、文学圈的关注之下;他的成长,与当时众多文朋诗友的关爱是分不开的。

1980 年下半年,张炜一踏进省城,就因大学时代已在《山东文学》发表过作品、小有文名而迅速被省城文学界、文学圈接纳。他也像在山地游走、在大学里读书时一样,很快就与不少文友达成了默契。这时张炜的业余生活,差不多全被文学、艺术占据,充实而又快乐。

张炜当时的文友自牧,曾经记下了 1980 年 9 月山东省委办公厅组织的一次登泰山活动。那时张炜刚到济南不久,他们的文学交流已经十分热烈而深入了。自牧写道:"那天,我们小组的四人从一上火车开始,就谈论起了文学;从济南到泰安,从天街到岱庙,我们的交谈与讨论一直兴味不减,甚至连疲累与饥渴也未能影响我们。"②28 日凌晨,他们登上了泰山极顶,看到了泰山日出。这是张炜第一次登上这座东方名山,他为它的峭拔雄姿倾倒,为它的奇峰险壑动情,也为那些古往今来文人名士留下的满山碑文诗句吸引。③

其后,在繁重的档案整理工作之余,他经常受邀参加文学笔会、授奖、研讨等活动,他的沉静、才华与勤奋也赢得了普遍的赞赏。

1982 年 8 月 12 日至 9 月 3 日,他参加山东省青年作家访问团,赴辽宁、吉林、黑龙江参观访问。其间,游览了沈阳故宫和北陵,观看了沈阳杂技团的演出;参观了长春第一汽车制造厂、溥仪"皇宫";登上了壮观的长白山,看到了神奇的天池;游览了江城吉林,参观了著名的丰满水电站;在哈尔滨登太阳岛,在松花江上摇橹划行。一路上,他们受到了东北三省文学界朋友的热情接待,参加了多场难忘的文学聚会,并结识了《北方文学》《小说林》杂志的编辑们。同时,也没忘在旅途中

①　宋遂良:《〈芦青河告诉我〉序》,张炜:《芦青河告诉我》,山东人民出版社 1983 年 10 月版,第 8 页。

②　自牧:《散文与随笔·编后记》,张炜:《散文与随笔》,山东文艺出版社 1993 年 3 月版,第 419 页。

③　参见张炜:《读在泰山》,张炜:《周末对话》,江苏文艺出版社 1991 年 12 月版,第 241 页。

写作。张炜回忆："白天和晚上，只要没有安排参观活动，都忙着做自己的事情了，几乎不愿过一天松散无聊的日子。从沈阳到长春、通化、吉林，再到哈尔滨，活动日程安排得满满的，几乎没有一天以上的空闲时间。但即便在这样的环境中，大家仍能铺开稿纸……"①

行程中，张炜在哈尔滨完成了短篇小说《猎伴》，归来后又专门写了纪行散文《东北行》。也许是这次东北之行给他留下了太深的印象，加上龙口以前就是山东人"闯关东"的一条重要通道，他的外祖父、父亲当年都曾到东北闯荡，他后来写成的中篇小说《秋天的愤怒》中，主人公李芒就和爱人小织流亡东北。他在长篇小说《你在高原》中写到的曲予与闵葵的逃婚之地，同时也是一批青年革命者的聚集之地"北海"，以及大学教授许굛动乱年代的逃亡之地和后来能够安放情感与心灵的栖所，都在东北。张炜对东北大地、茫茫林海是很有感情的。

1982 年 12 月 4 日，中国作家协会山东分会创作委员会、评论委员会在济南召开了张炜作品讨论会，这是在张炜文学创作历程上第一次比较重要的会议。出席会议的有山东省文联副主席苗得雨、王希坚，中国作家协会山东分会副主席曲延坤，省文学研究所副所长任孚先，作家邱勋及《山东文学》《柳泉》《泉城》的编辑部编辑陈宝云、肖甦、赵鹤翔，省文学研究所李先锋等。据曲延坤介绍，山东省作协创作委员会、评论委员会准备为当时山东一批青年作家召开讨论会，张炜作品讨论会是第一个。会上，大家热情发言，既肯定了张炜的成绩，也指出了一些不足。苗得雨特别谈到，他在一次会议上曾当着省档案局领导的面说，张炜是个人才，他的有些作品可以与名著比美。整理档案谁都能做，张炜的长处是写小说，要支持张炜发挥自己的长处。② 这些文学前辈的拳拳之心是真诚而火热的，他们都对张炜充满了期待。

这个阶段，对张炜的文学创作帮助较大的是著名儿童文学作家邱勋和著名文学评论家宋遂良。

在邱勋眼里，张炜是一位普通、文弱的青年，但又有其特殊之处。他不像一般文学青年那样好说一些过分热情以至恭维的话，只是张大一双聪慧、明净的眼睛，静静地倾听，只有谈到文学的时候，话才多起来。他到邱勋家中，所谈的话题永远都是文学，从来没有涉及文学以外的人事纠葛，闲言碎语。邱勋发现，张炜是一个

---

① 张炜：《东北行》，张炜：《散文与随笔》，山东文艺出版社 1993 年 3 月版，第 54 页。

② 参见李先锋整理：《他也是作者中的"这一个"——张炜作品讨论会纪要》，油印件。

特别沉稳的作家。他不太看重获奖,也不像大部分青年作家那样急于发表作品;不愿意到热闹的地方去,自己故意冷落自己。可事实上,他对整个文学界和自己都有比较清醒的认识。他不把一时的得失毁誉看得太重,是他对自己有更高、更严的要求。他要一步一步完成自己的一个宏大战略构想。

他最为欣赏的,是张炜的为人之“仁”和为文之“韧”。他说,在张炜身上最突出的是善良,是爱。有一次,他们一起去郊区。刚下过雨,张炜看到摊放在路边的地瓜干,就拣起一块已经发霉变黑的嚼了嚼,说:“苦味不大,还可以吃。”又拣起一块更黑的嚼了嚼,说:“这个不能吃了。”他对老百姓的疾苦,实在是感同身受。还有一次,他在邱勋家看到他家养的鸽子病了,尾部有很多糊腚屎,他就把那只鸽子的尾部浸到水里,一边揉搓一边冲洗,在浸满鸽粪的黄汤中忙活了好一阵子,给鸽子洗净。①

作为一个文学前辈,邱勋的眼光是独特而敏锐的。我们从张炜一些朋友的回忆中知道,张炜的确是一个有着仁者大爱的中国作家。他特别牵挂那些流落城市街头的流浪汉,有时总忍不住要去看看他们,有时会给他们送去一些食物。他对动物植物的感情很深,把它们都看成一个个值得尊重的生命,常常诅咒那些似乎与树木有仇的砍伐者。这种对底层弱者和自然万物的热爱,自小生成,源于内心,这与他的作品中表现出的坚定不移的人道主义立场是完全一致的。

或许正是从这些方面,邱勋从年轻的张炜身上看到了一股绵延坚韧的力量,对张炜的未来充满了信心。他写道:“芦青河是张炜的河。这不是一条喧哗的河,而是一条安静的、水底涌动着巨大涌浪的河。这不是一条浅浅的溪流,潺湲作响,用它娇嫩的歌喉逗弄着河边的杂草树木;而是一条奔腾的巨川,用它宽大的脊背负载着来往的舟楫。这不是一条清澈见底的河,它映照着蓝天白云,娴静而又温柔;而是一条杂色纷呈的河,浑浊的河,它的流水中融进了人民的、民族的丰富而又沉重的历史。它流泻着,滚动着,婉转曲回,登高攀险,相信它会不断掀起一场场春汛、山洪和凌汛,最后扑向碧波万里、浪涛汹涌的海洋!”②

与邱勋的这些饱含深情的记述不同,宋遂良对张炜的认识更具理性色彩,是他最先注意到了张炜的“芦青河”与时代文学大潮的不同,并分析了其中的原因。尤其重要的是,他慧眼独具地看到了这些作品的独特价值,并有理有据地回答了

---

① 参见邱勋:《〈他的琴〉序》,张炜:《他的琴》,明天出版社 1990 年 9 月版,第 1—11 页。
② 邱勋:《〈他的琴〉序》,张炜:《他的琴》,明天出版社 1990 年 9 月版,第 10—11 页。

一些对张炜的质疑之声。他的评论,散见于一些研讨会发言和报刊文章之中,最为集中的是他于 1983 年 2 月 6 日凌晨写下的《〈芦青河告诉我〉序》。文中,宋遂良写道:"张炜同志是从 1980 年开始发表小说的。他没有赶上前两年思想解放和文学创作(在经过长期的窒息后)比翼齐飞的那一股激流,他不像这个时期涌现的大多数青年作者那样以写'问题小说'崭露头角,他不追求重大的题材,也没有迎合时下流行的一些艺术习尚,他铺开一张白纸,独自魅心魅意地去写他熟悉的动过感情的生活。他歌唱美的自然,美的心灵,让我们感受到生活的芬芳,人间的纯朴。"①

他还在分析了其中的《看野枣》《达达媳妇》《三大名旦》《天蓝色的木屐》《生长蘑菇的地方》《声音》《山楂林》《夜莺》等之后,指出:"张炜的一些优秀作品,常引起我关于人生的那种旷渺久远的遐想,和感情上的升华。像春夜高空中的一声雁鸣,使我萌动着一种开拓的、向上的力量。……张炜的全部作品,都程度不同地让人感到生活的可爱。"他同时指出,这些主题并不那么鲜明、倾向性比较隐蔽的作品,可能会使人惊异、怀疑,引起异议,因为"我们往往会有意无意地要从文艺作品中寻找政治的、社会的、人生的具体答案;我们又习惯于要求小说里有圆满的故事,人物有鲜明的政治、阶级色彩"。导致这样一个局面的原因,是因为"多年以来,我们的文艺创作和文艺欣赏往往忽视艺术生产的特点和规律,强加给它一些不适宜的或不能胜任的责任"。②

宋遂良的这些论述,即使放在今天这样的环境中,也是深刻而犀利的。他旗帜鲜明地告诉读者,张炜的这些作品是按照"艺术生产的特点和规律"创作出来的,它不同于"主题先行"的"问题小说""重大题材小说"——小说中有没有"问题小说"和"非问题小说"、"重大题材小说"和"非重大题材小说",本身就是一个十分荒谬的问题;也不同于那些流行的"艺术时尚",那些"概念"和"口号",张炜写的是自己——自己的生活,自己的情感,自己的家乡故园和那里的人们。这些观点是对张炜创作的极大的援助和鼓励。

当然,他对张炜的作品也不是一味的赞美。他注意到,在张炜一些描写社会历史变革时期时代变化和人物命运升沉起伏的作品中,由于作者对社会生活的深

---

① 宋遂良:《〈芦青河告诉我〉序》,张炜:《芦青河告诉我》,山东人民出版社 1983 年 10 月版,第 1 页。

② 参见宋遂良:《〈芦青河告诉我〉序》,张炜:《芦青河告诉我》,山东人民出版社 1983 年 10 月版,第 1—8 页。

度和广度把握不够，理论素养不足，是以还不能从更深更广的领域、更高更新的角度去反映社会矛盾，和人民普遍关心的时代主流。这一点，张炜也是同意的。

六

这一阶段，张炜的文学阅读不仅没有因工作与创作的繁忙而停步，还在逐渐加大。

张炜记得，那时他把所有能找到的关于托尔斯泰的书全读了，所有能见到的俄罗斯时代作家的译著也几乎全读了。张炜说："他们对我的影响不可能是小的。俄罗斯作家真是了不起。那种横跨欧亚大陆的精神，是任何国家的作家也没有的。所以我想，俄罗斯作家是除了中国古典文学之外，对中国作家影响最巨的一种文化和艺术力量。"①他当时倾心阅读的外国作家还有雨果、陀思妥耶夫斯基、马尔克斯、福克纳、海明威、索尔·贝娄、约翰·契弗、舍伍德·安德森、波特等。张炜觉得，托尔斯泰的执着追求，雨果的浪漫，在19世纪的作家中对他影响最大。他同时觉得："村上春树这一类在我看来是无聊的。他们在中国有大量读者，说明这些读者不值得更好的作家为他们写作。一个作家为谁写、满足谁，很大程度上决定了他是否大器。为迎合'大众'而写，只为了让他们'喜闻乐见'，没有一个是有才华的作家。"②从张炜的阅读趣味，我们也可以看出他的写作追求。

这一时期，随着中国改革开放力度的不断加大，物质主义、消费主义的潮流日渐兴起，人开始迷乱。面对这一潮流的冲击，张炜陷入了深深的思索。这是一股比任何文学潮流更大更猛的社会潮流，不管是文学圈里的人还是文学圈外的人，都无法不受到它的影响。在这样一种潮流面前，张炜也在寻找支撑自己的精神力量。他初中时就开始接触、后来一直钟情的鲁迅再一次成了他大量阅读的对象。鲁迅的思想，也成了他判断时代脉象的重要依据。张炜认为，鲁迅的伟大就在于他不以时尚为标准的理性，在于他前后一致的反潮流精神，在于他不管潮流如何始终坚持思考怎样对人类有益。张炜指出："一个思想家只有反潮流的勇气，才会贯彻理性。独立精神，理性，仁慈，这就是我理解的鲁迅。现在是推崇纵欲的文化，这是今日世界之主潮。看看现代的一些新人物，再看看他们的所作所为，就知

---

① 张炜：《匆促的长旅》，张炜：《风姿绰约的年代》，昆仑出版社2005年1月版，第337页。
② 张炜：《匆促的长旅》，张炜：《风姿绰约的年代》，昆仑出版社2005年1月版，第336页。

道是这种纵欲文化的应声小虫,怎么能指望他们? 他们是毁灭和击溃中华文明的人,也是所有文明的敌人。"①

基于这样一种认识,他对孔子也有了全新的看法。他说自己读孔子,是在1984年以后才有了一点心得的,那是他面对物质主义、消费主义对儒学的新认识、新发现。他认为世人眼里的孔子,是一个因为中国剥削阶级特别是皇室的推崇,被歪曲和利用了的孔子,不是本原的孔子、真实的孔子。随着阅读的深入,他发现"孔子不是单向的商业和金钱思维,他对于世界的存在有立体的、全局的把握。所以他是极懂科学治理社会的人。人的欲望用来创造是力,用来破坏也是力,孔子知道这两种力的微妙复杂关系,以及它们的运用方法","人类的进步就是通过对欲望的种种把握,如限制和反限制的过程去实现的。中国古人比外国人,即比西方人更懂得其中的微妙"。②

张炜认为:"孔子的思想对山东人影响深远。现在我觉得他是人类最宝贵的精神资源。他的有些思想,原以为不对,后来才知道是理解错了。孔子的思想错的不多。孔子的思想对于可怕的商业主义时代,可用最伟大的疗救。比起四大发明来,孔子的思想可能是中国对世界做出的最重要的贡献。时间会越来越证明这一点。中国的文学青年和中年们如果不读孔子,我不信会有大的成就。"③

从这个角度出发,他还发现了一向"反孔"的鲁迅与孔子之间奇妙的联系:"鲁迅看起来反孔子,其实是个真正的大儒。他身上孔子的东西最多。他有儒家的入世和正气,有思辨性。他是从孔子的路上走来的思想家。而当时的胡适、林语堂一类,也许是从老庄之路走过来的,或者受老庄影响较大。鲁迅身上最少的是庸俗社会学那一套。而许多时候,从'五四'前后到现在,中国的知识分子不以这种庸俗为耻反以为荣。"④

实际上,不为潮流所动,不随风向而变,任何时候都坚持独立思考,不让自己的大脑掌握在别人手中,不让自己沦落为一个可怜的"应声虫"和可卑的"传声筒",这正是张炜所仰慕的中外作家、中外知识分子共有的伟大品格。如果在物质主义、消费主义来临时,在发泄与纵欲的潮流中,不去思考、不去抵抗,而是去唱和、去推动,那他就不可能是一个真正的、优秀的作家。

① 张炜:《匆促的长旅》,张炜:《风姿绰约的年代》,昆仑出版社2005年1月版,第330页。
② 张炜:《匆促的长旅》,张炜:《风姿绰约的年代》,昆仑出版社2005年1月版,第328页。
③ 张炜:《匆促的长旅》,张炜:《风姿绰约的年代》,昆仑出版社2005年1月版,第338页。
④ 张炜:《匆促的长旅》,张炜:《风姿绰约的年代》,昆仑出版社2005年1月版,第338页。

张炜的这些阅读所得和思想认识,都潜移默化地表现在了他这一时期的作品之中,这也成为他此后的坚定信念,使他在风云变幻的时代潮流中越来越卓尔不群,显示出了可贵的创作个性和文学品质。

七

邱勋发现,张炜不仅阅读量极大,而且有自己独特的阅读方式:他喜爱的或者他认为重要的中外作家,他就要读其全部作品,包括这位作家的传记,同时代人和后代人对他的评论。他读完一个再读一个,最传统的和最新潮的中外作家都读,文学之外的哲学、医学、文物、风俗及美术、音乐专著也都浏览。但对于一个时期走红的某些作家和作品,他并不盲从,对其常常有自己十分新奇、独特的看法。谈论作家和作品,不论是经典作家还是文学新秀,他也时常有脱离一般思维定式的想法,有时让听者难以接受,更多的则是让听者有惊世骇俗、振聋发聩之感。

1985 年,张炜(左)与作家邱勋在济南

这一点,熟悉张炜的人都有切身感受。张炜曾多次讲过,他在年轻时每天的阅读量最多可达五万字。据此,我们可以相信他在烟师读书时"扫荡图书馆"不是夸张的说法。的确,他所阅读的中外文学作品和其他各种著作难以计数,仅在

一部 1996 年 10 月由山东画报出版社出版的随笔集《心仪——域外作家：肖像与简评》中，他所一一写出阅读笔记的外国作家就有索尔·贝娄、米兰·昆德拉、略萨、厄普代克、海明威、福克纳、尤瑟纳尔、屠格涅夫、陀思妥耶夫斯基、列夫·托尔斯泰、兰波、普鲁斯特、叶芝、哈代、毛姆、萨特、加西亚·马尔克斯、阿斯图里亚斯、博尔赫斯、阿克萨科夫、紫式部、亚玛多、乔伊斯、卡夫卡、艾特马托夫、阿斯塔菲耶夫、聂鲁达、劳伦斯、普希金、高尔基、泰戈尔、契诃夫、歌德、马雅可夫斯基、雨果、巴尔扎克、阿勃拉莫夫、茨威格、莱蒙托夫、马克·吐温、西蒙、波特、川端康成、伍尔夫、杰克·伦敦、欧·亨利、汉姆生、艾略特、怀特、索因卡、托马斯·曼、米斯特拉尔、斯坦贝克、舍伍德·安德森、里尔克、黑塞、帕斯捷尔纳克、乔治·桑等五十八位，在"后记"中列出名字的还有六十九位，所点评的著作则有数百部。张炜发表这些文章时，有位朋友还为他担心，认为对这些作家的评论，平时漫谈是一回事，发表则是另一回事，因为张炜毕竟不是专门的研究者，朋友唯恐他说不到点子上。但当看到这些文字时，朋友发现自己的担心是完全多余的，因为这些文字虽有不准确、不周密甚至偏激之处，但它们是那么真诚自然、精彩纷呈。①

说实话，作为一个阅读者和文学研究者，我们对于张炜列举的很多作家，不仅没有读过他们的著作，甚至连名字也没有听说过，在张炜面前，这实在是令人汗颜的。而且，这些也不过只是张炜阅读的冰山一角。赵鹤翔曾经写到，张炜最舍得花时间读书，藏书量可能是青年作家中最多的一个。他发扬古人读书的"三上"精神，家里的角角落落，包括卫生间，都是他正在读的一些书。他的涉猎之广、阅读之深，大概也是青年作家中最广、最深的之一。他还在博览的基础上，注重详瞻，记卡片，分类归档。赵鹤翔说："《老子》、《庄子》、诸子百家、古代航海、建筑、地质、考古、史略、海洋、地貌、植物、移民、武术、佛学、棋类、气功等等，他兴趣之广泛，你会认为他是个知识篓子。"②

2001 年 11 月，张炜的随笔集《远逝的风景：读域外画家》由学林出版社出版，其中写到的域外画家有怀斯、雷诺阿、卢梭、高更、马蒂斯、达利、列宾、米勒、杜菲、凡·高、马奈、莫奈、勃拉克、柯罗、德加、康定斯基、毕加索、塞尚、蒙德里安、夏加尔、米罗、蒙克、莫迪利阿尼、劳特累克、克利、库尔贝、康斯太布尔、大卫、透纳、德

　　① 吴禾：《〈心仪——域外作家：肖像与简评〉小引》，张炜：《心仪——域外作家：肖像与简评》，山东画报出版社 1996 年 10 月版，第 1—3 页。
　　② 赵鹤翔：《真诚·执着·炽热》，《赵鹤翔论文选》，春风文艺出版社 1992 年 4 月版，第 320—321 页。

拉克洛瓦、弗洛伊德、毕沙罗、蔡斯、恩斯特、卡萨特等三十五位。这使我们想起他在长篇小说《能不忆蜀葵》中,描写的两位画家淳于阳立、桤明对那些中外画家信手拈来的评说,从这里我们可以看出张炜阅读的广泛程度,以及其阅读与写作的水乳交融的关系。

为了写好长篇小说《古船》中的"星球大战",他与朋友一起搜集、剪贴了一大本关于"星球大战"的资料;围绕创作长篇小说《你在高原》,他不仅阅读了大量植物学、动物学、土壤学、地质学、海洋学著作,还阅读了《爱因斯坦文集》、罗伯特·迪金森的《近代地理学创建人》以及一些古代医案等,他不仅从中学习知识,而且也深为这些著作的文字打动。张炜在小说创作尤其是其长篇小说《你在高原》的创作中,经常变换文体,将日记、书信、传记、回忆录甚至一些学术著作片段有机穿插其中,使作品既生动活泼,又符合当时的人物和场景,这与他广泛的阅读与学习是分不开的。

应该说,在中国当代作家中,张炜是最注重阅读的一个。对于阅读,他也有自己清晰、明确的认识:"人生失去阅读伟大艺术、理解伟大人物的机缘是十分可惜的。人生失去了这种能力就更可悲。显然,具有这种能力的人将获得巨大的、特异的幸福。我们总是为了使自己能够始终拥有、并不断获得和保持这一能力而努力不息。"①

巨量的阅读,来自无限的热爱、超人的勤奋。邱勋说,他从来没有见过一个人像张炜那样热爱文学,把文学放在和生命同等重要的位置。赵鹤翔记得,张炜到省城济南工作后,"有一个窗口长夜亮着,那是他在勤奋笔耕。……他对文学的热爱和追求如痴如迷,对自己身体的不爱护几乎近于残酷的程度。不久他得了胃病,在朋友家吃了汤药以后,回去又再爬格子,他的第一部短篇小说集《芦青河告诉我》里的作品就是伴着中药罐子写出来的"②。他还常常用一些自创的格言来激励自己。1985 年牛年那年,他请赵鹤翔给他写了一个"牛年学牛不吹牛"的条幅挂在墙上;第二年虎年,又写了一幅"虎年学虎不唬人";第三年虽然没挂条幅,他却说过"兔年学兔勤捣药"的话。从张炜这些创作生活的花絮中,我们也可以看出"一切其来有自"的道理。

---

① 张炜:《〈心仪——域外作家:肖像与简评〉后记》,张炜:《心仪——域外作家:肖像与简评》,山东画报出版社 1996 年 10 月版,第 180 页。

② 赵鹤翔:《灼灼其华　耿耿人格——记作家张炜》,《赵鹤翔论文选》,春风文艺出版社 1992 年 4 月版,第 309 页。

八

20世纪80年代,是一个青春勃发、热气腾腾的火热年代,也是一个颇具特质、令人心动的浪漫年代。"文革"结束,国门渐开;教育复兴,知识"增值";经济恢复,基础趋稳,而且上上下下都在"摸着石头过河",思想上框框较少,人们的思想异常活跃,社会包容性强、创造活力旺盛。

张炜记得,20世纪70年代末80年代初,全国有一个"真理标准大讨论",青年人中也有一个"人生意义"大讨论。"那是一个思想活跃的时期,很让年轻人冲动了一番。"①但这些充满浪漫激情的理想主义者,有冲天的干劲,却一时找不到具体的目标。

这个时期,给身处省城的张炜留下印象最深的是青年人的辩论和出走。这些青年人大多是20世纪50年代生人,也有60年代出生的,受时代风气影响,他们读书甚多,而且大多是一些思想类的汉译名著,堪称全城最优秀的青年,他们满腹经纶,青春昂扬,相信"真理越辩越明",愿意在辩论中展示自己的才华、宣扬自己的理想和抱负。辩论,成为那个时代激动人心的一个场景。

张炜后来曾经动情地回忆:"济南南部有一座山叫'英雄山',从山脚修起一个个台阶,山顶是一个大的平台,山下有一个广场,每到黄昏的时候,一拨人就在那里辩论。这里渐渐集中了全城最善辩的人,他们有的来自大学,有的来自其他行业。这些人逻辑很清晰,就跟当年齐国稷下学宫的那拨辩士差不多——记载中稷下学宫最有力量的辩才可以日服千人,令失败者心服口服。济南的山下广场上每个黄昏都有一场大辩论,围观的人多得不得了。辩论中的失败者就留在广场上,而胜利者要登上一个台阶。看起来这是很形式主义的,但那时候就是如此。经过两个多月的持续辩论,最后剩下五个人,只有他们抵达了这座山的平台,也就是说他们到了山顶。"②那些最后登顶的人中,张炜的朋友占了五分之三。

当时,一拨自小生活在城市的心气很高的年轻人,认为自己经历单薄,不足以成大事,还形成了一股"出走"风。他们有的在银行工作,有的在公安局工作,有的还在大学读书,又都生活在很好的家庭中,可是冲劲上来,无法阻拦,他们到乡

---

① 张炜、朱又可:《行者的迷宫(全新修订版)》,商务印书馆2018年9月版,第56页。
② 张炜、朱又可:《行者的迷宫(全新修订版)》,商务印书馆2018年9月版,第57页。

村去,到西部去,到那些艰苦的地方去体验、去感受。张炜说,他自小就有这种经历,虽然没有加入他们"出走"的行列,但很为他们这种真挚、庄严的行为感动,曾经帮助他们准备睡袋、帐篷,操持粮票之类。

时过境迁之后,那些年轻人的行为已经很难为人理解,但他们当年的真挚与诚实是不容怀疑和玷污的。只是没过几年,这拨人的雄心就被现实击垮了,因为理想主义、英雄主义的时代过于短暂,物质主义、消费主义的浪潮滚滚而来,整个社会迅速由"向前看"变成了"向钱看",由"知识就是力量"变成了"时间就是金钱",人们推崇的不再是张炜大学时代那些"公认的英雄"——诗人、科学家、教授、学者、作家、艺术家,以及诸如此类的人物,而是"万元户""企业家"、权势人物和依附于他们的各类"官倒"。时代风气一变,"英雄山"下的辩论消失了,阅读、追溯、探寻、叩问,追求真理、壮怀激烈的精神状态云散了,接下来的是一代青年人的分裂、变化、坎坷——有的失去了工作,有的下海经商,有的犯罪,有的堕落,有的没心没肺,还有的因绝望而自杀了。

在张炜的朋友中,就有一个自杀的青年画家。那是张炜初到济南时结识的一个才华横溢的好友,但因为各种原因他没法在省城待下去,回到家乡小城后也郁郁不得志,最后自杀了。对于他的死,张炜一直痛心、痛惜不已。张炜说:"我平时不太敢想那个画家,因为他跟我不是一般的密切——两个省城里的单身汉,几年来一起弄吃的,一起讨论艺术,一起幻想。我们在一个机关工作。"①

后来张炜以他为原型塑造了不少小说人物,如中篇小说《童眸》《请挽救艺术家》中的画家杨阳,长篇小说《你在高原》中的画家桤林,等等。《你在高原》中还有一个青年画家阳子,大概也有一点他的影子。张炜还在一些著作中使用了这位好友当年为他画的一幅肖像,如广西师范大学出版社 2012 年 8 月出版的《游走:从少年到青年》封面。这幅肖像也收入了漓江出版社出版的《张炜文集》第二十二卷中。

中篇小说《请挽救艺术家》是一部书信体小说,据说,小说中杨阳的那些信件,就是张炜根据与这位好友的真实通信写成的。张炜说:"我写不出那样的信,只好用他的原文。这个人对生活绝望了,像许多天才人物一样,他们当中有些人是脆弱的。我到现在认识这么多艺术家朋友,但仍固执地认为他是最有才华的

---

①　张炜、朱又可:《行者的迷宫(全新修订版)》,商务印书馆 2018 年 9 月版,第 60—61 页。

人。他从省城回到了半岛,后来跳楼了,一共两次,终于……"①

这些主要都是 20 世纪 50 年代生人的故事,是张炜后来着力讲述的故事。长篇巨著《你在高原》的叙事主人公宁伽就是一个 20 世纪 50 年代生人。张炜创作这部小说的宏望就是把这拨人的经历写下来,写他们的家族、家庭,他们的童年、少年、青年、壮年。因为张炜本身就是一个 20 世纪 50 年代生人,他对这代人的生活与心灵的感受,是极其真切、深入的,蕴藉于心不吐不快。而在《你在高原》中,张炜将主人公宁伽的出场安排在 20 世纪 80 年代初期大学毕业分配至省城地质研究所之时,而没有从他的童年写起,显然也是慎重考虑、精心筹划的。我们似乎也可以说,20 世纪 80 年代给张炜留下的印象太深刻了,这是他们这拨人人生的一个重要分水岭。作品从这一时段入手,可以更好地牵起他们的过去和将来。

第三节 执着前行

一

清纯的"芦青河"继续流淌,在这个过程中,张炜见过的河越来越多,它们不断地叠印在"芦青河"上,让"芦青河"悄然发生着变化,一种浑朴、苍劲的美慢慢地在他的作品中显示出来了。这些,在他的由中国青年出版社出版的中短篇小说集《浪漫的秋夜》中得到了较好的体现。

《浪漫的秋夜》虽然出版于 1986 年,收录的却是张炜 1982 年下半年到 1984 年上半年创作的作品,这是张炜的第二个集子。集子中的作品在写作时间上与短篇小说集《芦青河告诉我》是相互衔接的,除《声音》《拉拉谷》两篇曾收入《芦青河告诉我》之外,其他都是首次结集出版,按照写作时间顺序依次是:《第一扣球手》(1982 年 9 月)、《小北》(1982 年 11 月)、《秋雨洗葡萄》(1983 年 4 月)、《草楼铺之歌》(1983 年 4 月)、《一潭清水》(1983 年 5 月)、《浪漫的秋夜》(1983 年 7 月)、《灌木的故事》(1983 年 11 月)、《果园里的篝火》(1983 年 11 月)、《海边的雪》(1984 年 1 月)、《野椿树》(1984 年 5 月)、《秋天的思索》(1984 年 6 月)。另

---

① 张炜、朱又可:《行者的迷宫(全新修订版)》,商务印书馆 2018 年 9 月版,第 60 页。

外,集子中还收入了一篇张炜写于 1980 年 12 月的短篇小说《永远生活在绿树下》。

　　纵观这两年间张炜的创作,可以看出"芦青河两岸的那种古朴和宁静"渐渐远去,他心中那些"从来没有宁静过"的情绪逐渐弥散开来,其中有欢愉,但更多的已是焦虑和忧思。正如 1984 年 8 月 10 日他在济南写下的《浪漫的秋夜·后记》中所说:"我曾经天真地想象着一种愉快的日子,满怀深情地回忆着童年的事情。我记得最清晰的就是芦青河,这条家乡的河了。雨天、雪天、渔人、小船。河上独木小桥,用最老的柳木做成,滑腻腻、湿漉漉。大雪蒙住河水,河冰又被水流击碎。……但这毕竟是记忆,童年的记忆。童年时还进入不了另一种生活,无法理解成人们为生存而投入的搏斗。"①现在,随着年龄的增长、阅历的加深、写作的推进,他终于从内心深处认识到了"芦青河"的复杂与浑浊,看到了河边复杂的成人世界。张炜说:"我仍然在写芦青河,但我现在很少写童年的河了。我加入了成人的行列,我和河边的成人交往了,也用成人的眼光看河水和小桥了。我要告诉我的朋友:那里的人们告别了一种日子,开始了另一种日子。"②

　　用成人的眼光来看世界,张炜对生活的认识发生了很大变化:"我现在觉得,人生活得很累。每天要做好多事情,也要为好多事情担心。我们面前的道路那么遥远、那么多弯曲和坎坷……"③因此,他不可能只写下"芦青河"边的人们的欢笑和幸福了,他还要写下那片土地上的痛苦和磨难,因为"生活像一架满载的马车行驶在泥泞的路上,前进是前进了,可是留下了多么深的辙印!……车轮在呻吟,辐条在颤动,一路就这样走下去"④。他要写下辙印和泥巴,写下颤动的辐条和车轮的呻吟,因为他太爱这辆车子了!

　　于是我们在张炜的文学创作道路上,看到了一种稍稍令人惊讶的现象:在"伤痕文学""反思文学"风起云涌的时代,他叙写的是故地往事、"芦青河"边的宁静与美好,那是一种"落后"时代步伐的"后撤"姿态;现在,"伤痕"和"反思"的浪潮已过,在"改革文学"大行其道的时候,他却突然超前一步,看到了这一进程中的痛苦和迷失,发出了自己深沉的忧思。是张炜真的由"后撤"的姿态变得"超前"

---

　　① 张炜:《〈浪漫的秋夜〉后记》,《浪漫的秋夜》,中国青年出版社 1986 年 4 月版,第 402 页。
　　② 张炜:《〈浪漫的秋夜〉后记》,《浪漫的秋夜》,中国青年出版社 1986 年 4 月版,第 402—403 页。
　　③ 张炜:《〈浪漫的秋夜〉后记》,《浪漫的秋夜》,中国青年出版社 1986 年 4 月版,第 402 页。
　　④ 张炜:《〈浪漫的秋夜〉后记》,《浪漫的秋夜》,中国青年出版社 1986 年 4 月版,第 403 页。

起来了吗？其实，在他那里是无所谓"后撤"或"超前"的，他的基本的立足点依然是故乡田园、童年记忆，他的基本的出发点依然是维护自然大地和人的心灵中那些美好的东西，只不过是他开始由对这些美好的人与事物赞颂，一变成为对损害和破坏这些美好的"黑暗的东西"的警惕、诅咒和批判罢了。因为社会现实在不断变化，他观察问题的角度也在发生变化，但他的基本立足点和出发点并没有变。

从张炜写于 1983 年 5 月、发表于《人民文学》1984 年 7 月号，并获得 1984 年度全国优秀短篇小说奖的《一潭清水》中，就可以明显地看到这一变化。这篇小说同样写得精美、诗意，但与《声音》相比，显然已经具有了不同的思想意蕴。小说通过看瓜人徐宝册和老六哥在瓜田实行责任承包前后对"瓜魔"小林法的态度变化，让读者看到了经济改革转型时期的利益至上思想对一部分人的深刻影响。就像"阶级斗争"年代人与人之间因"阶级"而分出你我一样，今天的人们又因"利益"而分出了彼此。因此，这篇小说虽然写的是农村"改革"，但与当时那些"改革文学"却是大异其趣的。张炜没有简单地为改革唱赞美诗，而是在深入思考物欲袭来时人的精神蜕变。他多么盼望那潭"清水"永远清澈，可就像时代风气已使"芦青河"变色、变质一样，这潭"清水"也终将成为人们的回忆。

二

最能体现张炜这一阶段创作成就的是中篇小说《秋天的思索》。如果说《声音》是张炜初入文坛的代表作的话，那么《秋天的思索》则是这个阶段的代表作。

这部中篇起笔于 1983 年 3 月，1984 年 10 月在《青年文学》发表。《青年文学》还同步推出了雷达的评论《独特性：葡萄园里的"哈姆雷特"——关于农村题材创作的一封信》。作为一部中篇，它的发表时间虽然晚于《浪漫的秋夜》，但起笔较早。如果不算张炜后来发现的儿童中篇小说《狮子崖》的话，《秋天的思索》也可视为张炜投入创作的第一部中篇。

小说通过葡萄园里的看园人老得，与凭借"胆子大、路子宽、心眼多"抢得葡萄园承包权的王三江之间的矛盾和斗争，表现农村改革中出现的种种问题。本来，王三江是民主选举中狼狈落选的"大队长"，现在却又重新得势，站在了那些无职无权的百姓头上，肆无忌惮地榨取百姓的血汗。在这种时刻，看园青年老得勇敢地站在了弱势群体一边，与王三江进行了顽强的斗争。他在斗争中虽然不断失利，但也在不停地思索，他要想方设法保住这片葡萄园，让它真正掌握在人民手

1983 年初秋,张炜(左)与山东作家王润滋(中)、左建明(右)在大明湖,
其时《秋天的思索》《护秋之夜》刚写完

中。他为此身临险境、遭受毒打。他希望通过法律途径将王三江绳之以法,可是
不光"法律"已被王三江操控,乡里的领导也为王三江撑腰壮胆。他不但没将王
三江扳倒,反而因为"一贯好逸恶劳,对抗领导"受到了"经济制裁"。① 在这种情
况下,他又希望"找更高一级的党,让党管住他"。② 可是他实在也不知道这样是
否有效,因为他脑子里苦苦思考的"原理"始终未弄清楚,他无法理解这个世界,
无法理解一个失去了"大队长"权力的人,何以会凭借"胆子大、路子宽、心眼多"
掌握经济权,并受到了各种政治权力的庇护。最后,找不到出路的老得只好离开
葡萄园,到海边拉网去了。虽然小说的结尾说老得还会回来,但他是否真的能够
回来、怎么回来,都没有什么答案。

　　老得的困惑也就是张炜的困惑,老得的思索也就是张炜的思索。他在 1984
年 11 月 2 日写下的创作谈中说得很清楚,这是他在胶东葡萄园里的所见所闻:在
过去的日子里,极左路线给葡萄园的人们带来了数不清的灾难,现在改革给葡萄
园带来了振兴的希望,可这希望却要毁在王三江一类人手中了。所以张炜说,尽

---

① 张炜:《秋天的思索》,张炜:《浪漫的秋夜》,中国青年出版社 1986 年 4 月版,第 143—144 页。
② 张炜:《秋天的思索》,张炜:《浪漫的秋夜》,中国青年出版社 1986 年 4 月版,第 145 页。

管"改革是伟大的,党是伟大的",可我们必须尊重和重视老得的思索,"他的不成熟的思索,也许牵涉到了人间最大的情理:试想,让那些在旧路轨上滑行惯了的人控制着葡萄园,即使有所兴盛,这种可怜的兴盛又能维持多久、能继续向前发展吗? 他们能给葡萄园的人们送去真正的幸福吗? 改革正在进行,毕竟有很多东西需要进一步探索和完善,而有人就钻这个空子,侵吞改革成果。必须为保卫成果去进行不懈的斗争,不然改革就成了一句空话。这实在是非同小可! 这实在是关系到葡萄园的明天"①。

在很多作家还在一味地赞颂"改革"和"改革者"的时候,张炜从维护葡萄园的明天出发,看到了其中的问题和隐忧,表达了自己的思索和愤怒,这是"后撤"还是"超前"? 或许都是。后撤,是为了找到一个看待事物、认识问题的基点;超前,是他从王三江一类人物身上看到了事物发展的走向。不论是后撤还是超前,他的基本立足点都是在维护人的基本权利、维护人性中那些美好的东西。或者说,就是一种基本的人道主义精神和人道主义立场。

1990 年,张炜的文友汪家明在回顾张炜的十年创作时,重点谈了张炜的人道主义精神,认为他的人道主义精神可分为三个不同阶段:"初,是对人道主义精神的歌颂,如《天蓝色的木屐》中的小能和《声音》中的'小罗锅'的自我奋斗;第二阶段,是对恶人恶势力非人道主义行为的反抗和鞭挞,如老得对王三江(《秋天的思索》)、李芒对肖万昌(《秋天的愤怒》)等;第三阶段,则是对整个人类、整个社会中所存在的一切非人道主义因素的揭露和批判。《梦中苦辩》中对杀狗者的诘问是何等痛心疾首,淋漓尽致! 而《蘑菇七种》中的人物,身上都有非人道主义因素,能够激人反省。"②汪家明同时认为:"第三阶段的张炜,才是一个比较彻底的人道主义者。他曾对我讲过一篇作品的构思,题目是《催人泪下的手》,那是他从空气清新的海滨小城返回污染严重的大都市,夜里握着四岁女儿柔弱无骨的小手,突然强烈地感到污染的环境和人欲横流的社会对孩子未来的威胁……在许多人看来,也许这些感情和感受都是微不足道的,甚至是可笑的,然而我认为,这正是张炜作为一个作家高度责任感的表现,是他彻底的人道主义精神的表现。"③这一时

①　张炜:《为了葡萄园的明天》,孔范今、施战军主编,黄轶选编:《张炜研究资料》,山东文艺出版社 2006 年 5 月版,第 7 页。

②　汪家明:《〈秋天的思索〉序》,张炜:《秋天的思索》,香港天地图书有限公司 1992 年版,第 5 页。

③　汪家明:《〈秋天的思索〉序》,张炜:《秋天的思索》,香港天地图书有限公司 1992 年版,第 5—6 页。

期的张炜,还处于汪家明所说的人道主义的第二个阶段,已经显示了可贵的反抗与批判精神。

在艺术上,如果说张炜此前的作品在环境描写方面比较突出的话,那么,《秋天的思索》在继续注重环境描写的同时,其中的人物刻画也给人留下了深刻的印象。小说中"老得"这个人物,不仅具有张炜以前小说人物的美好品质和在身体上的显著特点——就像《声音》中的"小罗锅"有些生理残疾一样,"老得二十六七岁,奇瘦,个子很高,走起路来一拧一拧,人送外号'水蛇腰'。他的脸也很长,仔细端量起来,下巴似乎还有点歪"。① 但老得在并不英俊的外表下有一颗美好的心灵,就像雨果《巴黎圣母院》中的敲钟人卡西莫多一样。

当然,张炜更注重的是其笔下人物的个性,老得是一个普通的青年农民,却热衷于思考,不断地寻找"原理",而且经常写一些"诗歌",用"诗句"来叙事表情,这在农民之中显然是不多见的,他也被王三江称为"古怪的东西"。张炜喜欢写这样的人物,用汪家明的话说,就是张炜对"古怪"有种特殊的嗜好:"张炜平日常说的一句话是:'真是一个古怪的东西。'一个人坏得出奇,他这样说。一个人有着某种特别的禀赋,他这样说。一个人一件物形貌少见,他也这样说。"②显然,张炜在《秋天的思索》中塑造的"老得",所谓的"古怪"之处正是他的"异秉"所在。张炜后来给人留下深刻印象的小说人物,也大都有些"古怪"。汪家明认为,张炜的这种"嗜好"与他早年的生活经历是分不开的:"读着这些人的故事时,我有时会想起张炜,在'文革'动乱年代那土地一片荒芜文化一片荒芜中,这位年不满二十岁青年,却在一架大山后边热情地写作,严肃地思考人生宇宙的大事。他与他作品中的人物有种共同的'古怪'。"③

以塑造人物为中心,并且写出人物的鲜明个性,是张炜这一时期的明确追求。他在创作谈中说:"我很看重在一部作品中提出的问题。但我更看重人物。我想,一个作者似乎应该把主要的热情放到他的人物身上。除此之外,还应把热情放在美好的、让人留恋的土地、自然上。我是这样分配热情的,不知对否。我十分尊重人的个性,我不想为让别人喜欢老得,就把他的个性遮掩起来,然后若无其事地发

①　张炜:《秋天的思索》,张炜:《浪漫的秋夜》,中国青年出版社1986年4月版,第73页。
②　汪家明:《〈秋天的思索〉序》,张炜:《秋天的思索》,香港天地图书有限公司1992年版,第8页。
③　汪家明:《〈秋天的思索〉序》,张炜:《秋天的思索》,香港天地图书有限公司1992年版,第8页。

问:看看,他像大家一样,大家还不夸他吗?""不!应该允许他有个性、有缺点。把一切都磨掉,把一切热情都放在'宏旨'上,常会适得其反——你知道哪些是'无关宏旨'的?"①把"热情"放在人物上,放在土地、自然上,这也是张炜这一时期作品的突出特色。

三

最早关注《秋天的思索》的,是评论家雷达。大概是因为要配发评论,在《青年文学》决定发表这篇作品并请张炜进行修改时,已经把小说初稿送给了雷达。

1984 年 6 月 5 日,张炜在北京参加《青年文学》杂志举办的首届(1982—1983)"青年文学创作奖"授奖大会期间,雷达还与张炜进行了一次面谈,其中情况雷达写进了评论《独特性:葡萄园里的"哈姆雷特"——关于农村题材创作的一封信》中:"今年六月,你来北京参加《青年文学》授奖活动。当时我刚读完《秋天的思索》的原稿,记得我们坐在招待所前的台阶上,谈了很久,话题扯得很远,直到夜色深浓方才分手。你后来接受并考虑了一些意见,作了几处关键性的改动。现在,这部作品就要与读者见面了。除了责任编辑,我只不过是它最早的读者。重读一遍之后,禁不住心情激动。我特别看中它的独特性——独特的氛围,独特的性格,独特的冲突,独特的主题。我相信,这部以独特面目反映当前农村生活的作品,将会引起广大读者和作者同行们的深思的。一定会的。"②

文中,雷达详细论述了《秋天的思索》的独特性,并将小说中"老得"这个青年农民,类比贾平凹《小月前本》中的小月、《鸡窝洼人家》中的禾禾、张石山《一百单八碣》中的贵武等,指出"思考"已经成为一代青年农民的心理特征,酷爱写诗、执着地、认识思考和解决复杂问题"原理"的"老得",正是这些青年农民中十分醒目的一个。雷达称老得为"葡萄园里的'哈姆雷特'"。同时,他对"老得"对劣迹斑斑的王三江只是出于一种道德义愤,而没有从社会生产力发展的角度来认识这类人的本质,没有进一步的觉醒和反抗持有异议。

雷达指出:"我看过你的其他作品,我觉得你和王润滋有某些共同的优势和共

---

① 张炜:《为了葡萄园的明天》,孔范今、施战军主编,黄轶选编:《张炜研究资料》,山东文艺出版社 2006 年 5 月版,第 8 页。

② 雷达:《独特性:葡萄园里的"哈姆雷特"——关于农村题材创作的一封信》,孔范今、施战军主编,黄轶选编:《张炜研究资料》,山东文艺出版社 2006 年 5 月版,第 91 页。

同的薄弱点。你们两位都过于偏执于道德化地评价社会生活。我充分地理解并尊重你对劳动者美德的钟爱,你说过:'我常常想:世界上如果全是善良正直的人多好啊!'可是,仅仅从道德出发是要影响作品的深刻性和广阔性的,并且也不太适应今天生活的丰富与斑驳。当然,在一个作家身上,经济与道德的矛盾总会存在;在旧时代的作家身上存在,在今天的作家作品中也不会完全消失。那种要求一个作家在政治、经济、道德等观念上全都达到一致的正确与均衡,是不大可能的。也许那样就没有作品了。不过这涉及另一个大问题,即今天的作家是否也还存在世界观与创作的某些矛盾的大问题,等有机会我们再一起探讨吧。"①"我看,在今天要辨别一个人新与旧的面目,除了道德,还应该多看他究竟站在社会生产力的哪一面。对你这部政治色彩浓厚的作品,这一点尤为重要。试想,如果你不但从道德上揭露王三江的阴险,还很有说服力地饱含着生活血肉地揭示出他站在农村商品经济的对立面上的话,这部小说的社会内涵和艺术感染力,就要增加好多,它的深度也将大大加强。"②

　　显然,雷达对这部作品的认识是很矛盾的,他既看到了作品的独特价值,又发现作家单纯从道德角度评价社会生活有些"偏执",但他同时还觉得,如果要求一个作家在政治、经济、道德等观念上全都正确和均衡,也就没有文学作品了。这种认识上的矛盾,既说明他对张炜的了解还不够深入,也说明他在文学批评上所注重的社会政治视角,是不太适合张炜这样的以抒写自然与人性为创作核心的作家的。试想,一个以抒写自然与人性为中心的作家,又怎能不扛起道德的大旗呢?张炜的文学创作之路走到今天,是一个自然而然的过程,一个海边丛林中长大、有着深厚齐鲁文化背景、经历过无数生活与心灵磨难、深受着中外经典文学影响的作家,道德立场、人道主义立场就是他的世界观。在中国 20 世纪 80 年代的经济转型、社会转型过程中,这种世界观与现实社会的矛盾与对立是十分尖锐的,这在张炜身上尤为突出。所以,他不能赞同一些人对老得的看法,他也不会按照一些人的想法把老得写成一个政治、经济、道德等各方面的完人,因为那样的"完人"实际上是不存在的。他只是要从生活的本源出发写出"这一个",一个有缺点的好人,一个耽于思考但缺乏行动的青年,一个有自己道德坚守的极其执拗的人,他

---

　　① 雷达:《独特性:葡萄园里的"哈姆雷特"——关于农村题材创作的一封信》,孔范今、施战军主编,黄轶选编:《张炜研究资料》,山东文艺出版社 2006 年 5 月版,第 97 页。
　　② 雷达:《独特性:葡萄园里的"哈姆雷特"——关于农村题材创作的一封信》,孔范今、施战军主编,黄轶选编:《张炜研究资料》,山东文艺出版社 2006 年 5 月版,第 96—97 页。

在爱情婚姻方面的行为表现也是如此——老得虽然喜欢王三江的女儿王小雨,但不会跟她结婚。张炜曾说:"写出后,有的编辑出于好心,提议让'老得'与王三江的女儿结婚。我没有同意,因为这与事实不符。"他说:"'老得'至今独身。"①

"'老得'至今独身",这是生活的本来面目和老得的生命逻辑,也是张炜不肯让自己的人物向现实妥协的一种表现。

四

这个阶段,在文学道路上执着前行的张炜,也在忍受着内心的苦闷与孤独。在经济社会的巨大变革时期,人的思想变化也是巨大的,大潮席卷而来,众人弄潮而去,那么,还有谁来与自己共同坚守这精神的高地呢?

1983 年 3 月 6 日,他在随笔《让我寻找》中写道:"我觉得现在越来越缺乏一些执拗坚定的人。自己似乎也在凑合着什么,对所从事的事业做到'好像爱'也就行了。可大家又分明是越来越忙,越来越累,好像什么都不甘落后。我不理解一个很棒的作家或学者同时又是一个外交家、一个商人、一个在生活的细枝末节处都表现出独到才能的奇人。""置身潮流之中,被一种惯性推拥着,需要多大的坚韧和倔强才能挣脱出来。我认为一个搞创作的人应该具有那样的雄心和力量。也许害怕自己天性软弱,我常常暗想:让我寻找一个执拗坚定的人吧,请让我与你同行。"②

正是怀着寻找一个"执拗坚定的人"的渴望,他才能在瞬息万变的文学潮流中表现出自己的坚定与坚守。因为他知道,在一个时代的激流中,人的头脑容易发热,很难守住什么。潮流一来,人很容易自觉不自觉地投入其中,把美好的东西毁掉。当然,他对传统中那些腐朽落后的东西,也是保持了高度的警惕和极强的鉴别力的,在短篇小说《拉拉谷》中,他就已经向那些不合理的家庭伦理观念发出了质疑和挑战。他渴望坚守我们民族传统中最宝贵的东西,也要冲决一切不合理的束缚和羁绊。而我们民族传统中那些最宝贵的东西,其中之一就是讲究道德、崇尚道德,他认为这对一个作家来说尤为重要。1983 年 4 月,他曾在"烟台笔会"上强调:"从历史上看,作家观察生活和把握生活的方式与他人不尽相同。从政治

①　张炜:《忆"老得"》,《张炜文集》第 34 卷,漓江出版社 2019 年 10 月版,第 78 页。
②　张炜:《让我寻找》,《张炜文集》第 34 卷,漓江出版社 2019 年 10 月版,第 26—27 页。

1985年,张炜(右)与作家出版社编辑杨德华在济南南郊

经济学的角度看问题,似乎可以不计道德因素;但作为一个作家,就往往更多地从道德、从人情入手分析社会和人生了。这也帮助他形成独特而深刻的历史观。"①这些表述,对我们理解《秋天的思索》和张炜的文学创作是很有帮助的。

那么,怎样才能维护内心的纯净与高尚?张炜也作了深入的思考,并且得出了自己的结论,那就是回归自然大地,"永远生活在绿树下"。他认为人们已经开始厌倦都市街巷中的嘈杂与烟尘,渴望回到田野、河边;也只有回到田野、河边,人们才能感受到大自然的美妙与美丽、神秘与庄严,才能感受到人间的美好。热爱自然大地,保护自然大地,回归自然大地,这同样是张炜自小到大、一脉相承的思想情感。我们认为这也是一种"道德"。如果说前一种道德是"人间道德"的话,那么这种道德就是一种"自然道德"。

1984年4月,在威海文学讲习所的一次演讲中,张炜借"一棵树"充分地表达了这一文学观和道德观。张炜认为,作为一个热爱艺术的人,无论具有怎样的倾向和色彩,他都应该深深地热爱自然,感受自然,都应该敏感而多情。只有这样,他才能成为一个为艺术而献身的人。他应该是一棵树,与大地一起呼吸、脉搏一起跳动、命脉紧紧系在一起。张炜认为,一个人与自然最密切的时候是童年,长大之后,人投入了成年人的生活,会渐渐与大地疏远,但只有那些将童年印象永留心

---

① 张炜:《古朴之美》,《张炜文集》第34卷,漓江出版社2019年10月版,第29页。

中的人,只有那些始终对大自然满怀深情的人,才会成为一个艺术家,因为土地从根本上决定了我们的性质,并且会一直左右我们。我们应该到真实的泥土中、大自然中寻找安慰、智慧和灵感。所以,要想成为一个艺术家,就得真正拥有自己的树;就得切实维护人身上那种最正常、最本质的东西。①

"人间道德"与"自然道德",是张炜文学中两种强大的精神力量,是支撑张炜文学大厦的重要基础。这在张炜那里是不必讨论也无须讨论的,对那些在道德问题上还有什么疑惑或疑问的人,张炜是不屑一顾的。张炜说:"歌颂那些美好的,鞭笞那些丑恶的,一个作者只能这样做。""美丑不能混淆,爱憎必须分明。没有对美的深切的爱,就没有对丑的深切的恨。他忘情地、沉醉地歌唱美好,也会勇敢地、坚定地揭露丑恶。这二者是统一的。"②张炜认为,如果这样,即使做一个"愚人"也不怕,因为"创作不是做买卖,不需要那么机灵。文学是'愚人'的事业。有时可以嘲笑他的'愚气',但到后来却不能不正视他这些年辛苦的耕耘、这些年有力的挖掘。他盯住了一个目标,决不游移彷徨,往前攀、往前走;也会有疲累的时候,也会有喘息的时候,但敢于走下去,就表现了一种不同寻常的力度"③。

面对变幻时风,始终执着坚定,这对一个青年作家来说是何等不易,他得经受多少诱惑和考验。这个时候,恐怕已经没有人怀疑张炜对于文学的痴爱和真诚了。

五

1985年8月,张炜的中篇小说《秋天的愤怒》在《当代》第4期发表。这是张炜的又一部比较重要的中篇,也被认为是《秋天的思索》的姊妹篇。

《秋天的愤怒》起笔于1983年3月,从时间上看与《秋天的思索》是同时构思、动笔的,但因为中间停顿,至1985年4月才完稿。张炜后来曾经回忆:"1985年,我完成了一部中篇小说(《秋天的愤怒》),前后历时一年多。人民文学出版社的王建国先生一直关心我的创作,1984年去济南说:'写好了没有?'我告诉他正修改。后来建国先生又去了一次济南,取走了小说。1985年春天《当代》发表这部小说之前,想让我再改一遍。我就住在编辑部,这里的编辑年龄都比我大一点,

① 参见张炜:《你的树》,张炜:《周末对话》,江苏文艺出版社1991年12月版,第1—17页。
② 张炜:《像写信一样》,《张炜文集》第34卷,漓江出版社2019年10月版,第79页。
③ 张炜:《像写信一样》,《张炜文集》第34卷,漓江出版社2019年10月版,第80页。

对我的生活和创作给予很多照顾。修改完了小说,建国领我认识了几位社领导、画家,还有文字改革委员会的专家。""《秋天的愤怒》发表前,社领导何启治先生问我:'听说你要改作品名?'我说不想改了。他说:'这个名字好,最好不要改。'整个写作过程好像并不顺利,改动不大但比较烦琐,用上了剪刀糨糊。从此这竟成了我的工作习惯。"①

王建国是《当代》杂志社负责山东地区的编辑,看来他此前已经十分关注张炜的创作,并且一直盯着《秋天的愤怒》这部文稿,多次过问。1985 年 2 月,《当代》第一期还发表了张炜的短篇小说《红麻》,这应该也是王建国推荐的稿子。从此,张炜与《当代》产生了密切而复杂的关系,两者还发生过一些值得回味的故事。

《秋天的愤怒》通过描写农村青年李芒与岳父肖万昌之间的对立与较量,表现了新时期农民所面对的复杂矛盾。作为一个在不正常的年代吃尽了"血统论"的苦头,经受了种种不民主、非正义的虐待,而今逐渐觉醒了的青年农民,李芒像老得一样善于思考,只不过他思考得更深更广了。因为他虽然过上了高于一般群众的优厚生活,但因为出身和经历的原因,他对人间的不平等有着一种天然的憎恶,且没有因为自己脱离了社会底层而觉得底层人民的苦难无关痛痒。他依然用自己的"底层视角"来看这个不断变化的社会,内心的孤独与痛苦不期而至,他甚至以自己的微小、单薄之躯扛负起了一种"超大"的社会责任。他的愤怒已不是一己之愤,而是建立在对被压迫者的无限同情和对农民命运深刻思考之上的深沉思索。他的身上,闪耀着广博宽厚的人道主义精神。

李芒的岳父肖万昌,是个像王三江一样的"黑暗的东西",但他比王三江要复杂得多。在政治上,他是老党员、老支书,过去是"抓阶级斗争"的典型,如今是这片海滩平原上的"新时期先进人物"和"发家致富带头人";经济上,他抓住一切机会,利用我们制度中不完善或有弹性的部分,迅速攫取和占有了大量财富;个人形象上,他道貌岸然、优雅慈祥,那些见不得人的恶行,都隐藏于其光鲜的外表之下。这里,张炜第一次运用了将一个人物拆成两面去写的方式,塑造了一个"民兵连长"形象,让他与肖万昌形成了一种互补关系。我们把它总结为"两拆互补法"。也就是说,肖万昌对外示人的一面,是他在社会舞台上表演的道具,他的凶狠、残

① 张炜:《朋友与书与出版社——我与人文社》,张炜:《我跋涉的莽野》,春风文艺出版社 2001 年 9 月版,第 76 页。

酷、贪婪的一面是由民兵连长去完成的。他将自己的恶全部归之于民兵连长,有时还会利用自己对恶行的反对态度往脸上涂抹几把脂粉。但是,他与民兵连长永远是一体两面、不可分割的。

这种塑造人物的手法,张炜在此后的创作中将会大量使用,比较典型的像《古船》中的赵炳和赵多多,《你在高原》中的"得耳"公司、"环球"集团、"大鸟"公司的实际控制者和它的具体管理者,虽然人物形态各异,但其创作实质却有着惊人的相似性。实际上,这就是一个"两面人"的一体两面。中国社会有着诞生"两面人"的深厚土壤,这是由专制、集权的社会政治文化环境决定的。任何一个处在对上与对下、对内与对外的矛盾纠结中的人,都不可避免地带有两面性。张炜的独到之处在于,他将一部分人的这种两面性拆分为两个人物来写,如此一来,更能将其虚伪和残忍的两面都写得淋漓尽致。在现实生活中,这种伪善的主人与凶恶的走狗依存共生的局面比比皆是,他写出了一种人间的真实。

这篇小说,很快便引起了宋遂良、雷达的注意。1985 年 9 月 16 日深夜,宋遂良写下了《诗化和深化了的愤怒——评〈秋天的愤怒〉》(后刊载于《当代》1985 年第 6 期),指出:《秋天的愤怒》堪称《秋天的思索》的"姊妹篇","思索"是蓓蕾,"愤怒"是花朵,它们虽然还不是果实,但一个作家能做到这一步也就不容易了。俗话说,"秋后算账"。到时候了,不能再容忍了,秋天的愤怒是成熟了的愤怒。他同时指出,《秋天的愤怒》不是一篇"政治小说",它的着眼点始终在"人",张炜写出了肖万昌和李芒这两个有力量的人,并且启示人们:农村改革的成败最终还是在人身上,在于能不能有李芒这样的"新人"出现,并且最后战胜以肖万昌为代表的"黑暗的东西"。

宋遂良十分欣赏小说中的浪漫主义情调,他认为李芒与小织带有理想化色彩的、充满诗意的爱情描写,是"我看到的少有的现代化的柏拉图式的爱情描写"。他同时透露,"这篇充满着温馨诗意和庄严信念的作品,正是张炜激动地准备做父亲的时刻完成的"。宋遂良的眼光的确是敏锐而独到的,今后的岁月中,张炜还会给我们呈现诸多"柏拉图式"的爱情故事,如《你在高原》中的宁伽与肖潇、与淳于黎丽,等等。而在李芒决定与肖万昌决裂后,独自走向夜色笼罩的深秋原野时,那段近五千字的景物描写,亦即李芒长长的内心独白,也让我们看到了张炜文学作品的"倾诉性"端倪。将委婉深沉的内心倾诉融化在丰富生动的景物描写之中,是张炜作品的一大特色,也将成为张炜作品别于其他中国当代作家作品的显著标志。

雷达于 1985 年 12 月写下的《人的觉醒与反封建主题的推衍——〈葬礼〉〈思索〉〈愤怒〉比较谈》(后刊载于《当代文艺思潮》1986 年第 2 期),则比较了张炜的《秋天的思索》《秋天的愤怒》与王兆军的《拂晓前的葬礼》。他注意到了中国农民这种从未有过的新的觉醒,但又将其归纳为反封建主题的向前推进,认为李芒与肖万昌"分开",就是与传统的封建家族观念决裂,体现了以李芒为代表的先进生产力在政治上的要求。这显然是"拔高"了这部作品的社会政治意义。文章最后,雷达自己意识到"由于问题本身的原因",他的"这篇文章的政治意味是太浓了些,恐怕难辞'社会学'批评之讥"。现在看来,他的这番自我批评还是非常准确的。评论一部文学作品,社会政治视角固然重要,但如果因此放弃了文化视角、审美视角,也就难免出现偏差。雷达也不例外。

1985 年 6 月 19 日,张炜还编就了中短篇小说集《秋天的愤怒》,并写下了后记。这个集子 1986 年 12 月由人民文学出版社出版,包括中篇小说《你好!本林同志》《秋天的愤怒》,短篇小说《黑鲨洋》《挖掘》《秋林敏子》《泥土的声音》《剥麻·烟叶·蓑衣》《踩水》《红麻》。张炜的老师萧平为之作序,其中特别写道:"他对于批评意见是认真严肃对待的,但艺术的良知使他没有简单从事。他的人生哲学也阻止他急功近利,匆忙地往热闹地方跑,制作一些应时的东西,博取喝彩和掌声。他默默地坚毅地在自己熟悉并渗透着自己情感的那方土地上不断地挖掘。这块土地有它独特的历史,独特的生活,独特的风貌。他就像集子里《挖掘》一篇中那个执拗的老人一样,不为劝诱所动,不去羡慕那个驾着轻骑贩鱼挣大钱的人,只是默默地在海滩上挖掘着。老人想的是,海滩上虽然只有不值钱的沙参,而且不是经常能挖到大参,但它却是真正的有益的珍品。是的,追求真正的珍品,这才是艺术创作的目的。"①老师对学生的理解,的确是很深入的。

六

1985 年,张炜还发表了反映城市机关生活的小说《童眸》《黄沙》。当时不少人把这看成是一种突破,好像张炜终于离开"芦青河"了。11 月,中篇小说《黄沙》在《柳泉》发表后,有关方面还举办了一个讨论会,探讨了张炜的《童眸》《黄沙》等"机关小说"的价值与意义。

———————————

① 萧平:《〈秋天的愤怒〉序》,张炜:《秋天的愤怒》,人民文学出版社 1986 年 12 月版,第 3 页。

1985 年春,张炜在济南家中接受采访

从表面上看,这两个中篇写的是城市生活、机关生活,但仔细分析,它们又与一般所谓的"城市小说""机关小说"不同。《童眸》是双线结构,主人公沈小荒童年的海边生活与二十多年后的机关生活双线交织,被轮番呈现在读者面前。张炜没有去刻意美化或者批评哪一方面,他只是呈现了两种生活状态,但他的感情倾向是十分明显的。他借沈小荒之口告诉人们,中国的孩子差不多都来自农村,只不过有人离开早一点、有人离开晚一点。不同的是,有人离开土地之后就接受了一些所谓"新"的东西,丢掉了质朴。沈小荒拒绝被城市和机关同化、收编,是因为他知道最伟大最辉煌的东西从来都是质朴的人创造出来的,而质朴和诚实一样,只能来自河流、土地,来自对童年的记忆和留恋。他觉得自己大学毕业之后进入这个城市和机关,犯下的一个不能饶恕的错误就是忘了童年的朋友。童年的朋友是什么? 是田野,是树林和小河,是质朴和忠诚。"童眸",正是他对自己童年的呼唤,对乡土文明的呼唤。

张炜的这种情感,在《黄沙》中表现得更加深刻饱满。《黄沙》也是双线结构,一条是城市机关线,一条是海边原野线。相对于《童眸》,这两条线索更加丰富复杂。在城市机关线中,不仅有机关生活中的各种矛盾,还有坷垃叔的上访、罗宁与艾兰的婚姻、罗宁与岳父岳母的家庭关系等诸多副线交织;在海边原野线中,不仅有罗宁的童年记忆,还有家乡环境的被破坏,以坷垃叔为代表的底层农民与"村头"姜洪吉的尖锐矛盾。两条线又是相互联结的,机关上拉帮结派、虚伪自私、弄虚作假、推诿扯皮等一系列痼疾和领导干部高高在上的官僚作风的形成,都是因为脱离了群众,丧失了对普通百姓的真挚感情,也就是丢掉了人的心灵中那些最美好、最质朴的东西。这种机关中的污浊就像"黄沙"一样层层淤积,急切需要将它们一筐一筐地提走。

这是人们所说的"机关小说"吗?显然不是。张炜所写的是乡村与城市的对照、质朴与庸俗的分野,是两种截然不同的价值观、道德观的激烈碰撞。所以,从小受尽屈辱、在海边原野上长大的罗宁,与在城市里成长的妻子艾兰,与早年当过村干部后参加革命、"文革"中造反但主要还是被造反的岳父艾部长,是在不同的土壤里生长起来的两种植物,有着两种不同的血缘。他与艾兰分居是必然的,他们的关系或许还可维系,但恐怕不会加深;他对岳父虽然也需求助(比如要解决坷垃叔的上访问题),但不会有丝毫的敬仰和尊重。因为艾兰与艾部长都离质朴的泥土太远太远了。他感到在这座"一片尘埃和黑色烟雾的笼罩下"的城市里,"要畅快地吸一口空气真难啊"。① 生活应该改变,罗宁将走向何方?最理想的可能还是原野大地,是张炜永远怀恋的"芦青河"。

张炜说:"我为什么在两部写机关的作品中一直没有离开小平原——胶东的那片土地?就因为我有个感觉——我觉得质朴精神是从土地上生长出来的。万物都有个出处,质朴精神就是出自田野和自然,是土里生的。""近来我常常想,怎样才能把城市生活、机关生活写好?好像写田野才出诗出画,写城市就不好办了。城市题材的作家没有几个大手笔,在中国是这样。写乡村,好好写就成了一个自然歌手。我想了不少,最后明白了一点,那就是作者也许根本就没有多少必要过多地考虑城市和乡村的区别,只是放松地写就成。写城市也要着重写土地,写田野,也要立志做一名自然歌手。"② 立志做一个"自然歌手",这时已经成为他十分明确的创作思想。

这两部作品,连同他于 1986 年 4 月—6 月在济南写下的中篇小说《葡萄园》,构成了张炜这一时期小说创作的一个独特"单元"。与张炜其他作品明显不同的是,《童眸》和《黄沙》是从一个"城市人""机关人"的视角看乡野、看大地,从一个"成年人"的视角看童年、看故乡;《葡萄园》则将《黄沙》中的主人公罗宁直接放回到童年时代,通过奶奶等人的讲述,抒写其祖辈、父辈的家族历史。这样就将张炜

① 张炜:《黄沙》,张炜:《童眸》(小说集),北京十月文艺出版社 1988 年 7 月版,第 179 页。
② 张炜:《文学讨论会(济南,1985 年 11 月,〈黄沙〉讨论会)》,张炜:《周末对话》,江苏文艺出版社 1991 年 12 月版,第 260—261 页、第 263—264 页。

的文学叙事以故土大地为基点,在时间上往历史深处、在空间上往城市机关拓展,作品就变得更加丰富博大起来。

我们由这三部作品,特别是由《童眸》中的沈小荒、《黄沙》和《葡萄园》中的罗宁,不能不联想到长篇小说《你在高原》中的宁伽,尤其是罗宁,似乎已经具备了宁伽的一些基本特点,虽然他们是两个不同的文学形象。从艾兰、艾部长身上,我们也似乎看到了《你在高原》中梅子、梁里的一些影子;罗宁与艾兰的关系,也像《你在高原》中宁伽与梅子的关系。《黄沙》中艾兰的妹妹艾华是一个体操队员,《你在高原》中梅子的弟弟小鹿则是市少年体工队的队员;《黄沙》中的艾部长住在一个满是丁香的美丽独院,《你在高原》中的梁里则住在"橡树路"的一座花园洋房里。《葡萄园》中对于罗宁家族史的讲述尽管简略,与宁伽的家族史也不尽相同,但它们却有一个共同的特征,就是其家族都经受了无端的戕害和深重的苦难。这些微妙的联系,恐怕都不是偶然的。

在《黄沙》《童眸》中,我们还看到了进入城市的新一代青年知识分子所面临的现实与精神的双重困境,与同时期很多作品相比,这显示了张炜认识的深邃和独到,他在任何时候都不会随声高唱"赞美诗",他总能在时代的表象下看到内在的隐忧和人性的压抑。这不是因为张炜高明,而是因为他始终都是站在土地的立场上、人民的立场上、道德的立场上、人性的立场上,立场决定了一个人的视角,也决定了一个人的眼中所见、心中所想,决定了一个人的爱恨亲疏。

我们看到,大学毕业进入省城工作、生活的张炜,不但没有被城市、机关生活腐蚀、同化,反而以自己毫不妥协的个性,更加明确、坚定了自己的立场。有了这样一个立场,再加上较为丰富的生活积累、情感积累、经验积累和资料积累,他已经具备了从事一场大创作的基础和条件。实际上,一场大劳动已经悄然开始了。

第五章 "古船"驶来

第一节　横空出世

一

1986 年,因为长篇小说《古船》的发表,成为张炜文学创作道路上一个值得铭记、极为重要的年份。当时,"海内一时为之轰动,并波及海外,人称《古船》为中国新时期文学的顶峰之一,称其对国民性的刻画乃'鲁迅之后鲜见者'"。[①] 这是张炜进入当代中国文学和世界文学的奠基之作,有了这部作品,当代中国文学和世界文学就再也无法忘记这个坚定的身影了。那一年,他刚好三十岁,按照孔子的说法,是"而立之年"。

张炜自己也说过:"1986 年我发表了长篇小说《古船》。这对于我的写作生涯来说,当是非常重要的一部书。它虽然仍在写那个半岛与那条河流,但评论界和读者都似乎不再把它(包括它以后的小说)看作是'芦青河系列'了。这部长篇的影响超过了我以往所有的作品。它发表不久即引发了激烈争论,并且延续至今。但文坛与读者对它始终给予热情的维护,他们普遍把它看成是我的小说代表作之一。"[②]

这部长篇小说,写的还是"芦青河"的故事,但这时的"芦青河"已经不再是那条单纯的河了。此前,曾有不少人劝他离开这条河,去写点诸如城市、工矿、大学生等别的生活,张炜都不为所动。因为他知道,文学是一辈子的事业,将来他肯定要写到很多东西,但现在他还不能离开这条河。他同时也知道,一个作家和他的文学是有自己的根脉所在的,他将来不管写到什么,都不会彻底地离开这条河。况且,"这条河狭窄吗? 可它有遥远的源头,并一路汇入许多支流。它有属于自己的、极其独特的东西。它有时干涸,可更多的时候是汹涌向前、气象宏伟的,它的旧河道很宽很宽。从古到今,正是这条河造出了我们熟知的那一片大平原。无数的美好的故事、催人泪下的故事,都与这条河连在了一起"。"一条河的历史该是

[①] 汪家明:《〈秋天的思索〉序》,张炜:《秋天的思索》,香港天地图书有限公司 1992 年版,第 2 页。

[②] 张炜:《兼谈》,《张炜文集》第 37 卷,漓江出版社 2019 年 10 月版,第 32 页。

《古船》手稿

包含了多少东西,它就是整个平原的命运。"①

　　摆在我们面前的这部长篇小说《古船》,就是这样一部有着很大雄心的作品,作家就是试图通过这条河来写出"整个平原的命运"。当然,它所展示的只是这个阔大平原的一角——洼狸镇,描绘的也是这个平原漫长历史中的一段——20世纪 40 年代到 80 年代四十多年间的人世代谢、兴衰际遇,但透过这一角、一段,也可以"窥一斑而知全豹",我们因此看到了中国城乡特别是中国农村社会的巨大历史变迁。因为这个时段正处于中国社会大变革的时代:辛亥革命推翻了几千年的帝制,五四新文化运动也对几千年的封建宗法专制进行了深刻的反思和激烈的批判,但这一历史进程还远未结束时,中国就陷入了外族入侵和国内战争的阴云之中。抗战胜利之后,中华民族度过了危亡关头,但国内矛盾又上升为主要矛盾,敌我对立,再起争战。随着国民党政权的倒台,看似已经解决的国内矛盾并没有得到彻底解决,而是演变为所谓的"阶级矛盾",演变为一个"阶级"对另一个"阶级"的专政。随着中国社会历史进程的推进,这一"斗争"愈演愈烈,最终酿成了十年浩劫的巨大历史悲剧和历史倒退。在这样一种社会历史进程中,五四新文化运动所倡导的人文精神的火种,当然不可能有熊熊燃烧的机会,那场启蒙运动

---

　　① 张炜:《再写芦青河》,《张炜文集》第 34 卷,漓江出版社 2019 年 10 月版,第 130 页。

终以被中断或曰失败告终。十年浩劫过后,中国进入了改革开放和以经济建设为中心的时代,但那些在"阶级斗争"年月的灾难制造者又开始掌握经济命脉,中国历史由此展开了一场新的对抗。同时,随着物质主义、消费主义浪潮的袭来,整个社会思想文化形态也在发生新的变化。《古船》反映的就是这段复杂、漫长的历史。

当然,对于这段历史,从不同角度切入会有不同描述。有人会看到激动人心的革命进程,有人会看到人民翻身的幸福喜悦,也有人会看到举世瞩目的建设成就,但从人道主义的立场出发,从人与社会健全、合理发展的角度出发,就会看到这段历史表层之下的巨大荒谬性。这也正是《古船》切入这段历史的角度。社会历史的荒谬,带来的是对人性的摧残和对人格尊严的践踏,小说就以洼狸镇隋、赵、李三大家族间的沉浮、争斗为主线,写出了20世纪40年代地主还乡团对农民的残暴屠杀和土改复查运动中他们的报复行为,以及人们在其后历次政治运动和社会灾难中的命运变迁,写出了改革开放初期人们在思想转型、经济转型中的经历。张炜写的是一个小镇上的家族变迁史,又是一部洼狸镇史、城乡变迁史,也是一部缩小了的中国国家民族史。这就使整部小说既有扎实、深入的具体描述,又有宏阔深远的历史空间,具备了人们所说的"史诗"品格。

二

《古船》的主题是"苦难"。围绕这一主题,作品对之既有现实层面的描述,也有精神层面的挖掘。在现实层面,张炜将在档案资料中看到和实地访察中搜集到的许多鲜为人知的历史事实化为小说叙述,小说在很大程度上颠覆了人们对这段历史表面化、概念化的认知,令人在震惊之余重新审视自己那些被遮盖、被"洗脑"、被"漂白"的记忆,一种重新发现历史的荒诞感和悲剧感油然而生。在精神层面,张炜围绕隋抱朴这一中心人物,不断向深处、细处开掘,塑造了中国文学画廊中独具特色的"这一个"———一个败落的资本家和传统乡绅的后代,一个见识了无数人间惨剧和历经磨难的人,一个具有巨大思考力和深邃洞察力的农村知识分子,一个心存"原罪感"并极力为自己和家族"赎罪"的仁者和圣者,一个在长期自我压抑和痛苦思索中患上"怯病"的"行动的矮子",一个在危急时刻终于挺身而出挑起洼狸镇人未来重担的勇者。这样一个人物是极其复杂、难以把握的,他的身上最可宝贵的就是他从父亲隋迎之那里继承的真诚热烈的人文精神,这应该是五四新文化运动的流风余绪,也是与封建宗法专制、与各种"左"的思想和行为格格不入的。所以,在中国社会长期"以阶级斗争为纲"的时代,在从农村底层滋生、靠"枪杆子"出人头地的"底层痞子"赵炳、赵多多们掌握了权力的时代,隋抱朴只能遭受欺压、凌辱,是没有任何反抗力量的。他被强压在一种巨大的精神压抑和苦闷之中。

进入新时期以后,隋家有了重新崛起甚至将赵家踏在脚下的希望与可能,可是继承了家族精神血脉的隋抱朴,不愿从一个"苦难"的受害者变成一个"苦难"的制造者,他热切盼望一个合理的社会的到来。但他并不知道一个什么样的社会才是合理的,人到底应该怎么活,于是他陷入了深深的思考之中。他在思考这四十多年的历史灾难到底是怎么造成的,隋家当年作为一个资本家家庭有没有应该承担的责任;他也思考如果隋家当年"欠穷人"的那笔账不能算清,即使制服了赵炳和赵多多,完成了一个家族的复仇,又有什么意义?因此,他独坐老磨屋,读屈原的《天问》,读《共产党宣言》,试图从中找到救赎社会人心的良方。他也与急盼翻身、渴望复仇的弟弟隋见素彻夜长谈,探讨社会与人存在的合理性到底在哪里。

这些问题,都是一些关乎国家、民族未来的"大问题",将之放在一个乡村知识分子身上似乎过于沉重了一点,但从隋抱朴的人生经历看,这又是必须承担、无可推却的。因此,隋抱朴的疑问,既是一个乡村知识分子的灵魂之问,也是国家之问、民族之问;隋抱朴的痛苦,既是一个乡村知识分子的心灵之苦,也是国家之苦、民族之苦。这样一个人物,自觉地将这无边苦难堆积在自己心头、背负在自己肩上,显示了一种堪称伟大的悲壮情怀,这也许就是《古船》最为打动人心的地方。而那些环绕在隋抱朴周围的"恶人""丑类",尤其是那个以"人"的面目出现的人间"禽兽"——四爷爷赵炳,则显示了封建宗法专制与极左思想"合体"后的虚伪、暴虐和无情。当这种统治中国几千年、以宗法礼仪和传统习俗等形式渗透在中国城乡社会各个方面的专制思维,以"左"的面目出现在人们面前时,它有了更大的欺骗性和破坏性,尤其是它为那些"底层痞子"所用,就更显示了其残忍和血腥的一面。《古船》告诉我们,这些历史灾难的形成不仅有着复杂的现实因素,更有深刻的历史文化因素,因此,封建宗法专制思想不除,极左思想不除,人文精神就不可能有落地扎根的土壤,也就不可能有一个合理、健全的社会。这是隋抱朴最为痛苦和焦虑的。

《古船》的结尾,虽然隋抱朴在见素生病、赵多多车毁人亡的情况下离开芦青河边的老磨屋,自荐担任了粉丝公司总经理,承担起了带领洼狸人追求幸福的重任,随后赵炳也被隋含章刺伤、各种丑行败露,似乎赵家这座阴魂不散的"大厦"就要彻底倒塌了,人们看到了希望的曙光。但实际上,隋抱朴并没有想明白"人应该怎样过活",也没有想清楚一个合理的社会到底是什么样子。他所面临的问题,一个都没有彻底解决:妹妹隋含章因刺杀赵炳被关押,他们递上的诉状能否洗刷含章的冤屈? 粉丝厂绞死伯父隋不召的机器又转动起来了,这机器能否做到长期安全运行? 还有那个丢失的令人恐惧的"铅桶",究竟在什么地方? 一切都没有最终答案。因此,这个结尾就像鲁迅小说《药》中瑜儿坟上那个凭空添上的花环一样,只是代表了一种美好的理想而已。

所以,行动起来的隋抱朴也如《秋天的思索》中的老得、《秋天的愤怒》中的李芒一样,还走在一条前途未卜的长路上。《古船》虽给我们留下了一个充满希望的结尾,但并没有给我们留下任何结论。作家为什么会这样处理,不同的读者可能会有不同的结论和感受。

三

那么,这样一部堪称"厚重"的作品,是在一种什么环境、什么条件下写成的呢?

按照张炜自己的说法,这部长篇"酝酿四年,创作两年",那么,以它 1986 年 7 月定稿为界,张炜应该是从 1980 年下半年到济南不久就开始酝酿和准备这部作品了。也可以说,是他从那时起就立下了要写一部长篇的宏愿,然后开始了酝酿构思、积累材料。

我们知道,这并不是张炜第一次写长篇,当年矫健就看到过他的一部长篇初稿;在烟师求学时,他的同学还曾帮他誊抄过长篇的文稿。长篇小说是他早就萌生的文学理想。当然,这理想之中也不乏此时文学风气的激励和影响。张炜说:"那个时候,整个文学气正,冲劲也大。(20 世纪)80 年代初,最开始是诗歌,然后是小说和散文。散文比较受注意,报纸副刊上的很多散文,包括重新印出的一些散文集,都广受阅读和评论。但是这一拨很快过去了,接着是短篇小说更受注意,中国最活跃的作家都把力量押在短篇小说写作上。""所以当年的短篇小说评奖,受关注就很多,一年评一二十个,新时期最活跃的作家都在写短篇。再后来,短篇这种形式容纳不了那么多情感和事件,大家理所当然地转向了中篇小说,慢慢地,作家中很重要的力量都转到了中篇小说写作上。再到后来才是长篇小说。""《古船》正好是在作家将力量转移到长篇那个时刻写出来的。"①

　　我们从他的工作经历也可看出,他选定这样的题材来写长篇小说,是与他从事档案工作有直接关系的。张炜后来回忆,档案工作对他的写作助力很大,其中最直接的受惠就是《古船》的写作,因为历史档案资料中"那些惊心动魄的历史场景撩拨了我的好奇心,'土改'、内部斗争、村政初建,包括一个镇子一个乡村的局部历史,当年的代表人物跟这段历史更紧密更隐性的关系,都引发了我进一步探索的兴趣。"②"当年的山东分局管辖整个山东,也包括今天的徐州和苏北地区,范围远比今天的山东要大,受华东局统辖。山东分局是一个重要的解放区,当年大概除了延安就是它了。它辖下的半岛地带,从抗日到'土改'再到整个国内战争前后,里面的故事多极了。一些极'左'人物搅在里面,留下了抹不去的历史痕迹。"③

　　这些档案资料,与《古船》中的人物、故事是息息相关的,与《古船》所表达的情感意蕴也是息息相关的。这些真实的历史记录,与那些公开出版的读物也有所不同,它呈现出的是历史更为曲折复杂的一面。倘若没有这些历史档案资料作为支撑,张炜可能就难以确立《古船》的"苦难"主题,或者即使确立了这样的主题,也难以写得真实、深刻。当然,张炜在《古船》中对档案资料的运用并不是直接引用,或者披露什么不该披露的秘密。《古船》所涉及的都是当时已经可以公开的部分,或者是一个搞创作的人可以凭单位证明去查询的内容。档案资料对他的帮助,在很大程度上是将他的思维引向了深入,并为他的实地考察提供了线索。正如张炜所说:"更重要的是保持一个逼真肃穆的内在心情,让其贯穿创作的全过程。"④

四

　　经过较长时间的酝酿、构思和材料积累,1984年6月,张炜在北京修改完成中篇小说《秋天的思索》回到济南之后,立即着手开始了《古船》创作。7月,他离开档案馆调入山东省文联创作室,创作时间有了更加充分的保证。一方面,他在努

---

① 张炜、朱又可:《行者的迷宫(全新修订版)》,商务印书馆2018年9月版,第9—11页。
② 张炜、朱又可:《行者的迷宫(全新修订版)》,商务印书馆2018年9月版,第376页。
③ 张炜、朱又可:《行者的迷宫(全新修订版)》,商务印书馆2018年9月版,第377页。
④ 张炜:《心事浩茫》,《张炜文集》第36卷,漓江出版社2019年10月版,第80页。

力完成各种创作计划,至 1986 年 7 月《古船》定稿,先后完成了短篇小说《烟叶》《剥麻》《蓑衣》《烟斗》《夏天的原野》《采树鳔》《荒原》等,中篇小说《童眸》《秋天的愤怒》《你好!本林同志》《黄沙》《葡萄园》等,以及大量散文随笔;另一方面,他也在尽力排除各种干扰,尽可能地投入这部长篇之中。

这一时期,他还边创作边深入到胶东半岛地区,围绕《古船》开始了大量的社会调查。这次社会调查,也被他称作第三次游走。张炜后来回忆,他当时"拜访了当年非常残酷的'土改'地区,最有名的胶东莱西。潍坊和烟台地区的莱西,登州以东以西的犄角地区也都去过了。在那个年代里活跃过的积极分子,他们的后人,我接触了很多,这些跟档案里的记载相互映照,历史就变得更具体、更鲜活"①。

1985 年,张炜在写作《古船》期间

张炜回忆:"我走遍了河两岸所有城镇,拜访了所有的大的粉丝厂和作坊。我

① 张炜、朱又可:《行者的迷宫(全新修订版)》,商务印书馆 2018 年 9 月版,第 376—377 页。

读过了所能找到的所有关于那片土地的县志和历史档案资料,仅关于土改部分的,就约有几百万字。我还访问过很多很多的当事人,当年巡回法庭的官员,访问过从前线下来的伤残者、战士、英雄和幸存者。"①"当年参加土改的人我认识很多。他们的讲述栩栩如生;他们有时自觉地将当时的情况与后来的记载相对照,为你指正,这很感人。巡回法庭人员、杀人者、起义者、儿童团员,我都一一走访。每到了有名的事件发生地,我都久久不愿离去。"②对那些发生在当地的历史事件,当事人的情况,激烈到什么程度,死了多少人,等等,他都做了翔实的记录。

张炜回忆:"有一次我到芦青河下游出发,无意中走到了一个黄昏里。记得当时夕阳普照,平原上一片火红。有一处废墟特别出眼,那里到处是断垣残壁,是荒原,非常凄凉。我走了过去。我记不起那里是什么地方了,因为四处都发生了巨大的变化,不是过去的样子了。我走到跟前去,发现这片废墟的范围很大,在荒草和断垣残壁之间,有废弃了的巨大的磨盘……我突然记起来了,这里是一处粉丝作坊——记得在很小的时候,我来过这里。那时这儿是让人十分向往的,因为新鲜神奇的东西很多,有很多我从来也没有见过的人和事。"③他在调查中将过去与现在连在了一起,也从现实中走进了历史。

了解当时张炜创作情况的赵鹤翔也曾说过:"几年来,他的足迹踏遍了胶东的山山水水。《古船》写了民族粉丝工业的兴衰,他实地勘察了我国粉丝工业的发祥地,看过了许多粉丝厂的旧址和新建筑。再如《古船》十四章写的'菜',在古怪奇妙中透出慢吞吞、湿漉漉的民俗来,一些专门的高级厨师看后极为赞赏,认为它极富想象力,又不违背烹饪学原理,准备从中提炼出正式的鲁菜来。有位作家给他来信,将来有机会到胶东,请'张王氏'做顿尝尝。这些,都是生活给他的馈赠。"④

不仅写做菜如此,为了写好小说中涉及中医的部分,张炜还认真钻研过中医,并掌握了一定的中医知识和技能。他说:"写《古船》的时候跟中医学院的一些老教授过往较多,请教他们,跟他们学习。《古船》里有很多药方,老中医是认可的。

① 张炜:《文学讨论会(济南,1986年10月,〈古船〉讨论会)》,张炜:《周末对话》,江苏文艺出版社1991年12月版,第287页。
② 张炜:《心事浩茫》,《张炜文集》第36卷,漓江出版社2019年10月版,第80页。
③ 张炜:《文学讨论会(济南,1986年10月,〈古船〉讨论会)》,张炜:《周末对话》,江苏文艺出版社1991年12月版,第284—285页。
④ 赵鹤翔:《真诚·执着·炽热》,《赵鹤翔论文选》,春风文艺出版社1992年4月版,第321页。

只是大夫说我下药偏重,但认为用药大致都是对的,他们在方子上加减了一下。"①后来,张炜自己还试着开过中药方,也给信任他的朋友开过。他在以后的许多作品中也写过中医,如《你在高原》中的"三先生",并且发出过"中医难觅"的感慨。当然,张炜并不是立志要做一个医生,他是将中医作为中国优秀的传统文化来看待的,他认为中医的衰弱不仅是一个医学问题,更是传统文化衰弱的一个表征。他希望把它与音乐、绘画、书法等融会贯通,化为自己全部的修养和学问。② 那么,他对中医的深厚感情,是否也有点外祖父是一个医生的原因呢?应该是有的吧。

为了搜集《古船》的写作素材,张炜做了大量的阅读工作。赵鹤翔说,张炜对于生活中常见的恩恩怨怨、风头名利、泡沫之言等,一向采取躲之犹恐不及的态度,他几乎把所有能利用的时间都用在了读书、写作生活上。正是因为这样,他才有时间广泛涉猎各种著作、知识与学问。仅以《古船》涉及的为例,"一本《共产党宣言》被他读破,上面圈圈、点点、杠杠比比皆是,眉批注语布满全书;《国家与革命》以及马列的其他一些著作,他都下过不是玄功夫、虚功夫,而是真功夫、硬功夫。除了马列的书,他读古今中外的文学名著,包括古典的和现代的……《古船》中那不足万字的'星球大战',他采集了几十万字的报刊资料,像个当代军事科学研究员;书中写了一点关于中医方面的内容,他阅读了《黄帝内经》和大量医案,颇懂得一些阴阳五行之说,并与山东几位名中医交上了朋友;为了真正弄懂一句古文,他广泛查阅资料;一部《老子》,他看了好几种版本,把各家注释的异同点分辨出来。"③我们曾在自牧那里看到过他保存的张炜当年搜集的"星球大战"资料集,厚厚一册之中剪贴了大量报刊资料,多数资料都有张炜的圈点勾画。自牧还保存了一册张炜当年的《山东大学〈文艺学新论〉择录》,他用工整的笔迹摘录的文艺理论观点足有三十二页之多。

在这方面,宋遂良也有很深的感受。他说:"张炜喜欢读书,善于吸收人类的一切文明成果。他读了很多古典的书,《古船》里几个主要人物的名字如抱朴、见素、含章都是从《道德经》里面取来的,他的许多作品都深藏着我们古典文学的底蕴。张炜同时又读了很多外国文学作品,有一次我看见他在读爱因斯坦的《讲演

---

① 张炜、朱又可:《行者的迷宫(全新修订版)》,商务印书馆 2018 年 9 月版,第 43 页。
② 参见张炜、朱又可:《行者的迷宫(全新修订版)》,商务印书馆 2018 年 9 月版,第 46 页。
③ 赵鹤翔:《真诚·执着·炽热》,《赵鹤翔论文选》,春风文艺出版社 1992 年 4 月版,第 320—321 页。

集》，还有罗素的哲学著作。为了写作的需要，他还读了不少现代科学技术方面的书籍。可以说，张炜的一个创作源泉是前人创造的文化成果。"①

赵鹤翔还透露，张炜在下乡和写作中，患了严重的十二指肠溃疡，面色苍白，但他仍然笔耕不辍。赵鹤翔说："张炜的风采是沉着稳健，腹富口俭。他与朋友交往真诚谦恭，对强者好学而不媚，对弱者相助而不凌，既不软语婉言，亦不浮言气盛。但是，当他一旦谈起学问来，你总是会感到他的多闻、深刻、凌厉、条理、清晰。这一切，似乎与他的年纪不成比例。"②或许，正是因为沉浸、勤奋、才华和坚守成就了《古船》，也最终成就了张炜。

《古船》之所以能够成为一部中国当代文学经典，不仅仅因为其中表现出的对中国社会历史文化的深刻洞察，还因它雄浑博大、气势恢宏的文学构思，因它涉及政治、经济、社会、历史、科技、人文以及河海大地、建筑器物、中医中药、乡俗民风、饮食男女、卜筮巫术等时的细致、准确、生动的描绘，因它在这些记述和描绘中表现出的一个作家的深厚情怀。《古船》的成功，也应了张炜那句话："虚构越大，求实的力量就要投放得越强。""功课做得越扎实，作品的虚构越有趣。"

五

1986 年 10 月，《古船》在《当代》第 5 期发表时，篇末注明"1984 年 6 月至 1986 年 7 月起草、改写于济南、胜利油田、北京"。他的写作地点，有的今天还可以找到，有的已经随着城市发展而消失了。

张炜后来曾经充满深情地回忆："1984 年，我正在写第一部长篇小说《古船》，住在济南四里山下的一幢房子里。每天脑子写烫了就到南山边上走走，小半天再返回那间小屋。我在这里住了一年多。屋里放了书、方便面、茶和咖啡，还有一铁盒进口的莫合烟。一台小录放机用来听音乐。那是一段难忘的日子。屋里总插着我从山上采来的野花，或一大束红叶。"③

汪家明也记得当时与张炜见面的情景："记得是在秋天。我所在的刊物新设了'作家剪影'专栏，介绍的第一位，即是张炜。那年张炜二十八岁，极俊秀的相

---

① 宋遂良：《一个作家的境界和追求——在"张炜文学周"研讨会上的发言》，《期待回答的声音——'93 张炜文学周》，明天出版社 1995 年 5 月版，第 211—212 页。

② 赵鹤翔：《真诚·执着·炽热》，《赵鹤翔论文选》，春风文艺出版社 1992 年 4 月版，第 322 页。

③ 见《小说月报》原创版 2020 年第 2 期封二"当代作家老照片"刊载的张炜图文介绍。

貌,却怀有一颗沉重的心。稿件需要照片,我与他在四里山中拍摄。有建筑用的青石堆松木垛,在秋风落叶中,与他融洽一起。最醒目的是两条浓眉,把眼睛中透露的秘密遮掩,似乎退居世外,却又专注人间万事,蓄而不发。其时他的许多重要作品都已写出,并曾获国家奖,其时他的女儿小晨尚不满月,家住两间平房,在高楼之间的大树之下,显得逼仄而幽静。"①当时汪家明供职于《山东画报》,对张炜的介绍于 1985 年第 2 期刊出,同时刊出的还有张炜的短篇小说《烟叶》。汪家明为张炜拍摄照片的时间,应该是在 1984 年秋天。

济南城南多山,旧时大多以距离济南老城的西门——泺源门远近命名,如四里山、五里山、六里山等。其中的四里山是离济南老城最近的一座山,明清时期,山上遍植黄栌,深秋时节满山红叶似霞光映照,所以又名"赤霞山"。后来山上黄栌被砍光,栽满松柏。济南解放后,政府在这里筹建革命烈士公墓、革命烈士纪念塔等。1952 年毛泽东视察济南时,曾专程到这里凭吊,并感慨地说"青山有幸埋忠骨,四里山也是一座英雄山",所以这座山又被改名"英雄山"。张炜记述的 20世纪 80 年代初期青年人的辩论场面,就在这座"英雄山"下。张炜大学毕业后供职的山东省档案局,也离四里山不远。

后来,为了能更好地集中精力写作,张炜又在离家不远的济南军区第五招待所找了一间房子,每天到那里辛勤笔耕。这个招待所因为是部队所属,管理严格,不允许外人随便出入,可以免除很多不必要的打扰。宋遂良曾经回忆:"张炜在写《古船》的时候,躲在军区第五招待所。那时他心里非常激动,他曾跟我说:'每天从宿舍到第五招待所距离很近,大约三四百米,我总是顺着墙根走,生怕碰见一辆车把我撞到,或者碰见一个人喊我一声,我需要保持一种感觉,一种情绪,一点也不能受到破坏。'当他写到隋抱朴的苦难和他兄弟夜话的时候,他说眼里充满血丝,嘴角起了泡,蹲在椅子上写,钢笔下去像要把纸戳破,写完《古船》以后,他病了一场,感到整个身心都太劳累了。"②

张炜自己也曾说过:"大约有两三年的时间,我就在为它准备材料。卡片也做了几大摞。我一直因为没有集中的时间写成它而苦恼。我当然也有目的地读了很多书,研究了一些问题。后来,我找了个地方藏起来,藏了一年多,将这些卡片

---

①　汪家明:《〈秋天的思索〉序》,张炜:《秋天的思索》,香港天地图书有限公司 1992 年版,第 1页。

②　宋遂良:《一个作家的境界和追求——在"张炜文学周"研讨会上的发言》,《期待回答的声音——'93 张炜文学周》,明天出版社 1995 年 5 月版,第 210—211 页。

顺起来,将全书写出来。……那一年多我完全沉浸在一种情感世界、一个幻想世界中,苦乐自如。"①即使他后来担任了山东省青年联合会副主席,到龙口挂职市政府副市长、市委副书记,担任山东省作家协会副主席、主席,当选中国作家协会副主席等职,除了尽力履职尽责之外,他从不愿搅扯到那些空洞无物的大言和错综复杂的人事纠葛中去。当然,为了作家的利益和文学的尊严,他也是不会轻易和任何人妥协的。

但军区招待所这个藏身处后来也被熟人发现了,传来传去知道的人多了,找他的人也就来了。张炜只好另挪地方,"一次在济南南部山区一座废弃的变电所里,另一次又跑到胜利油田的海边。最后发稿之前我住进了北京的一个招待所里,编辑随时提出问题,我如果认为有道理就随时调整。"②对于那座"废弃的变电所",张炜记忆尤深。他后来回忆:"那是郊区山里的一座孤屋,真的长年不见阳光,是废弃不用的一个配电小屋,大约有十平方米。第一天去看了,满是垃圾,脏得可怕,室内墙壁上壁虎乱窜。大半个墙都熏得乌黑,大概是进山的流浪汉夜间烤火弄成的。这个地方不会有人打扰,那时治安情况比现在好得多,也不用担心坏人。我在里面安了个小桌、小床,烧点热水,就写了起来。在这儿一直把草稿打完。"③

后来张炜跟我们谈起他的写作,常常使用"闭关"这个词。他为了搞好文学创作,真是做到了佛家所说的"闭门专修"的境界。我们还在朋友的引导下,找到了张炜修改《古船》时的那个"废弃的变电所"。我们在山岩树丛间徘徊,感受张炜当年的写作环境,体会张炜当年的写作心情,无限感慨涌上心头。没有谁能够随随便便成功,这是一条颠扑不破的真理。

六

《古船》的写作和问世,也不能忘记那些辛勤的编辑之功,尤其是《当代》杂志社的王建国先生、何启治先生。对于个中情形,张炜曾有如下表述:

> 《古船》是很早以前就开始构思和写作的,一些片段写好了就积在一处,装在一个口袋里。建国和启治先生比较关心我的第一部长篇。建国先后去

---

①　张炜:《周末问答》,张炜:《周末对话》,江苏文艺出版社1991年12月版,第163页。

②　张炜、朱又可:《行者的迷宫(全新修订版)》,商务印书馆2018年9月版,第17页。

③　张炜:《心事浩茫》,《张炜文集》第36卷,漓江出版社2019年10月版,第81页。

了六次济南,都是为了这部书稿。他说:"我重视第一部长篇。"他的眼睛不好,看稿子稿纸离脸很近。

初稿全写出来后,我已经前后换了好几个地方,只为了躲出清静。先是在一个军队招待所的附楼上,后来又搬到南山一个废弃的供电所。完成了初稿,又搬回原处,等建国来。他看了一天稿子。记得那天我陪他住在招待所,半夜来了地震,建国跑出来,说"出事了出事了"。那天下半夜我们都没法睡好,索性谈稿子谈到黎明。

初稿复印成几份让朋友看,他们的意见,加上建国的意见,需要我好好吸收。我带着意见躲到了比较远的东营市,在油田招待所修改了一个多月。这期间与人民文学出版社常通电话,他们注意这本书的进度,以便安排在《当代》上刊登。修改得比较累,脑子用得很热。记得我一个人住了一个标准间,两张床上摆满了稿子。除了改写,还要不断使用剪刀糨糊。当时北京的舞蹈家歌唱家住在同一个招待所,一起吃饭,并在工作之余看他们的节目。油田的中年作家王忆惠领我参观,照顾我的生活。后来,我离开油田不久他就去世了,让我至今想起来悲痛难忍。一切历历在目,人却没了。

1986年7月人民文学出版社的编辑和领导看完了《古船》,还想让我去北京改一下、谈一下。我去了,建国领我见了几位领导。像过去一样,原稿用两张硬板夹起,再用黑白花布包袱包起的,这些东西都摊在领导的桌上。他们说了意见,征求我的想法。我说要好好想一想。启治先生夜间与我在楼下散步,谈到的都是书的修改。建国的意见与他的差不多。其实很简单:《古船》里有一位王书记,是党的领导形象,他们喜欢。我也同意加写一至两页。

重要的是在发表前,我有机会再订正一次。哪怕是一句话、一个字的合理改动,对我都是重要的收获。我带着纸张和剪刀糨糊,被建国送到了北京郊区的一个小招待所。这次工作了半个多月。整个过程中建国常去,我们粗茶淡饭,心情愉快。①

对于《古船》的发表,时任《当代》杂志副主编兼编辑部主任的何启治也有详细记述。1986年五六月间,张炜带着长篇小说《古船》到北京,就住在人民文学出版社邻近的中国语言文字改革委员会简朴的招待所里。何启治与编辑王建国一

① 张炜:《朋友与书与出版社——我与人文社》,张炜:《我跋涉的莽野》,春风文艺出版社2001年9月版,第76—78页。

起去看望张炜时,看到张炜身穿黑汗衫,理短发,眼眶和脸庞都有点浮肿,慢声细语地说话,还常常微颦着双眉,一脸疲惫而又难受的样子。这当然是张炜大强度劳动后的状态。

张炜告诉何启治,这部书他用心地写了两年,写了改,改了再改。所写的故事时间跨度有四十多年,是从改革开放的 20 世纪 80 年代一直回溯到 40 年代胶东地区土改乃至"大跃进"、三年困难时期和"文革"。何启治当时便产生了疑问:还不到三十岁的张炜并没有经历过这一切,能够写好它吗?张炜便娓娓地向他解释。他知道了张炜的生活、工作经历,知道为了这部长篇张炜漫长的构思、准备和写作过程,知道他这些年所做的广泛、深入、持久的档案资料搜集和社会调查。

何启治读了文稿后,深感《古船》是那样深沉厚重悲壮动人,令人荡气回肠,其中关于土改,更不乏惊心动魄的画面。何启治认为,读这样的小说,能让人深深感受到历史的呼唤。因为我们既有值得自豪、骄傲的光荣历史,也有悲惨、辛酸的民族苦难,滴着血、流着泪的历史。小说以其强烈的现实感、深厚的历史感和未来意识给人以感染和启迪,使我们面对复杂、艰难的时势时,仍能看到希望。他被深深地打动了。他感到这是一部真实感很强,具有开拓意义和史诗品格的大作品,这部作品塑造出了内涵丰富、有典型意义的人物形象。但何启治也感到,这部小说既写了国民党还乡团的残酷报复,也写了土改中一些农民的错打错杀,涉及了需要认真把握分寸的重要问题;小说在艺术上尚欠圆熟,有的表现在语言文字上,有的表现在塑造人物上,如多次讲隋抱朴学习《共产党宣言》,总觉得有些牵强。何启治写道:

> 其时,我刚刚担任《当代》杂志的副主编兼编辑部主任,并负责终审稿件(第一次负责终审长篇小说)。主编秦兆阳由于年事已高和健康等原因一般只听汇报不看稿件,另一位副主编孟伟哉作为人文社新任社长正忙于社务,还有一位副主编朱盛昌则刚刚在 1986 年 6 月升任人文社副社长,也是忙于社务无暇旁顾。为慎重起见,我一再建议孟或朱参与终审。商议的结果是,只好请老朱抽空看《古船》直接写到土改扩大化、错打错杀的第十七、十八章。老朱看后也认为一定要改。和张炜面商的结果,是由他加了土改工作队王书记制止乱打乱杀坚决执行党的土改政策的一个片段(一千多字)。其中有这样的文字:"'巡回人民法庭'当场要来赵炳和长脖吴的大会记录看了……从诉苦的情况看,如果所诉均是事实,那么批斗对象当中至多有五人该

是死刑。可是几天来的大会上已经打杀了十余人。法庭干部大为震惊,在会上表示了坚决而明朗的态度:严重违反上级政策;不符合法律程序;这种乱打乱杀的失控局面必须有人负责……王书记让人把他扶起来。他讲话了,声音微弱得快要听不见,但那坚定的语气却是全镇人都熟悉的:'……要打倒就把我打倒吧。我已经挨了一刀再打倒也容易。不过我在这儿一天,就不准乱打乱杀。谁借机杀人,破坏土改,我就先把谁抓起来! 你有冤你诉,你杀人,还要法庭干什么? 这不是八路军的政策! ……'他说着摇晃了一下,旁边立刻有人去扶他。会场上,一点声音都没有。"①

何启治写道:

既然《古船》关于土改中有乱打乱杀违反党的土改政策的现象被认为是真实的,现在又加上了"巡回人民法庭"和土改工作队王书记坚决制止乱打乱杀、维护党的土改政策的文字,其他问题就不必对作品和年轻的作者求全责备了。这样取得了基本的共识,我们便决定在《当代》杂志1986年第5期全文发表《古船》。②

就这样,一艘满带历史沧桑和现实重负的"古船",终于驶向了文坛,来到了读者面前。

后来,王建国在回忆张炜写作《古船》的情况时,说在济南军区第五招待所看见张炜写得泪流满面,说他写完后还在家中与家人大哭了一场。③ 张炜说这不是事实。关于写得"泪流满面",张炜说可能是因为王建国高度近视没看清楚,"当时天有点热,我关门堵窗在工作,脸上背上满是汗水,他一推门看见了,那个印象像是我边写边哭"。至于"大哭一场",张炜说:"一个男人动不动就哭,我看不值得夸耀,也不是什么好事情。我哭不惯,遇到难事也默默消化。写这本书的日子里,我当然很苦,也难受。主人公与弟弟的长夜辩论,那简直就是我自己在争吵;他在老磨屋的苦挨苦熬,也是我在那儿熬。那真受不了。书又长,我一直熬,上火,牙齿肿胀得很疼,右腮肿得老大。那是真的。这本书也许缺憾不少,但我付出的情感和劳动,我不会轻易忘记的。"④

---

① 何启治:《从〈古船〉到〈白鹿原〉》,何启治:《文学编辑四十年》,人民文学出版社2001年5月版,第20—21页。

② 何启治:《从〈古船〉到〈白鹿原〉》,何启治:《文学编辑四十年》,人民文学出版社2001年5月版,第21页。

③ 参见谭湘:《张炜印象》,载于《文学自由谈》1988年第3期。

④ 张炜:《周末问答》,张炜:《周末对话》,江苏文艺出版社1991年12月版,第164—165页。

不过,这些传说尽管出于误看和想象,也是一个编辑对张炜巨大劳动的一种礼赞。在创作过程中,张炜的确是带着无比虔诚完全沉浸到小说中去了,他与小说中的故事和人物扭结在一起,一起生活,一起痛苦,一起思索,一起度过了一段不平凡的岁月。

第二节　风波骤起

一

《古船》的诞生的确是一件令文坛惊异的大事。正如摩罗所说:"(20 世纪)80 年代的中国文坛像一位严肃的老者,张炜虽然以《声音》《一潭清水》连获两届全国大奖,这位老者一直神情淡漠。《秋天的思索》诞生了,老者这才有一丝赞许的微笑;《秋天的愤怒》出现了,老者高兴地点了点头;直到《古船》开进文坛,老者才热情地给张炜让座,张炜这才在偌大的作家沙龙中占有一席之地。"①

它的出现,首先在山东引起了强烈反响。1986 年 11 月 17 日—19 日,中共山东省委宣传部联合中国作家协会山东分会、山东省文学研究所、山东省文学创作室、《文学评论家》和《当代企业家》编辑部,在济南召开了《古船》讨论会。会议还邀请了《当代》杂志社何启治、王建国,以及《文艺报》《上海文学》和中国作协上海分会的作家、评论家参加,共计五十余人。随后,《当代》编辑部又于 12 月 27 日邀请在京的部分文学评论家、作家、编辑近四十人,在人民文学出版社东中街宿舍会议室召开了一整天的《古船》讨论会。北京讨论会召开时大雪纷飞,交通阻塞,但与会者还是踊跃参加。人民文学出版社社长兼《当代》主编孟伟哉到会祝贺。张炜参加了这两次讨论会,并做了发言。"讨论中,绝大多数讨论者对《古船》倍加赞赏。有人认为《古船》是当代文学至今最好的长篇之一,可视为新时期长篇小说的压卷之作。它给文学十年带来了特殊的光彩,显示了长篇小说创作的重要实

---

① 摩罗:《灵魂搏斗的抛物线——张炜小说的编年史研究》,孔范今、施战军主编,黄轶选编:《张炜研究资料》,山东文艺出版社 2006 年 5 月版,第 300 页。

绩。"①这艘古老陈旧、满目疮痍的大船,以其撼人心魄的苦难意识和悲剧色彩,让很多人穿过历史的迷雾,重新抚摸自己心头的伤痕;也让很多人面对现实,陷入了深深思索之中。

但围绕《古船》的争论也十分激烈,其中既有文学范畴之内的争论,也有文学范畴之外的争论。

二

在当时济南、北京的两次讨论会上,一些人对《古船》的批评主要集中于两个方面。据何启治记述:"第一,作者运用了《共产党宣言》作为隋抱朴性格突破的依据,却没有把握好《宣言》的基本主题:阶级斗争。如何看待土改以来几十年的政治、阶级斗争的经验教训?'史诗'应对此做全面的总结,而《古船》并未达到,作者对土改这段历史的主流并没有足够的表现。第二,小说对鲁迅所说的中国脊梁式的人物没有足够的挖掘和表现。小说对赵家的描写缺乏人物系列;李家没有摆在这个重要位置上;而隋家的抱朴则是具有奥勃罗莫夫性格的人物,想得多,做得少……高大全式的人物是没有的,但高大的人物是有的,中国脊梁式的人物是有的。像《古船》这样的小说应该让这样顶天立地的人物占有一定的位置。"②

何启治是《古船》发表的终审者,也是两次讨论会的亲历者,他的记述具有权威性。从这段文字看,那些批评者所掌握的批评工具是何等可笑:一曰"阶级斗争",二曰"顶天立地的人物"。他们对《古船》的要求则是应该"对此作全面的总结""让这样顶天立地的人物占有一定的位置",显然还没有摆脱那些"概念化""公式化""高大全"的思维怪圈。他们似乎忘记了《古船》是一部文学作品,而不是一部历史学、社会学著作,那些极端的社会历史批评方法,对一部表现人性的文学作品是不适用的。而"阶级斗争",不但不是隋抱朴所理解的《共产党宣言》的主题,还正是他所反思、反对和要抛弃的东西。这样的理解,明显处在极左思想的思维怪圈中,与《古船》的主题意蕴简直是风马牛不相及的。

我们从张炜在这两次讨论的发言中,也可以看出他的无奈和一种难以对话沟

---

① 何启治:《从〈古船〉到〈白鹿原〉》,何启治:《文学编辑四十年》,人民文学出版社2001年5月版,第22页。
② 何启治:《从〈古船〉到〈白鹿原〉》,何启治:《文学编辑四十年》,人民文学出版社2001年5月版,第22页。

通的苦恼。他在济南讨论会上说："我在会场上听到了很多大心扑扑跳动的声音——我知道一颗大心与一颗小心相碰撞的时候,往往非常尴尬。我并不是说自己的心有多大,我很渺小。我比起那些巨人,太微不足道了。但我讨厌的是另一些东西,它同样掺杂在艺术活动中,同样……没有什么可谈的,它不重要。我只知道我写作时沉浸在一种什么状态里,我清清楚楚地记住了。那个时刻的激动、畅想、愤慨,都一下子出现在眼前。对于这部书来讲,它们同样是重要的。"①在北京讨论会上他又说:"前一个(济南)讨论会快结束时,我说了这样几句话:'当一颗大心和一颗小心相碰撞的时候,常常都是很尴尬的。在这个会上,我听到了许多大心的声音。'今天的会,我要再次说这句话。我想一个人是不可能完全被理解的,我不能理解别人,别人也不能理解我。但每个人又不断试图让别人理解,也不断让人理解。""人和人是不一样的。有个朋友把创作看成是生命的流淌和保存。从这个意义上去看作品的创作,立足点是很高的。我现在从某种意义上讲与他的感觉是一样的……"②那些论者显然不能理解如何"把创作看成是生命的流淌和保存",他们所坚持的还是"阶级斗争观点"、塑造"高大"人物。他们以此来认识和评论《古船》,离真正的文学何其遥远。

三

　　但不论怎样,如果是将文学论争局限在学术讨论范畴之内,那么不论观念多么不同、意见多么对立、争论多么激烈,都是有益无害的。可怕的是,在一种怪异的社会政治环境中,文学论争、学术论争常常会扭曲变形,被一些人有意无意地上纲上线,将文学问题、学术问题演化为随便"扣帽子""打棍子"的政治问题,这就超越了讨论一部文学作品的底线。对此,张炜保持了高度的警惕。在这个原则问题上,他也旗帜鲜明地亮出了自己的观点。在济南讨论会上,他对个别论者提到的土改问题和抽象的人性、人道主义问题做了认真辩解,因为如果不对这两个问题做出公开的、明确的回应,对《古船》的伤害将是致命的。

　　张炜说:"有两个同志提到了土改的描写,说虽然写的是事实,但还是不应该

　　①　张炜:《文学讨论会(济南,1986 年 10 月,〈古船〉讨论会)》,张炜:《周末对话》,江苏文艺出版社 1991 年 12 月版,第283—284 页。
　　②　张炜:《文学讨论会(北京,1986 年 12 月 27 日,〈古船〉讨论会)》,张炜:《周末对话》,江苏文艺出版社 1991 年 12 月版,第 289 页、第 290 页。

写到农民对剥削阶级的过火行为。我想这种想法倒是可以理解。不过农民的过火行为党也是反对的——党都反对,我们这些写作的人也应该以自己的作品表示反对。至于土改运动中的'左'的政策,已在当时就批判了——当时批判了的,现在反而不能批判了吗? 最终问一句,我仅仅是在写土改吗?""有一个同志甚至说可不能否定土改——谁否定了? 我否定的只是党和人民所一贯否定的东西,即否定极'左'和愚昧、否定流氓无产者的行径。歌颂土改及土改政策,最好的方法就是写一写在火热斗争中党的领导者的形象。王书记是土改的负责人,他怎么样?为什么不提他在书中的态度、他的坚定性和牺牲精神? 为什么回避他?"①

张炜又说:"至于抽象的人性、人道主义,尽管只有一位同志提出,我还是想说,人道主义的确有真假之别。如果是抽象的,那么是你抽象了,不是别人。你所认为应该运用的'阶级分析'方法,恰恰完全被你抛弃掉了。你不自觉地在抽象,抽象出你所谓的反面人物、正面人物,对人物的言行根本不做'阶级分析'。你希望作品中的人物按照你所抽象出的东西去写,要按早已形成的概念、条条和框框去套。一旦离开了,离开了你所抽象出的'人性'和'人道主义',就反而要被指责成这种主义。这真是奇怪。我偏偏要抛弃这种抽象的东西,要写一点有分析的、不盲目的、具体的东西。""比如,出身贫苦的人一定要是好人、革命者、勇敢的人吗? 你也知道不一定。穷人的打斗就一定是有理有力,是符合大多数人的利益吗? 你知道也不一定。你抽象出的所谓的阶级观点,其实是虚假的。你强调阶级观点的同时,恰恰违背了这个观点。"②

张炜同时认为,虽然有人认为这些东西非常重要,但对一部文学作品来说,它们都是不重要的。"他们强调已有的'巨著'是如何写的,我如何背弃了这种伟大光辉的写法——毛病就在于此。我要说的是我根本就不是在动手写什么巨著,真的不是。因而你的期望、你以那样的'巨著'要求我的做法,同样也是无的放矢的。"③

张炜后来谈到,他在《古船》中写的 1947 年的一些情况,反映的事件都是逼真的。张炜写道:"这个地方 1947 年的失误比较严重,这从一些老人的记述中,从档

---

① 张炜:《文学讨论会(济南,1986 年 10 月,〈古船〉讨论会)》,张炜:《周末对话》,江苏文艺出版社 1991 年 12 月版,第 282 页。

② 张炜:《文学讨论会(济南,1986 年 10 月,〈古船〉讨论会)》,张炜:《周末对话》,江苏文艺出版社 1991 年 12 月版,第 282—283 页。

③ 张炜:《文学讨论会(济南,1986 年 10 月,〈古船〉讨论会)》,张炜:《周末对话》,江苏文艺出版社 1991 年 12 月版,第 282—283 页。

案资料中都可以了解到。教训是惨重的,遗留下来的问题也影响了后来的生活。这在今天仍然可以找到那场失误带来的负面影响。""与当年一个最勇敢的乡村负责人谈那一切。他如今很老了,经历非常之多。他的回忆很沉重,讲起当年,几次难过得说不下去。这包括了对敌人的痛恨,也包括了对自己的忏悔。失去了人道,人将变得非常可怕,人就是非人。""我们再也不能忍受'非人的折磨'。在这样的互相折磨之下,多少美丽的人生给毁灭了。""在尖锐的阶级斗争中,更需要有坚定的'人道主义'——即真正的人道主义,这是至高的原则。""《古船》中的记录还太简略。那个气氛是写出来了,但因为篇幅和其他原因,写得还太粗略太不够了……"①

　　今天来看,张炜在《古船》讨论会上的这些辩驳似乎过于激烈了,具有赵鹤翔先生所说的"凌厉"之风。但联系当时的社会政治环境我们就会明白,如果不在这些问题上辨析清楚,《古船》可能会面对更大的危机。因为指责《古船》否定"土改"、宣扬"人道主义",已经脱离了文学争鸣的范畴,我们虽然不能妄加推测这些人的其他用心,但个别人欲置《古船》于死地的想法也不是没有的。实际上,他们针对《古船》的一些背后"小动作"一直未断。这样,就使《古船》的命运沉浮不定起来。

四

　　最先感受到来自上层的压力的,是《当代》编辑部,首当其冲的是小说终审者何启治。何启治后来回忆:"对《古船》除了公开的批评文字,据说还有更严厉的、来自当时某些领导者的口头而未见诸文字的批评(连电话记录都没有),以致当时的社长、主编虽然未看过作品,却对我指示不要公开报道《古船》讨论会。我认为这种违反惯例(一般都有几千字的、主要反映肯定作品意见的报道文字)的做法会有损于《当代》的声誉。争取的结果,是同意发表讨论会的意见,但必须突出批评性意见,而且要把两地四天讨论会的意见压缩到一千多字的篇幅。这就是发表在《当代》1987年第二期上的报道文字和当时文坛舆论对《古船》的赞扬很不相称的原因。报道是我整理的,但确实是在主管领导干预下的违心之作。"随后,"社长又以行政命令方式指示不要出版《古船》单行本"。何启治据理力争,并以

---

　　①　张炜:《葡萄园畅谈录》,作家出版社1996年2月版,第33—34页。

个人名义向社长、主编写了书面保证书,愿意为《古船》单行本的出版承担责任,如此,《古船》才得以在 1987 年 8 月由人民文学出版社正式出版。何启治说,当时社长孟伟哉也为《古船》单行本的出版做过解释和争取工作,否则此书是断难出版的。"但在 1987 年'清除资产阶级精神污染'的背景下,已于同年 1 月调离人民文学出版社社长职位,改任中宣部文艺局局长的孟伟哉在当年的涿县(河北)组稿会的发言中,在他列举的精神污染在文艺界八大表现的第二项中,批评有的作品'以人道主义观照革命历史',还是不指名地批评了《古船》。"①

从孟伟哉参加北京《古船》讨论会到支持《古船》出版,再到他不点名地批评《古船》,也可以看出当时复杂的政治形势和沉重的政治压力。

何启治在他的《文学编辑四十年》中,完整地保存了他当年的一些信件:1987 年 1 月 15 日致朱盛昌,谈刊发济南、北京《古船》讨论会综述事宜。17 日朱盛昌回复,要与孟伟哉商量一下,暂时不发。19 日夜致信张炜,谈收到张炜 16 日信后对《古船》有关问题的看法,其中写道:"其影响如何,还要看一看。但直接的作用是:我们不得不把第二期准备上的关于《古船》的评论文字全部暂时停发。""我多次说过,在我们的工作范围内,文学想和政治抗衡是不可能的,文学的力量太小了。因此,我们这样做,可以说是讲策略,也可以说是没有办法的办法。""老孟确实已经就任中宣部文艺局局长。他的新职不允许他长久地管文学出版社和《当代》。社长大概再当个把月,……但我已当面力陈我捍卫《古船》的意见。我不信一代评论家的眼睛都瞎了。""关于《古船》,我还有一点自信。某种力量可能限制它的影响,但它最终会被这个世界承认,因为它太有分量了,不是一两脚就能踢倒的。但在具体做法上,也请你理解和支持我们,而且也请你冷静些,好吗?"2 月 2 日夜致孟伟哉,谈在《当代》刊发"综述"和《古船》出版问题,其中写道:"我主张明确回答作者:《古船》按原计划和正常程序出书,哪怕先印一万册也好。前些日子出版局的会议上,刘杲同志说迄今禁书只有一种:《查特莱夫人的情人》。《古船》不在查禁之列,就不必因拖延或别的原因而刺激作者或有负读者,何况载有《古船》的《当代》已经印行了二十多万册呢!"2 月 3 日,孟伟哉将此信转朱盛昌,建议征求秦兆阳的意见,他同时表示,"综述"可不急发;《古船》出书的事估计问题不大。② 这些信件,可以帮助我们了解当时的一些具体情况。

---

① 何启治:《从〈古船〉到〈白鹿原〉》,何启治:《文学编辑四十年》,人民文学出版社 2001 年 5 月版,第 23—24 页。

② 参见何启治:《文学编辑四十年》,人民文学出版社 2001 年 5 月版,第 46—50 页。

　　这种压力也很快传递到了张炜身上,1986 年 12 月 31 日至 1987 年 1 月 6 日,他在北京参加全国青年文学创作会议期间,"会上开始传说这些争论。会议后半截议论最多的就是《古船》。但后来出现的一系列对《古船》的评论,好评还是较多的。"①张炜后来曾说:"我直到今天为止,还从未因一部作品收到如此多的来信,在它发表当年,我每个星期都要收到几十封陌生读者的信。这是对我最大的肯定。他们在信中说自己如何激动。是的,我在写作的全过程中,曾陷入了怎样的感动。还让我大获安慰的是,文学界的重要作家差不多都给予它以肯定和深刻的理解。""公开的批评我不怕,因为公开了,就处在大家评说的境地,要受公众监督,毕竟要好得多。怕就怕一切藏在暗处——不公开或不完全公开。这是不太磊落的。《古船》也有热闹的时候,可不久又突然受到冷落,传说某某权威部门调阅了发表该书的刊物多少份、某领导的具体批评。有一个阶段,在公开场合提《古船》是犯忌的。""我的一个好朋友在矿山工作,听说我已被作了如何严厉的处置,非常难过,连夜乘车赶来济南,一进门见我正在读书,高兴得哭起来。""出国受阻的事有过。开始几年,联邦德国波恩大学举行'文学周',他们翻译了《古船》的几章,邀请我和几位朋友,我们都顺利地参加了。后来另一个国家两次因《古船》邀请我,据有关部门说是我自己'耽搁了'。两次当然都不是我耽搁了。"②

　　若干年后,张炜在济南接受《南方周末》记者朱又可采访时,谈起《古船》往事,他的心情依然难以平静。他对那些借"土改"方面的描写上纲上线的批评者,和以前一样表示了极大的轻蔑,认为他们不是什么对"革命"负责,因为他们根本就没有那样的理想,他们不过是沿着一种固化的思维,习惯于使用我们都熟悉的那种极左语言罢了。

　　我们从这次对谈中还知道,当时还有"个别人将书复印了,摘了一些片段,然后再上纲上线"③。那些极左的、封建宗法专制主义思想意识,要想从根本上清除,看来并不是一件简单的事情。这使我们想到了张炜在《你在高原》中写到一位科学院古航海专家纪及的遭遇,他那部经过深入勘察、反复研究、科学论证的学术著作《海客谈瀛洲》,因为与某些文化科学界"当权者"的观点不合,在国内刊物发表时被大量削删。这部著作在国外出版后,又有人将其中的一些片段复印,以此罗织罪名、诬陷打击。一个学术问题由此演变成了政治问题,让纪及陷入了无

---

　　①　张炜、朱又可:《行者的迷宫(全新修订版)》,商务印书馆 2018 年 9 月版,第 3 页。
　　②　张炜:《心事浩茫》,《张炜文集》第 36 卷,漓江出版社 2019 年 10 月版,第 82—83 页。
　　③　张炜、朱又可:《行者的迷宫(全新修订版)》,商务印书馆 2018 年 9 月版,第 4 页。

尽的痛苦之中。

当然,我们不能将《古船》风波与纪及的遭遇简单类比。但无论如何,这种试图采取断章取义的手法将文学讨论政治化的卑劣行径,给张炜造成的心灵创伤是巨大的,这也加深了他对中国文化中那些阴暗面的认识:"中国极'左'的源流、痞子气、底层的阴暗残忍文化,实在是源远流长的。《古船》中涉及这些,但还远远不够。在现在的社会生活中,我们仍然会感觉到一些似曾相识的东西。一个写作者可不能那么天真。"①

因为伤害太深,因为张炜那种永不妥协的倔强性格,他对那个对《古船》横加指责的"高层",始终拒绝达成谅解。张炜说:"几年之后,否定的一方还写了一封信,让省里领导转给我看,信里说:我最近看了一些对《古船》的评论——我当年更多的是根据'耳食之言'做出了不得当的、轻率的批评;对一部作品不能这么简单化,我当年那样做是不对的,希望你能够谅解,写出更好的作品,等等。但他仍然说这部作品可能是'瑕瑜不能互掩'——是这一类文绉绉的话。""领导把信转给我——信没有公开,而且是转给我看的。当年过火的批评造成的伤害,对一个年轻写作者各个方面造成的损害,已经是没法改变了。当事人和旁观者的感受是不一样的。"②

他觉得,那个"高层"不管是当初的批评还是后来的解释,都是在没有读过作品、仅凭别人的只言片语做出的,都是极不严肃、缺乏诚意的。因此,尽管他的信"写得也很可爱,有分寸",但"有些词是用在所有作品里都可以的。原来的意见是听了'耳食之言',可后来也没有说怎样研究这个作品——道歉和原来的态度,前提都是差不多的,都建立在没有研究(读)作品的基础上。文学作品的复杂性怎么估计也不过分,但是有人却觉得在对待文学作品方面怎么简单化也不过分。"③这样冠冕堂皇、缺乏诚意的"致歉",张炜当然是不能接受也不会接受的。

五

关于对作品中"王书记"这个人物和对隋抱朴读《共产党宣言》的质疑,张炜也分别做出了自己的解释。

---

① 张炜、朱又可:《行者的迷宫(全新修订版)》,商务印书馆 2018 年 9 月版,第 5 页。
② 张炜、朱又可:《行者的迷宫(全新修订版)》,商务印书馆 2018 年 9 月版,第 3 页。
③ 张炜、朱又可:《行者的迷宫(全新修订版)》,商务印书馆 2018 年 9 月版,第 13 页。

"王书记"这个人物是不是后来刻意加上去的？张炜说："《古船》并没有刻意加上什么'正面人物'。有文章说王书记是后来添上的，不是这样。但我在修改中可能稍稍强化了他。因为我看了大量档案，包括到实地去走访，都发现有这种人物存在——在任何时候，在某一种运动里面，在潮流中，顺着潮流的人很多，但毕竟还有很理性的人，我们要写到这部分人可贵的理性。那个可敬的形象原稿里就有，后来编辑说这个人物似乎可以强化。"①这个说法与何启治的说法是一致的。实际上，此前张炜的一些短篇和中篇作品中，已经出现过一些类似"王书记"的形象，如《声音》中那个未出场的公社书记，"王书记"在《古船》中的出现并不突兀。有论者提出这个问题，可能是作家对这个人物强化得稍稍重了一点，也类型化了一点。

至于隋抱朴会不会、能不能去读《共产党宣言》，张炜说："后来有人讲书里写了《共产党宣言》，说完全是为了'正面'的思想考虑、为了平衡才加上去的。这不对，原稿中就是这样的。虽然是写《共产党宣言》，但它的角度和着力点不同，它是和《天问》放在同一个量级和目的去使用的。因为这本不大的书强烈影响了中国，影响了当代人的生活，要寻根问底就不可能忽略它。我是从这个很朴素的想法进入，去寻找生活的根的。所以对于洼狸镇的人来说，这一本书是不可以忽略的，这就是《共产党宣言》。书中那个耽于思想的主人公一定要看这本书，要想它为什么这么强有力，从德国、从西方出发，改变了东方。东方有一个很具体的地方叫洼狸镇，竟然给改造成现在这个样子。所以这个阅读行为既朴素又真实，从生命和人的生存角度去看待，与当时的政治高调毫无关系。《天问》也是，主人公要问天问地——如果说《共产党宣言》是问地，那么屈原的书就是问天了，《天问》一口气排列了那么多问号。"②我们从《秋天的思索》中的老得、《秋天的愤怒》中的李芒一路看来，就会感觉张炜的说法是真实可信的。隋抱朴和老得、李芒一样，都是张炜十分喜爱和倾心塑造的思想者，这也是张炜一个时期思考的外化——为写《古船》，他曾用大量时间来研究《共产党宣言》《国家与革命》等，他也试图让自己小说中的人物通过这部书来探寻出路，或者是思考其中的教训。后来，张炜的探索始终没有停止，在《你在高原》中他还通过"戒子"的父亲、一个老革命之口，继续探讨国家与民族的出路问题。这对一个人文知识分子来说，是个永恒的话题。

---

① 张炜、朱又可：《行者的迷宫（全新修订版）》，商务印书馆 2018 年 9 月版，第 17 页。
② 张炜、朱又可：《行者的迷宫（全新修订版）》，商务印书馆 2018 年 9 月版，第 11 页。

对这些正常的、不带有"攻击性"的批评,张炜还是很愿意做出自己的解释的。

<h2 style="text-align:center">六</h2>

但不论怎样,《古船》远航还是遇到了很大阻力,因为赞美的声音虽然很多,也难敌那个"高层"的压力。

宋遂良曾经写道:"在济南、北京召开的座谈会上,有人认为它'具有史诗的气度和品格','是当代文学至今最好的长篇之一,是新时期不可多得的成功的作品。它给文学十年带来了特殊的光彩,显示了长篇创作的重要实绩';但也有人认为,这是一部'包含着非科学的、反历史学的社会内容,包含着乌托邦的幻想'的作品,书中'这种观察与表现苦难的思路显然受到西方现代主义影响,无怪乎《古船》能赢得新潮派批评家的青睐'。《文艺报》《中国文化报》在 1987 年春天都计划开辟专栏讨论《古船》,后来因为形势变化,各出一期便中止了。"①

赵鹤翔先生告诉我们,因为《古船》出世后的巨大影响力,全国各地报刊发表的评论文章甚多,并且多是赞扬的态度。他很快便收集到了六十多篇,并编成了一本"《古船》评论集",但因为"高层"的那个"声音",这本"评论集"也不能出版。他同时告诉我们,他可能是较早评论《古船》的评论家之一。查春风文艺出版社 1992 年版《赵鹤翔论文选》,收入其中的专论就有《深邃的反思 奇异的光彩——〈古船〉思想艺术试论》《历史的道路与人的思索》《论隋抱朴》《释"素哥不素"——评〈古船〉中的隋见素》《文学画廊的崭新形象——〈古船〉人物试品》《写好高层次的"内部裂变"——简论隋抱朴和改革文学》等六篇,由他来编写"《古船》评论集"实在理所应当。

赵鹤翔先生还告诉我们,当时何启治让张炜推荐一个写《古船》评论的人,张炜说赵鹤翔,何启治说赵鹤翔不行,一个叫"丁彭"的人可以。张炜说赵鹤翔就是"丁彭"。原来,当时何启治还不知道"丁彭"就是赵鹤翔的笔名,他的文章多是以"丁彭"之名发表的,他也是以"丁彭"名世的。

《古船》的再版也遇到了很大阻碍。1987 年人民文学出版社出版的《古船》初版本只印了 16500 册,相对于读者的需求来说,这个印数是极小的,但之后这本书

---

① 宋遂良:《气度·文化意识和形式创新》,载于《当代作家评论》1988 年第 2 期。

却一直得不到加印，直到 1994 年 10 月才又印了 30000 册，此时离《古船》初版已经过去七年多时间了。

1994 年 10 月，《古船》还获得了由人民文学出版社、广东炎黄文化研究会联合主办的"人民文学奖"长篇小说奖。此次获奖，似乎表明扣在《古船》头上的那些"帽子"可以摘掉了。但是且慢，任何事情都会处在不断的反复之中。何启治说："直到 1996 年底，上级主管领导机关又要求人文社全面系统地汇报《古船》从组稿、发表、出书到评奖的全部情况，似乎对《古船》的争论还没有最后画上句号。"①或许正如张炜所说，中国的极左思想实在是源远流长的，在现实生活中它们总会以各种面目不时出现，"一个写作者可不能那么天真"。这也许就是邓小平提醒人们"要警惕右，但主要是防止'左'"的原因。

当然，一部真正优秀的文学作品，不是那些强加之辞就能够否定得了的，也不是哪一种力量所能彻底扼杀的。"黑暗的东西"最终只能回到黑暗的地方去。"芦青河"水在地下涌流，迟早会成为一条波澜壮阔的大河，这艘巨轮也早晚要劈波斩浪，驶向远方。

第三节　驶向远方

一

尽管围绕《古船》的争议很多、压制《古船》的声音也十分强势，这些争议、声音甚至使它出现了长时间不能再版的局面，但当我们穿越三十多年的历史风云回望《古船》的时候，我们看到的仍然是一条更为壮阔的"远航"之路，是它走出国门、走向世界的无上光荣。那段曲折，也正应了一位伟人的那句"蚍蜉撼树谈何易"。据不完全统计，目前《古船》的版本已有六十多种，其中包括中国的汉文版、蒙文版、维吾尔文版、朝鲜文版、香港版、台湾版，国外的韩文版、英文版、瑞典文版、法文版、西班牙文版、俄文版、土耳其文版等，总印数已经无法估量。这是张炜

---

① 何启治：《从〈古船〉到〈白鹿原〉》，何启治：《文学编辑四十年》，人民文学出版社 2001 年 5 月版，第 25 页。

作品被对外翻译文种最多、印量最大的一部,也是中国当代文学走向世界的标志性作品之一。

1989 年 4 月,《古船》繁体字版由香港天地图书有限公司出版;7 月,由台湾风云时代出版公司出版。这是这部作品走出大陆、走向港台地区的开始。此后,台湾风云时代出版公司又分别于 1991、1995 年再版此书。在 1995 年的台湾再版本上,还印有这样一段推荐语:"'五四'以来,中国最伟大的长篇小说! 未看《古船》,怎算得上邂逅文学之美?"

1994 年 3 月,《古船》韩文版分上下卷由韩国草光出版社出版,这是《古船》走向海外的开始。之后的主要外文版本还有:美国哈珀柯林斯出版公司 2008 年英文版、瑞典锦联环出版公司 2013 年瑞典文版、法国 Roman Seuil 出版社 2014 年法文版、加拿大皇家柯林斯出版集团公司 2015 年西班牙文版、俄罗斯 Hyperion 出版社 2016 年俄文版、土耳其 Yeditepe 出版社 2017 年土耳其文版等。

《古船》在国内获得的主要奖项有:

——1989 年 5 月,获山东省青年联合会、大众日报社、山东省作协、山东电视台主办的"山东青年文学奖"长篇小说一等奖。

——1989 年 12 月,获台湾年度金石堂选票最受欢迎图书奖。

——1994 年 12 月,获人民文学出版社、广东炎黄文化研究会联合主办的 1986—1994 年度"人民文学奖"优秀长篇小说奖。

——1999 年 6 月,入选香港《亚洲周刊》20 世纪中文小说一百强。

——1999 年 12 月,入选由人民文学出版社和北京图书大厦联合发起、组织评选的百年百种优秀中国文学图书(1900—1999 年)。

——2009 年,入选由中国作协、文化部、教育部、国家图书馆为庆祝中华人民共和国成立六十周年共同发起选编的超大型数字版文学作品选本《阅读中国——当代文学精品文库(1949—2008)》。

——2018 年 9 月,入选由中国作协《小说选刊》、中国小说学会、人民日报海外网联合主办的"改革开放四十年最有影响力四十部小说"。

时间之后,一切各归其位。这些足以说明,如果说中国新时期文学经历了四十多年时间、已经开启了"经典化"历程的话,《古船》无疑是其中的经典作品之一。

二

　　同时，对《古船》的评论、介绍与阐释，几十年间也从未间断。《古船》是张炜作品中评论界倾注极大热情的一部，它的深刻意蕴也借助于不少精彩评论进一步焕发出来。

　　1986年11月，《古船》在《当代》第5期发表后不久，《山东青年》第11期就刊载了王建国的《张炜与〈古船〉》，这是我们见到的第一篇关于《古船》的介绍。济南、北京《古船》讨论会召开之后，《文艺报》《文学报》《文论报》《文汇读书周报》又迅速刊载了消息和评论。在那个互联网远未到来，甚至连程控电话还没有普及，整个社会还处于一种纸媒状态的时代，这些信息和评论的发布已经是够迅捷及时的了。

　　进入1987年之后，关于《古船》的评论不断增加，《文学评论家》和《当代作家评论》还分别在第2期设置了《古船》评论专栏。《文学评论家》刊载的评论文章有：程德培的《〈古船〉沉浮》、冯立三的《历史和人的全面凸现——评张炜的长篇小说〈古船〉》、陈宝云的《从希望之歌到忧患之歌——张炜创作发展的一个脉络》、姜静南的《一艘满载苦难驶向未来的生命之舟——我眼中的〈古船〉》；《当代作家评论》刊载的评论文章有：陈宝云的《张炜对自己的超越——评〈古船〉》、宋遂良的《真实的人生　完整的人性——〈古船〉人物漫议》、吴俊的《原罪的忏悔人性的迷狂——〈古船〉人物论》。其中，吴俊指出："毫无疑问，《古船》具有一种史诗的气势。但是，如果有人把它说成是一部社会变迁和发展的史诗，或人类生活和斗争的史诗，那么，我更愿意把它看作是一部人——中国人，尤其是中国农民——的心灵的痛苦纠缠和自我搏斗的史诗。深而言之，我更愿意把它看作是一部人企求摆脱痛苦、获得新生，甚至实现灵魂的自我超越的深刻史诗。"他从心灵史的角度出发来看《古船》，与那些顽固持有"阶级斗争"观点的所谓评论家，好像不是生活在同一个时代。

　　1987年3月，联邦德国波恩大学校刊专门介绍了张炜的短篇小说及长篇小说《古船》，为张炜即将访问波恩大学预热。这也是我们第一次看到国外报刊对张炜及其作品的评介。是年9月—10月，受波恩大学邀请，张炜随中国作家代表团出访联邦德国，参加"波恩大学中国文学周"活动，历时二十天。其间，他在"文学周"的一次活动中朗读了《古船》第十七章片段并回答了记者提问。这是张炜第一次出国访问。一个写作者能以作家身份、以中国作家代表团成员身份出国访问，这不仅是一种荣耀，更是一种创作有实绩的体现。

1987 年 8 月，《古船》由人民文学出版社出版单行本。就在人们都在盼望一篇重磅评论时，《当代》10 月号推出了雷达的《民族心史的一块厚重碑石——论〈古船〉》。他的观点与吴俊有些相似，但他发挥了善于从社会历史发展高度概括提炼的长处，紧紧抓住了《古船》的精髓所在："也许，《古船》震撼力的全部秘密在于，张炜不但要帮助人们恢复'记忆'，而且是以自己的身与心、感觉与理性、反省与忏悔来重新铸造'记忆'，并且与当代人的困境联系起来。这位作家性格执拗不甘心于接受既有的现成结论，一切要用艺术家无畏的甚至有些偏执的眼光来审度；这位作家野心太大，在这部记载洼狸镇四十年风云的、近三十万言的长篇里，他不但将过去、现在和未来聚合，而且把洼狸镇与世界衔接，让纵的'古船'与横的'星球大战'同呈并现；他直面历史，不惮纷繁，历叙土改、合作化、'大跃进'、'文化大革命'、初期经济改革的种种史情，而真正的鹄的是撩起历史，镌刻一座民族心史的碑碣。毕竟，这工程是太棘手也太浩大了，作者虽尽心尽力，看来仍留下若干缺憾和难以克服的自我矛盾，有时，甚至极深刻的发现与颇肤浅的幻象糅合在一起。但是，环顾今日文坛，能以如此气魄雄心探究民族灵魂历程（主要是中国农民的）、能以如此强烈激情拥抱现实经济改革，又能达到如此历史深度的长篇巨制，实属罕见。所以，我把它称作民族心史的一块厚重碑石。"

雷达的这一评论堪称精彩，他从"心史"的角度入手，在一定程度上摆脱了谈论《秋天的愤怒》时的社会政治视角，与创作者和作品实现了同频共振，也为读者留下了一篇文学评论经典之作。可以说，雷达的"民族心史的厚重碑石"的观点一出，也像一块"碑石"一样立在了《古船》一侧，成为《古船》一个重要的标记。从"葡萄园里的哈姆雷特"到"民族心史的一块厚重碑石"，雷达也成为继宋遂良之后张炜作品的一个重要评论者，其对张炜作品的解读对我们理解张炜作品起到了很大作用。

此外，雷达对张炜"执拗性格"的论述，也让我们又一次看到了张炜的个性神采，这一论述与张炜这一时期的一些观点形成了互为参照的关系。1987 年 7 月 19 日，张炜在随笔《艺术是战斗》中写道："作家一辈子处于征服和被征服之间，伤痕累累。""选择了艺术，你差不多也就等于宣布了你是个永不妥协、格外拗气的讨人嫌的人。你不会放过揭露黑暗和抨击丑恶的机会，与强暴和专制斗争到底，只为自由而歌唱。""在这片土地上，再多的喧闹与欢呼、再多的浪笑也掩不住呻吟和泣哭。""我崇拜的大师们留下了战斗的记录,而不是闲情的描绘。他们的著作是我的教科书,纸页里有他们奋不顾身的影子。这种战斗还包括了与自己灵魂的搏斗和撕扭,那是更为深刻的勇气。正因为他们比较起来更无私,所以他们比较起来才更无畏。他们是上帝派下来控诉和指证的人,是扑扑跳动的良心。揭示所有的隐秘吧。我听到了战友们在轻轻呼唤。"①

之后关于《古船》的重要评论,还有刊载于《当代》1988年6月号的公刘的《和联邦德国朋友谈〈古船〉》。这是1987年4月8日公刘在哥廷根写给联邦德国朋友安诺尔德先生的一封信,其中写道:"的确,我个人对《古船》的评价是非常高的。《古船》使我体验了前所未有的激动。我认为,这是迄今为止我所接触到的反映变革阵痛中的十亿人生活真实面貌的杰作,它超过了《天堂之门》,也超过了另外几部获得好评的作品。它不仅展示了中国的改革,更重要的是透视了改革的中国。从平面上看去,它像一幅构图宏伟的画卷,然而,它的每一个细部又都有各自的纵深。为此,我建议,一切关心中国的外国人,一切生活在外国的中国人,都应该认真读一读它;对于打开中国被迫锁闭已久的心灵,即所谓东方的神秘主义,它实在是一柄可靠的钥匙。""此外,还有两点超出小说本身的重要结论,不可不提:其一是它打破了青年作家写不出有历史感的大作品的陈腐见解;其二是把那种在中国相当流行的一定要和重大事件保持远距离的理论当作放之四海而皆准的真理,原来也有很大的片面性。"这番评论也独具慧眼。

1989年3月,《文学评论》第2期刊载的胡河清的《论阿城、马原、张炜:道家文化智慧的沿革》,从道家文化角度对《古船》中的隋抱朴和赵炳进行了分析,认为两人均深受道家文化的影响,此文显示了一个优秀评论家的敏锐眼光,呈现了其独特的见解。5月,华中师范大学中国当代文学编写组编写的三卷本《中国当代文学》由上海文艺出版社出版。此书论及张炜时指出:"张炜从编织宁静、动人的芦青河故事,到创作意蕴沉实凝重、内容博大深邃的《古船》,一步一个脚印地记录下了他那虽不很长却十分坚实的创作历程。张炜在不长的创作历程中,已经呈现出自己鲜明的特色。"这是张炜及其作品进入中国当代文学史的较早的一部。

其后,《古船》成为张炜的文学代表作之一,成为中国当代文学的经典作品之一,已成定评。

---

① 张炜:《艺术是战斗》,《张炜文集》第34卷,漓江出版社2019年10月版,第239—240页。

三

关于《古船》的评奖，似乎也应记上一笔，其中的复杂滋味，很耐人品咂。

首先值得记录的，是 1994 年的"人民文学奖"。那个时候，《古船》还在一些人的"另册"之上，它的获奖，与当时的评委会主任之一、人民文学出版社前总编辑屠岸对文学品质的坚持不无关系，也与当时参与投票的评委对文学品质的坚持不无关系。何启治说："我们人民文学出版社得以和广东炎黄文化研究会联合主办优秀长篇小说'人民文学奖'的评奖活动，其评奖范围为 1986—1994 年九年间以人民文学出版社名义出版的长篇小说(含长篇纪实文学)。评委会由人文社当代文学资深编辑和广东炎黄文化研究会的代表共同组成，但其中的秦兆阳等人因健康原因没有参加评奖讨论活动(秦兆阳于 1994 年 10 月病逝——引者)。我们在北京市郊集中了可能与会的十七位评委，在调查研究的基础上讨论评议。评委会主任之一、人文社前总编辑屠岸在发言中认为，新时期我社出版的长篇小说中《古船》是艺术成就最高的四部作品之一。大家经过反复研讨后，于 1994 年 10 月 13 日以无记名投票方式评出'人民文学奖'的获奖作品。《古船》被认为是对现实的观察和对历史的反思、总结都相当凝重和深厚的优秀作品，被参加无记名投票的全体评委一致通过为炎黄杯'人民文学奖'的获奖作品(同时获奖的还有长篇小说《活动变人形》《南渡记》《第二个太阳》《地球的红飘带》等十三部)。"[1]

对于德高望重的老诗人、翻译家屠岸，何启治一直心存敬意。在《光荣与梦想——人民文学出版社》一书中，他特别记述了 1979 年 2 月人民文学出版社组织召开的全国部分中长篇小说作家座谈会。这次会议，就是由时任人民文学出版社现代文学编辑室负责人屠岸提议召开的。何启治写道："2 月 9 日，屠岸在大组会上作了一次认真大胆的发言。他对'文革'公开表示质疑，指出'中央文革小组'的建立违反组织原则；打倒'走资派'混淆了两类不同性质的矛盾；各系统、各单位'造反派'的'夺权'破坏宪法；'破四旧'导致'四旧'大泛滥……现在需要学习，以分清真、假马克思主义，需要梳理思想，以正本清源。他还说自己体会到'实践是检验真理的唯一标准'这一原则适用于一切方面，当然也包括文学创作。文

---

① 何启治：《从〈古船〉到〈白鹿原〉》，何启治：《文学编辑四十年》，人民文学出版社 2001 年 5 月版，第 25 页。

学作品必须经受实践的检验。……讲话中,他慷慨陈词,相当激烈,对于平日像个谦谦君子的屠岸来说,这是很少有的。"①当时的副社长兼总编辑韦君宜称屠岸在会上"投了一枚重磅炸弹"。应该说,屠岸若是没有这种对文学的深刻理解,没有这种强烈的反思精神和敢于直言的勇气,后来他就不可能认识到《古船》的价值,也就不可能对《古船》评奖给以坚定支持。用我们今天的眼光看,《古船》当时能够获得人民文学出版社这个重要奖项,也维护了"人民文学奖"的荣誉和尊严,如果当年没有屠岸和那些评委,没有《古船》的获奖,不光这届"人民文学奖"的成色会大打折扣,也会给此奖项的历史留下一个遭人诟病的由头。

　　不幸的是,这个遗憾留给了1991年3月公布的第三届茅盾文学奖。这届"茅奖"的评选范围是1985—1988年的长篇小说,但此届此奖《古船》和当时一些公认的优秀作品未能获奖,这成了后来人们回顾和反思"茅奖"时一个绕不过去的话题,成了"茅奖"的一件遗憾事。有论者甚至认为:"第三届茅盾文学奖的评选结果,实际上回避了这一时期最有特征也最有活力的审美追求和创作倾向,它对印证1985至1988年间长篇小说创作的实绩实态,是极其苍白无力的。"②"第三届茅盾文学奖评选所允许的时段内(1985—1988),正是各种审美观念的小说大会演的高峰期,并且产生了一系列相当优秀的长篇作品,如张炜的《古船》、贾平凹的《浮躁》、张承志的《金牧场》、杨绛的《洗澡》、王蒙的《活动变人形》、张抗抗的《隐形伴侣》、铁凝的《玫瑰门》等,评委们却没有给予应有的重视,这实在有点让人难以接受。只要稍稍具备一点小说审美能力的人都不难发现,如果将《都市风流》和《第二个太阳》与上述任何一部长篇进行比照,其艺术上的差距就可以清楚地判别出来。"③

　　这些论断难免有些情绪化色彩,但总体来说也符合当时的长篇小说创作实际。之所以出现这个问题,从客观上看,第三届茅盾文学奖在评选过程中遇到了一些特殊情况,主要是1989年春夏之交的政治风波导致了中国作协出现了比较大的人事调整,整个评奖过程大大延后。在这种情况下,更多非文学因素也就不可避免地介入了评奖。从主观上看,此评选结果也与主办者的"引导""提倡"有

　　① 何启治编撰:《光荣与梦想——人民文学出版社》,人民文学出版社2008年12月版,第33—34页。
　　② 朱晖:《第三届茅盾文学奖之我见》,程光炜主编、王南南编:《茅盾文学奖研究资料》,百花洲文艺出版社2018年4月版,第57页。
　　③ 洪治纲:《无边的质疑——关于历届"茅盾文学奖"的二十二个设问和一个设想》,程光炜主编、王南南编:《茅盾文学奖研究资料》,百花洲文艺出版社2018年4月版,第113页。

1993 年,张炜、周介人(中)、茹志鹃(右)在苏州

关。有论者尖锐地指出:"第三届茅盾文学奖的评奖结果,全然回避了 1985 年至 1988 年间长篇创作领域最富特点也是最有艺术发展意蕴的实践成果,对那一时期许多很有艺术价值且艺术反响不凡的创作现象和作家作品,采取冷漠的和忽视的态度;甚至在其客观上标志的评选范围和价值取向上,所选择的个别作家作品,也不堪与同期同类作家作品作比照相抗衡;以至即使我们愿意认定第三届茅盾文学奖评选结果中寄寓的种种'所导''所倡',具有永恒的和绝对的价值,参之以评选的结果,我们仍然有理由提出这样的问题:能不能为着表达'引导'而无视创作实践实绩,为着指认样板而在艺术标准上降格以求乃至指鹿为马,能不能借'引导'之名、行呼朋引伴之实?据此,我们似乎可以就文学的评奖活动,归纳出一点结论:一旦评奖活动的真正主持者和领导者所执守的种种'引导'与'提倡',事实上是与作为评选对象的那一特定时期、那一特定范围的文学实践实态实绩相疏离的,那么,这一活动所由派定的视野与视线,就会变得极为偏狭;所能提取的评判标准,便会相当乏味,相当缺乏文学的'学科'意义上的和现时创作状貌实绩方面的规定性;所能容纳的评选方式,便是'画地为牢'杂以'任人唯信';所难避免的

评选结果,便是鱼龙混杂乃至鱼目混珠。"①

　　当然,对这届评奖的成果也不能被一概抹杀,其中的获奖作品,像路遥的《平凡的世界》至今仍有大量读者。但《古船》等几部优秀作品未能获奖终究是茅奖评选史上的一个遗憾。当然,对一部优秀的文学作品来讲,获不获奖并不重要,获奖是锦上添花,不获奖也不能掩其应有的文学光彩。

　　其实,对一个奖项有人质疑并不是一件坏事,至少说明还有人关注它,说明它在人们心中还有一定的位置。我们感到悲哀的是,现在我们身边的很多文友似乎已经不知道还有这样一个奖项了,问问最近几届评出的作品,竟然一部也说不出来。但是我们仍然相信,"奖"虽无人关注,今天那些优秀的文学作品,还是会像《古船》那样长久地流传下去的。

---

　　① 朱晖:《第三届茅盾文学奖之我见》,程光炜主编、王南南编:《茅盾文学奖研究资料》,百花洲文艺出版社 2018 年 4 月版,第 58—59 页。

第六章　大地的忧伤

第一节　海外游思

一

阅读和研究创作了《古船》之后的张炜,我们常常会想起艾青的诗句:"为什么我的眼里常含泪水,因为我对这土地爱得深沉。"自然之爱、乡土之爱、民间之爱在张炜的情感世界中越来越强烈了。这是他面对现实世界的变化与刺激做出的自然反应。

是的,时代变了,世界变了,资本扩张野蛮无序,技术更新日新月异,工业化、城市化、商品化的浪潮滚滚而来,一种新的社会形态正在形成,并且构成了席卷一切、以"丛林法则"为主要特征的时代伦理,自然、乡土、民间与这个"沸腾"的时代构成了难以调和的紧张关系。这些都在触动张炜敏感的神经,引发了张炜深深的思考。

同时,从1987年下半年开始,还有两件大事开始对他的思想和创作产生重要影响:一是这年9月—10月间,他受波恩大学邀请,跟随中国作家代表团访问联邦德国。这是张炜第一次走出国门,走进当时世界上最发达的一个西方国家,他感受到了一些什么呢?二是从这年11月开始,他被派往龙口挂职,任市政府副市长,重回故土大地,尤其是站在现实的角度回望记忆中的故乡,他又有些什么感触呢?

我们感到,这次出访德国和以后更多的出国访问,进一步开阔了张炜的视野,也把他思考问题的基点由中国扩展到了整个世界;而从这年开始延续九年的龙口挂职生涯,则进一步连接起了张炜的心灵和情感世界中现实与过去的沟通渠道,加深了他对现实、历史和未来走向的思考,并将这种思考进一步延展为对人类未来命运的思考。就这样,中国与世界,过去、现在与未来,形成了张炜认识社会人生的新的切入点,也使他的文学创作呈现出了新的风貌。

二

张炜这次随团出访,活动内容非常丰富。在联邦德国期间,他们参加了法兰克福书展和波恩大学的"中国文学周",参观了法兰克福歌德故居、波恩郊区农场,访问了汉堡、汉诺威、特利尔、维尔茨堡、斯图加特、慕尼黑等地以及著名的阿尔卑斯山。他一路走来,边看边想,给我们留下了四篇"访德散记",也给我们留下了他眼中的联邦德国和欧洲,实际上,也可看作他眼里的世界。

他对欧洲的第一印象是美好的,至少在国土绿化和环境保护方面,那里要比国内好得多。张炜写道:"从飞机上俯视这片土地,给人印象最深的是绿色占去了绝大部分面积,而一座座城市和村庄只是夹在绿色的缝隙里。绿色在这里成为最主要的色调。我从哈尔滨飞往北京,看到的情况恰恰相反。这条飞行路线是较好的绿化地带,但给人的感觉是绿色只算点缀。欧洲这片土地得天独厚,气候湿润,雨水充足,任何种子都可以在最短的时间里鼓胀起来,伸展叶芽,疯狂地生长蔓延。于是山不见石,田不见土,连高大雄奇的建筑也给遮掩起来了。"①而联邦德国呢?"这个国家面积不大,山水有限。但一切都被茂盛的植物遮盖了,绿荫婆娑,就让人觉得奥妙无穷,意味深长,也分外含蓄。"②这是欧洲发达国家数百年发展积累起来的文明成果,它们走过了农业时代、工业时代,现在已经进入后工业时代,环境保护被摆上了重要议事日程,也取得了令人艳羡的成绩,这与正在大力推进工业化、城市化的中国形成了强烈的反差。因为大力推进工业化、城市化,常常需要牺牲环境。

但张炜踏上这片土地之后,很快就发现在浓荫遮蔽之下,正暗暗潜伏着巨大的危机。他们从法兰克福乘车前往波恩,在欣赏沿途美景时,突然看到了一种棕红色的高大树木,默默挺立在山坡上。那是一种什么树?司机告诉他们,那是被酸雨慢慢淋死的一片松树,沿途还有很多很多。张炜震惊地写道:"我以前看过关于酸雨的报道,印象不深。它没有在头脑中化为形象的东西。而今天,我再也不会忘掉酸雨了。我知道了它有多么可怕。如果酸雨继续出现的话,那么整座大山不是要慢慢光秃吗?酸雨是死亡之水。"③那么,一个在环境保护方面用心良苦、堪称模范的国家,尚且面临着"死亡之水"的威胁,别的地方又能怎样呢?

更让张炜难忘的,是他们穿行鲁尔工业区时看到的情景:"一片又一片焦干的

---

① 张炜:《默默挺立——访德散记之四》,《张炜文集》第 29 卷,漓江出版社 2019 年 10 月版,第 43 页。

② 张炜:《默默挺立——访德散记之四》,《张炜文集》第 29 卷,漓江出版社 2019 年 10 月版,第 43 页。

③ 张炜:《默默挺立——访德散记之四》,《张炜文集》第 29 卷,漓江出版社 2019 年 10 月版,第 44 页。

棕红色树木沉默在那儿,挺立着,无声无息。""核电站的巨型建筑矗立着,一些不知名的工业建筑群像山峦一样隆起。无数大烟囱插向云天;红红绿绿的各种线缆集成一束,分别向四方蜿蜒。蒸汽喷向天空,很快漫成白云一样。雨水哗哗地浇下,鲁尔区的一切又在淋雨了。谁也不知道这是不是酸雨。"①他在这异国的雨水中,想到了祖国的大地,想到了他的故土,因为那里也正在成片开发、厂房林立。他感到这一东一西两片国土都在面临着共同的危机。

在波恩,在滋润了欧洲的美丽的莱茵河畔,张炜也在绿树和草坪之间嗅到了一种怪异的气息:工业大都市的气息。更让他吃惊的是,波恩大学的 K 教授告诉他,现在这条河里已经看不到一个游泳的人了,那不是因为天气的原因,而是人们惧怕污染过的河水,担心在这条河里泡过会生皮肤癌。K 教授甚至说:"莱茵河如今可以用来冲洗胶片了!"意思是它的化学污染已经到了非常严重的程度。这条河流经欧洲几个国家,它的清澈的河水是被沿途几个化工厂毁掉的,河里味道鲜美的淡水鱼也已经没人敢吃了。张炜由这条河想到了家乡的那些河,想到了它们因砍伐树木、开垦荒地、水土流水而造成的浑浊、干涸;也想到了那里成片成片消失的林野,他感到"我们没法自由选择,悲怆地遵循了铁一样的自然法则"②。

在南部城市斯图加特,他们在一个饭馆里饮用了据传是从前的修士用玫瑰花瓣酿造的"利口酒",他在人们对这种酒的赞美中,看到了欧洲人对返璞归真的强烈渴望,但他转而又想:"现在还可以产生利口酒吗? 现在还有那样的修士吗? 我听说西方的修士在旅游旺季开办旅馆接客,而东方的僧人也开起了小卖部,经营图书宝剑和无笔画之类。没有过去的修士了,也不会产生那样的利口酒了。谁要想在充满刺激的迪斯科舞曲里轻轻呷着利口酒,谁就要执拗地维护那样的一种风范,一种传统,一种可以为今人所用的美妙的成果。"③可是,现在还有多少人想去维护这样一种风范和传统呢?

访德期间,他们还前往慕尼黑,前往著名的阿尔卑斯山。因为乘坐缆车的时间已过,他们没能登上这座高山。他们在山脚下仰望,只见"山色青苍,森森逼人。巨大有力的石块呈千姿百态凸立,使你强烈地感到很久很久以前那一次熔岩的愤

---

① 张炜:《默默挺立——访德散记之四》,《张炜文集》第 29 卷,漓江出版社 2019 年 10 月版,第 45—46 页。

② 张炜:《梦一样的莱茵河——访德散记之二》,《张炜文集》第 29 卷,漓江出版社 2019 年 10 月版,第 35 页。

③ 张炜:《利口酒——访德散记之一》,《张炜文集》第 29 卷,漓江出版社 2019 年 10 月版,第 31 页。

1987 年秋,张炜(右)在德国学者顾彬寓所

怒。一道峰仞将另一道挡在阴影里,阴影重叠,白雪皑皑。云流在山口上涌泄,似有撕裂绵帛的声音隐隐传来……"①无言的阿尔卑斯山,默默地看着世间的一切,它想向人们说些什么呢?

三

在那个国门初开的时代,许多人一窝蜂地拥出国门,或者去看难得一见的"西洋景",或者一头拜倒在那从未见过的富裕、繁华之中,或者干脆过起了纸醉金迷的生活,不知出过多少"洋相"、闹过多少笑话。相比之下,张炜的德国之行显示了不同一般的意义。他是一个从艰辛岁月中走过来的青年作家,又是初出国门,但他没有被这个国家巨大的发展成就所迷惑,而是从那些容易被人忽略的细节上看到了它的内里和真实。他感到"这儿物质丰富,工业发达,科技先进,很多人生活得又惬意又条理",可是人与自然的关系却是不能让人满意的。他认为"人与自然的关系是世界上无数法则、无数关系之中最重要的一个。如果人类文明与地

---

① 张炜:《去看阿尔卑斯山——访德散记之三》,《张炜文集》第 29 卷,漓江出版社 2019 年 10 月版,第 42 页。

2000 年 3 月,张炜在意大利庞贝古城遗址

球灾难一块儿发展和扩大,这种文明最终就会将世界引向死亡"。那么,怎样才能保护文明、防止灾难? 张炜认为"对大自然的绿色生命仅仅是一般的爱还远远不够,仅仅是一般的保护也无济于事",最要紧的还是要遏制人的贪婪和欲望。①

这次德国之行,也印证了张炜在《古船》中对"星球大战"和那个"丢失的铅桶"的担忧。如果说那时他写这些细节还要靠搜集报刊资料,现在他对科技进步带来的负面影响的感受就真切多了,那鲁尔区的大烟囱和莱茵河中的化工污水,给天空和大地造成了多大的伤害! 更为可贵的是,在那个新"洋奴"比比皆是的时代里,张炜显示了高度的清醒和自尊。在他眼里,"柏林墙"是"一件丑陋的手工活/一道思想的篱笆"②,他对这个发达世界里的思想禁锢产生了深刻的质疑;在莱茵河畔一个酒馆里,他对那个未饮先醉的"蓝眼睛""夸耀对东方文化和/东方的恩典"③也表示了强烈不满。总之,在张炜眼里的德国和欧洲,不是什么万般皆美的圣土,也不代表人类的希望和未来,它对自然大地的无情摧残导致的人类

---

　　① 参见张炜:《默默挺立——访德散记之四》,《张炜文集》第 29 卷,漓江出版社 2019 年 10 月版,第 45 页。

　　② 张炜:《涂鸦》,《张炜文集》第 49 卷,漓江出版社 2019 年 10 月版,第 4 页。

　　③ 张炜:《你歌下的东方》,《张炜文集》第 49 卷,漓江出版社 2019 年 10 月版,第 5 页。

生存危机,倒有可能是人类社会最大的危机所在。

那么,为什么张炜能够看到当时很多人看不到的东西、产生与当时很多人不同的看法呢? 这与他一贯坚守的自然、大地、民间立场是分不开的,因为有什么样的立场就有什么样的角度,有什么样的角度就有什么样的结论。张炜曾说,一个作家就是一个从地层深处生长出来的发声器官,他要替沉默的大地发言、倾诉。如果不是这样,他就不配当一个作家。也正是因为这样,张炜才从繁华的外表之下看到了大地的伤口、天空的泪水。或许,我们只有从这个角度出发,才能更加深入地理解张炜所坚守的自然伦理、大地伦理、民间伦理的重要性。这是一个作家应有的立场,也是一个人文知识分子应有的立场。

四

后来,张炜还有很多出国访问的机会,他到过欧洲、美洲等许多国家,也去过日本、韩国。不论到哪里,他这种认识世界的立场都没有改变,只是随着视野的扩大,他的思考范围不断扩大、认识程度也在日益加深。他不光看到了现代化浪潮对自然环境的破坏,更看到了它对社会环境的侵害和对人的心灵的污染。这才是最要害、最致命的。他在很多作品中都曾表达过这种忧虑,尤其是对世界头号强国超级大国美国,他更直言不讳地写道:

> 现代的美国有好的东西,比如他们的单纯和天真,多民族性,对世界都有很大贡献。但他们的消费文化、不给精神留空间的纵欲文化,最终还是要毁了这个世界。我们可以问一问,今天谁最大地污染了这个世界? 谁扔下了第一颗原子弹? 谁用掉了地球上大半的能源? 谁让财阀统治和左右了国家? 还不是美国吗? 中国和世界要寻找前途,怎么非要全盘学美国不可? 应该兼收并蓄,比如学学欧洲也比单单学美国好啊。

> 单纯讲国民生产总值,讲商业竞争,在单位时间内没有什么可以战胜消费文化占主导的美国,现在如此,将来恐怕也是如此。但是这与真正的人类幸福无关。美国道路的可怕,在于这样下去人类将不能持续地发展,更不能拥有自己的明天。

> 现在正学美国的发展模式,一切都试图让欲望开路。这是可怕的短视行为,是自毁之路。我们就是不信美国式的野蛮要比其他的野蛮好,因为我们知道,凡野蛮都是不好的,都是文明的敌人。许多现代的致命疾病都是西方

2004 年 3 月,张炜在法国普罗旺斯毕加索城堡

式的野蛮催生的。这里说的疾病既指精神也指肉体。走纵欲之路就是走一条垂死之路、没有希望之路。

　　现实生活培养了一大批学美国的小儿科人物,这部分人往往是危害至深的,无论他们从事什么。①

张炜的这些深切感受,也构成了他认识国内问题的一个参照,构成了他的一些文学作品的重要背景。在长篇小说《你在高原》之十《无边的游荡》中,主人公宁伽回顾了他在日本东京,德国汉堡、柏林、科隆、斯图加特、纽伦堡、慕尼黑、波恩,英国伦敦,加拿大魁北克,意大利佛罗伦萨等地的所见所闻,他看到到处是放纵泛滥的欲望、喧嚣嘈杂的人声,"一切都让人想起大海里一排排高耸扑动的浪涌,它们在涌过来,在淹没和吞噬";还有那些"吃了几顿外国菜就吹上半天的贱坯子",连起码的人格尊严都丧失殆尽。在那样一种环境里,宁伽就像一个"外来人"一样,感到世界一片荒芜和陌生:"在这一片光和色组成的花花绿绿的世界上,你感到的不是存在和富有,而是虚幻和贫瘠,是突然把人搁置在异地星球上、永无归期的那种恐怖。"更为可怕的是,国内很多城市、很多地方也正跟风而起、随潮而上,它们"尽管色彩不同,呼啸不同,有一点却是共同的,就是它们绝不适合收

---

① 张炜:《匆促的长旅》,张炜:《风姿绰约的年代》,昆仑出版社 2005 年 1 月版,第 329 页。

留我们人类"。① 宁伽的这些感受,当然也是张炜的感受。

在长篇小说《外省书》中,张炜更是对这个"摇滚"的世界发出了强烈的质疑。小说通过离开京城、回到家乡浅山市河湾林野的主人公史珂,与他的身居浅山市的侄子史东宾、侄媳马莎生活方式的对比,与他远在美国的哥哥史铭生活方式的对比,让我们看到了物欲与肉欲对人的生活和精神的双重戕害。在这部小说中,张炜还通过史珂在那个"囊括全世界顶尖奥秘"的"世界之都"的经历,为我们描绘了一个"纵欲的美国":这儿一方面有发达的科技、迅捷的信息、现代化的设施,另一方面又有全世界无奇不有的混乱、恶浊、奢靡和淫荡。张炜在小说中写道:"这儿的经济与艺术的火箭同样都使用了性的固体燃料,不由它不维持强大的速度。""它想携带技术商业时代的全部杀伤武器,一举摧毁这个时代的正常感知能力,比如视觉听觉,甚至还有味蕾和性兴奋系统。"在这样一个地方,爱默生曾经居住的康科德、梭罗曾经建造木屋的瓦尔登湖,已经少有人问津了。而国内那个偏居"外省"的浅山市,也正在史东宾们的"努力"下,亦步亦趋地像美国那些城市一样走向沦丧、走向末世,这是人类巨大的悲哀。② 这是小说中的史珂不能容忍的,也是张炜不能容忍的。

在小说结尾,张炜写道:"河湾开始轰鸣,一辆接一辆推土机昂首挺进。到处红旗招展。从此喧声日夜不息。"从京城来到这个"外省"寻找静谧之地的史珂也只能考虑再迁居了。但即便迁居,倔强的史珂也不会冷却自己的情感、放弃自己的思考,他要写下一本书,留下这段历史和记忆。这本书就是《外省书》。张炜写道:"隆隆之声伴了苦思之夜。如今居于河湾真好似与狼共舞。没有办法,为了这书,且筑起一道篱笆,一道心篱吧。"③

从京城退居浅山,再从浅山退居河湾,史珂依然不能避开这可怕的"轰鸣",他最终将逃往何方?"且筑起一道篱笆,一道心篱吧",他最终要逃往自己的内心。或许,这才是真正的"外省",也是任何力量都难以摧毁的。

若干年后,张炜精研细读陶渊明,并在万松浦书院举办了关于陶渊明的系列讲座。从他所认识和理解的陶渊明身上,我们似乎也可以看到一点史珂的影子,或者说史珂与陶渊明隔千年风云相望,其内在精神是一脉相承的。张炜写道:"我

---

① 参见张炜:《你在高原·无边的游荡》,《张炜文集》第 17 卷,漓江出版社 2019 年 10 月版,第 189—201 页。

② 参见张炜:《外省书》,《张炜文集》第 4 卷,漓江出版社 2019 年 10 月版,第 166—197 页。

③ 张炜:《外省书》,《张炜文集》第 4 卷,漓江出版社 2019 年 10 月版,第 284—285 页。

们将直面一个结果,即'丛林法则'和人类的'文明法则'不可调和的深刻矛盾。这个不可调和,在陶渊明全部的人生里得到了细致而充分的诠释。这正是他留下的最大一笔遗产。"①"严格讲一个人自降生到人世的那一天,就被'丛林'选择了,而不是他选择了'丛林'。他一定是被自己所生活的这个时代体制所涵盖、笼罩和规定,没有一个人能够例外,没有一个人能够置身于'丛林'之外。""陶渊明在逃离中完成了自己,秉持了文明的力量。他既不认可那个'法则',又不愿做一个颓废之士,最终算是取得了个人主义的胜利。尽管后来陶渊明穷困潦倒,在饥饿中死去,但作为一个生命来讲,他在自觉选择和对抗的意义上还是完整的,仍然是一个胜利者。"②

史珂是一个"失败者",但从"自觉选择和对抗的意义上"看,他又是一个胜利者。这大概是一个真正的人文知识分子在任何时代共有的命运,因为任何一个时代都是残缺的、不完美的,而一个真正的人文知识分子一定都是一个坚定的提醒者、清醒的不合作者。所以张炜说,陶渊明是维护了自己"醒着的尊严"。③

五

其实,对于西方世界这种肆意野蛮的大开发、大发展,历史上早有哲人用文字和行动进行了"自觉选择和对抗",其中一个著名人物就是美国文学家、哲学家梭罗(1817—1862)。他所处的时代,正是美国由农业时代向工业时代转型的初始阶段,那个时代有点像中国的 20 世纪 80 年代。

1845 年 7 月 4 日,美国独立日那天,梭罗来到康科德附近的瓦尔登湖边,开始动手搭建木屋,用行动与这个物质主义、消费主义大潮涌动的时代"对抗",进行一场人生极简生活的实验。在两年零两个月的独立生活中,他发现人可以像动物吃得一样简单,却依旧能够保持健康和气力;一个人每年大概只需要六个星期的劳作,就能满足其生活开销,其他时间他可以投入自己的研究工作。独立生活期间,梭罗基本完成了其长篇散文《瓦尔登湖》的写作,他在作品中用文字不厌其烦地记下了自己的生活细节和海阔天空的哲思、想象,竭尽所能地去探索在一个物

---

① 张炜:《陶渊明的遗产》,中华书局 2016 年 1 月版,第 43 页。
② 张炜:《陶渊明的遗产》,中华书局 2016 年 1 月版,第 20—21 页。
③ 参见钱欢青:《继〈也说李白与杜甫〉之后,著名作家张炜再推力作〈陶渊明的遗产〉——每个人都需要一份"醒着的尊严"》,载于 2016 年 3 月 30 日《济南时报》。

质主义、消费主义社会中人的健康、美好的生存方式。

梭罗的行动与思想影响深远,他和他的"瓦尔登湖"也成为一个与工业化、城市化、商业化社会"对抗"的象征,被一些评论家誉为"人与自然和谐共处的一个典范"。《瓦尔登湖》的一个中文译者仲泽甚至认为,《瓦尔登湖》"是一部回归伊甸园的作品,是一部面对眼前世界矫弊的神话,也是对人类社会进入后工业时代面临天翻地覆变化的一种呼告"①。

对于美国当时的状况,法国历史学、政治学、社会学奠基人托克维尔(1805—1859)在赴美国考察之后撰写的《论美国的民主》一书,有着更为翔实的描述。托克维尔写道:"我们很难描述美国人追求财富的巨大贪欲。在追求财富的道路上,他们从不畏惧印第安人的利箭和荒原生活的病痛折磨,也不害怕森林生活的寂寞孤独,甚至猛兽的袭击也不会把他们吓退。"②"只要有欧洲人在印第安人居住的附近地区安居,周围的飞禽走兽就会惊慌失措地立即逃走。这些野生动物并不害怕长期游荡在森林中的成千上万的印第安人,然而它们一旦听到欧洲人开办的工厂里的轰轰隆隆的机器声,就会立即逃向更远的西部,它们出于本能知道西部地区还有无边无际的荒野在等待着它们。""有人曾言之凿凿地告诉我,只要有白人存在的地方,其后果和影响往往在六百英里以外就能明显地感觉到。"③

这些话并非危言耸听,而是极富远见的。今天,其后果已经相当可怕。据《森林与全球变化前沿》杂志2021年4月15日发布的研究结果,当今世界相比五百年前的地球已几乎面目全非。目前只有大约3%的陆地表面可能在生态方面未遭破坏——那些地方仍是各种本土物种的家园且未因人类活动而受损。而联合国正在牵头开展的一项工作,是在2030年前保护好地球上30%的土地和水资源,现在则只有17%的土地和水资源受到某种形式的保护。④

人的物质欲望是极其强大的。这种欲望固然可以推动经济发展、科技进步,但如果不受限制,任其膨胀,其带来的危害也是难以估量的。现在,即使在美国最西部,可以容留飞禽走兽、野生动物生存的荒野也早已不复存在了。一个高度现代化的国家让一片辽阔的土地变得面目全非,高度现代化所带来的自然环境问题是全人类有目共睹的,高度现代化给人的精神和心灵带来的戕害可能更为可怕。

① 仲泽:《还原梭罗》,梭罗:《瓦尔登湖》,仲泽译,译林出版社2014年版,第13页。
② [法]托克维尔:《论美国的民主》,周明圣译,中华书局2016年版,第339页。
③ [法]托克维尔:《论美国的民主》,周明圣译,中华书局2016年版,第390页。
④ 《地球仅有3%土地未遭人类侵扰》,参见2021年4月19日《参考消息》。

当今世界,这个汇聚了人类最丰富的物质财富和最先进的科学技术的国家,同时也是各种灾难和丑恶的制造者。这不是人类理想的生存与发展方式。正如张炜所说:"如果人类文明与地球灾难一块儿发展和扩大,这种文明最终就会将世界引向死亡。"也如张炜所说:"美国道路的可怕,在于这样下去人类将不能持续地发展,更不能拥有自己的明天。"

六

现实是令人悲观的,但张炜却不是一个悲观主义者。他是怀着无限的悲凉努力进取,毫不妥协,毫不退缩。

许多年后,张炜还记得他 1987 年第一次出国访问时飞机经停的一座沙漠城市:"记得在上世纪 80 年代中期,我第一次坐远程飞机到欧洲。当时的航线不像今天这么顺畅,那时中途要到一个沙漠国家去停留,然后再往西飞。当飞机低下来时,我遥遥看到了地面,那一眼的印象至今不能磨灭:下面出现了一座很大的城市,它叫什么名字一点都不知道——这是我当时见到的唯一一个深深地吸引了我、让我觉得如梦似幻的、马上就能展开诸多想象的城市——严格讲那是一片森林,树木非常硕大茂盛,只不过在森林空隙里凸出了一个个红色的屋顶,比起无边的树木它们显得很小,一个个散落在林子里。我一直靠在舷窗那儿往外看,忘记了一切。我认为这是一片很大的森林,它的缝隙中插建了一座城市。我当时想,人住在这里面该有多么幸福! 这么多的树木就肯定有各种各样的动物,人和大自然真的融为一体了,原来这完全不是什么梦想,是可以实现的!"①

那么,怎样才能让梦想变成现实呢? 张炜认为,这肯定不是单纯的物质积累、科技进步能够实现的,不是商业主义、消费主义、声色犬马、娱乐至上能够带来的,因为这些东西并不是工业化、城市化、商业化时代的新鲜货。在中国古代,齐国的"国都临淄当年可能是世界上最繁华的一个地方了,它充分调动了人性里的贪欲、对物利的向往,把人的全部欲望都调动起来了,展开了一场利益的追逐",它"举袂成幕,挥汗成雨",甚至有"七百女闾(妓院)",其糜烂腐朽到了无以复加的程度;在欧洲,意大利那个被火山熔岩葬送的庞贝古城,现在考古挖掘出来大澡堂、

---

① 张炜:《大自然、城市和文学——在香港中央图书馆的演讲》,张炜:《午夜来獾——张炜 2010 海外演讲录》,作家出版社 2011 年 4 月版,第 75 页。

娱乐场所、妓院等都是用彩色马赛克贴画装饰起来的,那里曾经是何等的浮华奢侈,但它们最后都垮掉了。张炜说:"有什么东西没有垮掉? 是那些当年逆着物质主义潮流而动的人,如孔子,后来的康德、叔本华、苏格拉底这一串名字,是这些不朽,并为我们所熟知。我们今天面临的问题说简单也简单,说复杂也复杂。说简单,就是我们只需继续孔子、孟子、康德和叔本华、苏格拉底这些人的思索,思索社会伦理,思索他们对物质主义的批判,思索他们对心中的道德律和天上的星空的向往,思索对人、道德、财富之间错综复杂的关系、个人自由之间的关系。"①

后来,张炜还在长篇散文《芳心似火》中,以深邃的目光回望东夷大地、回望古齐国的兴盛与衰朽,回望秦汉以至明清几千年的历史,从代代王朝的兴衰中看到了黄炎培所揭示的那个无一例外的周期率,探讨一个国家一个民族永葆生机的出路和方法,探讨人们所追求和创造的物质财富怎样才能代代积累下去。张炜认为,人对物质的欲望从来都是不可遏制的,人类一旦认识和掌握了一种科学规律也可以传递下去,唯有思想和文化的积累是最难最难的,因为它属于人心之学。张炜指出,尽管思想与文化的积累很难,但唯有这种积累才能最终确保物质的积累,如果人类没有足够的耐心和恒力去发展这种积累,等待人类的只会是更大的浩劫。而要进行这种积累,一个最基本的前提是对物质主义的警惕和反思。②

原来,张炜所坚守的自然伦理、大地伦理、民间伦理,不是要退回到那种原始状态,不是固守什么落后的农业文明,更谈不上什么反"现代性",那是他从人类发展的曲折道路上总结出的历史经验,是着眼于人类未来提出的人文方略。所以,张炜的文学精神是积极健康、强劲有力的,是面向未来的。

第二节　故土感怀

一

张炜的这种浓烈的自然之爱、大地之爱、民间之爱得以不断积累,与他对外部

① 张炜:《大自然、城市和文学——在香港中央图书馆的演讲》,张炜:《午夜来獾——张炜2010海外演讲录》,作家出版社2011年4月版,第81页。

② 参见张炜:《芳心似火》,《张炜文集》第33卷,漓江出版社2019年10月版,第142—146页。

世界的观察、思考有关,也与他重回故土大地、亲身感受到了这片土地的痛苦与哀伤有关。

1987 年 11 月,张炜访德归来后不久,便被安排到龙口挂职,任龙口市政府副市长。1990 年 2 月,又改任龙口市委副书记。前前后后,他在这里挂职工作了九年时间。此后,挂职工作虽然结束,但他又在龙口创建了万松浦书院,并被聘为院长。龙口,成了他除济南之外的另一个长居之地。也可以说,从 1987 年 11 月至今,张炜一直过着一种"济南—龙口"的双城生活。这样一种生活,对张炜的写作影响是巨大的,否则,要写出《你在高原》中宁伽那样的人物恐怕很难。

作家挂职,当年并不稀罕,这是他们深入生活的一种方式。张炜说,他当年被安排挂职是为了纪念"五二三",全国有一批作家都以这种方式被投入到"第一线"去了。当时,很多与他同时下去挂职的,只待了一段时间就回城了,只有他一直在那里待了九年。① 张炜说,当年他接到挂职通知时,正在山东西部的冠县林场住着,那里有他喜欢的一片大林子。他开始不想去,但一看要去的地方正好是龙口,也就高兴了。② 这时,距他离开家乡到烟台求学已有九年多时间,距他从烟台到省城济南也有七年多时间。他写了那么多"芦青河"的故事,他多想再回"芦青河"畔去寻找新的感受,激发新的灵感啊。张炜说:"我也乐于去那个地方,因为那里有我熟悉的事物。我的小学和中学是在那儿上的。我和大家一样,想念度过了童年的地方。"③他还说:"我去那儿是为了更好地搞文学。"④

张炜认为挂职最大的好处是它与实际任职不同,不用被完全局限于自己的工作岗位,具有很大的自由度;同时也因身处其中,可以了解当地的行政、民生,有助于作家开阔视野、启发思考。张炜说:"像当地兴建大的工业项目,先要有计划书,对污染情况的考察、对土地的研究、对地质方面的调查,这些在书中都有许多反映。龙口港的建设,大的化工项目,各种各样的计划书,都要涉及地质、土壤、海洋、大气污染、环保,每个方面都需要专家来做计划书。参与这些工作,对《你在高原》的写作是大有益处的。如果没有这样的参与机会,要得到这些资料是很困难的。这就是实际工作中的收获。""一个写作者对官场的了解是重要的。一个知识分子,对体制的很多东西、对那种结构关系不敏感,就会影响对社会事务的判

---

① 参见张炜、朱又可:《行者的迷宫(全新修订版)》,商务印书馆 2018 年 9 月版,第 393—394 页。
② 参见张炜、朱又可:《行者的迷宫(全新修订版)》,商务印书馆 2018 年 9 月版,第 358—359 页。
③ 张炜:《周末问答》,张炜:《周末对话》,江苏文艺出版社 1991 年 12 月版,第 152 页。
④ 张炜:《周末问答》,张炜:《周末对话》,江苏文艺出版社 1991 年 12 月版,第 151 页。

1987 年,张炜与女儿在一起

断。因为我很早在机关工作过四五年,后来又有挂职的经历,所以对它的形态会有一些切近的考察。这是当代生活的一部分。"①

1987 年 12 月,张炜在济南参加大学生周末文学讨论会时,还满怀深情地回忆了自己的出生地情况,并特别提到了林野和葡萄园:"我记忆中那里有一望无际的树林,有一片连一片的葡萄园。特别要强调的是,那里是烟台国际葡萄酒城最大的生产基地。可能是水土的关系,那里的葡萄含糖度最高。国内有没有比它更大的葡萄园,不清楚。大概要有也不多。"②

葡萄园,葡萄园,张炜这片记忆中的葡萄园,如今又是一番什么景象呢?

二

重回故土,张炜看到这里的一切已经发生了巨大变化,因为时代的狂风已几度吹过、时代的浪潮也几度打过。张炜说:"一切却触目皆生。像来到了一块生僻之地。偶尔能够看到十多年前的痕迹,但只是一闪,另一种感觉就将其覆盖了。"到处是推土机的隆隆声音,到处是野蛮开发带来的巨大破坏,张炜说:"一些建设工地从南到北、又从北到南地铺开,这大概要毁掉一些葡萄园。还有煤矿的开采。

① 张炜、朱又可:《行者的迷宫(全新修订版)》,商务印书馆 2018 年 9 月版,第 395—396 页。
② 张炜:《周末问答》,张炜:《周末对话》,江苏文艺出版社 1991 年 12 月版,第 152—153 页。

有些所谓开发区围了大墙,墙内空空如也。"张炜感到:"这是和平年代里的一种摧毁,是特别的危险。"更为可怕的,还有那些模仿制造出来的虚假繁荣,张炜说:"舞厅、馆舍、高级车辆,都从开放的窗口模仿而来,迎合了浅薄无知和贪婪的心性。一方面制造了虚假的繁荣;另一面到田野上看看,陋巷,穷人,泥泞的乡下小路,拥挤可怕的集市,街道,贫寒无靠的山民……又是真正的贫困。这种反差的存在,是一个地区最无耻的表现。"①

正像世界上一些有名的商业区、经济发达地区恰恰也是文化沙漠一样,故乡小城也在面临着"共同的危险":"随处可见目光短浅的规划的实施,它不仅浪费了有限的钱财物力,更重要的是把好端端的一片土地给弄得面目全非。……良田面积越来越少,可以生成绿色的泥土越来越少。"究其原因,表面上看是因为我们还很贫穷,为了摆脱这种寒酸和不体面,就顾不得其他了;更重要、更深层次的原因,则是因为"爱好虚荣、自私,不顾及明天和他人的利益,像是赶在世界末日之前一样匆忙享乐,穷奢极欲"。这是一种人心的荒芜,这种"人心的荒芜"会使一些尚存的好地方在短时间内遭到破坏。张炜说:"前几天我们又看到了路边上被烧死的三棵挺好的榆树、那会儿大家站在那儿看了半天,心里想:大概有些可怕的结局是不可避免了,因为人心变坏了。"②

张炜痛心地写到,"芦青河"时代的清纯、美好也已成过去,上游修了水库,河两边的村庄都在盲目地侵河造地,"它现在很寒酸。一年里没有多少时间有水,河岸上那些高大茂密的树木也快完了。没有水的滋润,你想两岸的植物也不会好"。"时代变了,河也的确是变了,变得更荒凉更平淡,更明明白白了。它好像越来离诗意越远,离世俗的东西越近"。那些故土大地上动人的河,那片迷人的土地,已经只能到记忆中去寻找了。③

张炜写道:"比较起来,对于一个人的健康来讲,这里具有最根本的优势:食物、水和空气的新鲜,呈现绿色的泥土,空旷的田野……我们唯一担心的是这里的人究竟有多少力量来保护这一切,使它不受破坏、不受扭曲——不像省会城市那样,以高昂的代价来获取那点可怜巴巴的繁荣。这是我们真正忧虑的,也是我们害怕看到的……"④

---

① 张炜:《葡萄园畅谈录》,作家出版社 1996 年 2 月版,第 5—7 页。
② 张炜:《葡萄园畅谈录》,作家出版社 1996 年 2 月版,第 266—267 页。
③ 参见张炜:《葡萄园畅谈录》,作家出版社 1996 年 2 月版,第 267—269 页。
④ 张炜:《葡萄园畅谈录》,作家出版社 1996 年 2 月版,第 270 页。

1988 年夏，张炜在龙口市郊，《古船》出版后正在创作《九月寓言》

　　读着张炜这些文字，我们好像看到了他心中喷涌的烈火一般的情感，他的忧愤和伤痛。刚刚访德归来的张炜，深知这些"罪孽"的来源——这是对西方工业化、城市化建设的机械照搬，也是对西方物质主义、消费主义生活方式的简单模仿，它所带来的是自然大地饱受蹂躏，人的可耻欲望肆意发泄，世间无数美好的东西在时代的"推土机"面前被彻底损毁。

三

　　更为关键的是，是谁掌握了发动这架野蛮机器的开关？是谁在操纵它横冲直撞？是老得、李芒、隋抱朴，还是王三江、肖万昌、赵炳？我们悲哀地看到，这些机器又掌握在了王三江、肖万昌、赵炳一类人的手中，这些人后来将会变成张炜长篇小说《刺猬歌》中的唐童，《外省书》中的史东宾，《你在高原》中的"嫪们儿"、老"得耳"、"大鸟公司"老总和他的代理人，《艾约堡秘史》中的淳于宝册等。他们都发迹于这个时代，都是一些以灵敏的嗅觉闻风而动、靠不择手段追逐物质财富的"开拓型"人物。时代变化太快，几乎没有给老得、李芒、隋抱朴他们留下多少思考的时间和空间，这个世界就被人们无限膨胀的欲望挤满了。就像"五四"时代那些宝贵的人文思想种子尚未落地就被狂风卷走一样，今天的中国虽然已经走出了思想文化的桎梏,但一片欲望的大地也只能产生欲望,而不是圣洁的精神。

就像此前一样,重回故土的张炜对那些所谓的"开拓型"人物继续保持了高度的警惕。他认为,一个地方最令人害怕的就是这类人物。因为在这样一个特殊时刻,"开拓"已经成了无知蛮干的同义词,他们就像战争年代那些一度被利用过的"底层痞子"一样,毫无法度、禁忌,没有操守、信仰。张炜认为,这样一类人的得意之时,便是大地一片狼藉之日,因为他们搞起所谓的"现代化"来简直是疯狂,"别人引进一个项目,他可以引进十个;别人围十亩良田搞'开发区',他一口气可以围上百亩。不计后果,不思民意,不管得失,以推波助澜为快意"。张炜看到,这种人物不仅在经济领域比比皆是,在学术文艺界也不乏其人,"学术界、艺术界的冒进人物、自大狂、二流子、冒险家,简直像蘑菇一样破土而出,他们蜂拥前台,招摇过市。喝彩者很快出现,喝彩也是一种时尚"。在这样一股潮流之中,张炜不仅对这些人物表示了极大的鄙夷和不屑,而且毫不犹豫地发出了自己的"恶声"。他认为"这种'恶声'有利于民族,有利于明天。一个个唯唯诺诺,跟从尚且不及,生活就要一塌糊涂"①。因为"我们退一万步说,也许一个地方的变革使一切都发展了、富强了,而唯独这里的人给弄坏了:人变得比过去更自私、更危险,人的道德文化素质大大退步了——仅此一条,我们的这种变革也需要极大地修正了。因为我们任何时候都要承认:人是最可宝贵的"②。

张炜认为,这是一些"没有明天的人"。"到处都可以见到放肆消耗的人:对物质和文化资源毫不顾惜。他们的狂饮和享用、掠取和贪婪,让人想到这是一群没有明天的人。他们明确无误的只有一点,即他们在这个世界上只活一次。所以他们认为不必负责,不必怜惜,更不必多愁善感。他们只为自己的一生负责。""这一类人是人类共同的敌人。""没有明天的人实际上也没昨天。他们否定人类业已建立的一切理想和规范,特别不能容忍道德伦理范畴的框束,砸毁和推倒各种制约,以便堂而皇之地夺取。""从长计议的任何步骤都在其嘲笑的范围,对自然环境、精神环境,给予毫不犹豫的摧毁、毫不顾忌后果的榨取。对于明天可能出现的任何危机,都不闻不问。""这就是毁坏者的特征。他们在一个鼓励竞争的时代是颇有活动余地的,因为一切都得到了合理合法的遮掩,毁坏被说成了'开拓',掠夺被说成了'开发'。""在一场可怕的放纵和掠夺之后,留下来的将是需要

---

① 参见张炜:《葡萄园畅谈录》,作家出版社1996年2月版,第15—17页。
② 张炜:《葡萄园畅谈录》,作家出版社1996年2月版,第117页。

几代人打扫的狼藉。"①

张炜敏锐地看到,这种可怕的现实并不只是几个王三江、肖万昌、赵炳造成的,这是物质主义、消费主义带来的世俗狂潮冲刷的结果,是整个社会、整个人类道德沦丧的结果。他的忧思,已经从具体的人与事,扩展为对整个时代变迁和人类命运的思索。何谓大情怀?何谓知识分子的良心与责任?应该尽在于此。那些当时和后来批评张炜反对"现代化""城市化"和"科学技术"的人,认为张炜是试图用自己"落后"的道德观念构筑理想的"乌托邦"的人,可能永远也不会理解这一点。一个真正的人文知识分子,应该也必须是社会潮流的"逆行者",是试图平衡这个倾斜的世界的砝码。即使他感到无力、无助、无望,也会"知其不可为而为之",持续不断地向这个社会、这个时代发出自己的提醒。

张炜说:"我没有阻挡前进,也没有反对新生。我的对美好的过去的回忆,同样也包含了对新生事物的急切期待和真诚的祝愿。但新生事物有的并不真实,有的只是陈旧的腐朽的东西经过打扮而已。对这样的东西,我不会不去谴责。这种谴责会被误解,但我宁可冒此风险。""我要从事艺术,就不能不更多地留恋,不能不往后看。我难道还有别的选择吗?"②

今天,我们重温张炜1989年2月22日的这段谈话,可能会对此有更深的感受:

> 这儿美好的自然有口皆碑。一望无边的绿畴,海滩大平原,南部的山地秀丽多姿,有《史记》记载的"四大名山"之一的莱山;有中部丘陵,随着地势起伏不息的梨园和山楂园、桃园;北部即是丰饶的平原,而它自己还拥有最美丽的一个小小半岛、两个岛屿。有哪些地方具有如此的地理优势呢?即便从历史上看,这里也没有发生频繁的自然灾害。不必夸张,这里完全可以说是"得天独厚"。
>
> 可是出于短见和拙劣的模仿、盲目的跟从,这里开始大面积毁坏土地,没有遏制地乱占乱挖,再加上矿山采掘,已变得目不忍睹。随处可见令人惊讶的荒谬,只有惊讶,而难以疾呼和谴责,更难以嘲笑。这种状况,任何熟悉并热爱它的人,都只能呆立失语;没有了要说的话,只悄悄压下一个震惊……
>
> 这股摧毁的力量来自何方?追溯起来并非来自某个失策的计划,不是来

---

① 张炜:《葡萄园畅谈录》,作家出版社1996年2月版,第291—292页。
② 张炜:《周末问答》,张炜:《周末对话》,江苏文艺出版社1991年12月版,第176—177页。

自某个目标的荒诞。因为再好的计划和目的,由不同的人落实下来,结果会是完全两样。所以我们只能说:这荒谬来自人们苍白污浊的内心。

源于内心的污浊会无影无踪,弥漫起来就难以遏制。要遏制就先得达成遏制的共识,先寻找共同的语言——这是可能的吗? 大面积改变人的心灵,这似乎在短时间内是绝无可能的。

这种毁坏的力量、陌生的力量,它形成的时间也许是非常漫长的。在这长长的时间里,我们藐视了最可宝贵的东西,即诗与真、一切美好的教化、心灵的指引。人们不再崇敬知识和真理,变得相当卑俗,唯利是图。这样直到今天,顽疾已经形成。

这一切芜杂,都需要土地去承受。可是土地也像人一样,只有一定的承受力。于是我们看到了可怕的、频频出现的疾病,还有灾情,如环境的巨变、大自然对人的无情报复……①

是的,人一旦陷入物质主义、消费主义的潮流之后,要再葆有对大自然的敏感和敬畏之心就十分困难了,但一个作家却不能随波逐流,放弃自己的人道力量和追求真理的恒心。即使世间再无"瓦尔登",即使已经陷入无处逃遁的绝境,也要坚持不懈地用文学的力量、精神的力量去感动那些日渐麻木的人心。这是一个作家与生俱来的责任和担当。

三

这一时期,张炜又开始大量阅读鲁迅杂文,到鲁迅那里寻求精神援助。在《葡萄园畅谈录》中,他经常引用鲁迅的观点来揭示问题的根源。他感到自己也与当年的鲁迅一样,处在了一片现实和精神的"荒漠"之上;他渴望借助鲁迅坚定、执着的批判精神和深邃、犀利的思想武器,来认识和剖析当下。张炜指出:"先生的忧愤、不安、焦虑和慨叹,都在字里行间闪烁。时间过去了半个世纪之多,世间的一切发生了多少变化,特别是人性人心,又有了多少进步?""在夜晚,在墨色中倾听那伟大的声音,寻找那犀利而仁慈的目光,确是人生最大的安慰。在这巨大的赤裸的真实面前,名利物欲都失去了分量。"②

① 张炜:《葡萄园畅谈录》,作家出版社1996年2月版,第140—141页。
② 张炜:《〈葡萄园畅谈录〉后记》,《葡萄园畅谈录》,作家出版社1996年2月版,第440页。

这一时期,他的执拗、倔强的个性,也再次得到了鲜明的体现。1988 年,他连续写下了《缺少稳定的情感》《缺少说教》《缺少不宽容》《缺少行动》《缺少保守主义》等随笔,他用一连串"缺少",来说明那些被时代大潮遗弃甚至批判的东西,诸如"稳定的情感""说教""不宽容""行动""保守主义",等等,恰恰是这个时代最宝贵、最稀有的精神资源。我们从中看到的,是张炜可贵的道德情感和坚定的人文立场。

正是因为有了这种情感和立场,他才能将自己的双脚坚定地站在民间大地上,就像一株从泥土中生长出来的植物一样看待这个世界,真切体会到土地的呻吟和人民的苦痛。在这样一个时刻,他宁愿承受许多误解,像当年的梭罗一样,去做一个逆时代潮流而上的"保守主义者",并且拒绝廉价的"合唱"、甘愿发出自己的"恶声"。

在文学上,他不断提醒自己要守住,不苟且、不跟随、不嬉戏,永远保持质朴的品性,进行诚实的劳动。对文学艺术上各种纯粹的技术性试验,他也保持了相当谨慎的态度。张炜指出:"有人甚至头脑昏昏地指出乙地比甲地在艺术形式上、作品的技术上差距有多少年。这些荒唐之至的说法,也堂而皇之地出现在较权威的杂志上。看来他们把产业技术革命那一套也搬到了艺术上。艺术不会进步、也没有对错之别,艺术只有优劣之分。古代写月亮的诗,'技术'上比现在落后吗? 现在火箭飞船可以登上月球,但这是工业科技的问题,而不是艺术的问题;今天写月亮,就一定能超过古代吗?""艺术永远是生命隐秘的流露,是生命、是特殊生命的迸发,是激情的倾斜,是灵魂的战栗……离开这些去理解艺术,就永远不得要领。"①

他坚定地认为真正的艺术品不可能是雅俗共赏的,而只能是雅的,不可能与"俗"连在一起。因此,他认为民间化、俚俗化的《聊斋志异》属于民间文学,不能划入"纯文学"的范畴;而被不少研究者奉为"伟大的白话小说"的《金瓶梅》,他认为"留给我们的印象更多的是以文字为生的这种人的耻辱,而不是光荣。人类有可能腐烂到什么程度、有多么低劣的兴趣,都从那个作者身上表露出来了。这种东西,如果单从这个方面而论,根本不配称文学作品,一个真正的艺术家所应该憎恶的当然也包括这一类作品和作者。他们把很圣洁的东西给玷污了——可恶之处是,他们还打着描绘一个历史风俗画的幌子——或者是某些研究者所判定出来

---

① 张炜:《葡萄园畅谈录》,作家出版社 1996 年 2 月版,第 26 页。

的"。"在有些人那里,忙于把最丑恶的东西说成最有价值的东西,就是他们的工作。《金瓶梅》当然是有用的,它可以认识一个历史时期的社会生活,政治经济,风俗民情;但另一个更重要的认识价值被他们忘掉了,那就是,一个读书写东西的所谓'文人',可以做得多么下流。他们搞出的一堆肮脏的东西,足够一代一代人去接连不断地清扫。"①

　　维护文学的圣洁和纯净,是张炜极力要做的事情。他不仅倡导和呼吁作家应该力戒不洁,甚至还应当回避声嘶力竭。在中国文学涌动着色情、暴力、残忍、肮脏、卑鄙、下流的潮水,一些颇有名气的作家也不能幸免甚至推波助澜的情况下,张炜的这种声音显得有点微弱和落伍,但没有人怀疑他的真诚。时过境迁之后,人们也不能不反思那些低级庸俗的趣味给文学和审美带来的伤害。

　　面对一种绝对强大的世俗潮流,他认为"该闭上眼睛的时候就得闭上眼睛,该堵上耳朵的时候就要堵上耳朵",做到淡泊和节制、自信和清洁,远离世俗之风。②他认为要保卫自己的敏感,强化自己的责任和立场,不妥协地生活,在坚守的过程中不断调整和丰富自己的思想,使自己观察事物的目光既不断更新又非常执拗。张炜指出:"任何民族任何时代都曾出现过拜金主义,人群着魔般趋向金钱物力,不惜伤害千百年来赖以生存的生活准则、践踏道德和法律,形成了恶劣可怖的社会环境。""在物质主义泛滥的时代,人民绝无幸福可言,整个民族一旦陷入这种盲目,就像人患了热病,除了狂乱失控的行为,还会有令人震惊的呓语和尖利。"③在这样一个时刻,作为一个充满道义感与责任感的知识分子,随波逐流是十分可耻的,仅仅做到洁身自好也远远不够,还应该承担起揭露时代的物质主义、消费主义的责任。

　　这些经历与思考对他创作的影响很快便显现出来,他的笔触因之更加贴近自然、大地、民间,也更加贴近知识分子的心灵世界。《古船》之后,他将给我们创造一个更加独异的文学世界。

---

①　张炜:《葡萄园畅谈录》,作家出版社 1996 年 2 月版,第 203 页。
②　参见张炜:《葡萄园畅谈录》,作家出版社 1996 年 2 月版,第 76 页。
③　张炜:《葡萄园畅谈录》,作家出版社 1996 年 2 月版,第 285—286 页。

第三节　大地情深

一

做事一向认真的张炜,到龙口虽是挂职,主要目的是"体验生活",但既然身为副市长,又直接分管公安、司法、教育、史志等工作,还是非常繁忙的。张炜告诉我们,他在龙口市政府挂职时,工作十分具体,想要清闲也不可能。两年多后,他改任龙口市委副书记,工作才稍微轻松了一点。

张炜说他的好奇心重,总是闲不住,每到一个地方就想做点什么,并且一度喜好"实业",他初到龙口挂职时也是这样。当地领导让他分管文体工作,他不愿纸上谈兵,就想干点实事。他在那里费了很多周折,建起了一座体育馆、一座影剧院,影剧院被当地人称为"俱乐部"。张炜说:"在很长时间里,那个俱乐部里面都是锣鼓喧天的,常常有各种演出,是当地最热闹的一个去处。我在那里看过市剧团演出的吕剧《红色娘子军》片段,还看过一些电影、外地来演出的现代京剧。最重要的是,我参与编剧的一个歌剧还在那里上演过,当时我坐在前几排,心里有说不出的高兴。演出结束时,有人登台献上花篮,还把我拉到台上去照相。"①张炜说,他参与编剧的这个歌剧是《徐福》。

回到龙口之后,他对徐福研究产生了浓厚兴趣,随即开始撰写和编辑《徐福文化集成》;1989 年,他还担任了山东省徐福文化研究会副会长。歌剧《徐福》应该是他参与徐福研究的一个成果。张炜后来回忆:"我参与这部歌剧的过程真是高兴,因为那时得以接触许多音乐家和歌唱家、导演等。我第一次就近听一位男高音歌唱家声震广厦的嗓音,一时惊讶得不知所措。这部歌剧后来获得了文化部的文华奖。"根据有关资料,歌剧《徐福》1994 年由山东歌舞剧院排演,1995 年获中国文化部主办的舞台艺术领域最高奖——第五届文华奖。

后来,这两座建筑被淹没在了一浪高过一浪的城市化进程中,在一片林立的高楼中显得有些灰头土脸了,但大家还是不忍心拆除,一直将它们保留到今天。

---

① 张炜、朱又可:《行者的迷宫(全新修订版)》,商务印书馆 2018 年 9 月版,第 359—360 页。

在那里搞经营的人曾经挥着大手对张炜说:"不能拆,这么大的屋子谁好意思拆?"①的确,屋子大了不能拆,我们这个时代也需要留下一点记忆和怀想。从另一个方面来看,在一个建筑寿命极短、更新换代极快的时代,这两座建筑能够保留下来,也说明它们的设计理念、建筑质量还是靠得住的。大概这就是真正把工作当"实业"去做取得的效果,要不然,它们也可能早就被淘汰了。

多年之后,张炜还记得在龙口分管教育、征收"教育附加费"的经历:"当年有个事情很难做,就是收'教育附加费',公办教师每个月有工资,是国家财政拨下来的,大量的民办教师工资就靠教育附加费,这个要从公社和大队收上来集中发放。这个工作很麻烦,矛盾多,当时就让我去收。一个个乡镇串,倒是非常有意思。整整做了两个月,了解了许多事情。关于一些近乎失传的拉网号子、海边河汊的掌故,都是那段时间收集的。"②这可真是工作、采风两不误。

的确,张炜在任何一个岗位、任何一个地方都是不愿虚度光阴的,他在任何时候都是一个"最诚实的劳动者",当年在南山小村"制造"机器时如此,在烟台师专清理垃圾时如此,在档案馆选编资料时如此,现在回乡挂职也是如此。赵鹤翔曾经看到,张炜到济南开会时也总将一些文件材料带在身边修改,有一次他看到的是一篇《谈谈依法治市》。赵鹤翔说:"他这个人干什么都是认真的、一丝不苟的。"③1989 年 1 月,他因在 1988 年的工作中做出了显著成绩,被中国作协山东分会评为先进工作者。1990 年 3 月,他还因在龙口市政府领导史志工作成绩突出,受到了山东省地方史志编纂委员会的表彰。

二

当然,张炜不会忘记他此行的目的,不会忘记他所挚爱的文学,他在勤奋工作之余,也在勤奋地阅读和写作。赵鹤翔说:"他在龙口市政府兼职副市长,干的是实职,忙得他不可开交。但他有一个特点,他在忙完工作之后,差不多坐下来就能写作,就能进入作品的特定情境。""我很少见到像张炜这样能够在紊乱和繁忙、喧嚣和动荡中保持冷静和沉着的人,他差不多总是能够安下心来读书和写作,一

---

① 张炜、朱又可:《行者的迷宫(全新修订版)》,商务印书馆 2018 年 9 月版,第 360 页。
② 张炜、朱又可:《行者的迷宫(全新修订版)》,商务印书馆 2018 年 9 月版,第 400—401 页。
③ 赵鹤翔:《张炜回到"芦青河"畔》,《赵鹤翔论文选》,春风文艺出版社 1992 年 4 月版,第 316 页。

张又一张卡片,一沓又一沓稿纸,都被他写得满满的。"赵鹤翔还说:"张炜非常赞赏老一辈作家如柳青的抉择,虽然在深入生活的问题上与上一代的理解有些不同,但他认为一个作家回避和迎接总是同时发生的,深入生活道路有千条,重要的是'行动'——张炜说:'让我们回到行动的概念上来吧。'——他认为今天作家缺少的正是行动,而从书本到书本的推导和冥想太多,这当然对文学没有好处。生活沸沸腾腾,一个作家在选择上的果断和勇敢,往往和他在艺术上的探索连在一起。""生活、工作、创作'三不误',这条路子走对了。"①

到龙口挂职不久,张炜在1988年3月召开的中国作家协会山东分会第三次会员大会上被选为副主席。这是大家对张炜文学创作成就的肯定,这一职务也预示着他将在山东文学事业的发展上肩负重任。张炜没有辜负这一重托,他的地位高了、身份变了、工作和创作任务更加繁重了,身段却放得更低了,与那些文学青年的情感也更深了。因为他不会忘记自己当年艰辛曲折的"拜师"经历,也不会忘记其间遭受的白眼和伤害,他不能允许这些"坏"的东西出现在自己身上。他的身边,很快聚集了一批文学青年,他们经常在一块儿讨论文学问题。1988年6月,他还欣然接受聘请,做了烟台市青年文学家协会名誉主席。

我们回望他这一时期的经历看到:他经常参加一些文学讲学活动,参加一些青年作者的作品研讨会,为一些青年作者写序,出任一些文学评奖活动的评委或顾问等——他为培养文学新人付出了很多心血和努力。赵鹤翔曾说:"这些年来,身受张炜帮助的文学青年可谓多矣!他每年都在百忙之中为他们读上百万字的习作,推荐几十万字的稿子,很多作者讲起这些,感动得热泪盈眶。而张炜,却把这些视为他应该做的。"②

这一时期,他最重要的文学活动是利用业余时间与当地那些文学青年畅谈文学。他们抓住一切机会,在城市和乡村、白天和夜晚,在一切合适的时间和地方,交流见闻、心得,畅谈文学、社会、人生,一起度过了无数美好的时光。那些夜晚的畅谈,尤其令人难忘。张炜说:"有多少个夜晚,挚友们一起在林中、在田野和斗室、在海浪边,畅谈倾诉。这是沉浸和回忆,向往和拒斥,希望和企盼。这声音被

---

① 赵鹤翔:《灼灼其华 耿耿人格——记作家张炜》,《赵鹤翔论文选》,春风文艺出版社1992年4月版,第311—312页。

② 赵鹤翔:《人格·才华·追求》,《赵鹤翔论文选》,春风文艺出版社1992年4月版,第324—325页。

我们布撒在葡萄园中。"①张炜说："传播文学。它是这个世界上某一部分人培植幸福的方法。它寻觅善良的人。""我每到一地便'传播文学',而且从未有过羞愧感。事后,很久以后,当有人善意或非善意地指出这种布道之'癖',我的心头才突然划过一阵灼热。""然而我仍然要传播、投入、沉浸、寻找。因为唯有如此,我才有类似的感觉:'生活是多么美好啊!''生活有可能是多么美好啊!'"②张炜告诉我们,这是他生命中最为饱满、最有活力的时期之一。

十分难得的是,张炜当年与那些文学青年的漫谈,都被细心的文友认真、完整地记录了下来。后来,他又将那个时期的一些阅读心得、思想感悟、文学讨论会议发言等,与那些记录集中在一起,取名为《葡萄园畅谈录》,1996 年 2 月由作家出版社出版。这部"畅谈录"从 1987 年 11 月 20 日起,至 1992 年 9 月 16 日止,历时几近五年时间。这些文字,就像一部相对完整的"文学日记",可以让我们重新触摸张炜那五年的心路历程,感受张炜对文学、对那片土地的无限深情。

三

这一时期,张炜的文学之路也在不断向前延展,但这时的"延展"就像地下潜流一样,有点不动声色。因为从 1986 年 10 月《古船》问世,到 1992 年 5 月长篇小说《九月寓言》在《收获》上发表,中间间隔将近六年时间。一个作家的两部重要作品之间的时间跨度这么大,既让那些对张炜充满期待的读者和评论家有些焦急,也让一些人对张炜的文学创作力产生了猜疑,有人甚至认为张炜创作《古船》时已经有点"精锐倾尽"了。③ 这么说,显然对张炜是缺乏了解的。

其实,在创作《古船》的同时,张炜的另外一部作品的重要构思已经形成,只是极少有人知道而已。赵鹤翔曾说:"我知道他与《古船》几乎同时进行的那一个艰难的准备,多次问他,他都不说。《古船》搞了四年,极少有人知道——那时与这部作品同时来临的一个重要的构思被停止了。他只说:'那是另一个东西。'他忍痛放下,专心写《古船》、改《秋天的愤怒》,但抽空还为它写片段、找材料。当今天不少人奇怪地预言张炜再也写不出超过《古船》的作品的时候,我觉得他们太

---

① 张炜:《〈葡萄园畅谈录〉序》,《葡萄园畅谈录》,作家出版社 1996 年 2 月版,第 1—2 页。
② 张炜:《〈葡萄园畅谈录〉后记》,《葡萄园畅谈录》,作家出版社 1996 年 2 月版,第 438 页。
③ 参见陈思和:《关于长篇小说结构模式的通信·致张炜 谈〈古船〉》,载于《当代作家评论》1988 年第 3 期。

不了解张炜了。张炜当然看重自己的作品,但从不过分。他老老实实地干活流汗,不声不响。我相信他此去龙口仍是为了寻找关于那个东西的思维材料。我有幸看到了一大包绿色的卡片,都是关于那部神秘的新作的。我不想过多地去问,我只知道他已经为那个东西整整准备了好几年——它是与《古船》同时来临的一个生命! 我问:‘你为什么去了龙口?’他奇怪地不解地看着我,停了一会儿才说:‘我一直在写那儿的故事啊。’”“张炜出生在这里,所以他有理由一直热爱这片土地。这里有他的根,有他的童年。这里的一切有幸和不幸,都会引起他深深的关注和向往。看了电视专题片《河殇》第二集《命运》,张炜曾给我们动情地讲了一个‘泥土的故事’——他问别人也问自己——泥土中包含了什么秘密? 我想他正是为了这个秘密才去亲近泥土的。”“张炜在心中珍藏的东西太多了,就带着这一切,他去了龙口。他说,你别为我担心,你以为我不爱文学了? 我不会的。我在心里悄悄地滋润文学的青苗呢。”①

我们曾就此事向张炜求证,张炜告诉我们,与《古船》同时而来的那个“构思”,在当时只是一个念头、一种想法,它是笼统的、概要的,就是关于乡土大地的抒写。它的历史,它的文化,它的山川地理、风土人情,它的现实与未来,等等。这个想法随着思考的深入和资料的积累逐步明晰,特别是他回到龙口之后,他所身处的现实打通了当下与他童年、少年时代的联系,他找到了进入历史的切口,也加深了对那片土地的认识,并且进入了实际创作阶段。这个宏大的文学构想就是二十多年之后诞生的长篇巨著《你在高原》。

考察张炜的创作实际我们看到,浩浩十部长篇巨著《你在高原》于 1988 年 3 月开始进入具体构思、资料搜集和片段写作阶段。这年 3 月 11 日,他在龙口与文友交流时曾经谈道:“一个作者的确该有一个比较长的计划。……这几年,是深入民间最好的机会,也是非常重要的选择了。必须收集一些资料,准备将来写比较长的一部书使用……”②

到 1992 年 5 月《九月寓言》发表时,《你在高原》除最后一部《无边的游荡》外,其他九部均已投入创作。按时间顺序分别是:《我的田园》1990 年 4 月起笔,上部 1991 年 12 月由江苏文艺出版社出版;《忆阿雅》(原名《怀念与追记》)1990 年 9 月起笔;《鹿眼》1991 年 7 月起笔;《海客谈瀛洲》1991 年 8 月起笔;《人的杂

① 赵鹤翔:《张炜回到“芦青河”畔》,《赵鹤翔论文选》,春风文艺出版社 1992 年 4 月版,第 315—317 页。

② 张炜:《葡萄园畅谈录》,作家出版社 1996 年 2 月版,第 35 页。

志》1991 年 10 月起笔;《家族》1991 年起笔;《荒原纪事》1992 年 1 月起笔;《曙光与暮色》(原名《你在高原·西郊》)1992 年 3 月完成初稿;《橡树路》于 1992 年 5 月起笔。他的巨量劳动早已悄然开始,只是当时人们并不知情而已。其实,他自己也没想到这样一部书要写二十二年。

在构思《你在高原》并为之搜集资料、撰写片段的同时,张炜这时集中精力投入创作的是长篇小说《九月寓言》。1987 年 11 月,他一到龙口就开始了这部长篇的写作。之所以把这部作品放到优先位置,可能是那种久违的大地气息深深地吸引和围裹了他,使他不吐不快,渴望来一次酣畅淋漓的表达。同时,故土大地的巨大变化也让他痛心不已,他希望能还原它的真实,探索它的精神真谛。就《你在高原》来说,因为构想实在太大了,不是短时间内能够完成的,还需一个马拉松式的艰辛过程。

四

张炜这一时期的挂职生涯,后来也被他称为"第四次游走"。这次游走,因为年龄的增长、阅历的增多、视野的开阔,更因为他已经开始了《你在高原》的构思和创作,他既有很大的雄心,也有充分的准备,因此收获也是极其丰厚的。

当时,他计划以龙口为中心,把龙口、福山、莱州、招远、栖霞、海阳、莱阳这几个地方的每一个村落都走到。他找到了这个范围内的地图,每到一地都做上记号,但这个计划实在太大了,要想全部细细走过是不现实的,所以直到最后,福山和莱阳这部分他也没有走完。在游走过程中,他则尽可能求全,什么东西都留意,无论是民俗、动物、植物,还是河流、山脉,只要遇到就要记录下来。他还想方设法找到了当地的一些带等高线的地图,并在旅途中始终带着海拔计、气压计、罗盘之类,真的像一个地质队员那样搜集整理各种数据。为了能够深入了解游走中的自然地理,他甚至自修了地质学、植物学、海洋动力学、考古学和土壤学,尽管都是初步的、突击式的,但这些对他的游走帮助很大。

他的游走范围还扩大到了海上,他去了很多以前没有上过的小海岛,考察了那一带的海岛链,并对徐福东渡的历史进行了细致的研究。他在海边收集到了许多民间拉网号子、神话故事,并在岠嵎岛上一个沙坝的小村子里看到了一个奇怪的"蚂蚱庙"。那是一个桌子高的、很精致的小庙,当地百姓每到春秋季蝗灾可能发生的季节,就到这个地方进些香火。他还在一个岛上见到了一个相当于村长的

"岛主",并在那里第一次吃到了"海肠子"。这些都成了他后来创作《你在高原》有关章节时的重要素材。

他还去过鲁南和山东"南四湖"地区,真切感受到了那里老百姓的艰苦生活和极不安定的社会状态。张炜回忆:"最偏僻的地方到了冬天烧地瓜干,锅里煮的也是地瓜干,晚上睡觉的时候,大风刮过的感觉就像石头从头顶滚过。……(小山村)煤炭柴草都拉不进去,烧煤炭和烧柴草比烧地瓜干的代价还要高。西部的东平、马踏、微山等四湖地区我也去了。在四湖区有大量的所谓'隐士',他们莫名其妙地聚拢在一起,有逃避计划生育的,有捕鱼的,有逃难的。这些人在苇丛里生了很多孩子,也没法细细统计。"在那里,"苏北、河南、山东的人全搅在一块儿,什么口音都有。……那里以前经常发生械斗,两个省不停地去解决,公安都出动了人马。那里是边缘地区,三省交界处,因为抢夺资源,或者其他各种各样的原因,山东的跟苏北的打,跟河南河北的打……"他去过青岛李沧区,看到了那里的贫民窟,贫民窟与漂亮的青岛形成了强烈的反差;他到过潍坊,对它破破烂烂的样子印象深刻;他也去过威海老区等,搜集了不少资料。同时,他因为学术交流和出访的机会增多,行走的范围还扩大到了国外。

在行走过程中,张炜特别关注那些贫穷落后的地方,像当时龙口的黄城阳,是抗战时期《胶东大众报》的创刊地,外号叫"小延安";还有南部山区的潘家店、苏家店。张炜看到,这些地方"山特美,人特穷,差不多这是一个规律。电视不能接收到信号,村里(人)见了生人高兴,夜不闭户路不拾遗,人特别淳朴";还有一个特点,"就是对动物特别好,家家养猫养狗,情同手足"。张炜发现,这些村子后来变化也很快、很大,只要将一台电视放进村里,少则一年多则三年,淳朴的民风就变了。张炜说:"如果没有信仰作为一种强大的牵制力量,民风淳朴跟所谓的现代文明真的就会对立起来。"这些,都让张炜产生了深深的思考。

张炜的第四次行走,是他身体与精力都最好的时候。张炜说,那时行走成了他生活的必需,在一个地方待久了必定出去走走,因为他根本待不住,脸也晒得花花搭搭的。他是平板脚,朋友们都奇怪他为什么那么能走,他甚至被他们送了一个"野蹄子"的外号。张炜说,这可能是他从小在沙滩上跑、爬树的结果。

张炜后来回忆:"那时候精力多得不得了,现在想起来都奇怪:白天走,晚上停下来还得把感想笔录下来;同时还录音,经过哪里,有什么感触,自己对着录音机讲一通。有些录音还请人给打印出来,有些则反复听反复看。笔记很多。跟朋友一路的争论、讨论,直到现在还历历在目。""我现在只能同时做一两件事,而当年可以同时做许多事。比如行走一天，把整个经历全记下来，到晚上还到近处走访、聊天，回到住处还要写一些片段。这些工作竟然可以同时进行，现在回忆起来还多少让自己吃惊。"张炜说，第四次行走他搜集的各种资料、积起的录音带装了好几箱子，这段经历对他以后的创作产生了重要影响。①

繁重的工作与写作，开始影响到张炜的健康。1990 年，他一年里住了两次院，第一次是在 1 月份，第二次在 12 月份。这一年他有三个月是在医院里度过的，头一个月里差不多不能下床，看书都不行。后来稍稍好了一点，他只想写作，用写作排遣寂寞。朋友们都认为他是累病的，他却不这么看。他说后来在病床上慢慢想明白，自己得病主要不是累的，因为"一些真正的艺术家一生写了多少东西、经历了多少激动人心的大事，可他们仍然十分健康。真正献身给艺术的人，一颗心会用得非常专一，又激动又安宁，是不容易被磨损的"，"今后要做的一件事，就是要使自己的心用得更专一"②。

为了文学，他愿付出一切，他只担心自己做得还不够多、不够好。因此身体恢复之后，他又开始了行走。直到后来出了一次事故，被车撞了，车祸增加了他行走的难度，他的行走才慢慢地减少了。

五

张炜在《古船》之后、《九月寓言》之前问世的重要著作，是 1991 年 4 月由上海文艺出版社出版的中短篇小说集《美妙雨夜》，其中的作品都是《古船》发表后完成的新作，以最终的完成时间先后排列，分别是：《激动》《采树鳔》《三想》《持枪手》《荒原》《海边的风》《美妙雨夜》《橡树的微笑》《梦中苦辩》《满地落叶》《冬景》《我的老椿树》《问母亲》《远行之嘱》《蘑菇七种》。另据不完全统计，张炜1986 年至 1992 年间的中短篇小说还有《请挽救艺术家》《童年的马》《我弥留之际》《逝去的人和岁月》《四哥的腿》《消逝在民间的人》《鸽子的结局》《造船》《射鱼》《王血》《蜂巢》《绿桨》《夜海》《背叛》《穿越》《何时消失的怪影》《植物的印象》《金米》《阳光》《狐狸和酒》《头发蓬乱的秘书》《一个故事刚刚开始》《怀念黑潭中的黑鱼》《赶走灰喜鹊》《鱼的故事》《割烟》《武痴》《山药架》《玉米》《面对星

① 以上参见张炜、朱又可：《行者的迷宫（全新修订版）》，商务印书馆 2018 年 9 月版，第 391—405 页。
② 张炜：《葡萄园畅谈录》，作家出版社 1996 年 2 月版，第 252—253 页。

辰》《一个人的战争》《夫人送我三个碟子》《仙女》《烧花生》《许蒂》《晚霞中的散步》《山洞》《提防》《东巡》等,中篇小说《瀛洲思絮录》也于 1992 年 8 月开始创作,1996 年 6 月完成。这是《古船》之后张炜中短篇小说创作的一个勃发期,其间,他的中短篇小说不仅数量多,而且有许多是他创作生涯的重要作品。在此后的岁月中,他主要进行长篇小说创作,中短篇小说只是偶尔为之,未再出现这样集中发力的情状。

张炜这一时期的中短篇小说创作,艺术地表现了人与自然那种不可分割的关系,表现了人的活力之源。张炜认为,一个人一旦离开原野大地,生命就会单调、枯萎,丧失那些与生俱来的基本能力,因为蓬勃的生命活力,只能来自大地、来自泥土、来自自然万物。就像《植物的印象》中那些植物一样,它们都是有记忆和印象的,并有自己的血型和脾气,有一颗比人更执拗也更正直的心灵,它们在城市的阳台上只能枯萎、死去,只有回到原野上去才会生机勃勃。就像《何时消失的怪影》中的"我"一样,小时候的大脑神经是多么细腻敏感,夜晚能在暗影里听到一些喊喊喳喳的声音,看到一些动物的影子,感受到这个世界上一些特殊生命的存在,并和它们相互盯视、逗趣、玩耍,但到了中年之后,这些感觉就突然消失了。张炜说,一个人随着年龄的增长,有的能力得到了加强和发展,但那种与自然万物亲近、交流的能力却无情地退化了。在《三想》中,他更写到了人与自然界的动植物那种情同手足、休戚与共的关系。在《问母亲》中,他对那些"变戏法"似的弄光了林子的人充满了愤恨。在《梦中苦辩》中,"我"与杀狗人围绕一个生灵的生死在梦中进行了激辩,但醒来之后发现养了七年的狗还是被杀掉了,在这个空旷寂寥的人世间,留下的只是"我"梦中的呼喊:"屠杀吧! 与大自然的一切生命对抗吧,仇视它们吧! 这一切的后果只能是更为可怕的报复! ……凶狠残酷地对待生活、对待自然,必遭报应!"①

于是,他热情地歌颂自然大地,歌颂那种蓬蓬勃勃的生命活力与激情。我们读《蘑菇七种》《海边的风》等,可以感受到其中渲染的浪漫、神秘的气息;读《美妙雨夜》《采树鳔》《满地落叶》等,可以感受到其中充溢的饱满、悠远的诗意;读《冬景》等,可以感受到人生的残酷和生命的顽强。这些,都是张炜重回故土大地之后的重要收获,如果他还继续生活在钢筋水泥构成的城市之中,所表达的可能就只是如《童眸》《黄沙》那样对童年、对泥土、对自然的回忆、遥望和感叹了。我们看

---

①　张炜:《梦中苦辩》,《张炜文集》第 26 卷,漓江出版社 2019 年 10 月版,第 203 页。

到,回到龙口之后,诸如自然、大地、民间之类的重要文学审美观念,在他那里已经树立得更加牢不可破了。他断言人力不可能胜天,人只能在大自然的允诺下获得一定程度的自由;人类所有改造自然的成功活动,都是在理解自然、尊重自然的基础上获得的。

张炜说:"我觉得作家天生就是一些与大自然保持紧密联系的人,从小到大,一直如此。他们比起其他人来,自由而质朴,敏感得很。这一切我想都是从大自然中汲取和培植而来的。所以他能保住一腔柔情和自由的情怀。……我发现作家一旦割断了与大自然的这种联结,他也就算完了,想什么办法去补救都没有用。当然有的从事创作的人并且是很有名的人不讲究这个,我总觉得他本质上还不是一个诗人。""让我们还是回到生机盎然的原野上吧,回到绿色中间。那儿或者沉默或者喧哗,但总会有一种久远的强大的旋律,这是在其他地方所听不到的。自然界的大小生命一起参与弹拨一只琴,妙不可言。我相信最终还有一种矫正人心的更为深远的力量潜藏其间,那即是向善的力量。让我们感觉它、搜寻它、依靠它,一辈子也不犹疑。""想来想去,我觉得没有更多的东西可以信赖,今天如此,明天大概还是如此。一切都在变化,都在显露真形,都会余下一缕淡弱的尾音,唯有大自然给我永恒的启示。"①

张炜这种对自然、大地的无限深情,将在他的长篇小说《九月寓言》中来一次集中、充分的表达。

---

① 张炜:《绿色遥思》,《张炜文集》第29卷,漓江出版社2019年10月版,第96—102页。

第七章　九月寓言

第一节　地气升腾

一

《九月寓言》是张炜继《古船》之后的第二部长篇小说,也是张炜的又一部重要作品,在长篇巨著《你在高原》问世之前,它也常常与《古船》被人们并称为张炜的两部代表作。研究张炜的创作历程我们发现,《九月寓言》的构思与《古船》《你在高原》是同时出现的,都是在 20 世纪 80 年代前期,只不过因为作家的创作安排有先后,搜集素材、酝酿成熟有早晚,写作和问世的时间有先后而已。

1987 年 11 月,也就是张炜到龙口挂职任副市长的当月,他就开始了《九月寓言》的创作。张炜曾说:"自 1987 年 11 月起,我长期在胶东半岛收集研究民间文学资料,创作并出版了长篇小说《九月寓言》《柏慧》等。几部作品是进入中年后人生和艺术的总结,花去了我近十年的时光。它们所产生的影响较过去更大,也更为广泛;在我的创作历程中,无疑也显得非常重要。特别是《九月寓言》,它是我个人艺术探索之路上,首次运用长篇小说的形式,表述了对苍茫大地的猜悟与理解。正是它的完成,才使我的创作进入了一个新的阶段。"[1]

多年以后,他还记得写作《九月寓言》时的一件往事:"我有一位作家朋友,我们常常在一起互读作品——记得那次,到深夜两三点钟,他还在听我读《九月寓言》。当读到这一节时(指"黑煎饼"一章中金祥"千里背鳌子"一节——引者注),那个朋友就捂着头,默默地到另一个屋子里去了。我追过去问:你怎么了?他也不作声。我没法念了,只好把稿子放起来。时间不早了,我正准备睡觉,刚躺下,他却走过来了。他抽着烟,说:'哎呀,原来文学在默默地前进! 刚才,你一鳌子把我打中了,就像打在我头上似的……'他说自己嫉妒、羡慕、激动。"[2]

1992 年 1 月,《九月寓言》在龙口创作完成;5 月,《九月寓言》在《收获》第 3 期发表。1993 年 6 月,《九月寓言》由上海文艺出版社出版单行本。1994 年 6 月,

---

[1]　张炜:《兼谈》,《张炜文集》第 37 卷,漓江出版社 2019 年 10 月版,第 33 页。
[2]　张炜、朱又可:《行者的迷宫(全新修订版)》,商务印书馆 2018 年 9 月版,第 8 页。

1991 年 9 月,张炜在龙口修改《九月寓言》

《九月寓言》获得第二届"上海中长篇小说优秀作品大奖"长篇小说一等奖,这是此项大奖设立以来的唯一一个一等奖(第一届空缺)。此项奖项是评委会在上海文艺出版社和《收获》《小说界》《上海文学》等十六家期刊、报社、出版社向评奖办公室选送的十八部长篇小说中,经过四个多月的初审、终评,最后经无记名投票表决评选出来的,具有很高的含金量。"1999 年北京大学反复筛选编订、由谢冕教授主编的《百年中国文学经典》,中华人民共和国成立后入选的长篇小说只有五六部,《古船》和《九月寓言》都入选了。"①2000 年,在上海市作家协会和文学报社联合组织的全国百名评论家推荐 90 年代最有影响力的十作家十作品活动中,张炜和《九月寓言》又双双入选。

　　《九月寓言》这部长篇,也是张炜海外传播较广的一部,主要的海外版本有:香港天地图书有限公司中文繁体字版、台湾时报文化出版企业股份有限公司中文繁体字版、美国海马书业出版公司英文版、日本彩流社日文版、瑞典锦连环出版公司瑞典文版等。有论者认为,它"大幅度提升了中国文学的品质,被誉为'真正与世界一流作品和作家对话的杰作','是中国乡村小说的当代经典性作品'"。许多人还认为"就作品所达到的艺术和思想的高度,它的圆熟的技艺、奇特的个性而

---

　　①　何启治:《是是非非说"寓言"——张炜著〈九月寓言〉缘何与〈当代〉失之交臂?》,《何启治自选作品集》,广东教育出版社 2005 年 6 月版,第 74 页。

言,也许很难想象会有作品将其超越"①。

瑞典著名汉学家马悦然指出:"在小说《古船》1986 年问世后,张炜即巩固了其作为中国伟大作家之一的地位。……张炜的小说《九月寓言》于 1992 年出版,2014 年由罗德保(Lennart Lundblad)精心翻译成瑞典语版,书名 *September Fabel*。该书被认为是 20 世纪 90 年代最成功的作品之一。"②日本学者坂井洋史也说:"张炜无疑是最具有影响力、巨大创作实力的作家之一,在当代世界文学中属于最优秀的那种。……脍炙人口的《九月寓言》,可以毫不夸张地成为中国当代文学的顶峰之作。"③

这是张炜的一部用心用情之作,是他的情感的凝结和喷发。他说:"与《古船》不同的是,写完之后,我觉得自己身上被挖掉了一块。写完《古船》只是觉得累,没有被挖走什么的感觉。我对各种看法都会倾听、思考它的道理,但我自有充分的理由认为:它在相当长的时间里都会是我最好的一部书。"④

二

《九月寓言》诞生于这一时期,不是偶然的,它与张炜重回故土大地应该有密切关系。它的自然、大地般的浑厚苍茫,它的深厚独特的民间意识、民间情怀,它的浪漫绚丽、激情飞扬的文学表达,可能只有在龙口这个地方才能被创作出来。因为只有龙口能触发作家的灵感、引燃作家的情绪;如果张炜当时身在济南、在闹市,他能否获得这部小说的创作心境,能否捕捉到这部小说的独特氛围,都会是一个问题。

张炜后来曾经详细描述过他在龙口写作《九月寓言》时的环境,这些描述可以证明我们的上述推论不是无稽之谈。张炜写道:

> 写作时,我所处的那个地方相对清冷一些,打扰少。这样我可以做我感

①　参见曾巩:《二十世纪中华民族文学艺术大师系列回顾展之二·张炜:跨世纪的伟大作家》(载美国华文杂志《美国文摘》1996 年第 3 期),转引自何启治:《是是非非说"寓言"——张炜著〈九月寓言〉缘何与〈当代〉失之交臂?》,《何启治自选作品集》,广东教育出版社 2005 年 6 月版,第 73—74 页。

②　[瑞典]马悦然:《评〈丑行或浪漫〉》,转引自漓江出版社 50 卷《张炜文集》宣传资料。

③　[日]坂井洋史:《论〈九月寓言〉及〈丑行或浪漫〉的语言艺术》,转引自漓江出版社 50 卷《张炜文集》宣传资料。

④　张炜:《难忘的诗意和真实》,《张炜文集》第 36 卷,漓江出版社 2019 年 10 月版,第 26 页。

兴趣的事,不会疲惫。这本书的绝大部分是藏在郊区一个待迁的小房子里写出的,小房子有说不出的简陋。我的朋友的这幢小房子隐蔽又安静,与吵声四起的街巷隔开了,不让我躁。这里也见不到通常的那些宣传品、刊物和报纸。外界的事情知道得不能再少了。

各种消息再快,对于土地来讲也是二手货。它只能把人的心思扯远。

写作余下来的时间,走出小房子往西,不远就是无边的田野、林子。在那里心也可以沉下来,感觉一些东西。

我五年未到大城市好好住过。大城市的声音会让我脑子乱起来。我写的故事是土地上的,主要是紧紧跟住土地,当然,我那时很清楚这个。

一个时期有一个时期的风气,但风气本身总是很"通俗"的,艺术风气也是一样,风气是互相迁就的结果。有些时候不能迁就,倔强、憨直,就无法走到风气里去。我想把所处那个小房子四周的"地气"找准,要这样就会做得很完整。

那个小房子不久就要拆了,我给它留下了照片。五年劳作借了它的空间、时间和它的精气神,我怎么能不感激它。小房子破,它的精神比起现代建筑材料搞成的大楼来,完全不同。它的精神虽然并不更好,却更让人信赖和

1993年10月,张炜(右)在胶东半岛东部山区采访

1980 年代末,张炜(左)与人民文学出版社编辑何启治在龙口海边

受用。①

当时,张炜与他七十多岁的老母亲住在一起,他说是母亲帮助了他的精神、提高了他的毅力。"稿子写好,邮寄时要订成一大本一大本,一时找不到粗一点的线。正在为难,母亲从另一间屋里拿来了她刚刚捻好的几根长线。原来她看到后就转身去捻线了。"②最关心、最体谅儿子的,还是母亲。

最早接触到这部书稿的《当代》杂志常务副主编何启治说:"此作从 1987 年11 月起笔,到 1992 年 1 月改定,历时五个年头。五年里,为完成这部重要的作品,张炜绝大部分时间是躲在山东龙口市郊一个朋友待拆的小平房里。那是远离城市尘嚣的地方。小房子里不但没有电视,连一部收音机也常常成了没用的摆设。在这里和他朝夕相守的是已届七十六岁的老母亲。每天,在无雨的黄昏还会有四五个追随他学习写作的年轻人伴他作十里路的散步——走出小平房往西,不远就是无边的田野和林子。"③

熟悉张炜当时创作情况的评论家张新颖则说:"一般看来,这里说的只是一个

①　张炜:《难忘的诗意和真实》,《张炜文集》第 36 卷,漓江出版社 2019 年 10 月版,第 24—25 页。

②　张炜:《难忘的诗意和真实》,《张炜文集》第 36 卷,漓江出版社 2019 年 10 月版,第 27 页。

③　何启治:《是是非非说"寓言"——张炜著〈九月寓言〉缘何与〈当代〉失之交臂?》,《何启治自选作品集》,广东教育出版社 2005 年 6 月版,第 72 页。

写作环境,其实质却是探讨生存的根基的一种具体和朴素的表达。"①

这座小房子,是当时龙口摄影家田恩华先生的住家,那是张炜在"第四次游走"生活中的一个重要驿站,也是他集中精力进行文学创作时的一个重要根据地,《九月寓言》初稿的绝大部分就是在那里写成的。对于那个地方,张炜一直铭记于心:"有一个搞摄影的朋友,我常回到他的家里去写。我写作不择条件,只要安静就好。他那个大炕就成了我的写字台——炕沿本来是齐的,坐那儿写没法放腿,他家的炕却凹进去一块,正好可以放腿。我在他的炕沿上写了很多东西。整理录音都是在他家,他留下了很多照片给我。我在胶东行走时留下的照片,有许多就是他拍的。"②

在土地上、土屋里、土炕边写作,大概也就决定了《九月寓言》的气质、氛围、格调和表达。

三

如果从这个角度来看《九月寓言》,我们说它是一部"地气"升腾之作,可能就是有些道理的。这部"地气"升腾之作,其中蕴含的,是张炜对自然大地的无尽赞美和对它遭受破坏的无限痛惜。就像《九月寓言》开头写到的那样:

> 谁见过这样一片荒野?疯长的茅草葛藤绞扭在灌木棵上,风一吹,落地日头一烤,像燃起腾腾的火。满泊野物吱吱叫唤,青生生的浆果气味刺鼻。兔子、草獾、刺猬、鼹鼠……唰唰唰奔来奔去。她站在蓬蓬乱草间,满眼暮色。一地葎草织成了网,遮去了路,草梗上全是针芒;沼泽蕨和两栖蓼把她引向水洼,酸枣棵上的倒刺紧紧抓住衣襟不放。没爹没娘的孩儿啊,我往哪里走?
>
> 他上前挽住这个白胖的像水生植物似的姑娘,她却一下甩开了他。他恳求一声:"肥……"
>
> 肥一直往前,走进了没膝的蒿丛。他望着她的背影,两手颤抖,刚要呼喊什么,又掩住嘴巴——天哪,这是哪里?眼前是一条荒芜的小路——十多年前工区通向小村的唯一小路!小路尽头的村庄呢?

---

① 张新颖:《大地守夜人——张炜论》,载于《上海文学》1994 年第 2 期。
② 张炜、朱又可:《行者的迷宫(全新修订版)》,商务印书馆 2018 年 9 月版,第 403 页。

一切都消失殆尽,只有燃烧的荒草……①

这是《九月寓言》中煤矿工区秃头工程师的儿子挺芳与小村里的姑娘肥,十多年后重回故地看到的景象。此时,那个由被当地人称作"鲅鱼"的外地流浪人、迁居者组成的小村,已经因煤矿采空而陷落,村民四散,荒草遍地。重新归来的肥就像当年失去了爹娘一样,最终失去了家园,失去了生命和灵魂的依托。小说所要描绘的,就是这个小村的过去,它的苦难与哀伤、热情与活力、倔强与坚韧、毁灭与消失……

在与《九月寓言》同时诞生的《葡萄园畅谈录》中,张炜则以写实的笔法描绘了故乡的过去与现在,表达了与《九月寓言》中的人物同样的感受,这两个文本形成了一种互相映照的关系。对于当年的故土大地,张炜深情地写道:"那时候土地上不仅是路小、路弯、树多、湾多,而且土地上也是有高地、有凹地、有坡地。那时的人们在能够耕种的前提下,更多地迁就一种天然性格。这就是我们搞艺术的人所常说的'自然天成'。"②

1988 年,张炜在龙口写作《九月寓言》时借住朋友的房子

他记忆更深的是夜晚的田野:"我们在茫茫夜色中走向了田野,往往就是走进了安详和宁静。疲劳和各种各样的牵挂都顿时留在了身后。往前看只有朦朦胧

---

① 张炜:《九月寓言》,《张炜文集》第 2 卷,漓江出版社 2019 年 10 月版,第 1 页。
② 张炜:《葡萄园畅谈录》,作家出版社 1996 年 2 月版,第 229 页。

胧的村落,几点灯火,仰头是一天繁星。脚下的草丛里有小虫在鸣叫——这是田野上永恒的音乐。我们觉得不仅这时候感觉最舒畅,而且也感到最聪明:我们一些最好的想法,最透彻的思维,都更容易在这片模模糊糊的旷野上产生。""在夜色里,有点像大海里的感觉,四边无着,夜气笼罩,四周充满了一种让人猜测、让人探究的气氛。由于突然的放松,我们想起了多少事情:童年的,很久以前的各种各样的故事,各种各样的传闻。这个地方原来曾是怎样、又经过怎样一个过程变成了现在的模样,这些变化又是多么的不可思议——你简直觉得这不是人的力量所能办到的,而直接就是时间的力量。……在这样的夜晚,我们看不到很清晰的东西,但我们知道它们是什么样子。我们踏着湿漉漉的青草往前走,更远处传来狗叫声。空气中还传来一种米饭的香味、柴草燃烧的气味,这一切都使人滋生精力。有一种充实和幽闲的意味回到了我们身上……"①

可是现在,这些都与《九月寓言》中的小村一样面目全非了:"小时候记忆当中的园艺场的那片大粉丝厂,一排排的老磨屋……有一次我们走到那里简直吃了一大惊:当年那一片火火爆爆的场面没有了;一片复杂的使人迷向的建筑没有了。那里只剩下一片荒土和一点碎砖、几个埋下一半的磨盘。还有,我们刚来这里时,有一天傍晚走到了那个园艺场南边一公里多远的那个村庄去——因为小时候我们夜间和放学后常到那里去玩,我们能回忆起那里的每一个街巷,回忆起村子的什么位置有一个大碾盘、有一个饲养屋、有什么颜色的牛和马……我们就这样走到那里——可是说起来也许你不会相信,那天黄昏只看到了一片垃圾、一片荒草。我们没有看到一幢房子,没有看到一个人影,就连当年生气勃勃的狗也没有看到一只……一个村庄消失了。当时我们不知所措地直盯着被晚霞染红的枯草。如果说感到了惆怅,还不如说感到了恐惧。我们真害怕一种力量,它是绝对陌生的,没有常性,常常是突如其来……""时间就是这样送走了昨天,把活生生的、有声有色的光彩照人的一切埋进了模模糊糊的历史中……"②

现实中的村庄和小说中虚构的村庄,情形何其相似。《九月寓言》中小村的陷落,直接原因是煤矿开采的结果,是那些"工人拣鸡儿"(工人阶级)来到这片小平原上的结果。工程师的儿子挺芳看到:"由于新煤田特殊的地质构造,煤的开采将使这一片平原蒙受巨大损失。地下响起隆隆炮声,接着矸石和煤块涌到地面上

---

① 张炜:《葡萄园畅谈录》,作家出版社 1996 年 2 月版,第 226—227 页。
② 张炜:《葡萄园畅谈录》,作家出版社 1996 年 2 月版,第 228—229 页。

来。父亲有时也到地底下去。他觉得父亲在率先开路,频频拨动两只前爪,所经之处地面总要凹下一块。这就是平原上出现一片又一片洼地的缘故——整齐的麦畦和秀丽的瓜田沉陷下去,芦苇蒲草遍地滋生。"①从大的背景看,这其实是工业化浪潮席卷而来的结果。工业化改变了小村的封闭和落后,也冲击了人的纯朴和善良,泯灭了人的来自浑厚大地的生命热情。小村的陷落,代表了一个时代的结束,也预示了一个物质主义、消费主义时代的到来。

当然,物质和技术带来的并不只是毁坏和摧折,还有建设与创造、文明与繁荣,张炜对这些是非常欢迎的。他所考虑的是怎样减少物质与技术与之俱来的丑恶与衰败,以及如何保证物质与技术的成果能够长期保存。因为时代的"风气"过于强大,它的破坏力量已经产生了严重的后果。

四

1987 年 11 月,刚刚回到龙口的张炜就敏锐地察觉了这一点。11 月 26 日,他在与文友漫谈时专门谈到这个时代已经出现了一些"时代的上访者"——他们与以往的上访者不同,他们的上访有了一个新的诉求,那就是如何遏制自然环境的破坏,因为现在有的地方已经到了整整一个村庄失去清澈水源的地步。张炜说,一个时代有一个时代的主题,当今时代的主题应该是"人与环境"。张炜认为,自然环境的好坏都是积累的结果,未来的环境取决于人们现在的认识和行动,如果今天还不重视这个"要命的话题",将来必有灾变。张炜指出,现在有的大城市已经到了难以居住的地步,烟尘、噪声大得令人吃惊,受害于环境的主要是平民,因为那些达官贵人都迁到了靠近郊区的无污染地段,住到了最好的楼房里。如果任凭这种不加掩饰的丑恶发展、蔓延,这片土地是没有任何希望的。②

张炜看到,现在龙口"整个西北部小平原快要完了。除了没有远见的规划、各种建筑造成的损坏之外,最不能让人原谅的就是一些工业项目对当地景观的影响。这些影响是难以消除的、长期的。有些项目的污染非常严重,当地人的生活完全被破坏了。这一切让人想起来痛心疾首"。"现在大片的果园都被砍掉了,大部分被煤田矿区给占领。有的煤矿是'土法上马',总体规划极差,也没能对污

① 张炜:《九月寓言》,《张炜文集》第 2 卷,漓江出版社 2019 年 10 月版,第 4 页。
② 张炜:《葡萄园畅谈录》,作家出版社 1996 年 2 月版,第 9—10 页。

染给予有效控制,没有进行综合治理,整个平原看上去千疮百孔"。① 张炜发现,海边也不得安宁,"现在找一片安静一些的海岸多难。只有东北方那一段好些。从那儿稍稍往西不远就糟透了。有呛人的碱味儿。那是造纸厂和其他工厂排放在海里的东西"②。

张炜同时看到,很多地方正在兴起一场新的"现代化"运动,有发动,有动员,有计划,有大规模的宣传,但"我们有时会发现一些完全不具备现代思维的人、在用完全原始的方式操作所谓的'现代化'。他们的文化素养差到令人吃惊的地步,却俨然一个指挥者和指引者"。张炜认为,这样下去必然会得到一个"追求幸福,迎来灾难"的结果。张炜说:"并非所有的改革、所有从事改革的人都是积极的。鲁迅先生说过,如果缺乏理性和科学,如果这种变革不能从改变人的素质方面着手,不能触动风俗和民心的'大层',那么很可能非但没有进步,反而发生严重的倒退,即先生所说:'改革一两,反动十斤。'"③

张炜看到,因为时代"风气"的影响,在这些地方,文化和知识不仅得不到推崇,还不同程度地受到嘲弄。"结果,稍稍长远的打算、远程设计、开阔一点的眼界,都被视为可笑和不正常。微小的追逐、精明的算盘,反被尊为当地智者的行为。长此下去,风气败坏,人心涣散,人变得唯利是图",而教育与文化这些伟大的工作,由于在短时间内收效甚微,往往被人舍弃。张炜指出:"可怕的是这种舍弃必会招致报复,规律和科学的报复。一个地方的平衡被打破,生存的基础发生倾斜,挽救起来将非常困难。"④

面对"风气"熏染的面目全非的世界,张炜要还原一个真实,就是要接上"地气"、找回"原来",因为"人们将永远怀念过去,怀念往昔的平原……"⑤。

从某种意义上说,"地气"与"风气"是矛盾对立的,"地气"来自土层深处、人的内心深处,是朴素的、内敛的、深邃的,它深潜暗藏,毫不张扬;"风气"则飘浮在空中,是华丽的、外显的、舞动的,它吹来荡去,看似有无限力量。它们一个是"内向"的,一个是"外向"的。面对这种矛盾对立,张炜做出了明确、坚定的选择,那就是一如既往地倔强、"保守",绝不走到"风气"之中、参加众声合唱,即便因此不

① 张炜:《葡萄园畅谈录》,作家出版社 1996 年 2 月版,第 36—37 页。
② 张炜:《葡萄园畅谈录》,作家出版社 1996 年 2 月版,第 31 页。
③ 张炜:《葡萄园畅谈录》,作家出版社 1996 年 2 月版,第 22—23 页。
④ 张炜:《葡萄园畅谈录》,作家出版社 1996 年 2 月版,第 24—25 页。
⑤ 张炜:《葡萄园畅谈录》,作家出版社 1996 年 2 月版,第 37 页。

被理解、不被接受也在所不惜。

《九月寓言》发表后,有人问他,你的作品的极度的"内向性",不会让你担心失去读者吗? 张炜坚定地回答:"读者在何方? 在心灵深处。""在这个充满喧嚣的世界上,在物欲飞扬跋扈的年代里,恰恰也是艺术家最好的时光来临了。不是寻求寂寞吗? 寂寞来了。不是歌颂坚韧吗? 到了考验坚韧的时刻了。艺术、艺术家、读者,一切都在快速地分流、归属,有的正在生成,有的已经枯萎;时代催逼了选择,该是个机会了。""浅俗的艺术使人平庸。在世俗的永不满足的、越来越贪婪的过分要求下,总会有一些拒不低头的知识分子。这也是我们的道德原则。"①

在"潮流"与"风气"之中始终坚定坚守,是他的一贯品格。在 20 世纪 80 年代文学大潮涌动时是这样,在 90 年代是这样,在进入新世纪以后还是这样。2016年,他在接受文学访谈时依然说:"我提防在潮流中走向模仿和依从,提防自己失去原则性。因为人都是软弱的。我希望自己能做自立和自为的写作者,进行独立创作并排除外界干扰。我希望自己成为一个冷静和安静的人,这样的人会有一点原则和勇气。潮流来了,先要站住。有原则的人才能谦虚,而不是相反。要写作,就必须永远警惕那些'精明'之念。"②

从张炜漫长的创作历程来看,他将永远都是一个接"地气"的作家。不仅是《九月寓言》,他的所有作品都是"地气"升腾之作。"地气",应该是我们进入张炜作品的一个重要入口。

五

分析张炜的情感倾向,我们也绝不能忽视他对自然万物发自内心的热爱,正是这种深爱衍生了他对民间,对大地的强烈维护意识。从 1991 年大学毕业后就与张炜相识、对张炜有着较多了解的评论家宫达,认为张炜的灵魂世界和艺术气质更接近《古船》之后一个时期的作品,这一时期,也就是创作《九月寓言》时期,如《三想》《梦中苦辩》《橡树的微笑》《冬景》等。这是很有道理的。

宫达指出:"在这些作品中,作者承袭了前期作品对人类灵魂的关注和人类命运走向的忧思,只不过作者的视角发生了变化。他引入了一个参照体系:自然。

①　张炜:《难忘的诗意和真实》,《张炜文集》第 36 卷,漓江出版社 2019 年 10 月版,第 18 页。
②　张炜:《半岛文化的奇特》,《张炜文集》第 46 卷,漓江出版社 2019 年 10 月版,第 231 页。

作者从人对自然之物如狗、狼、树的掠杀和破坏展示了人性的贪婪与残忍,并通过梦中的'苦辩者'向人类发出警告:凶狠残酷地对待生活、对待自然,必遭报应!在这类作品中,其视角还是以人类为主体的,但是人类的主体意蕴已被作者大大地淡化了。小说中的狗、狼、树等自然之物都无一例外地凸现出拟人特性,人类也退回到与它们同等的地位。张炜进而指出,人类作为自然一族而不是主宰者,只有与其他生命和谐相处并于自然中汲取神秘力量才能使自身得到修正和升华,人类精神才能得到超越。这与《古船》中靠人类自我拯救的观点已经有了明显差异。"①

　　宫达的这些看法,对于我们理解创作《九月寓言》时的张炜是大有助益的。《九月寓言》中的升腾"地气",显然是来自张炜对自然的深爱;而蕴含其中的强烈反思和批判精神,也都是因爱而生的。没有爱就没有恨,没有恨也就没有爱。

　　这种鲜明的爱恨之情,也体现在张炜的一些生活细节上。宫达说,他当年初见张炜、向张炜请教文学时,张炜只对他说了一句话:"对一切黑暗的东西,都要仇视。"后来,随着与张炜的接触增多,他慢慢感受到了张炜情感深处的那种"爱恨"哲学。宫达写道:

　　　　人与自然万物的平等意识在他那里不是审美理想而成了生活准则。他对自然与动物的亲近丝毫不带刻意的痕迹,完全是自自然然的感情流露。在路上每遇到猫、狗、鸽子等小动物,他或者停步观望,或与之嬉戏,脸上透露出喜悦和温情。他对动植物的称谓也是非常拟人化的,并且用人类的审美标准来衡量它们。他看到一只招摇过市的脏狗,便若有所思地说:"幸亏它不知道自己很丑。"他看到一只公认的美猫在同类中遭到冷落,他惊讶地对我说:"看哪,猫的审美标准与人不一样!"朋友见他写作太累,送他一只甲鱼滋补身体,他悄悄地叫上我们,趁夜色把甲鱼送到市郊的一条小河里,放生时还为它即将迎来的孤独而忧虑,愿它做个坚强的甲鱼。他写作之余喜欢到市郊的田野中散步,并因沿路的树木不同的形体特点赋予其一些好听的名字,一边走一边说:"见到×××了。"他仿佛生来就具有一种本领,即从平凡的自然中发现被忽略的美。有一次我们走到一棵壮硕的榆树下,他刚要伸手抚摸,忽然发现榆树接近地表部分被人烧焦了一大片。他猛地抬起头向四周张望,脸色彤红、神情激愤地吼道:"这是谁干的? 太残忍了,它碍着了谁? 人这样下

---

①　宫达:《"一个人爱艺术多么美好"——张炜印象记》,载于《文学世界》1998 年第 1 期。

去真是没希望！不配活！"此后,他再也不往那里去了。我毫不怀疑他的真诚。与他相处七年来,我发现他所有品性中最显著的是对自然的亲近。在他眼里,一棵树与一个人的生命没有什么区别。既然他可以为一棵树的死亡而悲愤不已,为一只狗的被杀而伤心落泪,那么对人类自身的恶行呢？感受无疑会更加强烈。我由此明白了他为什么常常提到"恨",为什么作品中蕴藏着那么强大的道义力量。

我还由此明白了他那绵绵不绝的巨大爱力从何而来,他内心里的理想与浪漫气质为何盈盈不衰,他为何具有常人难以企及的敏感和刚毅……这一切都因为他汲取了自然的伟力,他的血脉已经深深地根植于大地之中并且成为它的一个感觉器官。

因此,《九月寓言》的诞生就不会让人感到突兀了。

我认为这不是一部写出来的书,而是感觉出来的。在这部书里,作者以往的才华、艺术经验、理论修养都显得次要了。他只需对土地发出的巨大而复杂的声响进行倾听和感觉,并把它翻译成人类的语言就足够了。虽然这部书写的是人,但它的实际主角不是人,而是人身下的土地,人只是传递大地音乐的一串串音符……①

从《古船》到《九月寓言》,人们看到了张炜创作理念和创作风格上的巨大反差。从张炜的自身情感逻辑看,这又是一件自然而然的事情、一个自然而然的过程。

第二节　所"寓"何"言"

一

关于《九月寓言》的意蕴,历来众说纷纭。那么,它所书写的到底是什么？是自然、大地,还是乡土、家园？是一个关于"奔跑"和"停留"的故事,还是关于大地意识、民间情怀的尽情表达？我们认为,这些说法都有道理。不过,面对一个意蕴

---

① 宫达:《"一个人爱艺术多么美好"——张炜印象记》,载于《文学世界》1998年第1期。

丰富复杂的小说文本,即便最高明的概括和提炼也可能失之于简单,所以我们更赞同张炜自己的说法:"这本书更接近很多人的乡村生活回忆录。"①

小说也正是这样开篇的:小村的女儿肥和工区秃头工程师的儿子挺芳,在离开小村十多年后,又于一个暮色苍茫的黄昏回到了这里,他们眼前是小村因煤矿开采而沦陷的凄凉景象,房倒屋塌,荒草遍地,地裂纵横,鼹鼠游荡。他们像没爹没娘的孩子一样,面对着无边的沉寂与悲哀,再也找不到家园的入口了。可那旧有的一切,又怎能无声无息地离去呢?肥坐在一个废弃的碾盘上沉思默想,无数往日场景如在目前,她感到"在这冰凉的秋夜里,万千野物一齐歌唱,连茅草也发出了和声。碾盘在阵阵歌声中开始了悠悠转动,宛若一张黑色唱片。她是磁针,探寻着密纹间的坎坷。她听到了一部完整的乡村音乐:劳作、喘息、责骂、嬉笑和哭泣,最后是雷鸣电闪、地底的轰响、房屋倒塌、人群奔跑……所有的声息被如数拾起,再也不会遗落田野"②。

就这样,那些"再也不会遗落田野"的声息,就通过作家的笔——在我们面前展开了。这是一个海滨小平原上由流浪人和迁徙者组成的小村,他们都是从南山或更远的地方迁来的。他们说话的腔调、一些异地风俗,都让当地人不能容忍,他们诬之为"鲅鱼"。张炜写道:"只要'鲅鱼'走出小村,就有人用指头弹击他们的脑壳,还以掌代刀,在后脖那儿狠狠一砍。连最年老的人也得不到尊重,人家甚至嘲笑他们走路的姿势。"③当然,这个名称的由来还有另外一说,据说他们当年的先人走了一程又一程,"终于见到蓝蓝的海了,见到生了一片白绒绒草的大海滩了。'停吧停吧!'一伙儿相互叮嘱。于是当地人听到了这些陌生人的呼喊,说海边上来了一群奇怪的外乡人,他们也许来自另一片大水,他们的名字叫'鲅鱼'!"④小村的先人,据说身上真的长了鱼纹,他们的后代也只能在村内婚嫁,过着虽然艰辛但自我完足的生活。这个小村为人不屑,好像被世界遗弃,但他们在苦难与轻蔑中自有无数欢乐与爱,也有无限的生命顽强与执着。

我们看到,在苍茫夜色里,十九岁的赶鹦召唤了小村里的年轻人不停地奔跑、嬉闹、玩耍,在村子南边的小沙岗上,在榆树林子里,在大草垛子里。"怎么玩呢?""胡乱玩呗。"他们已经到了青春勃发、渴求异性的年纪,他们浑身喷吐着热

---

① 张炜:《难忘的诗意和真实》,《张炜文集》第36卷,漓江出版社2019年10月版,第12页。
② 张炜:《九月寓言》,《张炜文集》第2卷,漓江出版社2019年10月版,第3—4页。
③ 张炜:《九月寓言》,《张炜文集》第2卷,漓江出版社2019年10月版,第5页。
④ 张炜:《九月寓言》,《张炜文集》第2卷,漓江出版社2019年10月版,第381页。

力、一夜一夜游荡，没有任何理由，只有一种无法压抑的需要——奔跑的需要、欢乐的需要、寻找的需要。张炜写道："谁知道夜幕后边藏下了这么多欢乐？一伙儿男男女女夜夜跑上街头，窜到野地里。他们打架、在土末里滚动，钻到庄稼深处唱歌，汗湿的头发贴到脑门上。这样闹到午夜，有时干脆迎着鸡鸣回家。夜晚是年轻人自己的，黑影里滋生多少趣事；如果要惩罚谁，最严厉的莫过于拒绝他入伙——让他一个人抽泣……咚咚奔跑的脚步把滴水成冰的天气磨得滚烫，黑漆漆的夜色里掺了蜜糖。跑啊跑啊，庄稼娃儿舍得下金银财宝，舍不下这一个个长夜哩。"①

加入这个奔跑的队伍的有当过兵的刘干挣的儿子少白头龙眼、矮壮憨人、村头赖牙从外乡要来的儿子争年、光棍汉金祥和大痴老婆庆余的儿子凹脸年九、高颧骨的喜年、流浪人露筋和盲女闪婆的儿子欢业、大胖姑娘肥、三兰子、方正大姑娘金敏、眼皮上有小疤的美女香碗等。即使那个试图制服一匹小红马的憨人被马蹄撕豁了鼻子，喜年在与邻村人打斗时被刺瞎了一只眼睛，他们也没有离开这个奔跑、游荡的队伍。他们在夜幕下追逐、在田野里嬉闹、在树丛草地上翻滚，也与外村人较量，到工区去抢夺那些"工人拣鸡儿"养的鸡……他们一刻也不能停止自己的脚步。

他们的生活是多么穷困，低矮的草房，空荡荡的四壁，打满补丁的衣服，即使是见过世面的"红小兵"的女儿赶鹦，也不过是这样："上衣是破破烂烂的素花布连缀成的，裤子又破又老式，也许早该扔掉。她的脚上没有袜子，因为不停地在外面奔跑，灰痕密布，老皮苍苍。"②吃的东西呢？更是极其粗陋。主要食物是地瓜，只有少许其他粮食。那种用不知放了多少年的干肉皮熬成的肉皮冻，就是他们香喷喷的美味；工区的工人吃的那种黑面肉馅饼，是他们连想也不敢想的。可他们已经无比满足，因为整个小村人在迁徙于此的过程中，不知经历了多少艰难困苦，也不知饿死了多少人。现在他们有了地瓜，再也饿不死了，所要提防的倒是别吃得太多撑死。地瓜吃进肚里，吞进肠胃，"热力顺着脉管奔流，又从毛孔里涌出"③。他们就凭着这个热力在田野里做活，在劳动的空隙里翻筋斗、打架、骂人、高声大叫。那些成了家的人则在土炕上翻滚，打老婆，打得老婆整夜嘶喊。小村里处处充满了生气。因为他们吃下了那么多地瓜，烧胃哩。

---

① 张炜：《九月寓言》，《张炜文集》第2卷，漓江出版社2019年10月版，第8页。
② 张炜：《九月寓言》，《张炜文集》第2卷，漓江出版社2019年10月版，第26页。
③ 张炜：《九月寓言》，《张炜文集》第2卷，漓江出版社2019年10月版，第9页。

他们的生活又是多么有滋有味。大痴老婆庆余在瓦片上做出了令人惊叹的"黑煎饼",这"黑煎饼"成了这个小村最好的美食。为了多做、做好这种美味,金祥不辞辛苦、翻山越岭到遥远的南山背回了一个"鏊子",从此小村的每家每户都可以方便地享受它了。还有金祥与闪婆的忆苦,他们是在讲自己苦难的过去,又是在讲一个传奇故事,悲伤处一片哭声,愤怒处一片呐喊,欢乐处每个人都手舞足蹈。"忆苦"成了这个小村的节日,每个人都希望永不落幕。

这群年轻人日渐长成,青春的心事也开始缠绵悱恻,他们有的是父母早有指定,有的是在奔跑中相互吸引,龙眼跟定了肥,喜年与金敏相互依偎,争年和香碗互诉衷情。青年人心中的爱如烈火一般,燃烧着青春,也燃烧着各种各样的烦恼。这是生活的原态,生命的真实。

二

小村的岁月,就是这样一天天、一年年走下来的。这些年轻人的祖辈从遥远的地方、从南山各处向着这片海滨平原迁徙,很多人倒在了路上;他们的父辈来到这里停留、扎根,也经过了无数艰辛的岁月。是这方生机勃勃的土地收留了他们,他们从此不再游走。不管会酿制酒浆、喜欢和外村人打交道的"红小兵"如何与老婆不睦,他们俩在很多事情上还是同一个立场;不管一天不打老婆就手痒的金友,如何折磨小豆,如何对小豆去工区澡堂洗澡难以容忍,他们俩还是不离不弃。还有老转儿与肥的妈、露筋和闪婆、刘干挣与龙眼妈、弯口与憨人妈、金祥和庆余、牛杆和金祥死后的庆余,以及那对最龌龊的夫妻村头赖牙和大脚肥肩,他们都认定了"嫁鸡随鸡、嫁狗随狗"的道理,都认定了自己的"命"。因为已经认定,他们好像什么都能忍受,什么都不觉其苦。

张炜写道:"都是千里万里穿过野地的外乡人,都是身上长了鱼纹的鲢鲅,走到哪里也不能忘了自己的村庄啊! 自己手脚冰凉了,可小村人还浑身滚烫哩。瓜干焦干如柴,在胃里发出紫色的火苗儿,毛茸茸软绵绵,又像小爪儿挠人的痒儿,烧呀烧,挠呀挠,最终有烧穿挠透了那一天。那一天,人也就快快乐乐地死了。瓜干烧胃时人就满炕滚动,如果是个老婆就要讨打。那会儿男人把她打得皮开肉绽她也不记恨。喊叫呀,喊叫得满天星星都发抖。那是充满了谜语的呼叫啊,只有小村人才能从她们不同的音高节奏和嗓门的粗细中,听出那特别的欢乐和崭新的冲动。"①

可是时代变了,那个带领全家逃到这个小平原上开拓新生活的秃头工程师在这里发现了煤矿,工区像蘑菇一样在离村不远的小树林里建起来了,煤矿也开起来了。秃头工程师的图纸画到哪里,地下那个可怕的"村庄"就挖到哪里,地上的小村就开始在地下隆隆的炮声中震颤了。

更为可怕的是,这个工区里的挖煤人就像生活在地下的鼹鼠一样,一个个面色苍白、神情抑郁。而他们的心肠又是那样阴暗潮湿,他们渴望接触那些活力四射的女性,可是这种渴望只不过是用醒醒的刺激来填补空虚而已。在他们身上没有爱,也没有生命的热情,只是因为"整个工区女的很少,常常暴露在人们眼中的只是一个嗓子沙哑的广播员、一个胖胖的卖烤饼的中年妇女、一个十七岁的怪可怜的小理发员"②,他们因此把歪斜的双眼瞄向了小村,瞄向了小村里的姑娘。那个一肚子花花肠子的秃头工程师抱着一摞图纸冠冕堂皇地来到了小村,他调戏大脚肥肩未果,就顺着大脚肥肩恶毒的指引去哄骗赶鹦,好歹因为"红小兵"和赶鹦妈精明,未曾酿成大祸。那个心高气傲的三兰子却没有这么幸运,她被工区里一个自称"很热情""有修养"的"语言学家",用两双胶靴、一摞黑面肉馅饼和几件花花绿绿的衣服就骗取了身体和感情,怀孕、打胎,在小村里颜面尽失。三兰子最后无奈嫁入赖牙家,成为争年的老婆,可是懦弱的争年保护不了她。内心阴毒、蛮横无理的养母大脚肥肩将有"缺陷"的三兰子当作可以随意发泄、肆意蹂躏的对象,三兰子终于不堪其辱,吃鼠药自杀。那个秃头工程师的儿子挺芳虽然用情专一,一心一意地追求肥,即使遭受暴打、丢掉性命也在所不惜,但他的情感却给肥带来了双重痛苦,因为她是"艇鲅"的后代,已经被父母指配给了龙眼,她既不能离开这个村庄,也不愿看到挺芳受伤害。最后她与挺芳逃走又归来,去留难定;龙眼则被招工进入煤矿,汇入了掏空自己小村的队伍,并被塌陷的大地深埋于地下。

在这个过程中,小村人自身的分化与争斗也是非常可怕的。从部队上回来的刘干挣一向对村头赖牙不屑一顾,他与屠宰手方起密谋,联合民兵头儿,试图利用"武装"与赖牙较量,殊不知民兵头儿与赖牙穿的是一条裤子,于是,刘干挣与方起被捉,方起自杀身亡。一辈子疯狂虐待老婆小豆的金友在饲养员牛杆死后,受到赖牙"恩惠"当上了饲养员,他又一次暴打小豆时恰好被露筋与闪婆的儿子欢

①　张炜:《九月寓言》,《张炜文集》第2卷,漓江出版社2019年10月版,第370页。
②　张炜:《九月寓言》,《张炜文集》第2卷,漓江出版社2019年10月版,第21页。

业看到,忍无可忍的欢业与金友扭打在一起,并杀死了残暴的金友。身负人命的欢业走投无路,只好像父母当年一样流浪远方,重新成了一个"野地人"。他在流浪的队伍中遇到了女孩棘儿,获得了人间难得的温情,可他心里念念不忘的还是小村土屋里的烟气味儿,他得了一种神仙也难医治的相思怪病。

小村最后陷落了,人们四处逃散,不知流落何方。可是小村真的就这样消失了吗? 那无数的欢乐与生命的色彩真的就一去不复返了吗? 张炜并没有简单地回答这个问题,他只是告诉我们,就在肥与挺芳乘车远行的时候,肥看到大地上"无边的绿蔓呼呼燃烧起来。大地成了一片火海"。"一匹健壮的宝驹甩动鬃毛,声声嘶鸣,尥起长腿在火海中奔驰。它的毛色与大火的颜色一样,与早晨的太阳也一样。'天哩,一个……精灵!'"①这个"精灵",可能就是小村的精魂、乡村人的图腾。只要有它在,小村的魂魄就在,人们就不会彻底绝望。

是的,一切物质的东西都有可能消失,唯有精神永恒。这精神来源大地、深植民间,它已经升华为一种深挚之爱和美好希望,成为人们对抗暴虐、战胜绝望的巨大力量。因此,《九月寓言》所写的虽然是苦难、毁灭和绝望,但它回忆的过去,是苦难中的欢乐;描写的现在,是毁灭中的坚韧;向往的未来,是绝望中的希望。这,大概就是它的寓意所在。

这也正像小说开头所说,所有的声息被如数拾起,再也不会遗落田野。从某种意义上说,这个小村、这片土地上的一切已被张炜如数记下,人们如需寻找,这里"有诗为证"。张炜在叙写自然、大地、民间时,一直有个强烈的愿望,就是人们将来有一天想要恢复这惨遭毁弃的一切时,能从他的文字中找到依据。他相信那一天一定会到来。

三

就像《古船》写了一部洼狸镇镇史一样,《九月寓言》写的是一部小村的村史。从《九月寓言》中可以看到,不论社会如何曲折、动荡,不论是在灾难、饥荒、死亡面前,还是在动乱、残暴、争斗之中,生活不会停步,生命的欢乐与爱也不会消失。这是生命的本质,也是人类长久存在的唯一理由。小村里的这个特殊群体,是我们这个社会最底层、最卑微、最艰辛、最困苦的群体,但他们的生活依然充满了爱

---

① 张炜:《九月寓言》,《张炜文集》第 2 卷,漓江出版社 2019 年 10 月版,第 383 页。

与欢乐。这种爱与欢乐,发自生命本源、来自乡土大地,因而也是最本质、最纯朴、最真实、最可贵的。

从这个意义上说,《九月寓言》不是乡村的挽歌,而是土地的颂歌、生命的赞歌;不是慨叹与惋惜,而是生命激情的震颤与回响。张炜的作品,从不刻意渲染所谓的幻灭感,他表现的总是痛苦中的欢乐、绝望中的希望。这正是一种生命的真实。因为如果失去了生命的欢乐、爱与希望,人也就失去了存在的意义。这是人类社会的最高道德和最大理想。

但是,张炜在恪守这一道德和追求这一理想的道路上,是十分清醒和理智的。他立足的是大地、民间,着眼的是现实世界,从不虚妄或者耽于幻想。因此,那些被人贴在张炜身上的"道德理想主义""道德乌托邦"之类的标签,其实与他相距甚远,完全可以置之不论。他的作品,一方面以深邃的历史感和强烈的现实主义,对所有已经危及或者可能危及人的精神的因素进行了深刻的批判,就像当年的鲁迅那样,"揭出病苦"以期"引起疗救的注意";另一方面,又善于深入到历史深处、生活深层,挖掘人类的生命和精神之光,为建构一个美好的世界提供精神支撑和文化资源。或许,我们从这个角度入手,才能更好地理解《九月寓言》。

这部作品发表后,不少读者确实产生了一个很大的疑问,就是小村人的生活如此之苦,又怎能有那么多的欢乐与爱呢?面对这些疑问,张炜回答:"他们总觉得那个小村人的生活太苦了一些,他们说那些小村人越欢乐,就越让人觉得苦——好像作者是为了让人觉得他们愚昧才写他们的欢乐吧?我说我是在写'真正的'欢乐。那种欢乐让我真实地感到了,我才会写。"①他后来还说:"《九月寓言》里写的更多的是劳动的欢乐和人的顽强,是坚韧不拔、跋山涉水寻找新生活的信念。至于说小村人生活得苦,那也只是现实而已。"②这正是张炜要表现的生活表象与生命本质的关系,在他的笔下,"苦难"是现实,但人类永恒的精神和情感追求则是更大的现实。

那么,张炜笔下的小村生活是不是真实的?为什么有些评论家总爱挖掘其中的隐喻和象征,认为其中的一些描写"极度夸张"呢?张炜说,《九月寓言》发表后,一般的读者并没有感觉到其中的隐喻、象征之类的修辞手法,提出这类问题的是一些从事文学工作的专业人士。"比如说在登州海角,那儿有不少人熟悉我,当

---

① 张炜:《难忘的诗意和真实》,《张炜文集》第36卷,漓江出版社2019年10月版,第12页。

② 张炜、朱又可:《行者的迷宫(全新修订版)》,商务印书馆2018年9月版,第5页。

然更关心我写出了什么。他们读后大致说：'一点不错，就是这样，那些事俺都知道。'总之他们没觉出有多少神秘和陌生，因为他们太熟悉我描写的这些事物了，如果真有'神秘'，那些神秘在生活中也早就习以为常了。只要我不是故意编造出一些神秘，而只写'真实存在的神秘'，那么他们就容易理解了。"①

张炜后来还说，小说里写到的许多细节，都是他小时候关于"西岚子"村的记忆，比如摊煎饼、千里背鏊子等。他记得当时他和一群孩子站在鏊子旁边，能看上一两个小时一动不动，并且还能享受到摊煎饼的人赠予的破碎煎饼，当时觉得那煎饼又香又甜又脆。他记得因为全村只有一个鏊子，一家摊完别家再用的时候，不是说去"拿"和"提"，而是说去"请"，以示敬重。他们家也从小村里"请"过一回鏊子。张炜回忆："母亲摊煎饼的时候，我在边上看，好奇，当然也捏了一把汗。她去学习过，怎么调糊糊，怎么烧火，可最后实践起来还是不行：不是煳锅了，就是摊好的煎饼揭不下来。没有办法，最后不得不请来一个小村人帮我们，这才摊了一小摞——那个等在旁边的小村人立刻把鏊子拿走了。"②这些往事是有些神奇，但又是真实存在过的。

张炜在这里提出了一个"真实存在的神秘"的重要概念，因为在生活中，我们的确会遇到一些难以解释的"神秘"的人与事，作家写于笔下，自然有他文学表达的需要，有时要借此表现人物的命运，有时也可制造一些喜剧效果，比如《九月寓言》中写到的男子挤出乳汁、路遇"黑煞"、喝农药乐果自杀反而治好了病等有些奇怪和神秘的现象，张炜说都是"真实的奇闻"。张炜写道："我上初中时，学校放暑假，我们一些同学出去玩。我在一棵大树下遇到了一群歇凉的人，他们说笑话，讲故事，热闹得很。一个光着上身的中年男子突然从胸部挤出一些乳汁，飞溅在旁的人脸上。这使我们都惊讶得很。几天后，还是这个男人，还是重复了上回做过的事。那时旁边的人都笑，也没人说怪，因为他们都习以为常了。那个行为怪异的人身上还有职务，听说他当时提任'副队长'。""至于说赶路的人遇上'黑煞'而死，这就更为平常了。在登州海角南部山区，在那些大山的褶缝里，小村人可以有名有姓地指指点点，告诉谁是这样死的。令我难忘的是我过去的一个朋友的父亲，他就遇上了'黑煞'。不过他没有马上死去，所以留下了恐怖的描述。""喝农药乐果自杀，而且喝的量很大，足有半斤以上，不但没有死，反而去了大病。这事

①　张炜：《难忘的诗意和真实》，《张炜文集》第36卷，漓江出版社2019年10月版，第8页。

②　张炜、朱又可：《行者的迷宫（全新修订版）》，商务印书馆2018年9月版，第7页。

就发生在我认识的一个中年妇女身上。她当时可能得了肝病,朝不保夕了。如今她还活着,已经六十多岁,体格硬朗。当然,没有人敢于模仿她的治病方法。除此而外,我还遇到过两个用黑色枪药治好了自己心口疼的女人。这些我至今都费解,所以要忘掉也难。"①

小说中当然也有夸张的成分,但那也是合理的夸张,是小说中人物的真实感受。张炜说:"比如说那个赤脚医生使用的针管和缝伤口的线绳,太大太粗——我当时想那是被病人的恐惧放大了的东西,因而这样写也过得去。至于他戴的那种手表和眼镜,真的没有玻璃、指针不走,当年我亲眼见过。"②至于小说中写到的鬼魂对话,张炜说:"这在作者的经验中当然没有发生的可能,书中也写得明白。从行文中可以看出,它们是小村里的活人——与我写到的死人有密切关系的一些人的臆想和判断,或者是一种愿望。实际上生活中常常有人听到死去的亲人、熟人向他们讲什么,预告什么了,等等。更令人惊讶的是不止一次有人看见早已死去的老人在村边田头转悠——据说那叫'恋村'。"③

张炜认为,小说中写到的这些人与事,如果从专业的角度去探寻其隐喻和象征,甚至为之冠上"神秘"和"魔幻"的标签,这种作为都是离小说太远的作为。实际上,"生活中的确每时每刻都在发生一些奇怪的事情。在当地人看来,既然妇孺皆知,哪里还有神秘和'魔幻'?过去我们的文学中写了过多的经过过滤的东西,只要是违背一种普及的'哲学',就一概不能写,如实记录也不行。这样做的结果就是把读者弄简单了,他们都开始自觉不自觉地从书本出发评论生活,转而又依据书本评论书本。这多可怕。"④"在广大的原野上,有无数的人、无数的村落和城镇,也有无数我们闻所未闻的事情。我越来越相信这样一个说法——这个说法是乡村老人创造的,我把它写进了书里:只有说不到的,没有做不到的。"⑤

宋遂良也曾说过:"有人说它是魔幻现实主义,还列举了小说中种种例子,比如男人射出奶汁,喝农药反而治好了病,医生用老大的针管和绳子做的缝口线给病人治病,等等,可是张炜说那都是真人真事、有根有据的。他还怕我不相信,特地把他姐姐叫来作证。张炜说他之所以敢写这些是因为当事人没有文化,读不懂

① 张炜:《难忘的诗意和真实》,《张炜文集》第36卷,漓江出版社2019年10月版,第10—11页。
② 张炜:《难忘的诗意和真实》,《张炜文集》第36卷,漓江出版社2019年10月版,第9页。
③ 张炜:《难忘的诗意和真实》,《张炜文集》第36卷,漓江出版社2019年10月版,第11页。
④ 张炜:《难忘的诗意和真实》,《张炜文集》第36卷,漓江出版社2019年10月版,第11页。
⑤ 张炜:《难忘的诗意和真实》,《张炜文集》第36卷,漓江出版社2019年10月版,第11—12页。

他的书。如果他们能够看懂,他也许就不会写了。所以张炜的作品是源于生活来自民间的。但由于人们不太理解作品的思想意蕴,就容易导致一种误解。……这毕竟是一部需要阐释、需要理解、需要长期消化的作品。"①

生活远比文学荒诞,也远比文学真实。张炜写出了这种荒诞与真实,反而引来了一些人的怀疑,这恐怕怨不得作者。

四

让一些人费力猜想其中微言大义的还有小说的标题,可这并不是一篇传统意义上的寓言故事。那么,为什么要取这样一个书名呢? 张炜说:"这讲不太清。它是我最先捕捉到的一个意象。也只有在这种意象的笼罩、指导和牵引下,我才能够兴味盎然地写到底。""如果说有更直接一点的理由,那就是书中的正文部分,由金祥在忆苦时讲了一则长长的寓言故事。书中包括了这个故事,所以即可用'寓言'命名了。"②

实际上,整部作品与所谓的寓言完全不是一回事,"九月寓言"只是这部作品的名字,而不代表它的体裁,它的体裁当然就是小说。不过,还是有些较真的人认为《九月寓言》不符合寓言标准,叫"寓言"不合适,这让张炜有点哭笑不得。张炜说:"这不禁使我想起那些题目中出现'月亮''太阳'等字眼的题目,它们又该如何剖析? 说'月亮'是一个星体,它围绕地球旋转——这篇文章不是一个星体,也不围绕地球旋转,怎么能冠以'月亮'呢? 这就使人无语了。我相信那个'月亮'也只能是一个比喻,一个借来的意象、境界。人的名字也一样,也不能直硬地对号入座。有人叫'李大山',那是他对'大山'的某种向往、他寄托的意愿,这是浅显的道理;如果哪位同志捏一捏人的温热柔软的肌肤,说这不是石头,因而这个名字就是错了,整个都错了——你不感到难堪吗?"③

这种对待文学作品的态度,的确是令人无语的。可怕的是,这种态度有时还会给作品带来伤害。比如小说中反复写到的"地瓜"等,有人就大加批伐,说那个时候不只有地瓜,还有别的作物,作者这样写就违背了真实性的原则。这也成了

---

①　宋遂良:《一个作家的境界与追求——在"张炜文学周"研讨会上的发言》,张炜:《期待回答的声音——'93张炜文学周》,明天出版社1995年5月版,第215—216页。

②　张炜:《难忘的诗意和真实》,《张炜文集》第36卷,漓江出版社2019年10月版,第13页。

③　张炜:《难忘的诗意和真实》,《张炜文集》第36卷,漓江出版社2019年10月版,第13页。

《九月寓言》在《当代》杂志最终被撤稿的一个原因。其实在张炜眼里，地瓜就是那个年代小村的主食，是他记忆里最真实的东西，他要写那个年代的生活，就无法忽略它，因为它与那个年代的人与事、人的痛苦与欢乐是分不开的。只不过因为"不断地写它，渐渐就生出了特别的感情。这样我就把更多的注意力放在了地瓜上面，而多少忽略了其他作物，比如小麦豆类等"①而已。这又有什么奇怪的呢？《九月寓言》不是一个地区的植物志，作家当然要写他印象最深、感情最深的东西。可就是这样简单的道理，在有些人那里也是讲不通的。

张炜说："因为不断地写到地瓜，对这种农作物就生出了一份特殊的情感。我越来越想到它的独特的美、它的不可替代性。它有火红的表皮，一经掘出，就像炭火一样在田野上燃烧着。它与人的关系也极不一般，在所有的庄稼中，它与人的关系是最为密切的。这是个事实。""小村里的人试着将地瓜做成各种各样的食物：水饺、饼、馒头，还有煎饼。这除了出于无可奈何外，也还包含了一种亲情暖意。在贫寒清苦的岁月中，它给予村里人最后一个安慰和保证。我被这种又普通又奇特的关系给感动了。"②

这种感情是最真挚的，也是最淳朴的。张炜之所以将这部作品命名为"寓言"，就是要找到那种独特的氛围和感觉；之所以把时间放在"九月"，则是因为九月"是收获和总结的季节"。张炜说："我喜欢浓烈、丰腴和丰硕的感觉。九月的颜色是浓绿，不是翠绿或浅绿，这种颜色沉着，有力度。""人在'九月'这样的背景中活动，当是更有活力、更有表现力的。""相对于'九月'，其他季节就有些贫瘠了。在其他时刻，人会觉得干涩。'九月'在一年中很幸运也很特殊：一部分花开得很好，而果实又是主要的。就是这样一个月份，它的花与果俱在。这不是特别吸引人吗？"③

当然，作家在赞美这种生命的欢乐与爱的同时，也对所有戕害和摧残它的恶做了无情的批判，对造成小村灾荒与饥饿、矛盾与争斗、破败与陷落的原因进行了深刻的揭示，并怀着一种深深的不甘和强烈的渴望，对人的未来精神走向进行了艰辛的探索。这些都蕴含在作品之中。整部作品为作家深厚的悲悯情怀和耀眼的理想光彩所统罩。张炜不是什么"道德理想主义者""道德乌托邦的修筑者"，但他是人间大道和人类崇高理想的热烈追求者、坚定捍卫者。

---

① 张炜：《难忘的诗意和真实》，《张炜文集》第36卷，漓江出版社2019年10月版，第14页。
② 张炜：《难忘的诗意和真实》，《张炜文集》第36卷，漓江出版社2019年10月版，第14页。
③ 张炜：《回顾与畅想》，张炜：《张炜读本》，花山文艺出版社2002年1月版，第378页。

五

张炜的这种情感意绪,在《九月寓言》发表之后似乎还意犹未尽,随后,他又在作品修改和出版过程中,写下散文名篇《融入野地》。这篇散文最初是以《九月寓言》代后记的形式出现的,也可视为《九月寓言》的一篇创作谈。不过它不是一般的创作谈,而是谈作家当时的那些思想和感悟,形成了与小说相互映衬的一个重要文本。

张炜后来回忆:"那一年生病住院,时间长了些,有三个月。这么长的时间只在病房里,躺的时间占去了大半。当时想得最多的就是我在龙口、在一望无际的野地里的那种感觉。好像就要失去那种野地里才有的幸福一样,心里有许多悲悼似的情绪在弥漫。""当时我行动不便,还是在纸上记下了这些情绪。我写得非常慢,从来没有这么慢。第一个月不能写,后来两个月过去了,才写了一两页纸。""出院正逢济南可怕的七月。我在酷夏中继续写那几张纸,每天只写几行字,直到写了一个月,写满了一万字。它对我来说是朴实的,准确记录了心情,起码没有走神。"①

"那一年"是 1992 年,从 5 月到 7 月,张炜在山东省立医院待了近三个月时间。这期间,他在病中校阅完成了将由上海文艺出版社出版的《九月寓言》清样,酝酿成熟了长篇散文《融入野地》,并写了许多文字。他后来曾经回忆在医院里写作《融入野地》时的心情:"难眠的白色长夜,却想念着蓬蓬勃勃、无边生长的绿色。绿色的火焰在燎动呼叫,又被雾幔吸去一切声息。大地在四周伸展肢体,丰腴而苗壮,是仁厚无私的父亲和宽容温暖的母亲……在肉体的阵阵疼痛中,人能在深夜流下眼泪。"②

出院后他回到龙口,于 8 月 16 日—26 日完成了这篇散文,1993 年 1 月在《上海文学》第 1 期发表。当时的《上海文学》编辑周介人在"编者按"中写道:"《融入野地》中不仅有反思,更有对于未来的心灵宣言:'这个世界的物欲愈盛,我愈从容','人需要一个遥远的光点,像渺渺的星斗。我走向它,节衣缩食,收心敛性','就是为了精神上的成长,让诚实和朴素,让那份好德行,永远也不要远离我',

---

① 张炜:《野地文思》,张炜:《我跋涉的莽野》,春风文艺出版社 2001 年 9 月出版,第 85—86 页。
② 张炜:《我的偏爱》,《张炜文集》第 36 卷,漓江出版社 2019 年 10 月版,第 388 页。

《融入野地》手稿

'那么,漫长的消磨和无声的侵蚀,我也能够陪伴'。张炜在这篇近作中为我们刻画了一个既充满理想情怀,又脚踏大地,坚持其精神劳作的我国新一代知识分子的人格形象。我们可以将这篇文字看作小说,也可以看成是散文,是议论,是诗,是一种超越文体界限的文体。"

　　显然,《融入野地》中的这个"既充满理想情怀,又脚踏大地,坚持其精神劳作的我国新一代知识分子的人格形象",与《九月寓言》中那些充满"劳动的快乐与爱"的小村青年,在精神质地上是一样的,他们与作家本人跃动的是同一颗心。

六

　　那么,我们是否就可以据此认为张炜是一个现代化、工业化、城市化的反对者呢? 当然不能,他所反对的并非现代化、工业化、城市化本身,而是它们带来的"副产品"——对自然、大地和人的精神的戕害。在他的作品中,也没有什么城乡"二元对立"的观念,对所有的人间丑恶,不论它是乡村的还是城市的,他都不遗余力地给予了揭露和鞭挞。后来,张炜曾经明确地阐述过自己的这一立场。

2002 年 11 月 27 日,长篇小说《你在高原·西郊》(后修订定名为《曙光与暮色》)完成之后,张炜与唐朝晖进行了一场关于这部作品的对话。在对话中,张炜明确表示:"我不厌恶城市,正像我从来不曾厌恶乡村一样。"那他为什么又不断地告别城市、回到乡村呢? 张炜说:"我爱城市,所以我才要告别它。正像我爱乡村,我却告别了它一样。人哪,常常都是从心里爱着一个地方的,可是那个地方对人常常是无暇顾及的。""人类的聚居之地给搞成了这样,让我们从此再无脸面。离开城市,我也会有一种背井离乡的感觉。"

张炜认为,大多数人之所以选择在城市里生活,是因为只有城市才离一些东西最近,可能一伸手就会抓住。可是,人在城市里也失去了一个人最可宝贵的东西,所以一部分人就会因此而不安起来,对于城市和乡村都产生了深深的"亏欠感"。给乡村和城市带来痛苦的是"现代化运动中蕴含的野蛮和粗暴成分",但这些并没有引起足够的重视。是人类追求物质的愿望促使现代化运动中野蛮、粗暴成分横行无忌的。张炜指出:"人类在 19 世纪和 20 世纪所做过的最愚蠢的事情,就是追求物质的欲望不可遏制,一再地毁坏大地。更不可饶恕的是毁坏世道人心。单纯地发展经济、一味追求经济增长的思想,是这个世界上最愚蠢的思想。这是人类最没有出息的表现。""我们爱土地,是爱生长的基础。也是爱一个健康的世界。被商业扩张的触角缠住了的世界,很快就会被硝烟熏黑。"

于是,我们在张炜的作品中看到了这样一个环环相扣的文学逻辑:人类对物质利益的永不满足的追求,导致世道人心的被毁坏,导致物质主义、消费主义泛滥,在这种情况下,城市一脸病态,乡野也被破坏;人们渴望离开逼仄肮脏的城市回归乡野,可是乡野已经面目全非,人的灵魂无处安放,只能在城市与乡村之间游荡。因此,说张炜的文学思想是城乡"二元对立",实在缺乏依据。他所关注的是世道人心,是人类心灵的最终归处,是身处其间的一代知识分子"探寻——失败——再探寻""希望——绝望——重燃希望"的不屈求索之路。这是一条痛苦的心路历程,也是当代人文知识分子的宿命。

因此,张炜所做的不仅是乡村"保卫战",也是城市"保卫战",虽然常以失败告终,但他从未放弃战斗。张炜说:"城市真像前线,是挣扎之地,苦斗之地,是随时都能遇到什么的不测之地。人类的大多数恐惧都集中在城市里。"因此,他对《你在高原·西郊》中宁伽从城市到乡村又从乡村返回城市的行为,就有了一种全新的认识。他说:"人不是简单地回到了城市。他是返回了前线。他是做好了准备才返回的。一个人在这样的情绪和准备之下，你就得小心他了。他会做出一些事情的。""人的命运从此也会不一样了。这样的人多起来的时候，那个让我们如此不能忘怀的城市也会改变。"把城市当成前线，把返回城市当成投入一次新的战斗，而且坚信这场战斗会取得胜利，这恐怕是张炜对当今城乡出路、人的出路的独特见解。①

我们之所以在这里分析这篇对话录表达的思想，是因为这场对话虽然是在2002年，距《九月寓言》发表已经过去了十年，但《你在高原·西郊》的初稿却是在1992年3月完成的，仅比《九月寓言》的完成晚了两个月。两部作品一写小村，一写主人公宁伽在城乡之间的游走，尽管人物、故事、环境各不相同，但它们的文学立场、情感意蕴却是相通的。将两部作品放在一起互读，也可以加深对两者的理解。

七

张炜的这一文学立场，在他2000年11月5日—18日访日期间的一次演讲中，也有充分的表达。这次演讲中，他表达了对整个世界正在急速演变为一个"商业帝国"的深刻忧虑："不用说，我对于正在飞速发展的这个商业帝国是心存恐惧的。说得更真实一点，是心怀仇视的。商业帝国的中心看来在西方，实际上在自私的人的内心——包括我们的内心。我之所以对前途不够乐观，是因为我们实在难以改变我们的内心。许多人，古往今来的许多人都尝试改变人的内心，结果难有效果。这说到底是人类悲观的最大根据。""商业扩张主义会在一切领域培养出一批粗野的人，并最终让这些人统治我们的生活，那时的人类将最后告别'知书达理'的文明社会。""在以金钱和性的欲望为中心的这个世界上，我们的生活真的变得越来越危险了。……战乱，贫寒，这些不能要。可是战乱和贫寒并不是美好的自然环境带来的。相反，历史上的大多数战乱，还有贫困，都是商业和物益的争夺造成的。"在这里，张炜从商业扩张主义的现实危害延伸到对历史上战乱和贫寒的思考，指出产生这些问题的根源就是"商业和物益的争夺"。

他进而指出："没有对于物质主义的自觉反抗，没有一种不合作精神，现代科

<hr/>

① 参见张炜、唐朝晖：《你在哪里？——关于〈你在高原·西郊〉的对话》，张炜：《你在高原·西郊》，春风文艺出版社2003年1月版，第570—575页。

技的加入就会使人类变得更加愚蠢和危险。没有清醒的人类,电脑和网络,克隆技术,基因和纳米技术,这一切现代科技就统统成了最坏最可怕的东西。今天的人类无权拥有这些高技术,因为他们的伦理高度不够。我们今后,还有过去,一直要为获得类似的权利而斗争,那就是走进诗意的人生,并有能力保持这诗意。"他在这里表现出的,是对物质主义和技术主义的深刻怀疑,以及绝不合作的态度。这也是我们理解张炜为何对大地、民间、纯美的自然、生机勃勃的原野无限热爱、怀恋,并倾尽所有的情感歌之咏之赞之叹之的关键所在。

如果从政治学、经济学或者科学的角度来看待物质和技术,可能会有很多不同的看法,但作为一个有着深厚人文情怀的知识分子,一个作家,张炜的忧虑、恐惧和仇视自有其直抵人心、触及本质的深邃和力量。这是一种坚定的人文知识分子立场,是一个作家的良知所在。所以,我们不能简单地把这些负载着深厚情感的深刻见解视为偏见,因为张炜所充当的正是一个"大地守夜人"的角色。在人类社会的发展进程中,在任何一个历史时期,这类角色都是不可或缺的。

他呼唤东方文化中被商业扩张主义彻底戕害的优雅的东西,因为他知道"优雅是人类与自然智慧相处的结果,是人获得真正自由的表现"。为了维护这种"优雅的东西",他更加重视文学的作用,并且把自己看成了一个以笔作为武器的战士。张炜说:"不能说只有文学才有反省和幻想的力量,但文学的确是商业扩张主义和物质主义的死地。可见,文学家在今天不自觉地就成了浪漫的战士。而作为一个战士,我心中却装着莽野,一路跟跟跄跄地跋涉。但我自己并不觉得这有什么滑稽,就像我不觉得文学有什么滑稽一样。""我不仅希望文学家,而且希望所有的人,都能对这个疯狂的物质世界有一种强烈的反应,都不要与之合作。到了这样的时候,世界才能慢慢走向良性发展。现在的人对商业扩张主义是很顺从的,并且积极投身其中。这等于是在玩火。"

正是从这个意义上,张炜给了文学家一个全新的定义:"文学家是一些一往情深的挑剔者,他们很关注人们与这个物质世界的关系,也很难与这个世界融洽相处。"但他们绝望却不悲观,而是始终采取了一种持久的、永不懈怠的韧性战斗姿态:"我如果能像一个外人一样遥视自己,会看到这样一个图像:一个人身负行囊,跋涉在一片无边的茫野之上。对我来说,这是一次真正的奔赴和寻找,往前看正没有个终了……"①

有人说在张炜的创作史上,《九月寓言》是一部很独特的作品。这里的"独特"如果指其文学表达的话,是有道理的。但就其思想情感意蕴来讲,它与张炜此前此后的表现都是相互融通的,并无二致。从"芦青河"到"思索""愤怒",到《古船》,到《九月寓言》《融入野地》,再到后来的《刺猬歌》《外省书》《你在高原》《艾约堡秘史》等,张炜的思想情感在不断拓展、不断深化,但张炜只有一个,在一些根本问题上他是一以贯之的。阅读和理解张炜的作品,我们既要看到他文学表达"万花筒"一般的丰富性,也要看到他的内在精神质地的稳定性、连贯性、一致性,这是很重要的。

第三节 又起波澜

一

令人意想不到的是,1992 年 1 月《九月寓言》完成时,虽然已距《古船》发表过去了五年多时间,但它的出世依然经历了很大波折。时任《当代》常务副主编的何启治对此有着详细记述。

何启治说,1986 年 10 月张炜在《当代》第 5 期发表长篇小说《古船》之后,虽然经历了很多波折,但刊物与作者之间的友谊却更加牢固了。因此,《当代》也一直在关注、追踪张炜的创作。1991 年 6 月,何启治与《当代》分管山东地区的编辑洪清波到龙口看望了张炜,向张炜约稿。此时,长篇小说《九月寓言》已经完成初稿,张炜婉言谢绝了其他刊物的约稿,准备将他花费了五年心血创作的第二部长篇小说交给《当代》发表。

按照《当代》的工作流程,何启治与洪清波回到北京后,分别于 6 月 25 日写出了读稿意见。其中,洪清波写道:"作为一部难以言尽的小说,作品的题旨大致有两个层次上的意义。第一层次:作品生动、真实地展示了农民的日常生活,借以热

---

① 参见张炜:《我跋涉的莽野——我的文学与故地的关系》,张炜:《游走:从少年到青年》,广西师范大学出版社 2012 年 8 月版,第 137—151 页。

情歌颂了中国农民勤劳勇敢、坚忍不拔的本质,同时也不回避由于中国农村长期落后,导致农民不可能有更高更广阔的精神境界这一事实。所以在他们的乐天知命、随遇而安之中又带有浓厚的愚昧麻木色彩。""在中国当代农村题材小说创作中,还没有谁像张炜这样饱含着激情和同情心去表现下层农民的喜怒哀乐,生老病死;也没有谁能像张炜这样既投入又超脱地反映从现象到本质都十分真实的农村生活。""第二层:作品通过具象的生活,表现了中国农民的生存方式和生活状态。我们从那些艰难甚至卑微的农民日常生活中,感受到农民身上潜在的那种旺盛的生命力。这种生命力被描绘得活灵活现,似乎是一种生生不息的生命的河流。它们奔腾不息,不畏艰难险阻,大有奔腾到海不复还的气势。""在这个形而上的层次中,我们会有许多惊心动魄的感觉。从某种意义上讲,《九月寓言》是一首生活的颂歌。"①

何启治在《关于张炜的〈九月寓言〉和我的读后印象》中,则详细介绍了《九月寓言》的相关情况:它起稿于 1987 年 11 月,基本完稿于 1989 年 6 月,修改定稿于 1991 年 4 月。当时的书稿共有八章二十九点七万字,八章分别是"夜色苍茫""黑煎饼""少白头""忆苦(一)""心智""首领之家""忆苦(二)""恋村"。何启治认为:"这是一部严肃而独特的、富有艺术个性的佳作,是一部深沉厚重的大作品。它是张炜这个有才华又有思想的青年作家在生活、哲学、艺术和功力这几方面实力的综合体现。""小说最有震撼力或者说最能体现张炜艺术特色的章节是'黑煎饼''首领之家''忆苦(二)'。""就艺术震撼力和接受美学的角度来看,《古船》的力量像原子弹爆炸和火山爆发,让一般人能更直接地看得见感受得到,因而激动和拥有更多的读者。而'九月'却太雅了,更艺术了,更富有浪漫主义的想象力,也更形而上了,它需要智力和文化素养更高的读者更冷静地去思索,更理智地去分析,才能感受到它像深层地震或地下核试验那样的震撼力。"鉴于这是当前难得且有长久艺术生命力的佳作,何启治建议全文在 1991 年 10 月《当代》第 5 期发表,并组织撰写一篇引导一般读者理解作品的文章。②

随后,何启治按照工作程序向主编秦兆阳做了汇报,获得了他的理解和同意。

①　洪清波:《长篇小说〈九月寓言〉印象》,见何启治:《是是非非说"寓言"——张炜著〈九月寓言〉缘何与〈当代〉失之交臂?》,《何启治自选作品集》,广东教育出版社 2005 年 6 月版,第 75—76 页。

②　参见何启治:《关于张炜的〈九月寓言〉和我的读后印象》,见何启治:《是是非非说"寓言"——张炜著〈九月寓言〉缘何与〈当代〉失之交臂?》,《何启治自选作品集》,广东教育出版社 2005 年 6 月版,第 77—79 页。

接着,他安排八位编辑一人一章来做《九月寓言》的发稿工作;同时,何启治还于1991 年 7 月 10 日致信文学评论家季红真,请她来写一篇评论文章。信中写道:"我们决定在今年第 5 期《当代》上全文刊发《九月寓言》。为了帮助一般读者理解它、接受它,很需要请一位高手写一篇导引式的文章同时刊发。经商议并向秦兆阳同志汇报后,大家一致赞成请你来写这篇文章(这也是张炜本人的愿望)。……亟盼能得到你的支持和帮助。"①

这样,《九月寓言》在《当代》1991 年第 5 期亮相应该是板上钉钉的事情了,可是,意外也就在这时发生了。何启治说:"老秦表示他光听汇报不看稿子还是不放心。这样,我便挑了'九月'中比较精彩的'黑煎饼'、'首领之家'和'忆苦'给他看。""老秦很快就把稿子看了,并做出了否定《九月寓言》的决定。"②

二

那么,秦兆阳否定《九月寓言》的理由是什么呢? 何启治根据当时的会议记录有如下综述:"1991 年 7 月 11 日,老秦到《当代》编辑部向大家谈他读过'黑煎饼'等部分以后的意见。他首先强调寓言的立足点是现实,寓言的假托性应该以现实的合理性为依据。他说张炜没有学到《红高粱》。电影《红高粱》为避免原作某些不合理性把环境放到荒原上。而《九月寓言》的故事环境是在一个村子里,一个村子的人怎么会一年到头只吃红薯面,既有土地就要种五谷杂粮,合作化以后怎么也会这样? 煎饼的制作过程也不合理,不真实,神秘化。这样在穷的基础上张扬人性就是用抽象人性来歪曲现实。讨饭女人和金祥好,金祥又想偷金友的老婆,这就是原始的性? 露筋夫妇在野地里生活了二十多年才回到村里来,这在解放后怎么可能? 说到底还是表现原始生命力,表现抽象的人性。现实性和寓言性老闹矛盾,完全是叙述,没有真实动人的细节,就变成了随意性的胡扯。""总之,《九月寓言》失去了合理虚构的现实基础,表现原始生命力和抽象人性,也没有说服力。据此三点,老秦的结论是:'不能发表,发表出去很荒唐。'"③

---

① 何启治:《是是非非说"寓言"——张炜著〈九月寓言〉缘何与〈当代〉失之交臂?》,《何启治自选作品集》,广东教育出版社 2005 年 6 月版,第 80 页。

② 何启治:《是是非非说"寓言"——张炜著〈九月寓言〉缘何与〈当代〉失之交臂?》,《何启治自选作品集》,广东教育出版社 2005 年 6 月版,第 80 页。

③ 何启治:《是是非非说"寓言"——张炜著〈九月寓言〉缘何与〈当代〉失之交臂?》,《何启治自选作品集》,广东教育出版社 2005 年 6 月版,第 80—81 页。

　　何启治说:"据说,这期间老秦在电话里也委婉地对张炜讲了他的意见,并建议张炜抽调'黑煎饼'和'忆苦',增写五谷杂粮。这也许含有让张炜知难而退、自动撤稿的意思。但张炜没有接受。"①张炜当然不会接受。张炜后来说:"有人提醒我注意,说农村人吃各种粮食;还特别让我在书中添上'五谷'。有什么办法?这些似乎微小的要求和指示包含着何等的粗暴,我是一清二楚的。我忍不住要说:我在书中多次写到了其他农作物,特别是多次写到了高秆农作物。我没有想到它的象征。我只是爱它。我想到了汉姆生的《大地的成长》,里面的主人公将丰收的马铃薯叫'地苹果'——那种热烈的情感我这会儿很能理解⋯⋯"②张炜这里说的"有人"是否就是秦兆阳,我们不得而知。

　　7 月 19 日,秦兆阳再次来到《当代》编辑部参加会议,对《九月寓言》做出了更加明确、更为严厉的批评。我们从何启治根据当时的会议记录回忆的一些情况来看,秦兆阳对《九月寓言》的批评已经脱离了文学作品本身,到了"上纲上线"的程度。秦兆阳说:"最近《当代》碰到的问题是外界矛盾的反映,很复杂,说不清,但又怕出问题。一出问题,悔之晚矣!"又说:"我首先盼国家安定,我很怕在矛盾尖锐的情况下助长了某种东西激化了社会矛盾。"他还列举他处理古华长篇小说《芙蓉镇》,以及某些报告文学、诗稿等例子,提出了是"怕得罪作者,还是怕在读者中影响不好,怕哪一头重要"的问题,提出了"假如农村失控,那就全国遭殃""整个社会信念破灭怎么办? 民族生机何时恢复? 消极泛滥,如何收拾? 国家十年、十五年都恢复不了元气"的担忧。③

　　秦兆阳这样情绪激烈地否定《九月寓言》,应该与他的认识角度有关。他认为《九月寓言》的"问题"不是纯艺术的问题,因为没有纯艺术。那么,《九月寓言》是什么"问题",在他那里也就显而易见了。这也就是他得出这个荒谬结论的根源。在 7 月 19 日的那次会议上他还说:"《九月寓言》写露筋夫妇在平原,在既不偷也不抢,也不讨饭的情况下,在野地里生活了二十多年,这怎么可能? 金友为什么无缘无故打老婆? 还有只吃红薯、红薯面? 解放后为什么还这么苦? 农民一年四季就种红薯? 不吃瓜菜和五谷杂粮? 为了吃好红薯,还让人到山里买鳌子,累

---

　　① 何启治:《是是非非说"寓言"——张炜著〈九月寓言〉缘何与〈当代〉失之交臂?》,《何启治自选作品集》,广东教育出版社 2005 年 6 月版,第 81 页。

　　② 张炜:《难忘的诗意和真实》,《张炜文集》第 36 卷,漓江出版社 2019 年 10 月版,第 14 页。

　　③ 参见何启治:《是是非非说"寓言"——张炜著〈九月寓言〉缘何与〈当代〉失之交臂?》,《何启治自选作品集》,广东教育出版社 2005 年 6 月版,第 82 页。

得要死。这怎么能说服人？这只能得出结论：人民愚昧，本能就是食色。人怎么可以不靠社会过活而靠原始生命力？这一来，人和动物有什么区别——它也有原始生命力呵！"①面对秦兆阳这一连串"问号"，我们也只好与张炜一样"无语了"。

不过，秦兆阳的这些批评意见，在会上并没有说服大家，大概很少有人会接受他这一套。会后，他也有些于心不安。于是，7 月 24 日他又专门致信《当代》副主编朱盛昌、何启治，详细列举了对《九月寓言》的十条批评意见，并指示何启治将这"十条意见"复印给张炜，同时向张炜退稿。这就最终造成了《九月寓言》与《当代》的失之交臂。何启治说，秦兆阳的意见和决定虽然不能令人接受，但他态度鲜明、光明磊落，还是值得尊敬的。②

现在看来，秦兆阳否定《九月寓言》，大概也与《古船》在当时余波未息不无关系。1991 年，关于《古船》的批评虽然已经不像开始时那么尖锐，但在所谓的"主流"话语中，还是遭受冷落的：作为一部代表了那个时段长篇小说创作实绩的重要作品，它无缘 1991 年 3 月公布的第三届茅盾文学奖；甚至在广大读者的强烈渴盼中，它也没有实现 1987 年人民文学出版社初版后的再版。作为《当代》发稿的终审者，秦兆阳也许是怕因此惹是生非。可惜的是，他的否定意见不是从文学艺术的角度做出的，而是掺杂了其他复杂的成分，这也就留下了为人诟病的理由。1994 年 10 月，《古船》获得"人民文学奖"并由人民文学出版社再版，是在秦兆阳重病和逝世期间。

三

秦兆阳的否定意见，把何启治推到了一个尴尬的境地，因为书稿是他与洪清波约来的，并且已经在编辑和评论方面投入了大量人力、做了一些工作。更加尴尬的是，事已至此，如何与作者沟通、向作者交代，也是一个棘手的问题。好在秦兆阳做了"十条意见"要他复印给张炜，也算是有了一个依据。

何启治后来回忆："经商议，决定派《当代》编委汪兆骞同志带着《九月寓言》的原稿、不多一点的退稿费以及老秦的'十条意见'的复印件到山东去面交给张

① 参见何启治：《是是非非说"寓言"——张炜著〈九月寓言〉缘何与〈当代〉失之交臂？》，《何启治自选作品集》，广东教育出版社 2005 年 6 月版，第 82—83 页。
② 参见何启治：《是是非非说"寓言"——张炜著〈九月寓言〉缘何与〈当代〉失之交臂？》，《何启治自选作品集》，广东教育出版社 2005 年 6 月版，第 87 页。

炜。""这期间,我给张炜打过电话,表示了我的歉意和无奈。而张炜的意见,据现存的记录,他本人认为不存在政治问题,作品写农村最困难时期(1958年)的农民和农村生活,表现了农民不屈不挠坚韧向上的精神,比较客观。""据说'十条意见'中的有些部分,让他看了身上有些发凉。"①

《九月寓言》在《当代》发表过程中的这场波澜,对张炜也不是完全没有益处,这给他留出了一段重新审视书稿的时间,为他将这部著作修改得更为精粹提供了契机。张炜曾说:"这本书第一稿写了三十二万字,那是一笔一画填在格子里的,写了近五年。后来第二稿压到了二十九万字,第三稿就压到了二十六万字。发稿前夕,我反复看,最后下决心,又压成了现在的二十三万字。有机会再版,我可能还要压缩。"②

张炜说这番话时是在1992年9月。参照何启治的回忆我们可以知道,他们当时看到的八章二十九点七万字的书稿,是张炜1991年4月完成的第二稿;而1992年5月在《收获》第3期发表的书稿,应该是二十三万字的第四稿,完成时间是1992年1月。从1991年7月此作被《当代》退稿,到1992年1月完成第四稿,张炜这部作品从二十九点七万字压缩成了二十三万字,原来的八章也调整为七章,即去掉了"忆苦(二)"一章,整部小说变得更加精粹、凝练了。张炜说:"从格子上删掉的东西,只要删得好,有悟性的读者会感到藏下了什么。那种意境和意味不但不会因删削而减弱,反而还会增强。"③事实也的确是这样。

后来,张炜把"忆苦(二)"作了适当修改后,将之以中篇小说《金米》独立发表。我们将两章"忆苦"进行比较就会发现,尽管它们的主人公不同,故事也不相同,但其主旨意蕴却是相同的,放在一部书中确有重复之感。张炜忍痛割爱将其删除,是很有道理、非常明智的选择。我们由此想到,中国古代有"失之东隅,收之桑榆"的说法,用在《九月寓言》上倒也合适。如果当年秦兆阳同意发表,发表的可能就是那个二十九点七万字的文本,那样,至少是在小说的凝练性上,就有点小小的折扣了。

---

① 何启治:《是非非说"寓言"——张炜著〈九月寓言〉缘何与〈当代〉失之交臂?》,《何启治自选作品集》,广东教育出版社2005年6月版,第87页。

② 张炜:《难忘的诗意和真实》,《张炜文集》第36卷,漓江出版社2019年10月版,第20—21页。

③ 张炜:《难忘的诗意和真实》,《张炜文集》第36卷,漓江出版社2019年10月版,第21页。

第八章　在时代的激流中

第一节　时代潮汐

一

20 世纪 90 年代,中国社会在经历了 20 世纪 80 年代的对外开放、经济转型之后,开始进入市场经济时代,文化思潮发生了新的变化。主要是随着市场化进程的加快,80 年代初一度兴起、与五四新文化运动接续而进的新思想文化启蒙,迅速被物质主义、消费主义和功利主义、实用主义淹没,金钱崇拜、消费至上成为新的社会风尚,世俗文化、大众文化成为主流。

在这样一种社会环境中,一方面是经济发展、文化多元,文学的个人化色彩进一步增强;另一方面是整个社会喧嚣沸腾、欲望充斥、浮躁不堪。到处"热热闹闹""蓬蓬勃勃",但是道德缺席、理想萎地,人的崇高、尊严和圣洁精神变得不值一文,甚至成为一些人嘲弄的对象。这是时代的悲剧、人性的悲哀。张炜指出:"在消费文化盛行的潮流之中,知识分子的启蒙立场实际上已遭背弃。历史呈现出这样的特征是极为不幸的。我们今天说的启蒙,不是对于现行的资本主义运行规则的解释,不是对于物质主义的追随。真正的启蒙是站在它的对面,是继续下去的一场质疑,是一种精神传统。这样的启蒙立场,应该是知识分子的立场。"[1]

文坛也不可避免地受到当时社会环境的影响。有论者指出:"许多人想当然地把满足个人物欲当作生活目的,把拥有物质财富的多少作为世俗社会里衡量人生成功与否的标准。一时间,在市场经济的刺激下,下海之风盛行。投笔从商的作家也为数不少,不过更多的作家则参与一些有更丰厚酬报的'亚文学'写作,如影视剧作、纪实文学、通俗文学、广告文学等。"[2]于是,纯文学、雅文学的阵地越来越小,俗文学、伪文学和以盈利为目的的"亚文学"大行其道。在表现形式上,那些以凶杀、暴力、色情、"揭秘"为主的报刊泛滥街头,以满足人们感官需要和猎奇心理;那些本来严肃正统的刊物,则几乎无一不与所谓的"企业家"合作,拿出大

---

① 张炜、王光东:《张炜、王光东对话录》,苏州大学出版社 2003 年 12 月版,第 24 页。
② 陈小碧:《面向"1990 年代"——重读"新写实"小说兼论九十年代文学的转型》,程光炜主编、孟远编:《新写实小说研究资料》,百花洲文艺出版社 2018 年 4 月版,第 276 页。

量篇幅刊载为之涂脂抹粉的"报告文学"。趋利与媚俗,成为文学的一道另类"风景"。

我们以当时大量报刊的"转型"为例,就能清晰地看出这种市场化、消费化浪潮的强烈冲击。有人仔细研究梳理了 1993 年各种报刊的扩版和改版,发现"《参考消息》《光明日报》《经济日报》《中国青年报》《解放日报》《文汇报》等重量级报刊扩大版面,为经济发展带来的广告提供版面,而纯文学期刊则纷纷转向综合性文化刊物的经营,其实质就是为了增强趣味性以打开销路。济南的《文学评论家》改为《文学世界》;作家出版社新创刊的《作家文摘》要为读者'提供文化快餐';《河北文学》改为《当代人》,增设'青春调色板''爱情变化球''家庭录像''新潮一族'等栏目;云南的《滇池》增设'都市风采''女性的天空'等栏目。同时,许多报纸开辟了周末版,如《中国文化报》的《文化周末》,《北京日报》的《京华周末》,《中国体育报》的《新周刊》,《中国妇女报》的《伴你》,《北京青年报》的《青年周末》等,都是休闲娱乐的文字空间。"①"据有关方面报道,1993 年不仅是大量严肃文学刊物的'创刊年',各大小报纸的'扩版年',还是近千家刊物的'创刊年',而且不论是创刊的、扩版的还是转向的,其宗旨都瞄准了大众化、纪实化和生活类三大特点。"②

同时,"在市场经济体制下,出版社已经由国家包办转向自负盈亏,出版业也开始迈向市场的轨道,接受商品经济的挑战和洗礼。可以说,20 世纪 90 年代以后,对于大部分出版社来说,其出版策略基本上已经完全倒向市场"③。其后,随着民营出版、民营书商的加入,许多出版社为了获得商业上的成功,"'打擦边球'和'走钢丝'的出版行为逐渐增多,性与暴力等犯禁主题成为文学赢得商业成功的主要法宝。而所谓的'少年写作'不仅没有经过文学期刊的检验,而且一提笔就写长篇小说。出版的周期不断缩短,速成与速效成了出版的主导性潮流,粗制滥造蔓延成风,艺术标准向商业目的妥协"④。

对此,许多人都表示了公开的质疑与愤怒。诗人公刘说:"由于个体书商的全力豢养,同时由于部分作家的加盟,出现了一支庞大的队伍——'写字儿的'。因之,地摊上有了坚决拒绝降温的老'热点'(色情、暴力),也有了不断变化的新'热

---

①　丁帆主编:《中国现当代文学制度史》,作家出版社 2020 年 11 月版,第 451 页。

②　丁帆主编:《中国现当代文学制度史》,作家出版社 2020 年 11 月版,第 463 页。

③　丁帆主编:《中国现当代文学制度史》,作家出版社 2020 年 11 月版,第 465 页。

④　黄发有:《文学传媒与"文革"后文学生态》,载于《当代作家评论》2006 年第 5 期。

点'（武侠、演义、玩股、逃税、风水、看相、卜卦、人际关系、特异功能、高层秘闻、社会黑幕等）。'写字儿的'一族已然成了气候，他们的座右铭是，'一瓶胶水一把刀，抄了剪，剪了抄，红蓝墨水舍得浇'。"①但像公刘这样的声音，在一个众声喧哗、风气已成的时代，是很微弱很微弱的。

二

20 世纪 90 年代，文学创作也大受市场的影响和冲击。其显著特征是，许多作家都在一夜之间有了一种叫作"编剧"的新身份。

就单纯的文学创作来说，这一时期占据"主潮"地位的，是继伤痕文学、反思文学、改革文学、寻根文学之后的先锋小说、新写实小说，以及所谓的"晚生代""女性写作"等等。有论者认为，这是"文化共同理想的碎化，商业气息的弥漫和大众文化的兴盛"带来的结果。同时兴起的，还有力图在主旋律价值框架内阐释社会问题的"现实主义冲击波"，包括反腐在内的社会问题小说，以及逐渐形成气候的网络写作。② 其中影响较大的，是"新写实小说"和"先锋小说"。张炜的长篇小说《九月寓言》发表后，有人认为它有很强的"神秘性""魔幻性"，意欲将其归入先锋文学行列；也有人认为它从个人日常生活经验出发来思考社会问题，放在新写实小说中也未尝不可。其实对张炜和这部作品来说，放在哪个流派之中都有些削足适履、不伦不类。张炜的文学，一直有其独特品质，是很难简单被归类的。

我们稍稍向前追溯一下，就会发现有人早就试图在做这方面的努力，以及这种努力的不切实际。1988 年 10 月，《钟山》杂志组织召开了一个"现实主义与先锋派文学"研讨会。会后"慎重地向《钟山》的作者和读者宣告：在多元化的文学格局中，1989 年《钟山》将着重倡导一下新写实小说"，期望"在中国文坛能够出现和形成一个'新写实运动'"。同时，还推出了"新写实小说大联展"，并将张炜列入了拟参加"联展"的作家行列。③ 但张炜既没有参加他们的活动，也没有什么作品可以代表这一"运动"的成果。后来，人们在总结这类小说的发展历程和文学成就时，重点提及的是方方、池莉、刘震云、王朔、苏童等，而与张炜没有什么关系。

---

① 转引自张志忠：《1993：世纪末的喧哗》，山东教育出版社 1998 年版，第 3—4 页。
② 参见丁帆主编：《中国现当代文学制度史》，作家出版社 2020 年 11 月版，第 458—460 页。
③ 参见《钟山》编辑部：《"新写实小说大联展"卷首语》（原载《钟山》1989 年第 3 期），程光炜主编、孟远编：《新写实小说研究资料》，百花洲文艺出版社 2018 年 4 月版，第 13—14 页。

实际上,如果真如有人所总结的那样:"在新写实小说中,他们认为当下的日常生活世界就是人所拥有的真实存在的对象,不再像传统现实主义那样追求高而远的理想、崇高和生活本质,也不再深入现实世界和心灵世界作精神漫游和精神建构。他们也不寻思个人在国家和民族、时代面前,应当有怎样的责任意识和社会担当;在新写实小说的生活世界里,人生没有传统现实主义小说所描绘的有一个本质真实,经过提炼和升华的美好世界,也没有先锋文学所描写的充满了人性之恶和残酷性。生活就是生活,既有悲伤、无奈、痛苦,也有欢乐、满足和欣喜。在这生活世界里,没有被拔高或贬低的观念和生活方式,一切都是按事物原来的样子来呈现自身,是一幅原色调的生活画卷:买菜、送孩子上学、住房、请客、送礼、职称、奖金、坐公汽、调动工作、争吵、请保姆……他们是一群不在形而上层面追问生存意义和探寻生命价值的人,不再回答传统现实主义小说所有有关本质性问题的询问。"①是以,此文学潮流就不仅与张炜无关,而且与他的文学立场、文学追求正好相反了。张炜要做的,恰恰是一个"在形而上层面追问生存意义和探寻生命价值"的作家。他所坚守的,正是对终极意义的追问。

在这样一种社会环境和文学潮流面前,追问终极意义,探寻生命价值,难免会造成一个作家与时代大潮的正面撞击。他已经无法躲在潮流之外,如果不想被潮流淹没、击垮,他只能勇立潮流之上,面对大潮发出自己的声音,表达自己的愤怒和抵抗。此时的张炜,与 20 世纪 80 年代初期刚刚踏入文坛的那个张炜已大不相同,他已经有力量迎面强攻,超越其上,发出自己的坚定声音。这是由一个作家立志维护文学尊严的深厚情感、强大力量所决定的。

三

这时,中国文学经历了 20 世纪 80 年代的"黄金时期"之后,也已进入了一个新的调整、探索期。随着一个个借助了政治力量、社会力量涌起的文学潮流渐渐退去,此时的中国文坛,已经再难产生在全社会范围内激起巨大浪花的文学大潮了。这时虽也有众多文学"流派""社团"兴起,但它们均已成为小众的自我娱乐,或者"雷声大、雨点小",或者昙花一现,再也无法形成"集中反映着当时作家、批

---

①　陈小碧:《面向"1990 年代"——重读"新写实"小说兼论九十年代文学的转型》,程光炜主编、孟远编:《新写实小说研究资料》,百花洲文艺出版社 2018 年 4 月版,第 279 页。

评家的思想状况、文学观念和审美意识,尤其是文学探索的精神"①的文学现象了。有论者指出:"20 世纪 90 年代明显区别于 80 年代的特征之一,就是 90 年代文化共同体意识的碎片化。"②这是一个市场化、多元化时代的必然结果。

对此,很多文学界人士是有清醒认识的。1992 年 8 月 12 日,在北京大学语言文学研究所、《作家报》联合举办的"后新时期——走出 80 年代的中国文学"研讨会上,就已经宣告了"新时期"文学的结束。会上,北京大学语言文学研究所所长、文学评论家谢冕指出:"'新时期'已经结束,我们用'后新时期'这个概念泛指'新时期'终结以后的文学,以期引起大家的讨论。十多年前,'新时期'概念的提出是因为有一个与之相对的'旧时期'。'新时期'文学取得了巨大的成就,这时期文学的自由和开放,实现了'五四'时期痛苦的梦想。中国文学创作和理论批评所达到的高度超越了'文革'结束前的二十余年,取得了自有新文学以来的最高成就,新时期十年是继'五四'以来又一个伟大的十年。所有的高潮都有落潮,文学发展到了极致就走向停滞甚至倒退。新时期文学的结束是以 80 年代的终结而结束的。商品经济的威胁很少能改变文学的处境。我们有必要思考走进 90 年代的中国文学应该提倡什么,扬弃什么。"③他的论断得到了与会者的赞同。

那么,对于所谓的"后新时期"文学,大家又有些什么展望呢? 与会者王蒙的观点或许具有一定的代表性。"王蒙认为,'后新时期'文艺与闲暇密不可分。散文十分发达,'周末版'大有风起云涌之势。闲适性已成为引人注目的倾向。闲适、调侃、幽默的滥觞本身就是社会矛盾的一种体现。它不违反规则,总是打'擦边球',成为战无不胜的武器。王朔为各阶层人所接受就是一例。其他如'新写实文学'。作为对'闲适'的反拨则表现为精神饥渴。精神层次的不满足感会越来越强烈。人们还会对终极信仰、友谊、真诚等十分饥渴。以张承志为代表,他在新的层次表达了对精神需求的追求。"④从这段记述可以看出,王蒙指出了"后新

---

① 程光炜:《〈中国当代文学史后三十年:中国当代文学史资料丛书〉总序》,程光炜主编、孟远编:《新写实小说研究资料》,百花洲文艺出版社 2018 年 4 月版,第 3 页。

② 丁帆主编:《中国现当代文学制度史》,作家出版社 2020 年 11 月版,第 457 页。

③ 祁述裕:《世纪之交的展望——"后新时期:走出 80 年代的中国文学"研讨会综述》(原载 1992 年 10 月 3 日《作家报》),洪子诚主编:《中国当代文学史·史料选:1945—1999(下)》,长江文艺出版社 2002 年 7 月版,第 910—911 页。

④ 祁述裕:《世纪之交的展望——"后新时期:走出 80 年代的中国文学"研讨会综述》(原载 1992 年 10 月 3 日《作家报》),洪子诚主编:《中国当代文学史·史料选:1945—1999(下)》,长江文艺出版社 2002 年 7 月版,第 911 页。

时期"文学在闲暇、"新写实"、精神追求等几方面的路径,并特别强调了以闲适、调侃、幽默为主的"王朔式"文学的重要性。

张炜没有参加这次研讨会,他对会议情况和王蒙的观点可能一无所知。他当然更不会想到,王蒙在这次会议上的一些观点后来会被集中、放大,并由此生发了20世纪90年代一个极为重要的文化事件——人文精神大讨论,使20世纪90年代成了中国文化史上一个"意味深长"的年代。有论者指出,时至今日"它尚未远去,但已经成为当代思想文化讨论中一个难以绕开的源点,许多问题可以溯源于此,或在此中找到重大明显变异的迹象。……人文价值共识的松垮形成了90年代刺目的精神症候,'人文精神大讨论'骤然兴起表明了人文知识分子共同感觉到了问题的压迫性,而它无法导向某种具体价值重建的结局,也拉开了一个认同困惑的时代帷幕"①。

这样一个时代,每一个人文知识分子都难以超然其外,张炜也不例外。

第二节　卷入论争

一

就张炜的性格与理念来说,他当然不愿去凑任何文坛热闹、参加任何论争,但这并不意味着他会在时代的潮汐面前选择沉默,甚至改变、屈从或依附,那不是张炜。作为一个有思想、有情怀、有原则、有底线的真诚的作家,他一定会表达出内心的思考和感慨,即使"被卷入"其中,遭到误解,也不会退缩或回避。正如他自己所说:"知识分子要有强大的认识力和关怀力。有了这样的力量,才能够具备以单薄的一己之躯去抵挡和反抗整个世界的荒谬的勇气。而且也只有这样,他才会有韧性、有果决,会常发大言而不羞惭。知识分子可以微言大义,但不能总是'微言',必要的'大言'还是不可缺少的。"②因此,我们回顾一下这场"人文精神"大讨论的过程,以及张炜如何参与和表达了什么观点,对理解张炜和他的作品是有

---

①　丁帆主编:《中国现当代文学制度史》,作家出版社 2020 年 11 月版,第 449 页。

②　张炜、王光东:《张炜、王光东对话录》,苏州大学出版社 2003 年 12 月版,第 27 页。

意义的。

据我们所知，最初引起争论的，是王蒙发表于1993年1月第1期《读书》杂志上的随笔《躲避崇高》。这篇文章，延续和强化了他在1992年8月12日"后新时期——走出80年代的中国文学"研讨会上的观点，十分惹人关注。

王蒙写道："'五四'以来，我们的作家虽然屡有可怕的分歧与斗争，但在几个基本点上其实常常是一致的。他们中有许多人有一种救国救民、教育读者的责任感：或启蒙，或疗救，或团结人民鼓舞人民打击敌人声讨敌人，或歌颂光明，或暴露黑暗，或呼唤英雄，或鞭挞丑类……他们实际上确认了自己的知识、审美品质、道德力量、精神境界、更不要说是政治的自觉了，是高于一般读者的。他们的任务他们的使命是把读者也拉到推到煽动到说服到同样高的境界中来。如果他们承认自己的境界也时有不高，有一种讲法是至少在运笔的瞬间要'升华'到高境界来。写作的过程是一个升华的过程，阅读的过程是一个被提高的过程，据说是这样。"从行文的语气看，王蒙对这样的作家与文学显然是不满意的，所以他对"另外的样子的作家和文学"就表示了极力的赞美，因为他们"绝对不自以为比读者高明（真诚、智慧、觉悟、爱心……）而且大体上并不相信世界上有什么太高明之物的作家和作品，不打算提出什么问题更不打算回答什么问题的文学，不写工农兵也不写干部、知识分子，不写革命者也不写反革命，不写任何有意义的历史角色的文学，即几乎是不把人物当作历史的人和社会的人的文学；不歌颂真善美也不鞭挞假恶丑乃至不大承认真善美与假恶丑的区别的文学，不准备也不许诺献给读者什么东西的文学，不'进步'也不'反动'，不高尚也不躲避下流，不红不白不黑不黄也不算多么灰的文学，不承载什么有分量的东西的（我曾经称之为'失重'）文学……"这种文学的代表人物就是王朔。王蒙特别注意到，王朔在纯文学作品发行销售相当疲软的时刻越来越"火"，他的小说和由他担任编剧的电影、电视剧不断推出，"许多书店也包括书摊上摆着他的作品，经营书刊的摊贩把写有他的名字的招贴悬挂起来，引人注目，招揽顾客"。

在《躲避崇高》中，王蒙还对王朔"玩文学"的姿态表示了赞赏，认为这"恰恰是对横眉立目、高踞人上的救世文学的一种反动"；对他和他的作品中主人公的痞子腔调与做派，也表示了理解。当然，王蒙也有自己的担忧："王朔会怎么样呢？玩着玩着会不会玩出点真格的来？保持着随意的满不在乎的风度，是不是也有时候咽下点苦水呢？如果说崇高会成为一种面具，洒脱和痞子状会不会呢？你不近官，但又不免近商。商也是很厉害的。它同样对于文学有一种建设的与扭曲的力量。作为对你有热情也有宽容的读者,该怎么指望你呢?"①

　　尽管王蒙对王朔的赞美并非一无是处,但就文学的传统和基本的价值意义来讲,王朔显然是走得过远了。他的作品"撕破了一些伪崇高的假面",确有其价值,但人世间毕竟也存在真崇高,那是不能躲避,更不能随便消解、摒弃甚至戏弄、亵渎的。这是一个作家起码的良知。因此,对王朔的一味肯定就未必妥当,王蒙的观点和王朔的创作引起争论是必然的。

二

　　就在王蒙《躲避崇高》发表的次月,一个与之相左的声音出现了。1993 年 2 月 18 日,华东师范大学中文系教授王晓明主持了一个"批评家俱乐部"会谈活动。活动中,他组织几个博士、硕士研究生专题研讨了当前的文学问题。他们研讨的内容,显然包括了王蒙的文学观点和王朔的文学创作。更为重要的是,会谈所强调的不是文学的闲暇、调侃、幽默,而是文学对人文精神的传承和张扬。他们甚至从"二王"为代表的一些观点和创作上,看到了新时期文学面临的危机。他们认为,这也正是"人文精神"的危机。

　　王晓明指出:"今天,文学的危机已经非常明显,文学杂志纷纷转向,新作品质量普遍下降,有鉴赏力的读者日益减少,作家和批评家当中发现自己选错了行当,于是踊跃'下海'的人,倒是越来越多。"王晓明认为,曾经具有不可亵渎的神圣性的文学沦落到这个地步,"实际上暴露了当代中国人人文精神的危机,整个社会对文学的冷淡,正从一个侧面证实了,我们已经对发展自己的精神生活丧失了兴趣"。因此,这次会谈也就成了一次呼唤"人文精神"的热切宣告和具体行动。

　　会谈中,他们还研讨了王朔的"痞子"文学,认为他的作品基调是"调侃"而非讽刺,虽然其作品能博得大众青睐,却丧失了文学价值与意义。这种作品,只能为人们提供一种形而下的自娱快感,而"人文精神"正是在这种自娱快感中丧失的。"人文精神"的丧失,制造了现实中大量的"精神废墟",这是需要特别警惕的。不过,他们并没有因此而绝望,因为他们坚信,"就是遇上了再严酷的时代,我们这个

---

　　① 以上参见王蒙:《躲避崇高》(原载《读书》1993 年第 1 期),洪子诚主编:《中国当代文学史·史料选:1945—1999(下)》,长江文艺出版社 2002 年 7 月版,第 919—925 页。

社会也总会有些人铁了心甘当殉道者的"，这是"绝望"之后的"一丝希望"。①

王晓明主持的这次会谈记录，后来整理为《旷野上的废墟——文学和人文精神的危机》，发表在《上海文学》1993年第6期上。其中，他们旗帜鲜明地提出了"人文精神"的概念，并针对王朔的作品，表达了与王蒙截然不同的观点，客观上形成了与之论争的态势。这篇文章，一般也被认为是"人文精神大讨论"的发端。

随后，更多作家、评论家和人文学者自觉地参与到了这场论争当中，争相发声；一些作家、评论家虽然无意参与论争，但因为发表了与论争中的某一方相同或相似的看法，也被"卷入"了论争之中。从张炜的情况看，他应该是属于后者。

三

这场论争的展开和深化，是因为《读书》杂志的推波助澜。在这场论争之中，它既是始作俑者，又是最为起劲的推手。集中表现是它从1994年3月号开始到7月号截止，连续五期推出的《人文精神寻思录》。到8月号，它还意犹未尽，又推出了一期"寻思的寻思"，并在"编者按"中写道："《人文精神寻思录》已刊出五则。现收到南方北方乃至美国大学里一位先生来稿，对'寻思录'进行寻思，特予发表，期收切磋之效。"

《读书》杂志推出的这个专栏，发起者就是王晓明。1994年3月号《人文精神寻思录》之一《人文精神：是否可能和如何可能》，刊载的是王晓明与张汝伦、朱学勤、陈思和的对话；4月号之二《人文精神寻踪》，讨论者是高瑞泉、袁进、张汝伦、李天纲；5月号之三《道统、学统与正统》，讨论者是许纪霖、陈思和、蔡翔、郜元宝；6月号之四《我们需要怎样的人文精神》，讨论者是吴炫、王干、费振钟、王彬彬；7月号之五《文化世界：结构还是建构》，讨论者是张汝伦、季桂保、郜元宝、陈引驰。我们今天细读这五组文章，感到这些讨论都是严肃的、学术性的，很少涉及具体作家和作品。这些讨论的基调，也是以力倡"人文精神"为主的。

后来，文汇出版社约请王晓明编了一本《人文精神寻思录》，于1996年2月出版，算是对这场讨论的一次资料性汇集与小结。王晓明收入此书的文章，除了《读

---

① 参见王晓明等：《旷野上的废墟——文学和人文精神的危机》(原载《上海文学》1993年第6期)，洪子诚主编：《中国当代文学史·史料选：1945—1999(下)》，长江文艺出版社2002年7月版，第926—937页。

书》的讨论之外,还有不少其他地方发表的文章,比如《上海文学》1994 年第 4 期
发表的白烨、王朔、吴滨、杨争光的《选择的自由与文化态势》,《东方》1994 年第 5
期发表的王蒙的《人文精神问题偶感》,《上海文化》1994 年第 5 期发表的陈晓明
的《人文关怀:一种知识与叙事》,《探索与争鸣》1994 年第 10 期发表的朱维铮的
《何谓"人文精神"?》,1995 年 5 月 6 日《作家报》发表的张颐武的《人文精神:最
后的神话》。这些文章,大都是一些"对'人文精神'的提倡基本持质疑和问难立
场的文字"。① 在这本书中,他还编入了一部分对"人文精神"质疑和问难的文章,
以及一些以理解的态度加入讨论的文章,并且附录了部分《"人文精神"讨论文章
篇名索引》,较为全面地反映了当时的情况。

　　王晓明编辑此书的态度是鲜明的,"它不但是一种史料,能使后人知道,在 20
世纪 90 年代初,一些知识分子意识到自己的责任和缺陷的时候,他们如何提出呼
吁,整个知识界又是如何回应这份呼吁的。它更具有一份现实的意义,因为它以
相当集中的方式,向当代知识分子展示了他们深陷困境,而且一时还无力挣脱的
孱弱状态。我想,这应该能够激发那些愿意自救者的勇气和理性,使他们能更深
入地透视当前的文化现实,也更深入地透视自己。我始终相信,只有在这样的透
视的基础上,才有可能谈到知识分子的信念、职责和使命,谈到文化状况的改善,
或者是不再继续恶化。"②

四

　　有意思的是,我们在这本书中并没有看到张炜、张承志的文字,而在有些人看
来,他们两人是"人文精神"大讨论中炙手可热的人物,是与"二王"(王蒙、王朔)
尖锐对立的"二张"。在有些人笔下,整个"人文精神"大讨论似乎就是"二王"
"二张"的论战,甚至有点戏剧性、白热化。我们从王晓明编辑的这本书来看,这
是不符合实际的。

　　那么,所谓的"二王""二张"之争从何而来呢? 仔细考察,这与张炜、张承志
在人文精神追求上有共同点有关,也与一些好事者热衷于制造噱头有很大关系。

---

　　① 参见王晓明:《人文精神寻思录·编后记》,王晓明编:《人文精神寻思录》,文汇出版社 1996
年 2 月版,第 273 页。
　　② 王晓明:《人文精神寻思录·编后记》,王晓明编:《人文精神寻思录》,文汇出版社 1996 年 2
月版,第 275 页。

实事求是地讲,后者所起的作用可能更大。所以,张炜从来就不认同关于"二王""二张"之争的说法。

最早将张炜与张承志联系在一起的,大概是 1993 年 7 月王彬彬在《文学世界》第 4 期上发表的《"请记住,世上还有我的文学"——有感于张承志、张炜对文学的执着》,这是基于两人对文学的执着有感而发的。1994 年 5 月,《萌芽》第 5 期又发表了张新颖的《不绝长流——说张炜言及张承志》,说的也是两人在文学精神上的联系。这些都与论争关系不大。

1994 年 12 月 8 日,张炜在接受《中华读书报》记者肖夏林(又写作"萧夏林",行文及注释中一律用"肖夏林"——引者注)采访时,被问及了这样一个问题:"由上海知识界在 1994 年《读书》及《文汇报》发起的人文精神与文人操守的大讨论,不知您对此有何感想?"肖提出这样一个问题,足以说明张炜不是论争的直接参与者。肖接着又问:"这几年,中国文坛乃至中国大众一直在高喊'理解万岁',而您一直在为'保守主义',为'不宽容'和'不容忍.'呐喊。最近您的这种呼喊更加强烈和激越,因而也受到了一些人的抨击,说您过于苛刻、不够宽容。您怎么看?"这又说明,张炜虽然没有直接参与论争,但他发出的声音也在客观上表明了自己的态度。

也就是在这次访谈中,肖夏林提出了"二张"的概念:"张承志以他的神圣的信仰存在于中国文坛,这是当代中国的精神财富。但他的孤傲偏激,遭到一批人的指责和批判。在理想信仰和社会批判激情方面,你与张承志有相似之处,有人称你们为中国文坛'愤怒的二张'。请您谈一下张承志对当代中国的意义。"张炜回答:"面对着纷纭复杂的文坛、文化领域、现今的中国,他有时能一语中的。……在空前的精神侵犯面前,我们惊喜地看到了一个顽抗者、一个不撤退者。"[①]张炜没有说他是否认同"愤怒的二张"的说法,但他对张承志显然是赞赏和认同的。

这份访谈,后来整理为《做一个精神上的不撤退者——访作家张炜》,发表在 1995 年 2 月 22 日的《中华读书报》上。3 月 21 日,《山东青年报》刊载布衣的《文坛"二张"向媚俗开战》,基本上复述了上述访谈的内容,但因为用了这么一个博人眼球的题目,似乎也就把"二张"之说"坐实"了。

1995 年 6 月,肖夏林编著的"抵抗投降书系·张炜卷"《忧愤的归途》由华艺

---

① 张炜、肖夏林:《冬月访谈——〈中华读书报〉记者问》,张炜:《激情的延续》,湖南文艺出版社 1996 年 10 月版,第 25—34 页。

出版社出版,此书上编为张炜的散文随笔,下编为关于张炜及其作品(主要是《古船》《九月寓言》)的评论。编者的意图是很明显的,就是集中体现张炜在"人文精神"大讨论中的观点,但因为这期间张炜的文章并不多,于是便将他以前的许多文章选入了其中。这种做法达到了编者的目的,却给人造成了一种张炜在论争中激烈表态的假象。

更加危言耸听的,是编者那篇充满"火药味"的《时代的哀痛者和幸福者——写在〈抵抗投降书系〉的前面》,其中写道:"(20世纪)90年代初,在我们需要文化英雄文学斗士、需要良知集体承担苦难构筑精神长城的时刻,我们看到了王朔发动的一次'痞子革命',这场在民族精神危难中诞生的革命,出人意料地未受到文坛的抵抗,反而获得热烈欢呼。在这种呼唤声中,王朔愉快地进入文坛中心,成为文坛新楷模。于是,中国作家纷纷加入'痞子革命'中,投靠王朔,掀起了一场风靡文坛弥漫全国的'痞子运动'。""痞子运动标志着当代中国作家的历史性转变。中国绝大部分作家从此彻底放弃了对'现代'的承诺和信仰,背叛自己(20世纪)80年代的理想和热情,公开地媚俗向大众投降,大张旗鼓地倡导'怎么都行'的后现代。他们把王朔当作时代的英雄,自救的楷模。这标志着中国作家放弃救世,进入所谓自救自娱的新时代,也就是放弃良知赤裸裸地以耻为荣的时代。""于是,我们看到了,张承志、张炜、韩少功、余秋雨、李锐、史铁生等当代文学英雄,民族良知抵抗的身影。看到了他们忍无可忍的出发,看到他们走出思想和艺术的象牙塔,来到文坛和时代的前沿,举起'抗战文学'的大旗,直面文坛和时代的黑暗,用匕首投枪,抨击文坛的背叛和堕落,呼唤正义和真理,理想和信仰,呼唤苦难的文学,血和泪的文学。"①为了造势,他连"抗战文学"的名称都用上了,真可谓无所不用其极。

不仅如此,他还同时编选出版了"抵抗投降书系·张承志卷"《无援的思想》,将两本书同时推出,进一步向人们强化了"二张"的概念。就这样,一个将"二张""二王"对立起来的局面形成了。这种做法,当时就有人提出异议。比如1995年8月10日北京《为您服务报》"文艺沙龙"刊载的张颐武、陈晓明、陶东风、乔卫的《"抵抗投降":大旗还是虎皮》,11月29日《文汇报》刊载秦晓的《从"痞子革命"到"抗战文学"》,都对此提出了批评。不过,这种说法还是在客观上形成了,并且

---

① 肖夏林:《时代的哀痛者和幸福者——写在〈抵抗投降书系〉的前面》,肖夏林主编:《忧愤的归途——张炜·〈九月寓言〉》,华艺出版社1995年6月版,第1—2页。

传播很广。1995 年 11 月 9 日,香港《明报》就刊载过戴平的《二张二王掀起人文
精神争论——张炜指野蛮文化是改革隐患》。

五

就张炜来说,他对一些论者将他扯入论争并不认同,但也没有去做过多的解
释。因为他觉得,自己的观点历来如此,似乎没有什么解释的必要。1995 年 7 月
23 日,他在接受《光明日报》记者祝晓风采访时的问答,就很能说明这个问题。

问:"近来关于'二张一韩'('韩'指韩少功——引者注)、'人文精神'讨论、
两本书(指张炜的《忧愤的归途》、张承志的《无援的思想》——引者注)的争论,都
很热烈;您在外地或许不十分了解。但从某种意义上讲,您又最了解中国的现实,
能否就此谈谈?"

答:"这一段去了鲁南、鲁西、苏北、四川、皖南、湖北……刚回半岛,还没有落
定。手头什么报刊也没有。您说的情况我几乎不了解。有人写信谈过,也不清
楚。"

问:"您的《忧愤的归途》一书引起较大反响,有人激赏,也有人认为言辞过
激。您自己认为呢?"

答:"您提到的那些被议论的文字,像'不宽容''缺少批判精神''不妥协'等
等,是我 80 年代中期写的,当时不少报刊登载过,有的还连载了一年。我一直就
这样写,没变过。这都是最起码的态度了,还能怎么写? 正常情况下不会觉得有
什么特别之处。"

问:"请您谈谈作家及知识分子与改革,他们在多元的文化格局中的作用。"

答:"作家以及所有知识分子那儿,应该成为真正的现代思想的发源地,尤其
不能人云亦云,不能仅仅止于移植和模仿,不能一味诠释和解释'世俗'的合理
性。文学就尤其不能。一个人如果怕得罪人,什么都可以干,但就是难以当作
家。""毁坏文学与艺术、现代化建设的,常见的恰是急功近利、不得要领……这些
人从来谈不上独立的创造品格和源于本土的自尊。这样一种操作必然是稚嫩的、
无根底的。有些地方的'流氓无产者'一旦搞起所谓的'文化艺术'、搞起所谓的
'现代化',真是勇猛泼辣,无法无天。他们正是现代化的敌人。""在时下,知识分
子应有起码的正义感、是非感,有关心人民和弱者的基本立场;特别是面对一种事

物时,要保持、而不是丧失正常的第一反应的能力。"①

这些观点,与他此前的看法是一脉相承的。所以,他从不认为自己与王蒙、王朔展开了直接的论战。不仅如此,他与王蒙还保持了十分友好的关系。1995 年 7 月 8 日,王蒙致函张炜,邀请他参加将于 11 月 1 日—5 日在威海举办的海峡两岸暨海外华人学者、作家"人与自然——环境文学研讨会"。张炜如期参加了这次会议。张炜曾告诉我们,他们在威海欢聚、畅谈,哪有一些报刊和论者所描述的那样"剑拔弩张",更没有什么"火药味"。

1995 年 12 月,张炜的随笔《倾向与积累》在《风筝都》第 6 期发表时,编者配发的"编者按"中写道:"本刊主编韩钟亮曾于 11 月中旬拜会了著名青年作家张炜。他似乎对当前人们关注的这场论争并无思想准备,给人的感觉是身在旋涡而如隔岸观火。他谈到了对王蒙的尊敬(他们刚刚在一起出席了世界华人作家的威海聚会),因而觉不出他与王蒙'势不两立'的味道。"

这些都充分说明,张炜"卷入"这场论争是被动的,其"卷入"更多是好事者人为炒作而成。

第三节　真诚发声

一

但是,我们不能因为张炜是被动"卷入"论争而怀疑他的精神质地,怀疑他在时代激流中所坚守的人文精神立场。这对他本来就不是问题。他在 20 世纪 80 年代是这样,90 年代也是这样。张炜是一个一旦抱定了自己的信念,就从不游移彷徨的作家。

翻阅"抵抗投降书系·张炜卷"《忧愤的归途》,我们看到编选者在上编"抵抗的习惯"中选录的不少文章,都是张炜在 20 世纪 80 年代下半期写下的,如《一辈子的寻找》《艺术是战斗》《缺少保守主义》《缺少不宽容》《缺少稳定的情感》等。

---

① 张炜、祝晓风:《不能丧失的——〈光明日报〉记者问》,张炜:《激情的延续》,湖南文艺出版社 1996 年 10 月版,第 15—17 页。

从那时起,不用说涉及人的精神等重大问题,就是对一本文学刊物,张炜也有自己明确的看法,那就是必须坚守"正气"与"雅致"。

1986 年 7 月,他在参加《山东文学》杂志的一次讨论会时指出:"刊物只要正气就好。一个刊物正气日久,很远的地方都看得到。""办一份雅致的刊物很难。……不论什么刊物,都应该由真正的文化人来办,办得有学问。"他还强烈呼吁对雅文学刊物给予财力支持,甚至敏感地预见到:"如果雅文学刊物不实行补贴制,就必然会弄些乌七八糟的东西来糊口,维持开张,到时候就怨不得刊物本身了。反过来实行了补贴制,还要热衷于那些东西,就是另一回事了。"①或许当时他就已经嗅到了市场化的浓烈气息,并由此考虑到了它可能对纯文学阵地带来的侵蚀与冲击。但他大概不会想到,后来那侵蚀与冲击会何等强烈。

在《忧愤的归途》一书中,编选者为能够彰显张炜的"人文精神",重点介绍了长篇小说《九月寓言》、散文《融入野地》。这些作品也都写作、发表在"人文精神大讨论"之前,显然也不是论争的产物。明确这一点,对我们理解张炜在"人文精神大讨论"中的表现是很重要的,这就可以使我们清楚地看到张炜文学立场,也能让我们看到张炜对人文精神的坚守是由来已久、发自肺腑的。或者可以说,即使没有这场论争,他的这些观点也会表达出来。因为他的发声,是面对整个社会人文环境,而不是某个或某几个具体的人,某件或某几件具体的事。

二

我们稍稍回顾一下就会知道,20 世纪 90 年代初期,正是《九月寓言》初稿完成,进入修改、发表和出版的时候。此前张炜在龙口专心写作,与世"隔绝"已久。因为就像创作《古船》时一样,他要极力保持一种创作情绪和心境,尽量减少外界干扰。现在,一场大的劳动宣告结束,面对滔滔洪流、滚滚市声,特别是看到不少作家、评论家都已应时而变,他感到了怪异。

也许是因为刚从龙口回到济南,刚从《九月寓言》的氛围中走出来,各方面的反差太大,张炜的情绪变得有些激烈。他不能容忍市场化给文学造成的伤害,也无法理解为什么那么多人会投机其中,或随波逐流,或放浪形骸。他对现实有些

---

① 张炜:《有的刊物独善其身》,《张炜文集》第 34 卷,漓江出版社 2019 年 10 月版,第 179—180 页。

绝望,也在绝望中思考和寻找。这个时候,民间音乐家华彦钧(阿炳)和他的《二泉映月》给了张炜很大的精神援助。他从阿炳在凄苦无依的重压下创作的这首乐曲中,感受到了一个绝望的灵魂在困境中的倔强挣扎。他称之为"绝望之后"的"第二次选择"。

1992 年 10 月 2 日,他在济南主持召开王延辉作品讨论会时,就由王延辉作品中的人物命运想到了阿炳和《二泉映月》,十分清晰地表达了自己的看法。张炜说:"我常听阿炳的《二泉映月》。我甚至想象他也是为我们这个时代里最高贵的灵魂而写作的。他写了'绝望之后',而不仅仅是写'绝望'。他在写'绝望之后'的'第二次选择'。阿炳眼睛看不见,但心气高远。我从曲子中感受着他当时的悲悯心情,他在没有希望的情况下想些什么,内心里怎样挣扎——他没有低下自己的额头。中外艺术中很多优秀的东西某些主题都与此曲吻合。这大概是艺术中最了不起的部分之一。一个作者接近了这样庄严的命题,往往就考验了自己的意志力。"①

但他也清醒地知道,任何一个时代,像阿炳那样的艺术家都是极少极少的。在当下的社会环境中,就更加难得,"名副其实的作家比三足青蛙都少"②。张炜认为,这样一个时刻对每一个作家都是一场严峻的考验,一个作家能不能像阿炳那样挺过去,是判断其文学品质是否纯粹的重要标准。所以,他不能容忍那些文学的实用主义者对文学精神的亵渎,即便对曾经的"友人",也决不会做无原则、无底线的宽容。

他认为,现在的文坛已经污浊不堪,真正纯粹、圣洁的文学精神或许只有在土地和民间才能找到。这与他刚刚写完《九月寓言》,思想和情感还沉浸在那升腾的地气之中有很大关系。因此,他在 1992 年 10 月 4 日的一次研讨会上,对一位使用"农民意识"去否定和批评一些作家的评论家朋友表示了强烈不满。他认为只有在民间、大地之上,才能看到人的坚韧执着和真实自然;也只有面向民间、大地的知识分子,才会拥有真正的纯粹和质朴。如果把这些简单归之于"农民意识",那么这种判断是极其偏狭、粗暴和武断的。

张炜认为,"纯粹的精神在知识界真是少得可怜,它本来就像一丝丝火种,一点点星光,是随时都能熄灭的一线微光",有人却要动手扑灭它。更为可怕的是,

---

① 张炜:《谈不沦为匠》,《张炜文集》第 36 卷,漓江出版社 2019 年 10 月版,第 30—31 页。

② 张炜:《谈不沦为匠》,《张炜文集》第 36 卷,漓江出版社 2019 年 10 月版,第 34 页。

那些一方面猛批"农民意识"的人,对"一个地方常常表现出的学术和艺术的褊狭、对天才和睿智的不能容忍和莫名嫉恨、艺术活动中的帮会气、一些带有原始气味的恶劣低下的操作","却一直缺少鲜明的指斥,在关键时刻也没有义正词严的抨击",甚至还劝导一些"作家"为了获取收益去写所谓的"企业家"的报告文学。这是让人不能容忍的。①

他所认可的,是那些坚守精神立场的作家、艺术家,是那些不屈服于时代潮流的人。1995 年 12 月 16 日,他在为一位文友写的书评中写道:"自 70 年代末中国的艺术获得再生以来,艺术家们历经了极为独特的一个过程。这期间有复苏的亢奋,也有忧郁和消沉,甚至包括了神话般的传奇。当我们的脚步匆促地跨入了 90 年代的初冬之门,环顾往昔的朋友时,竟默默地压住了一个惊叹,仅此而已。""招摇的骗子衣冠楚楚,只是无法掩去笔下的粗鄙。对于一部分人而言,具有残酷意味的是艺术需要才华,还需要一种道德基础。有的隐匿下来叮蛀艺术之树;有的逃窜了,却依然留下一丝狐臭。""正是在如此的情势之下,我愿意给予真诚和艺术双重的赞美。""我相信这样的历史:喧嚣遮不住沉默,夜色里闪烁着目光。在恍惚和盲从的潮流里,人的心性仍在追寻原则。"②

他甚至认为,这样一位文友,更像一个孤独的战士,正在面对汹汹俗流、嚣嚣市声发出自己坚定、独特的声音。张炜写道:"他一人向前走去,享受着那份孤独与骄傲。他的背影传递了一种讯息,安慰了众多的关切。"③"我一次次地展开他的书,并深深地知道:我展开的是一个战士心灵的长卷……"④

三

进入 1993 年,张炜的激情继续喷发,难以自抑。2 月 10 日,他有感于当时的文坛状况,写下了一篇从标题到内容都堪称"檄文"的《诗人,你为什么不愤怒》。文章不长,分两部分,我们在这里全文引用或许是合适的:

1

人的心理上也有个边界,所以才常常有被侵犯的感觉。这当然纯粹属于

① 参见张炜:《致友人》,《张炜文集》第 36 卷,漓江出版社 2019 年 10 月版,第 35—39 页。
② 张炜:《纯美的注释》,《张炜文集》第 29 卷,漓江出版社 2019 年 10 月版,第 207—209 页。
③ 张炜:《纯美的注视》,《张炜文集》第 29 卷,漓江出版社 2019 年 10 月版,第 207 页。
④ 张炜:《纯美的注视》,《张炜文集》第 29 卷,漓江出版社 2019 年 10 月版,第 209 页。

精神范畴的。现代人越来越敏感,知识界就更加敏感。我们知道要伤害一个诗人是很容易的。可是这些年我们又发现,现在的"诗人们"倒越来越"宽容"了,好像什么都行,怎样都行,真的能够"入乡随俗"了。有人可以伸出手去为污脏鼓掌,有时自己也做出一些污脏。怪不得人们开始怀疑:这些"诗人"从根本上讲是不是冒牌货。

也许他太苛刻了,总也不合时宜总不讨人喜欢;但现在的问题是这样的人太少,跟随潮流的人又太多。"潮流"埋葬的诗人不计其数。

在那个横行无忌的年代里,不少人在用一支笔去迎合。在如今的商品经济大潮中,又有不少人在用一支笔去变卖。不同的时代构成了不同的刺激,在这种种刺激中,总会有人跳起来。

这也算人生一种。不过诗人的笔等于他的一颗心。我们不能变卖自己的心。

现在的好诗越来越少,是因为纯粹的诗人越来越少。这只能是诗人的光荣。我们进入了一个检验和观察的时代,所以大可不必沮丧绝望。随着时光的流逝,到头来总是一个诗人的纯洁、坚定和安静令人钦敬。

现在正是好好劳作的时刻。我们今后首先要叮嘱自己:不滑脱,不松懈,始终朴素而又勤奋。这是一种自然的成长。

对流行的荒谬要有抵抗的习惯。

杰出的诗人不会太多。但我们坚信在这个任意释放和挥发的时代、在一个人口众多的民族,他们终会出现。

2

不抵抗表现在很多方面。也可能是过多的、比比皆是的侵犯使人失去了敏感,文学已经没有了发现,也没有了批判。一副慵懒的混生活的模样,只有让人怜悯。乞求怜悯的文学将是最令人讨厌的东西。

无论贫穷还是富有,一个民族在精神上应该是生气勃勃的。自我游戏,窃窃的欢喜,无病呻吟,还有更多的迁就、苟且,可怕的疲惫……当污泥浊流围拢淹没的那一刻,连一声尖厉的长叫都没有。无声无息。

文学已经进入了普遍的平庸状态,不包含一滴血泪心汁。在这种状态下,精神必然枯萎。

在一种麻木、无可奈何、袖手旁观的情势之下,倒是沉渣泛起。舐痔求荣者也自感光彩地走到了大街上,得意洋洋。听到了呼唤吗? 呼唤的声音尽管弱小,但它是存在的——

快振作起来,像过去一样骑上三岁快马!

他们正用恶意和嘲讽的目光盯视你。看来像是讥讽一个诗人,实际上在嘲弄一个民族。他们以为具有五千年灿烂文明的伟大民族真的会昏头昏脑,一直昏沉下去。

如果能在十二亿人口中找到一万双纯美的眸子,你就幸福了。他们会把你崇高的心灵珍藏起来,代代相传。

诗人,你在哪里?

诗人,你为什么不愤怒? 你还要忍耐多久? 快放开喉咙,快领受原本属于你的那一份光荣吧!

我不单痴迷于你的吟哦,我还要与你同行!①

对于文学精神、民族精神,也就是人文精神的呼唤,还有比这更集中、更痛切、更强烈的吗? 我们在那一时期诸如此类的文章中,怕是很难找到。它与长篇小说《九月寓言》、散文《融入野地》构成了呼应关系,此时,它已由之前艺术地表现变成了直接的艺术宣言。当然,这是张炜一贯的文学立场,并不是针对王蒙、王朔的,也不是刻意要和张承志迈出同样的步伐,他们不过是正好踏上了同一节拍而已。他针对的是一种可怕的文学"世风",他无法不"愤怒"。

四

这一时期,他的这类言论还有很多。1993 年 3 月 13 日,他在回答《联合报》记者提问时,把作家比作"精神领域的掘进工":"我常常想,世界上有两种人劳动强度最大,即两种'掘进工'。一种我们熟悉,就是矿山掘进工;另一种是精神领域的掘进工,这一部分我们倒不太清楚。他们的求索和寻找与人类命运息息相关。没有他们的开掘,我们可能至今还处于黑暗之中。"②他同时表示:"我想我在尽力传播有意义的声音,这种声音有助于美好事物的形成和发展,比如提醒和劝导,比如抗争和呼号,比如维护善和扶持弱小……我的力量不大,但我有自己的愿

---

① 张炜:《诗人,你为什么不愤怒》,《张炜文集》第 29 卷,漓江出版社 2019 年 10 月版,第 210—212 页。

② 张炜:《心灵和物质的对话》,《张炜文集》第 36 卷,漓江出版社 2019 年 10 月版,第 44 页。

望和倾向。"①

　　3 月 22 日,他在回答《农村青年》杂志记者提问时说:"纯粹的艺术、深邃的思想,永远是这个世界上最可宝贵的东西。"②"文学是心灵的刻记。我们不能丢掉灵魂,不能忽略情感,不能不去恨和爱。我们尤其不能失掉一颗敏锐的诗心。可见这就不仅仅是在呼唤文学——它还是想象力、是追求完美的信念、是伴随我们成长的新鲜的空气和阳光……"③

　　也是在 3 月,他在山东省作协文学讲习所的一次演讲中,面对人们的物欲得到最大限度的释放,精神高原走向沉寂和陷落,消遣娱乐成为时尚,甚至开始蔑视崇高的状况,借美国人考利在《流放者归来》一书中记录海明威等所谓"迷惘的一代"怎样苦熬巴黎的历史,说明在混乱时期如果能够坚持下去,认定自己的追求,也会使人飞速成长,因为历史上重要的作家、思想家,大多是从最困难的精神环境里走出来的。张炜认为:"这个时代不是思想家和艺术家最尴尬的时代,如果冷静一点还会发现,这也是冲洗和鉴别的一个大机会。""精神的一度荒芜,总是意味着它将焕发出更大的魅力。"④当然,这需要一个作家记住时代和人,好好地思想,始终站立,不阿谀,不把玩,不跟那种强大的、最通行最时髦的东西一个节拍,不向强势低头,尽力表达自己的声音。

　　9 月,他更是有感于 1993 年的各种怪异现象,写下了对这个特殊年份的认识和感慨:"1993 年好像是很特殊、很重要的一年,起码对于文学是这样。在新时期文学的短暂历史上,哪一年也没有这一年怪:像开端又像结尾,很匆忙又很迟缓。""纯洁的和不那么纯洁的、严肃的和不那么严肃的、忠诚的和不那么忠诚的,似乎都在等待什么——等待一个有利于自己的转机。结果谁也没有等到。痞子和教授一块儿抱怨,商人和艺术家一起叹息。""他们想寻找一个机会,在精神领域做一个成功的机会主义者。凭过去的经验来看,机会总是有的,比如伤痕文学时期,比如工农兵艺术时代,再比如像齿轮与螺丝钉一样的诗……九三年或者九三年以后没有了这些可爱的机会,我们将怎么办?"⑤

　　我们将怎么办? 张炜坚定地认为,一个有实力、有耐力,很健康又很朴素的艺

---

①　张炜:《心灵和物质的对话》,《张炜文集》第 36 卷,漓江出版社 2019 年 10 月版,第 48 页。

②　张炜:《坚持写作的意义》,《张炜文集》第 36 卷,漓江出版社 2019 年 10 月版,第 51 页。

③　张炜:《坚持写作的意义》,《张炜文集》第 36 卷,漓江出版社 2019 年 10 月版,第 53 页。

④　张炜:《精神的魅力》,《张炜文集》第 36 卷,漓江出版社 2019 年 10 月版,第 67 页。

⑤　张炜:《九三年的操守》,张炜:《生命的呼吸》,珠海出版社 1995 年 12 月版,第 74 页。

术家,永远都是一个货真价实的劳动者。为此,他给自己写下了这样一段座右铭:
"为了信守,为了坚持和健康,我想在这样的年头也该有个操守了。这大约是:一、
多读不时髦的书,因为这些书往往是更沉静的人写的,是反复淘洗才留在了架上
的;二、少看或不看文学艺术方面的报道和评议,因为它们常常有害于人的心情;
三、与某些专业评论家相逢只谈友谊,不谈艺术,因为他们现在又迷上了痞子创作
……我对自己的这些规定,也许以后几年也用得上,不过它在 1993 年里特别需
要。"①

1993 年 10 月,张炜(左二)在山东大学参加"'93 张炜文学周"活动

　　10 月 4 日—25 日,在山东四高校组织的"'93 张炜文学周"活动中,共举办了
二十余场学术讲座、四场对话会和作品朗诵会,还举行了张炜作品研讨会。张炜
参加了其中的很多次活动,尤其是与大学生的对话活动。在这些活动中,面对那
些思想活跃的大学生的提问,张炜回顾了自己的创作与生活,阐述了自己的立场
和观点,表现出了一个作家应有的气度与追求。后来,他将这些问答录整理、收入
了《期待回答的声音——'93 张炜文学周》一书中。每次翻阅这本书,我们都能感
受到张炜当年那飞扬的激情,和他面对当时的文坛乱象毫不妥协的勇气、执着倔
强的坚守。也可以说,在那样一个时代,他是一个守住了自己的"操守"的作家。

---

　　① 张炜:《九三年的操守》,张炜:《生命的呼吸》,珠海出版社 1995 年 12 月版,第 75 页。

因为这样的表达比比皆是,甚至贯串全部,我们不可能一一引用,且引述一段10月7日他与山东大学学生的对话,借一斑而窥全豹吧:"作为知识分子当中很重要的一部分,作家在这个时代的操守比什么都重要。在开放的活跃的环境中,经济环境和精神环境都活中有乱,一个思想者绝不能像一个商人,趁乱捞上一把。他没有这个权力。不能哗众取宠,不能在毁坏中寻找快意,更不能借此追求名利。在这个特殊的时期,有代表性的作家更要信守原则、坚持真理。""一个人可以去嘲讽,但嘲讽的对象必须是虚伪,而不能是千百万人一心创造和维护的东西,不能是劳动者和劳动本身,不能是理想和牺牲……"①

11月,张炜在山东省作协文学讲习所的一次演讲中再次强调:"恶俗文学的泛滥,对它的纵容,不能看成是什么'文学艺术空前的自由度'。它只能是一个'堕落度',与自由的精神恰恰背道而驰。它只能表明一个时期思想和意义的沉沦,表明有相当多的一部分人正在失去操守。"②

操守,操守,还是操守。他为一个知识分子能不能守住自己的操守忧心忡忡、大声疾呼。1994年4月23日,张炜将自己1993年和1994年初的一些问答录和随笔整理编成了《生命的呼吸》一书,他在"后记"中写道:"这本书是我在特殊的时期、以特殊的方式写成的。除了其中的一小部分,几乎都是面对听众和读者的大声疾呼。这个时刻我无法冷静,也没有了许多人叮嘱教导我的那种'宽容'了。""人总要发出自己的声音,即便嗓音嘶哑,也要有个声音。"③

是张炜被动卷入了"人文精神大讨论"吗? 是的。真的是"被动卷入"吗? 不是。他的文学立场和文学"操守",不能容许他沉默,他必须发出自己的声音。当然,他无意站在哪一方,更无意与谁对垒,他所面对的是所有"人文精神"的对立面。这是最真诚的,也是最可贵的。

---

① 张炜:《你是艺术家,只要你不沉睡——与山大学生对话录》,《期待回答的声音——'93张炜文学周》,明天出版社1995年5月版,第7页。

② 张炜:《冬令絮语》,张炜:《生命的呼吸》,珠海出版社1995年12月版,第50页。

③ 张炜:《生命的呼吸·后记》,张炜:《生命的呼吸》,珠海出版社1995年12月版,第309页。

第四节　新作迭出

一

　　1994年、1995年,张炜依然在进行着自己孤独的"战斗",用随笔和文论的形式表达自己的观点,写下了诸如《时代:阅读与仿制》《存在的执拗》《守望的意义》《"多元"与学习鲁迅》等篇章,但数量已经明显减少,那种激昂的情绪也明显减弱了。

　　这时,他更多地转入了创作。因为他深知,一个作家作为一个特殊的劳动者,他的生产工具是笔,产品是文学作品。作家在文学问题上固然应该真诚发声,但必须是发于不得不发,不能因为发声而陷入热闹与喧嚣,陷入无谓的争执,忘记了根本。对此,他的文友有着很深的体会:"张炜对生活所求好像只是一支笔、一沓纸和一个能安下书桌的小屋而已,剩下的就是营造他的艺术世界。他的时间观念极强,他感觉如果一会儿不写作,就像犯了罪。"只有对那些文学爱好者,他才会慷慨地拿出时间接待他们。因为张炜交友的标准就是看其是否爱艺术。文友回忆,张炜曾这样由衷地感慨:"一个人爱艺术是多么美好!"并说:"在这个时代,对于爱艺术的人,如果我们不尊重,谁还尊重?"①

　　因此,即使在激涌澎湃的1993年,他的创作也没有出现中断或停滞,他在关注文坛动向、参加文学活动的同时,一直都在辛勤笔耕。是年底,他拿出了四十一万字的长篇巨著《你在高原》之一《家族》,并复印六份分送六位挚友征求意见。熟悉他的文友说:"整个九三年张炜都在写。这部书让其全力以赴。写作处是个荒凉的小屋,常停电;后搬至楼上宿舍,两个月后又搬回。白天屋门紧闭,入夜约三五朋友一起去西郊树林。朋友见其写作辛苦,送一条鱼,饲养几天不忍杀,夜间散步即放入林边河中。"②

　　完成《家族》初稿之后,他又迅即转入了自己钟爱的文学阅读,并于1994年2

---

① 宫达:《"一个人爱艺术多么美好"——张炜印象记》,载于《文学世界》1998年第1期。
② 杨亮:《我所看到的〈家族〉的创作》,载于《当代》1995年第5期。

月完成了一系列阅读随笔，记录他在阅读自己心仪的世界著名作家时的心得，后来这些阅读心得还汇编成书。这就是我们前面提到的《心仪——域外作家：肖像与简评》，此书于1996年10月由山东画报出版社出版。张炜在此书"后记"中写道："人生失去阅读伟大艺术、理解伟大人物的机缘是十分可惜的。人生失去了这种能力就更可悲。显然，具有这种能力的人将获得巨大的、特异的幸福。我们总是为了使自己能够始终拥有、并不断获得和保持这一能力而努力不息。"①

时间进入1994年5月，他在济南参加了山东省作家协会第四次会员代表大会和第四届理事会议，继续被选为山东省作家协会副主席。会后，他就与那些读完《家族》的朋友一起讨论这部作品，有人热烈赞扬，也有人尖锐否定。最后，大家的基本意见是作品应压缩到三十五万字左右。张炜接受了这个意见，并着手进行修改。

但是，由于此时"人文精神大讨论"已经迅速蔓延，张炜感到自己还有话要说，但这一次他已经不想再用演讲或文论等形式表达自己，他选择了小说创作的手法，写出了一部非常独特的对话、独白式长篇小说《柏慧》。从小说中的人物、故事来看，它与正在修改的《家族》，与他已经构思、创作多年的长篇巨著《你在高原》，是相互联系、一脉相承的，但它的写法和意蕴，被打上了更鲜明的时代印痕。

二

如果说将来要诞生的长篇巨著《你在高原》是一条长河的话，那么，《柏慧》则像这条长河之上的一道闪电。它的产生是迅疾而犀利的；刺过长空之后，它在天幕上留下了难以磨灭的光亮。

后来，张炜曾经这样描述过当时的创作心境："（《家族》的写作）经历了一个大的停顿。因为不得不放下它。我开始写《柏慧》。""我知道，在这个时代，在良知的催逼下，人该留下他珍贵的声音。是的，这就是我又一次中断《家族》写作的原因。我实际上走出了所谓学术和艺术，直接面对一片目光一片耳廓。我并不指望那些人会理解我，它——《柏慧》，仅仅是属于我个人的声音。""通常，我对待自己一部较长的作品，写作中总不断地耽搁、停顿、间作；写成后再搁置，与朋友讨

---

① 张炜：《心仪——域外作家：肖像与简评·后记》，张炜：《心仪——域外作家：肖像与简评》，山东画报出版社1996年10月版，第186页。

论,反复修改……唯有《柏慧》是一气呵成。打印稿出来后经历了两次传阅,综合意见再次改写。较快发表。"①一个"不得不",一个"良知的催逼",似乎使我们看到了张炜当时的神情,听到了张炜当时的心跳。

就这样,从1994年6月开始,仅仅用了两个多月的时间,《柏慧》就创作完成了,1994年12月此作由北京十月文艺出版社出版。它从创作到出版仅用了半年时间。张炜说:"《九月寓言》写得最慢,《柏慧》写得最快。因为《九月寓言》能放得下,而《柏慧》不能。"②为什么"不能"？因为他面对"一片目光一片耳廓",不得不发出自己的声音,这大概也是他选择书信体、内心独白式写法的原因。

宫达也曾介绍过这部作品的创作背景:"20世纪90年代以来,张炜大部分时间都旅居登州海角的一个小城里。那里文化不发达,偏僻闭塞,但是从小城人的生活环境中,张炜能敏锐地觉察出社会转型期人性的浮躁,传统价值的沦丧和道德的堕落。他对此表现出深深的忧虑。后来他去省城住了一段时期,通过各种媒体感觉到文化界对社会浮躁与人心污浊的妥协甚至是推波助澜,他再也无法忍受了。于是,他放下了正创作中的长篇小说《家族》,投入了另一部长篇小说的写作。历时两月,此作一气呵成。那是1994年的6月—7月,正值暑期。我每次去他那里总是看到他在伏案疾书,后背渗出大片汗渍。他有时坐累了就蹲在椅子上继续写。当时我真担心他的身体承受不住如此高的写作强度,然而他硬是顶下来了。这部书就是《柏慧》,一部他称之为'良知催逼下的声音'。这种声音是如此尖厉,以致成为1994年人文精神讨论中最响亮的声音。"③

《柏慧》的故事并不复杂,它是由一个已经逃离城市、在葡萄园里扎根的叙事主人公,写给大学时代的恋人柏慧和他们的老师的三组信札组成的,也可看作叙事主人公的三组内心独白。但它涉及的历史是长远的、生活面是广阔的,它写出了叙事主人公三十多年的人生经历,从童年到少年再到青年,从海边到山地到大学校园再到省城一家研究所,最后重回故土大地、海滨平原上的葡萄园。同时,还借助"古歌"和回忆写出了这片土地上先民的故事和家族的历史。当然,作品更直面现实,写出了叙事主人公的一次次出走和最终的逃离。他是一个现代俗世生

① 张炜:《心中的交响——与编者谈〈家族〉》,《张炜文集》第36卷,漓江出版社2019年10月版,第396—397页。
② 张炜、王雪瑛:《昨日历程——张炜访谈》,张炜:《瀛洲思絮录:张炜中短篇小说新作集》,华夏出版社1997年8月版,第573页。
③ 宫达:《"一个人爱艺术多么美好"——张炜印象记》,载于《文学世界》1998年第1期。

活的"失败者",又在自然大地和民间土壤中找回了真诚、纯净的情感和旺盛蓬勃的生命活力。在这部作品中,历史与现实叠印交织,城市与乡村对比映照,真挚的情感和柏老、"瓷眼"一类的假面人物交互出现,让读者感受到的是作家对"人文精神""道德操守"的强烈呼唤。

《柏慧》是一部坚守之作,它坚守的是一种信念、一种精神,这种精神和信念不管在什么环境之下都坚如磐石、不可更移。张炜告诉我们,在创作这部作品时,他每天都在听阿炳的二胡名曲《二泉映月》,他是从阿炳在"绝望"之后的"第二次选择"中获得精神援助的。在作品的结构上,他也借鉴了《二泉映月》的旋律之美,让整个作品起伏跌宕,打动人心。

这部作品中的许多议论、抒情的文字,我们既可看作小说人物的语言,也可看作张炜发自肺腑的声音:"这越来越像是一场守望,面向一片苍茫。葡萄园是一座孤岛般美丽的凸起,是大陆上最后的一片绿洲。你会反驳'最后'这个说法。是的,但我自信这样的葡萄园不会再多出一片了。我为此既自豪又悲凉,为了我特别的守望,我母亲般的平原。"[1]"我绝不'宽容'。相反我要学习那位伟大的老人,'一个都不饶恕'!"[2]"我必须寸步不移守住平原。因为它通向高原。故地之路是唯一的路,也是永恒的路。我多么有幸地踏上了这条路啊。我永远也不会退却。我的伤口在慢慢复原,渐渐已能站立。我又看到了蓬蓬长起的绿草……""一匹三岁红马在原野上奔驰。它嘶鸣着,长尾飘飘,如闪电一样越过沙岗,消失在无垠的绿涛之中。"[3]实际上,小说的有些片段也曾单独摘录出来在报刊上发表过,像1995年2月15日在《中华读书报》上发表的《拒绝宽容》。

2004年5月,此书由中国社会出版社再版时,牟洁曾在《致读者》中写道:"基于《柏慧》所呈现给读者的震撼和感动,著名评论家李洁非毫不犹豫地将它和卢梭的《忏悔录》相媲美;书中充满警醒味道但措辞优美的章节也一度成为大学生们毕业留言簿上的经典;一些电台主持人也曾在制作晚间夜话节目时将此书作为必备的话语指导。"[4]可见其巨大的影响力。

张炜自己也在"再版序"中写道:"自《古船》以来,我出版了多部长篇。它们获得的评价或高或低,实际上究竟怎样还得接受时间的考验——如果它们有接受

① 张炜:《柏慧》,《张炜文集》第3卷,漓江出版社2019年10月版,第194页。
② 张炜:《柏慧》,《张炜文集》第3卷,漓江出版社2019年10月版,第286页。
③ 张炜:《柏慧》,《张炜文集》第3卷,漓江出版社2019年10月版,第367—368页。
④ 牟洁:《致读者》,张炜:《柏慧》,中国社会出版社2004年5月版,第2页。

的资格的话。但仅就在普通读者中的反响而言,《柏慧》是回声较大的一部。甚至有许多读者说:就因为看了《柏慧》,他们才开始去寻找同一作者的其他作品。"①

<h2 style="text-align:center">三</h2>

正是因为《柏慧》的巨大影响力,人们没有将它作为一部普通的小说来看待,而是把它看成了一部张炜参与"人文精神大讨论"的特殊文本。这个看法是有道理的。张炜自己也认为:"《柏慧》这部长篇小说是 1994 年首次出版的,它面世的时间由于正逢全国知识界的'新人文精神讨论',所以似乎是作为这方面的一个文学版本而存在的。当时关于它的争执性的文章发表了不少,各种声音如在眼前。"②据说,当时仅评论家撰写的评论就达到八十多篇,这些评论既有推崇,也有批评,这与当时论争正处于白热化阶段不无关系。

今天,我们在这些评论之中,还可以看出"两军对垒"的激烈程度。1995 年 5 月 27 日,《作家报》刊载郜元宝的《张炜的愤激、退却和困境——评〈柏慧〉》、张颐武的《恐惧与逃避——关于〈柏慧〉"反现代性"辨析》,对《柏慧》提出批评。郜元宝认为,《柏慧》是一次饱含了忌恨的写作,道德上的退却甚至也带来了艺术上的滑坡,它甚至算不上真正意义上的长篇小说,它只是作者的一份思想随笔。张颐武认为,《柏慧》是一部神秘的启示录式的文本,它以反时代的激进和逃避今天的狂躁加入了目前"后新时期"的文化语境之中。7 月 8 日,该报又推出了李洁非的《读〈柏慧〉感言》、蔡桂林的《对郜元宝评〈柏慧〉的赞成与补充》、马相武的《"人文精神"话语场中的三极独白——关于张颐武、郜元宝对〈柏慧〉的批评》三篇文章,继续讨论这部作品。不论赞成还是反对,他们都是站在各自的立场上,表达自己对所谓"人文精神"的理解。

1995 年 11 月,《小说评论》第 6 期刊载孙绍振的《〈柏慧〉:不成立的写作》。孙绍振认为:"首先,张炜选择了一种他无力把握的方式来构筑这个长篇。《柏慧》是用大人生随笔的方式写成的,其中没有完整的故事、鲜明的人物,它所要表达的更多的是一种思想,一种感怀。也就是说,支撑《柏慧》的是作者的思想记

---

①　张炜:《柏慧·序二》,张炜:《柏慧》,中国社会出版社 2004 年 5 月版,第 1 页。
②　张炜:《柏慧·序二》,张炜:《柏慧》,中国社会出版社 2004 年 5 月版,第 1 页。

录,而不是作者体验世界而有的丰富的感性表达。""其次,《柏慧》的写作不成立的原因,还在于支撑《柏慧》的思想基础——融入野地——是不成立的。"他认为张炜还没达到思想的丰富与深刻,"野地"还没有成为一种精神的象征,"这些方面决定了《柏慧》的写作是不成立的,是一个虚假的理想,是乌托邦"。

1996 年 1 月,《小说评论》第 1 期则推出吴义勤的《拷问灵魂之作——评张炜的长篇新作〈柏慧〉》。吴义勤指出:"也许,鲁迅的'杂文'和《柏慧》式近乎'思想随笔'的文字在有人看来并不是文学的'声音',但无疑都是正义的声音,是精神的声音。对比于时下文坛那些所谓'纯文学'和'高雅文学'消解一切、调侃一切,视责任、使命为玩物的游戏态度,张炜式的'话语'才是真正关注人类命运的话语,才是真文学的话语,才是真正逼近和拷问作家自我和整个时代知识分子灵魂的话语,它既是作家不肯同流合污的宣言,也是检视我们时代精神的人文标尺。""张炜始终是一个有着人文主义的理想的作家和一个不肯与世俗合流的精神界的战士。他是一个文人,但他更是一个战士,而且首先是一个战士。这从本质上把他和我们世纪末文坛上的那些自命高蹈的文人雅士们区别了开来。他在没有崇高的时代言说崇高没有希望的时代言说希望的艺术勇气无疑为我们世纪末的中国文学增添了崭新的思想深度和力度;而他为保卫信仰、道德、理想而进行的不懈呼号、呐喊,即使难免堂吉诃德式的悲壮,也仍能以其强大的人格和心灵力量逼向人类的灵魂。这就是张炜的魅力所在,也是《柏慧》的魅力所在。"

《小说评论》连发两篇观点对立的文章,显然蕴含了其倡导争鸣的意思。今天,他们观点的正误已不言自明,无须多说。我们站在今天的角度回望,或许更能看到这部作品警世和醒世的意义。

四

当时,张炜也如以往一样,并没有纠缠于这些争论之中。他像一个定力超凡的高僧一样,目不转睛地盯着自己的文学高原,做着自己该做的事情。他的工作似乎一点都没有受到干扰。《柏慧》完成,他又投入了《家族》的修改,《家族》于1995 年 3 月定稿;随后他开始写作长篇散文《莱山之夜》。他一如既往地去参加文学活动,但是,在需要表达自己的观点时,他也从不有所隐讳。

1995 年 5 月 30 日至 6 月 5 日,他在湖北三峡参加由长江文艺杂志社主办的"'95 三峡笔会",在发言中,他重点谈到了学习鲁迅问题,这是他在很多重要时刻都要举起的一面思想和文学的旗帜。这一次,他在一片"多元"的议论声中谈到了自己的坚守:"文学仍然应该有自己的立场,要保持自己的批判品格。如果那些跟从、合唱、慵懒和呻吟、嘲弄,的确应该算是不可或缺的'元'的话,那么对这种'元'的充满警觉的质疑和提问,甚至是严厉的批评、分析和指责,也是自然存在的一'元'。现在特别需要学习鲁迅。鲁迅是民族之魂。没有忧虑、批判,没有哀其不幸怒其不争,没有对国民性的针砭疗救,哪里还有鲁迅?"①

6月底,他寄出了《家族》书稿;7月,他完成了系列随笔《荒漠之爱——夜读鲁迅》;9月,他的作品《家族》由上海文艺出版社出版,随后《家族》又发表于《当代》1995年第5期;9月27日,他完成《你在高原》之六《我的田园》的写作;10月,他完成长篇小说《怀念与追记》(后修订改名为《你在高原》之五《忆阿雅》)的写作。

进入1996年,张炜又相继完成了长达两千三百多行的长诗《皈依之路》、长篇小说《远河远山》,并受美国出版索引协会主席罗伯特·鲍曼、《美国文摘》邀请出访美国,在美游历长达两个月。12月,他在北京参加中国作家协会第五次全国代表大会,被选为中国作协全国委员会委员。这一年,他还在作家出版社出版了一套六卷本"张炜自选集",这套自选集包括长篇小说《古船》《我的田园》《怀念与追记》,短篇小说集《一潭清水》,散文集《融入野地》,随笔集《葡萄园畅谈录》;在人民出版社及其主办的《新华文摘》杂志发起评选的"最喜爱的作家"活动中,张炜是入选的十位作家中的第二位。

五

1996年,也是张炜"诗兴大发"的一年,他不仅完成了从1991年3月就开始创作的长诗《皈依之路》,修订了写于1992年8月的《折笔之哀》、从1994年6月就开始创作的《午夜半岛(组诗)》、从1995年3月就开始创作的《童砚》,还写出了诗歌《他们》《人·黑夜——在纽约》《费加罗咖啡馆》《有一种奇怪的液体》《晨雨》《瓦尔登湖》《长岛草叶》《马眼少女》《故地之思》。张炜这一年完成和创作的诗歌,超过了他自1986年10月有诗歌创作纪录以来的总和。不仅如此,他的浪漫诗情还持续到了1997年,是年他又创作完成了十九首诗歌。

---

① 张炜:《"多元"与学习鲁迅》,《张炜文集》第36卷,漓江出版社2019年10月版,第352页。

　　张炜的最高文学理想是做一个诗人，他的所有的文学创作都在追求一个"诗"的内核。对此，评论家王万顺曾大量引述张炜的观点，作了集中的表述。王万顺写道："张炜经常用'诗'来指称包括诗在内的其他文学体裁，逐步形成了对于文学本质论意义上的理解。首先，一切文学艺术形式都是诗。这是对文学审美本质以及文学性的充分肯定。小说是诗：'任何形式的文学作品本身都是诗，小说当然也是，也应该具有诗的品质。'散文是诗：'诗与叙事性散文作品在形式上的差异较大，但其内在之核却往往一致。'艺术是诗：'诗是艺术之核，是本质也是目的。一个艺术家无论采取了什么创作方式，他也还是一个诗人。'总而言之，'不过任何形式，内核都是一个诗。你离开的是它的形式，没有离开它的根本。……如果一个作品本质上不是诗，那么它就不会是文学。'文学的研究批评也离不开诗，而当前的批评界恰恰相反。'对于作品，一切都得归入诗性诗心诗学的意义去理解，只有如此才能走进文学的意象。'其次，文学家或作家都应该是诗人。19世纪英国浪漫主义诗人和小说家司各特说：'成功的小说家都多少得是个诗人，哪怕他一行诗都没有写过。'张炜与之不谋而合。'当今的小说家，特别是一个优秀的小说家，要求自己首先成为一个诗人，的确是第一要义。现代世界的小说家原本应该是一个诗人。''好的小说家应该是、也必然是一个诗人。……现在好的小说越来越少，是因为纯粹的诗人越来越少。'用诗人的标准要求小说家，强调的是小说家身上具有的诗人素质，比如生机勃勃的超常激情、洞彻事物真相的深邃理性、悲天悯人的人道主义情怀、忧国忧民的责任感使命感，而不仅是浪漫情调或天才、才情。20世纪90年代初，他喊出'诗人，你为什么不愤怒'的时候，诗人已经不是一般意义上的不问世事、附庸风雅、躲进小楼成一统的诗人，他呼唤的是铁屋中呐喊的人，是灵魂的唤醒者，是社会良知和时代的代言人……"①

　　当然，1996、1997两年，张炜的诗神从天而降，也是有具体原因的。首先，他的诗歌与小说有一种遥相呼应的密切关联，甚至可以说有一种互文性关系。从结构上看，长篇小说《家族》是由历史线、现实线、抒情线三线交织向前推进的，其中的抒情线在书中由十多个独白片段组成，都是想象奇诡、情感充沛的散文诗；长篇小说《柏慧》则穿插了大量"古歌片段"，实际上就是关于家族久远历史的叙事诗；长诗《皈依之路》，则是以《家族》的抒情篇章和《柏慧》的"古歌片段"为基础进行的重新书写。从某种意义上说，《家族》作为比较纯粹的小说文体，《柏慧》作为内心

---

①　王万顺：《张炜诗学研究》，中国社会科学出版社2015年12月版，第49—50页。

独白式的书信体,《皈依之路》作为诗歌文体,讲述的都是同一个故事,抒发的是同一种情感。在张炜那里,的确体现了小说的本质是诗的特点。如果没有《家族》《柏慧》中浓烈的诗心、诗性、诗情、诗意,他在这两年的"诗性勃发"就是不可理解的。

不只是《皈依之路》,他的《午夜半岛(组诗)》《童砚》《马眼少女》《故地之思》《东去的居所》等诗作,也都贯串着那些小说中家族故事、童年往事、故地传说,都呈现出了与其小说作品的呼应性、互文性特点。

1996 年 8 月,张炜(左)与美国出版索引协会主席罗伯特·鲍曼在一起

其次,张炜 1996 年长达两个月的美国之行,也为他的"诗兴大发"提供了契机。出访期间行程紧张、分散,显然不利于小说创作,这时一个作家最容易拿起诗歌或散文作为创作工具。十余年前的 1987 年,张炜出访德国时就给我们留下了数篇散文,表达了那个时代他对所谓的"工业文明"的忧思。这次出访,他是"乘着诗歌的翅膀"而去的,用诗歌写下自己的域外观感就是再自然不过的事情了。更何况,他所参观的费加罗咖啡馆,是诗人艾略特生前曾经写诗和消磨时光的地方,艾略特的"荒原"意识对张炜的影响是巨大且深远的;而《长岛草叶》,写的就是诗人惠特曼和他的《草叶集》。同时,梭罗和他瓦尔登湖畔的木屋也引起了他

的思索,他感慨当年"那个被嘲弄的人",感到这个"小而又小的木屋","竟使辉煌的神庙/感到羞愧",他也渴望从那里"携过大洋"带回中国的橡子,"生成一株大树/长成一片丛林/再化为一个/瓦尔登……"这次出访和归来之后,他写下的诗作竟有五首之多,也算一个小小的奇迹。

最后,进入1997年,他的诗情依然浓郁。此时他对现实的关注,也常常用诗歌的形式来表达,写下了诸如《献诗》《我的松林》《半岛札记》《走穿的红树林》《我正奔向山岗》《它们,无欺的目光》《致六位友人》《河流失去名字》等诸多篇章。其中,最典型的是写于1997年6月1日的《河流失去名字》。诗人的愤懑与渴望是如此强烈,今天读来依然令人震撼:

> 一场热病折磨着一个民族
> 一条河流失去了名字
> 光荣的徽章埋于泥泞
> 聪灵的后代睁大眼睛
>
> 谁来诅咒这愚暴的麇集
> 谁用魔法祛除绝望
> 冰雹扫尽无名山上的乔木
> 恶臭如云絮般堆积
> 冰清玉洁的兰花只有死亡
>
> 你无权使河流失去名字
> 你这无耻无名的黑雾
> 幔遮了胴体掩住了大地
> 让所有诗人开始流浪
> 他们被迫涉过无名之流
> 那孕育了吟唱的母亲河
>
> 最冷酷的莫过于禁绝悲伤
> 把欢乐和真知一起埋葬
> 唯独没有萌发的期许
> 让生命在黑暗中腐烂

> 午夜里一声雷暴 闪电悬起
>
> 天空骤然绘出河流之形
>
> 尽管只是一瞬

这番纵情表达,与他的小说、散文、文论一样,同样发散着强烈的"人文"气息。它们底色相同、一脉相承,都是作家心中的激情,是诗。

第五节 余韵久长

一

20世纪90年代初期的"人文精神"大讨论,如果从其较为集中发力的时间看,是指1993年至1995年,但其起因始自80年代末,何时结束并无定论。因为事关中国人文知识分子的精神质地和精神走向问题,这场讨论或许永远也不会结束。

1995年,《文艺争鸣》第6期推出"1995:文化论争的检讨与回应"专栏,孟繁华在《主持人的话》中写道:"从思想来源上看,它是本土的'忧患意识'与'乐感心态'的冲突;从角色定位看,则是'文化英雄'与'文化白领'的冲突;从价值目标看,它是着眼于理想的乌托邦与认同现实的'辩护士'的冲突;从'知识——权力'的理论模型上考察,它又是一场关于'支配'的冲突;从姿态上看,它隐含的则是社会人格假想与'愉快意识'设定的较量等等。"这些冲突与较量,当然不是短时间内能够被解决的,也可能是永远都不会得到彻底解决的。因此,"人文精神"将是一个永远都需要讨论和认识的问题。

对于这场论争,张炜后来曾有这样一段回顾和表述。1997年2月9日,他应《美国文摘》之约撰写了一篇谈创作的文章,其中谈到了"人文精神大讨论"。张炜写道:"近三年来中国大陆开展的'新人文精神'讨论中,我的作品一直处于争论的旋涡。但我并未直接参与这场讨论。其中被激烈争论的有长篇小说《柏慧》和文论《诗人,你为什么不愤怒?》。《柏慧》由于探讨了中国社会转型期知识分子的独特地位、责任及精神状态,与一系列传统价值观念发生冲突,引起了始料不及的争执。但我始终认为它是我面向这个时代的、理应留下的声音。""关于'人文精神'的讨论对于中国文化界无疑是非常重要的,它尽管掺杂了许多非学术非学理的扯皮、个人恩怨之憾,也仍然是几十年来的思想和文学论争中最具有实际内容的一次。目前这场争论还在继续,并转向深度发展。"①

二

当然,与其说是"人文精神大讨论"给张炜留下了深刻、长久的影响,不如说"人文精神"是他一贯坚守的立场和原则。这一时期,因为处在一种特殊的社会文化环境中,他表现得可能更集中、鲜明、尖锐一些,但就其精神质地来讲,他此前如此,此后也是这样。这是他永远不会放弃和改变的。一场论证,只不过让人们更加清楚地看到了他的态度而已。

近十年之后的 2003 年,王尧、林建法策划组织了一套"新人文对话录"丛书,邀请部分作家和学者展开对话,力图以更加自由开放的形式延续 20 世纪 90 年代那场"人文精神"讨论。其中,张炜与王光东展开对话,围绕"知识分子与当代""作家应是怎样的人""自然、女性的意义""思潮、现代与传统""文化、文学与个性"等诸多问题谈了自己的看法。在"知识分子与当代"部分,张炜比较系统地阐明了自己的立场和观点,其表达对于我们理解张炜在 20 世纪 90 年代"人文精神"讨论中的态度、他当时及以后的创作具有重要作用。

首先,张炜认为知识分子的独立思考精神比什么都重要,而这种独立思考最重要的根据是人的良知。张炜认为,人的良知的养成,主要来源于那些基本的常识性的东西,而不是不着边际的大话和洋话,所以一个人认真生活而获得的意义,特别是一个人在生活中长期养成的品性,是判断问题的最可信的因素。② 这就是说,人的良知是在长期的生活中积累起来的,是人的根性所在;有无良知,是判断一个人是不是一个真正的知识分子的根本标准。也正是因为有了"良知"这个根本,一个作家才有最朴素的心地和最真实的表达,才能在纷繁复杂的世相面前显示自己的独立精神和倔强性格,不跟风,不从流,只唯真,只唯实。

张炜指出:"如果我们要立志做一个知识分子,就必须时常叮嘱自己。我们首

---

① 张炜:《兼谈》,《张炜文集》第 37 卷,漓江出版社 2019 年 10 月版,第 33—34 页。
② 参见张炜、王光东:《张炜、王光东对话录》,苏州大学出版社 2003 年 12 月版,第 3 页。

先从说话即发言开始——最要不得的就是随大流说话；另一方面，也不能为了说出与众不同的话而故意语出惊人。朴素，真实，力求说出自己的见解，这就是一个人对于生存其间的这个世界做出了自己的贡献。一个人一生如果总是在说一些人云亦云的话，那就等于徒有其形，等于不存在。人要存在，就要及时地强调他看到的真实。"①

从这段话里，我们可以理解他为什么会在"人文精神大讨论"中做出那样的表达，也可以理解他为什么会中断《家族》而投入《柏慧》的写作，还可以理解他在20世纪90年代为什么会由原来大海、丛林、田园、大地的书写，转而更加关注知识分子在这个时代的现实困境和精神迷惘，以及他们的蜕变、求索、挣扎、激愤、追求。当然，不论是《柏慧》中的宁伽，还是后来《外省书》中的史珂，都是在大地上诞生或者重回大地的知识分子，他们与《秋天的思索》中的老得、《秋天的愤怒》中的李芒、《古船》中的隋抱朴等虽然有些不同，但是依然在精神血脉上有着深刻的联系。所以，张炜的创作总是处于"变与不变"之中，既有一个本质的内核，又是一个不断变化、延展的过程。他就是在这样一个过程中，逐渐完善了《你在高原》的宏大构思，让思绪和情感在历史与现实、城市与乡村、中国与世界、当下与未来之间来回穿梭，写出了中国知识分子的百年心史。

其次，从知识分子的独立立场和朴素、真实的精神质地出发，张炜对现存的世界秩序表达了强烈的质疑。与那些专注于中国城市乡村、中国现实问题的作家相比，张炜显然具有更开阔的视野和更深邃的思考。他揭露物质主义、消费主义，质疑所谓的"现代性"，固然是从中国改革开放以来所产生的物质欲望急剧膨胀、资本扩张横行无忌、自然环境明显恶化、人的精神高地不断失守等社会现实出发做出的文学表达，但他敏感地认识到这绝不仅仅是当代中国自身独有的问题，而是整个世界共同的弊端和灾难。那些西方发达国家，可能正是这些弊端和灾难的制造者。对于中国来说，这可能是它对外开放、走向世界所要付出的不可避免的代价，但总得对此保持警惕，尽量避免重走他人的老路。

张炜痛心地看到："说到人在这个现实世界的使命，人的道德和义务，是非常令人沮丧的。事实上，为数不少的知识分子不仅无声，而且已经成了这个丑恶世界的共谋者。"②因为西方物质主义、消费主义已经全境压进，那些根据掠夺者的

---

① 张炜、王光东：《张炜、王光东对话录》，苏州大学出版社2003年12月版，第9页。
② 张炜、王光东：《张炜、王光东对话录》，苏州大学出版社2003年12月版，第15页。

游戏规则划定和形成的现存世界秩序,已经给中国这样的发展中国家造成了很大冲击,为之带来了难以估量的环境灾难和人文精神戕害。但是,很少有人去揭露,去表达自己的不安和忧愤,有些甚至还极尽赞美,丧失了一个知识分子起码的道德和义务。为此,他强烈呼吁:"东方和西方的知识分子应该有相似的使命,他们决不能为这种秩序寻找根据和理由,不能甘做金钱和权力的附庸。他们尤其不能充当霸权的解释人。令人不解的是,在第三世界许多人已经沦为现代资本主义最理想的传播者和专门的解释人,成为一种通行规则的翻译者。他们惟恐普通大众听不懂资本主义的残酷声音。"①为此,他希望"正像西方的文化遗产必然属于全人类一样,东方的智慧与精神能量也要渗透和弥散到全人类当中去。这是东方的责任"②。张炜认为,人类的物质贪欲是没有止境的,这种欲望会彻底伤及人类的存在,一个真正意义上的知识分子要深刻质疑、大胆揭破,"追求人类生存的真正智慧,遏制追逐财富的无限欲望,引导人类的理性思维,以抵达物质与精神、人类与自然的和谐幸福"③。

最后,张炜认为,一个知识分子要想做到这一点,必须回到民间立场上来。当然,张炜所说的民间立场,与一些评论家所说的民间立场并不是一个概念。它不是有些论者所总结的那个"自由自在、藏污纳垢"的民间,不是一个学术概念,而是一个作家的精神家园。它苍茫一片、生生不息,是纯粹而积极的。张炜指出:

我认为民间是一片苍茫,在苍茫中表达的可能性增加了几十倍。对于我的写作而言仅仅是这样。

民间立场就是土地的立场,是生长的立场,是最有生命力的。民间精神是积极的,所以才生生不息。民间精神用来粉碎概念化思维、可笑的八股和套辞之类,还有那浅薄的团体冲动、伪先锋和假前卫,都是最有效的东西。民间的容纳和宽容、率性和自由,都是无可比拟的。

民间立场不等于藏污纳垢的立场,更不是堕落最后容身的角落。民间精神要在腐殖中更加生长。最纯洁、最挚爱的,往往也在民间。最苍老的人间智慧,当然潜在民间。于是这里包含了民间的博大与丰富、各种转化和生长的可能性。从今天看,坚持民间立场会是一个斗争的过程,一个摸索的过程,最后的结果是去伪存真;还有,将民间立场所包含的内容逐渐清晰化,而不是

① 张炜、王光东:《张炜、王光东对话录》,苏州大学出版社 2003 年 12 月版,第 19 页。
② 张炜、王光东:《张炜、王光东对话录》,苏州大学出版社 2003 年 12 月版,第 17 页。
③ 张炜、王光东:《张炜、王光东对话录》,苏州大学出版社 2003 年 12 月版,第 43 页。

将其弄成单薄的符号和概念或者护身符。

民间不可能不是芜杂的,但这芜杂只可以是生长的背景和基础,而不可以是我们最终的追求。如果知识分子以芜杂为追求,那么他就不可能不是一个机会主义者。民间精神的本质具有自己的纯粹性,所以说它是积极的。把民间精神弄得表面化、形式化,就会走向它的反面。①

这些,都是张炜作品思想的核心、情感的核心、艺术表达的核心、文学审美的核心。

三

时间愈久,我们就会愈加感到,关于"人文精神"的讨论不是哪个特定时期的特定"话题",而是人类社会的一个永恒主题。因为只要有人类存在,就有"人文精神",就有赞成和反对、坚持和放弃、消解和维护、高扬和贬抑,这是显而易见的一个事实。令人欣慰的是,任何时代都有张炜这样的作家,始终对此坚定不移,从不"改弦易辙"、左右彷徨。

我们欣喜地看到,时间过去将近三十年之后的 2021 年 2 月,张炜在与评论家赵月斌的一次对谈中,仍然对此表达了一如既往的明确、坚定的态度。

赵月斌问:"在此还想请您回顾一个轰动一时的文化事件,即 20 世纪 90 年代初的'人文精神大讨论',当时一大批知识分子围绕人文精神的失落和重建展开了激烈交锋。您虽未直接参与正面的论战,却被冠以'道德理想主义'的代言人成为争论的焦点之一——即所谓'二张'(张炜、张承志)和'二王'(王蒙、王朔)之争。这场持续了两年的全国性大讨论虽只是社会转型的一种精神阵痛,但对一个要为世道人心立言的作家来说,它无疑会造成深刻的心理印记,现在去看当时的争论,其意义何在? 还有那个'道德理想主义'的标签,现在看显然只是一种以偏概全,您对此有何看法? 当前许多作家感到一种表达的无力,同时也有一种表现的乏力,文学的力量似乎在不断削弱,您有没有这种困惑? 一个作家又该如何突破时代的局限,在文字中抵抗流俗的惯性,在沉默的表达中抵达永恒?"

张炜回答:"这场已经过去的大讨论对我是重要的,大概对整个文化界也绝非可有可无。我们现在回头去看,会找出这个文化事件中各种各样的不足甚至荒

---

① 张炜、王光东:《张炜、王光东对话录》,苏州大学出版社 2003 年 12 月版,第 32—33 页。

谬,但最好还是不要急于否定它。比如对我个人来说,自己不仅不是直接的参加者,而且还在这个过程中,因为简单的'道德理想主义'的标签,让一些根本不读书的人产生了误解。他们望文生义望词生义,或赞赏或批判,动辄'二元对立''道德理想',真是'夫复何言'。在作家这里,不要说做一个直面人性和生活的勇者,即便是一个稍有觉悟和水准的写作者,要傻到什么程度才能让自己变得那么'二元'和'道德'?细读文本了吗?有人认为认真阅读评说对象并不重要,因为那样既很累又很麻烦。""那场讨论是一次冷静的追问。它实际上一直都在进行中,所有醒着的人,更不要说写作者了,都终究不能得过且过,也不愿变成糊涂一坨。"①

　　是的,正如张炜所说,那场讨论实际上"一直都在进行中",即使没有外在的争论,一个作家也不能不在内心里时刻叩问自己、提醒自己、反思自己。至于当时贴在张炜身上的"道德理想主义""二元对立"一类的标签,我们认为今天已经不值一驳,因为时过境迁,现实早已证明了那些论者的僵硬和武断。如果今天还有人那样认为的话,那当然都是一些不读作家作品的人,"夫复何言"。

---

① 张炜、赵月斌:《写作是一条不断的河流》,载于2021年2月24日《文艺报》。

第九章 你在高原

第一节 文学长流

一

《九月寓言》之后,直到2010年,在长达近二十年的时间里,若论张炜最重要的文学创作,当然是长篇巨著《你在高原》。这部构思、起笔于1988年、浩浩十部的鸿篇巨制,不仅是中国文学史上、也是世界文学史上的一个奇迹。但在这部巨著诞生之前,很少有人知道张炜的这一宏大构想,也很少有人知道他正在进行这样一场难以想象的艰苦跋涉。在这个过程中,人们虽然看到了他的多部与《你在高原》有密切关系的作品的诞生,如长篇小说《家族》《我的田园》《怀念与追记》(后修改定名为《忆阿雅》)和《柏慧》等,但很难想象它最后会形成这样一个规模。

这期间,他把这一文学梦想和巨大劳动悄悄地压在了心里,默默劳作。同时,他还用一部部看似独立的文学作品,向我们展示了另外一番文学景象。我们今天回望这些作品,发现它们又无一不与《你在高原》有着内在的、深厚的联系,这些作品与《你在高原》共同构成了这二十余年间张炜的文学之路。

他首先奉献给读者的是关于徐福的系列作品,那就是1996年10月由他主编、山东友谊出版社出版的五卷本"徐福文化集成"。这是他在龙口率领一个团队长期研究的阶段性成果。其中第四卷《东巡》,全部是张炜关于徐福的原创小说,包括中篇小说《瀛洲思絮录》《东巡》,短篇小说《孤竹与纪》《古歌记寻》《射鱼》《造船》。其中,《古歌记寻》是长篇小说《柏慧》的片段,其他诸篇都与《你在高原》之三《海客谈瀛洲》、之七《人的杂志》有密切联系,有的后来就直接修改,写进了这些长篇文本中。

张炜说:"(《东巡》)是一部关于徐福的书,是我七年来参与徐福研究会工作的结果之一。七年来因工作关系与海内外一大批著名的秦汉史专家、古航海研究专家相处,使我获益极大。他们严谨的治学态度及渊博的知识,都将给我的写作生涯以长久影响。""早在九年以前,我因创作其他作品的需要,即翻阅查找了许多考古史料;而后来投入的徐福研究会的工作,又进一步促动和增加了我对这方面的兴趣。我既必须严格尊重已有的科研成果,又必须依据和遵循艺术的特有规律。它们二者是依存、互助、弥补与升华的关系。"张炜同时说:"关于徐福的写作,无疑是我全部创作的有机部分。"这一点,凡是读过张炜作品的人应该都有很深的感受。①

　　我们知道,张炜对徐福关注由来已久,他小时候就听过不少徐福故事,到龙口挂职后更是直接参与了徐福研究工作。1989 年,他担任了山东省徐福文化研究会副会长;1993 年,他担任了中国国际徐福研究会副会长;2011 年,他又担任了中国国际徐福文化交流协会会长。其间,他不仅经常主持关于徐福研究的大型国内、国际研讨交流活动,还率团或随团访问日本、韩国,加强了徐福研究的国际交流。1997 年 10 月—11 月,他应韩国韩中友协和日本日中友协邀请访问韩国、日本,其中去日本的一个重要任务就是搜集《徐福在日本》一文的资料。他后来完成的系列随笔《徐福在日本》包括《正史与口碑》《佐贺》《新宫老人》《熊野》《黑瘦青年》《船队经过济州》《日本学者说》等七篇,可谓不虚此行。2015 年,他主持编写的博大精深的《徐福辞典》由中华书局出版,此举把徐福研究推向了一个新阶段。

1997 年 10 月,张炜(右)在日本考察徐福遗迹

---

① 参见张炜:《东巡·后记》,张炜:《东巡》,山东友谊出版社 1996 年 10 月出版,第 390—391 页。

关于张炜作品中的"徐福",赵月斌在《张炜作品中的"徐福"考略》一文中有详细介绍。他认为徐福在张炜作品中的最早登场,是在长篇小说《古船》中,作家借小说人物隋不召之口讲到了徐福,并称其为"镇东老徐家的徐福",点明了徐福的家乡位置所在。其后,随着张炜的《瀛洲思絮录》《东巡》《你在高原》等一系列作品问世,徐福形象在其作品中渐渐显现出来、鲜明起来。经过张炜的不断挖掘和塑造,这个人物渐渐淡化了民间传说中涂抹在他身上的浓重的"方士气",有了自己独特的精神气质。恰如赵月斌所说:"张炜完全颠覆了徐福的'方士'形象,把他塑造成了带领人们去往自由净土的东方摩西。"我们认为,这不是张炜的刻意编造,而是符合徐福故事、徐福传说自身逻辑的深入挖掘、合理想象,是与莱夷文化精神和莱夷人的民族性格相契合的。赵月斌甚至认为,张炜在《你在高原》之后推出的长篇小说《独药师》《艾约堡秘史》,儿童小说《海边妖怪小记》《寻找鱼王》,等等,其中的一些人物身上也能看到徐福的影子,"他们不安分,不合群儿,多少都有点自成一统、独行其道的徐福气质"。这种说法虽然扯得远了一点,但就张炜作品中灌注的精神气质和文化意蕴来说,应该也有一定道理。①

二

张炜的长篇小说《远河远山》,最初是以中篇小说面目出现的,完成于 1996 年 11 月,1997 年 6 月由明天出版社出版单行本。后经不断补充、改写,才形成了一部长篇,2005 年 5 月《远河远山》由时代文艺出版社出版了续写完整版。按照张炜本人记下的完成时间,此书是"2004 年 12 月 3 日写于万松浦,12 月 28 日改于济南",距最初完成时间已有八年多。在张炜的作品中,这是一部由中篇扩展为长篇的作品,而且时间跨度很大,说明了他对这部作品的珍爱和恋恋不舍。

张炜在 2004 年 12 月 29 日写下的《远河远山·自序》中写道:

> 这部长篇小说的前半部分已在八年前写完,并以单行本在大陆和港台地区出版。但我知道它远远没有完成。它的声音一直在我心中环绕。眼看就要进入第九个年头了,我终于放下手头的所有事情,把自己封闭在一个半岛上的松林小屋中,一口气写下来,改下来。这是长长的沉浸,就像八年前一

①　参见赵月斌:《张炜作品中的"徐福"考略》,张炜:《徐福纪事》,山东教育出版社 2018 年 8 月版,第 242—259 页。

样。

许多人说过:这是写你自己。

我想说的是,我哪有这般多情和缠绵,这仅仅是我遥遥注视的一个少年/老人。那么它是真实的故事吗?是的,这不是一个文学问题,然而又是写作者常常不能够回避的问题。我想说的是,这个故事再真实不过了。我回答的是一个文学问题。

现在出版的是一部完整的长篇小说。仅就上半部而言,它是我所有长篇小说中读者最多的之一。我希望这次完整的出版,能够表达出我对读者的一片心情。①

一些人将这部长篇看作一部自传体作品,但正如张炜所说,这不是一个"文学问题",不能以此来评价一部文学作品;但它又是再真实不过的,这种真实是文学的真实。

小说的故事并不复杂,是写一个叫棺明的孩子(小说中的"我"),从小失去父亲,跟随母亲与继父在一个海港小城生活。外祖母和父亲虽然早已离去,但他们对书的热爱却让他继承下来了,他从小就迷恋上了纸,迷恋上了在纸上不停地写,无法自拔。这让粗暴、凶蛮的继父十分愤恨,继父不断给他制造麻烦和干扰。后来母亲去世,他出走到处流浪,最后到省城。其间他结识了不少文友,也经历了许多痛苦与悲凉。

在这个过程中,他还慢慢知道了父亲当年遭受的屈辱和戕害,知道了继父的一些往事,知道了这个世界是如何颠来倒去、混乱不堪。他厌倦了城市的冷硬和灰霾,回到海港小城、回到乡下,可是那里也已经"残破了,时髦了,愚蠢了",这让他更加痛苦。身归何处、心向何方?他以衰病之躯不懈寻找,最后在一群幼儿园的孩子身上看到了希望:

喧声一响,大门洞开,一群孩子跑出来了。描了红脸蛋的,扎了朝天锥的,几乎全是花衣服。小家伙们张着手臂往前,跳着笑着,伸出顽皮的舌头。

哦,这才是心中的鹏鸟。

这是我最大的满足,最大的幸福。这就是我,一个身有残疾的、五十多岁的男人,正泪眼蒙眬站在霞光里,看着自己的昨天。②

---

① 张炜:《远河远山·自序》,《远河远山》,天天出版社 2016 年 1 月版。
② 张炜:《远河远山》,天天出版社 2016 年 1 月版,第 238—239 页。

　　这部小说中桤明的经历,隐约有些张炜童年、少年生活的影子,这是一些人将它视为作家自传的一个依据。但认真分析起来,桤明在不少方面更像《你在高原》中的主人公宁伽,其中叙写的他的外祖母、父亲的往事,也与宁伽的外祖母、父亲有些相似,我们认为把它放在《你在高原》的大序列中更为合适。

　　这样来看《远河远山》,或许更能加深对它的理解。它的结尾写老年桤明在孩子身上看到希望,与《你在高原》中宁伽等人要到西部高原寻找未来,情感意蕴也是相互贯通的。

三

　　这一时期,张炜的文学创作也在海外日渐显示其影响力。他的作品不断被译介到海外,并且获得了很高的评价。比如,《美国文摘》(中文版)1998 年 3—4 月号就刊载了曾巩的《20 世纪中华民族文学艺术大师系列回顾展(二)——张炜:跨世纪的伟大作家》。同时,张炜还不断得到一些出访邀请,被邀请前往讲学、交流。1998 年 10 月 17 日,日本神奈川大学举行"国际圆桌会议·亚洲的社会和文学研讨会",特邀张炜参加。张炜因故未能前往,只是应邀提供了书面发言《当代文学的精神走向》。是年 10 月—11 月,他随中国作协访问团出访台湾,访问了台北、高雄、新竹、花莲等地以及南华管理学院、台湾大学,并在台北图书馆参加了由南华管理学院、台湾《联合报》副刊主办的两岸作家展望 21 世纪中国文学研讨会。访台结束后,顺访香港,他在香港大学作了题为《术与悟》的演讲。他在台港地区的发言和演讲,都在当地文学界和一些读者中产生了较好的反响。

　　1999 年 3 月,他的长篇小说《古船》被法国文化科学中心确定为法国高等教育考试教材。6 月,这部作品又入选香港《亚洲周刊》20 世纪中文小说一百强。11 月,"2000 年度文库:当代中国文库精读"《张炜卷》由香港《明报月刊》、明报出版社联合推出。是年,法国《诗》杂志第二期还刊载了尚德兰的《张炜诗论》。2000 年 1 月,《张炜短篇小说选》法文版在法国巴黎出版,收入了短篇小说《冬景》《拉拉谷》《山楂林》《逝去的人和岁月》。是年 3 月—4 月,他应法国文化部和国家图书馆邀请,随中国作家代表团访问法国。其间,他先后在法国国家图书馆、法国作家协会作了题为《想象的贫乏与个性的泯灭——对世纪末文学潮流的忧思》《自由:选择的权力,优雅的姿态》的演讲。访法结束后,他还应意大利那不勒斯东方

2000 年 11 月,张炜在日本一桥大学演讲

大学邀请,访问意大利。在法国,他访问了雨果故居。11 月,受日本一桥大学邀请,他再访日本。其间,他在一桥大学作了题为《我跋涉的莽野——我的文学与故地的关系》的演讲,在九州博多西南学院大学作了题为《焦虑的马拉松——对当代文学的一种描述》的演讲。

　　进入新世纪,他的出访活动更多,比较重要的有:2001 年 10 月—11 月,受台北文化局邀请,在台湾做了为期一个月的台北驻市作家。12 月,受梅叶基金会邀请,以作家代表身份赴法国里尔参加第一届世界公民大会,并访问荷兰、卢森堡、比利时、德国。2004 年 3 月,应法国文化部邀请,随中国作家代表团赴法国参加中法文化年 2004 图书沙龙中国主宾国活动。其间,在马赛大学讲学一周。2005 年 9 月—10 月,赴英格兰参加国际诗歌节,顺访伦敦大学。2007 年 3 月,率领山东作家艺术家考察团赴古巴、阿根廷、哥伦比亚等国进行文化考察。2008 年 4 月—5 月,赴韩国参加第二届中韩作家会议。2010 年 3 月—6 月,作为驻校作家赴香港浸会大学主持“小说坊”,讲授小说创作。9 月,赴美国哈佛大学亚洲中心参加第二届中美文学讨论——“新世纪、新文学:中美作家与评论家的对话”,并做了题为《午夜来獾》的演讲。

　　这一时期,张炜的一些重要著作如《古船》《九月寓言》等也被译成英、法、日、韩等多种文字出版,他已渐渐成为一个走出国门、具有世界影响力的中国当代作家。但是，虽然在世界文坛声誉日隆，他的精神质地却从未改变，这在他的对外文学交流中也表现得十分突出。

2009年10月10日，他在中欧作家对话会上的发言题目就是《与全球化逆行的文学写作》。张炜指出："在全球一体化的趋势之下，一些经济体势必要融入这个潮流之中。生活方式价值观念以及意识形态，都会在交流中发生不同程度的冲突，但无论主观意愿如何，趋同与融合仍然是主要的。而这个走向对于真正优秀的文学家来说，却是正好相反的。他们必须是全球化进程中的一些逆行者。一般来说，只要人类还有顽强生存下去的愿望和追求，那么作家就需要具备突破文化范式、反抗商业主义与网络影视娱乐主义相结合的那种勇气，保持一种平衡物质世界的精神力量。只有这种反抗才会产生这个时代的出色的艺术，并且因为其不可替代而长存下去，并真正深刻地吸引和重塑高质量的阅读，从而使人类处于健康生长的精神生态当中。"①

2010年3月29日，他在香港完成了散文《狮子山下鸣尺八》。这是他在香港浸会大学参加"狮子山诗歌朗诵会"，欣赏了尺八演奏后写下的。张炜无限感慨地写道："原来尺八在中国古代常属僧人：雨打芭蕉，头戴斗笠，悠悠吹奏。中年演奏家先是在日本、后来又去澳大利亚，前后跟从两位不同的尺八大师学习，这才有了目前的身手和功底。""一节竹根出妙音，它源自中华，留在异国。这不禁让我想起许多中国妙物，更包括思想和手艺，就这样被我们自己遗忘和疏远了，却被懂得品味的异族人保存下来。而我们自己，则常常费尽辛苦从大洋那边搜索，得了一些宝贝，也找来一些怪物，结果难免要误了大事。""我们本是一个诗书之国，可是在实用主义物质主义盛行的当下，它在世俗之中突然变得有些陌生和费解了，就活像一节归来的尺八。"②

2010年9月24日，他在美国哈佛大学演讲时，由万松浦书院一只獾的故事讲到了我们面对的现实。他认为时至今日，20世纪末开始的那股物质主义潮流更加猛烈了，中国虽然是一个农业国，人与自然的关系理应是比较亲密和贴近的，但现在这样的关系不仅荡然无存，还走向了一种底层机智和实用主义。表现在文学写作上，则是鲜有例外地追逐市场效应。这就进一步脱离了永恒的思索，丧失了大自然的坐标，不再追求真理，格局空前变小。张炜痛心地写道："阅读中国当代

---

① 张炜：《与全球化逆行的文学写作》，《张炜文集》第39卷，漓江出版社2019年10月版，第334页。

② 张炜：《狮子山下鸣尺八》，《张炜文集》第39卷，漓江出版社2019年10月版，第354—355页。

文学,每每会有这样的一种感受:我们拥有当前物欲世界最庞大的一支伴奏队伍。在这方面,我们如今真的已经是'后来居上'了。透过表象的种种分析,很容易得出的结论是:长期处于落后状态的第三世界,急于学习发达国家的文学,也极有可能学到其中最坏的部分,毫不犹豫地丢弃自己美好的民族传统。时至今日,他们要比以前所鄙视的'堕落的西方'更多淋漓尽致地写到性和暴力、更大幅度地展示'人性恶与委琐'——这在通常情况下会是阅读中更为刺激的部分,也是'解构'和'解放'的灵药和猛药。"但张炜依然坚信:"尽管如此,我们还是希望在这场震耳欲聋的物欲大合奏中听到独奏和独唱,看到能够置身于生命旷野中的人——十三亿人口的大国,五六千年的古老文明,总会贮藏起这样的精神能量。"①

　　这就是张炜。他的身上始终闪耀着人文精神之光,他在任何时候都毫不含糊、毫不妥协的精神,我们无法不心悦诚服。

四

　　这一时期,正处在新世纪的交会点上。我们看到,张炜依然像以往一样奋力前行。与以往不同的是,经过了"人文精神大讨论"的洗礼之后,他变得更加坚定、自信、丰富和无畏,也更加相信道德、精神、理想、民间的力量了。

　　1999年1月8日,他在谈到新的一年的创作打算时说:"1999年我的创作将进一步体现道德感和责任感,尽管这常令时髦的评者所讥愤。其实纵观精神和艺术的历史,以谈道德和责任为耻者,也并不能使其更快地走入梦寐以求的思想和艺术核心。"②2月11日,他在接受记者采访时则说:"民间蓄藏一种生力,像土地一样有繁生茂长的可能。文学离开民间就只能相互模仿,在已成的作品之林里反射投影,尽管这也可以做得不错,但这种不错只能兴于一时,唬唬学生。杰出的作品总是洋溢出强烈的原生气息。"③

　　在这样一种情感状态之下,他写出长篇小说《外省书》就不是偶然的了。这部作品于1999年1月25日完成初稿,6月2日完成第二稿,7月20日定稿;2000年9月在《收获》第5期发表,10月由作家出版社出版。因为2001年一个新的世

---

　　① 参见张炜:《午夜来獾——在美国哈佛大学的演讲》,张炜:《午夜来獾——张炜2010海外演讲录》,作家出版社2011年4月版,第7—8页。

　　② 张炜:《欣悦、遗憾和希望》,《张炜文集》第37卷,漓江出版社2019年10月版,第95页。

　　③ 张炜:《新春十问》,《张炜文集》第37卷,漓江出版社2019年10月版,第97页。

纪就要开始,这部长篇也被人称作"世纪末最后一道文学盛宴"①。

这部二十万字的作品仅比《远河远山》略长一点,在张炜的长篇小说中同属较短的篇幅。它的语言相当凝练,故事发展节奏很快,这在以描写和抒情见长的张炜作品中是比较特殊的,此外这本书的语言极富黏性,相当"抓"人。2000 年 11月 4 日,《山东青年报》刊载一组关于《外省书》的评论时,曾以《未看〈外省书〉怎算得上邂逅文学之美》为专版总题,由题目即可看出编者对《外省书》的喜爱。

作家陈占敏认为:"也许可以说,《外省书》是张炜的一个实验,他要试一试文学界广泛提倡的'可读性'到底应该是一种什么样子。在张炜的心里,可读性的负面界定比正面界定更为重要,它不是粗陋,不是浅俗,不是随意,不是玩笑,不是感官刺激,不是失去了文学这种以语言文字为载体的形式阅读的美感,正相反,需要强化的倒是这一切的反面。于是我们看到了《外省书》目前的面貌。它复杂博奥又浏亮澄明,矜持内敛又淋漓尽致,节制修饬又恣肆放纵,它的机智,它的幽默,它的谐谑,时常令人惊奇,时常让人忍俊不禁,哑然失笑。惊人妙语俯仰皆是;有时候你完全可以不再注意它的内容,而只沉迷于语言的魅力。然而,这样的形式还是包裹着庄重严肃的内容,亦庄亦谐,谑而不虐。"②

是的,《外省书》虽为短制,但叙写的内容却是非常丰富广阔的,它以史珂的经历为主线,串起了史珂、史铭兄弟,史铭、史东宾父子,史珂、师麟两个朋友,胡春漪、师辉母女,师麟、师辉父女,甚至史珂、师辉两个不相干的人物,时间上纵越历史与现实,空间上横跨京城与海滨、国内与国外,展示了相当广阔的社会生活面,也展示了张炜卓越的文学驾驭能力和文字表现能力。张炜说,他原来是用第一人称写的,写了三分之一,觉得叙述的角度有点别扭,然后就把结构重整了,重新写。原稿有近三十万字,最后删改成了这个样子。他"有意把这本书的发力变得深长一点"③。

关于它的内涵,我们此前已经谈及。只是其中的一点应该特别引起注意,那就是张炜在继续表达以往的思考的同时,还为其注入了新的内容。他不仅表现了物质主义、消费主义给整个世界带来的巨大危害,还在这部书中重点表现了技术主义带来的严重后果,提出了"比起天上的星空,心中的道德律,技术充其量只是

---

①　向阳:《2000:读书的感觉——点击畅销书》,载于 2000 年 12 月 31 日《齐鲁晚报》。

②　陈占敏:《从芦青河走向高原》,张炜:《张炜文学回忆录》,广东人民出版社 2017 年 8 月版,第183—184 页。

③　张炜:《外省及其他》,张炜:《外省书》,花城出版社 2005 年 1 月版,第 265—266 页。

小儿科"的观点。同时,与几年前他在《家族》《柏慧》中表现出的峻急之态不同,《外省书》中的主人公史珂是一个甘居主流文化之外的沧桑老人,正在不断地走向外省、外省的外省、外省的外省的外省,走向冷静。我们从史珂身上可以看到,张炜正以退守的姿态慢慢将自己升华到时代的潮流之上,正从一个在大潮中坚定屹立、迎潮而上的"战士",变成了一个站立潮流之上的目击者、审视者、记录者、思想者。他的视野变得更开阔了,思考也更深邃了。所以,有的论者将《外省书》称为一部"思想之书"①,这是很有道理的。

　　我们在作品中可以看到,主人公史珂所思考的,是在这样一个混乱的世界、一种混乱的社会环境中如何坚定地维护内心的道德与尊严,如何负起自己应付的责任,不断地寻找出路。实际上,这也正是张炜所思考的。他说:"《外省书》是我六年来甚至更长时间到处走的一个结果。到处走,城市、乡村,也包括海外,生活的场景不断变化,收获也会有所变化。对我来说这是很积极的一部书,主人公史珂也是很积极的一个人物。我觉得这六年来世界上发生的事情太多了,很难简单做出判断。这个叫史珂的人,经历了那么多事情,基本上是家破人亡。他经历了文化、经济甚至整个民族的那种接近崩溃的灾难性变故。在一般正常的情况下,他很难活下去——万念俱灰。可是这个人还能够活下来,主动选择他自己的生活/思想方式。在我眼里他是一个很了不起的勇者,所以说是很积极的一个人。""我觉得他是很值得我学习的一个人,将来如果我老了,能够老成史珂一样就很理想了。我不是说他个人的遭遇,那也太惨了点。我在说他作为一个人的硬度,一个人判断的勇气,即不妥协的精神。"②

　　"一个人的硬度,一个人判断的勇气,即不妥协的精神",也正是《你在高原》中宁珂、宁伽父子和他们的朋友们的精神气质。也就是说,《外省书》的故事虽与《你在高原》几无联系,但其内在的思想、情感、意蕴却是深深地融汇在一起的。

五

　　其实,这一时期他的另外三部长篇作品《能不忆蜀葵》《丑行或浪漫》《刺猬歌》,虽然在艺术表现上各呈异彩,但其思想、情感、意蕴同样是深深融汇在一起

---

　　①　参见李敬泽:《找一找"外省"在哪儿》,张炜:《外省书》,花城出版社2005年1月版,第283—285页。

　　②　张炜:《外省及其他》,张炜:《外省书》,花城出版社2005年1月版,第263—264页。

的,它们共同构成了张炜行走"精神高原"的壮丽景观。就其总体格调来看,这些作品都承续了《古船》《九月寓言》和《你在高原》之一《家族》的"苦难"叙事策略,尽力书写历史的、现实的、外在的、内心的苦难,借此追问历史、直视现实、剖析人性,揭示社会深陷的混乱、世界面临的灾难、人类面对的危机,并以坚定的人道立场和深厚的人文情怀,试图从大地、民间乃至"外省"寻求解救良方,最终实现对苦难的超越,走向精神高原。这可能并非拯救社会现实的最佳方案,却是实现精神跃升的正途。因为文学虽然有时也充当改良或改造社会的工具,但就其本质来讲却是拯救人的精神的。

于是我们看到,2001 年 10 月由华夏出版社出版的《能不忆蜀葵》中的天才画家淳于阳立,尽管曾在物欲横流的社会里沉湎昏醉,满腹才华几乎被商业主义、技术主义、实用主义、享乐主义销蚀殆尽,最终还是受到那开放在乡野中的蜀葵的感召,携带那幅蜀葵画逃离了这个肮脏不堪的世界。这个人物,正如张炜所说,是一个为精神迷狂的人,同时又是这个时代里最大的俗物,是天才加庸才,极为世俗又极为超拔的人物。他生活在商品经济时代,不可能成功,但他在那个时刻所感悟的思想却是非常尖利逼人的,每每给人以极大的警醒。因此,"蜀葵"在作品中就不是一般的象征,而是现代人的心痛,是一朝失去便不可复得的最为可贵之物。张炜说:"人类的历史,就是精神与肉体搏斗的历史。胜者永远是肉体,因为精神是寓于肉体之中的。对这一规律永不屈服的人,就是我们通常所说的英雄。"那么,小说中的淳于阳立和桤明可以说都是失败的英雄,因为他们最终追求的都是精神,他们依然是值得赞美和敬佩的。①

于是我们看到,2003 年 3 月由云南人民出版社出版的《丑行或浪漫》中那个像大马一样"从野地里跑了出来,越跑越远"②的刘蜜蜡,因为是地主遗腹子,她在那个特殊年代自然是一个遭受戕害的对象。好在老师雷丁给了她良好的启蒙,把她变成了一个音乐、体育、写作全面发展的农村"新人",她得以靠自己的智慧、倔强和无与伦比的奔跑能力,逃离邻村的"食人番"小油矬(民兵连长)的控制,奔向原野。在田野游荡中,她则与一个个"孬人"的子孙"好"上,用女性和母性的温暖安慰了那些不幸的生命。她被抓回后,又亲手刺死了想要欺侮她的"大河马"伍爷(村长),再次跑出了乡村,这一次,她逃进了城市。她在城市之中,也一次次摆

① 参见张炜:《艺术和友谊的悲悼——关于〈能不忆蜀葵〉》,张炜:《能不忆蜀葵》,长江文艺出版社 2005 年 4 月版,第 243—248 页。
② 张炜:《丑行或浪漫》,云南人民出版社 2003 年 3 月版,第 314—315 页。

脱了那些"城市人"的魔爪,最终找到了自己心爱的铜娃,开启了新的生活。可是,在这个处处布满"陷阱"的城市里,他们能够长久地生存下去吗?刘蜜蜡想爸想妈,想老师雷丁,想家乡登州海角的那片旷野,想那里茂盛生长的葡萄园和河边盛开的南瓜花,可他们还能回到那片故土吗?

这是一个靠"奔跑"摆脱苦难、实现救赎的女性,但她最终将奔向何方,还是一个未知数。当然,这不是一部文学作品能够回答的问题,因为奔跑本身就是大地的赐予,就是生命的活力与意义。每个人的一生都是一个过程,不管活得多么长久,都会在过程中戛然而止,只有结束没有结果。因此过程就是意义,奔跑就是精神和力量的象征。所以张炜说:"有的评论说她是'奔跑的女神',我当然同意。"①

张炜说,这是根据许多年前的一个真实故事写成的,当然也有想象中的补充。他为这本书倾尽了力量,前后两章就改了不止三四十遍。他还特别谈到,他在这本书里既写到了乡村,也写到了城市。他不像有些评论家所说的那样只留恋乡村,他对乡村和城市的感情都是爱憎混合的,他试图通过自己的作品探讨"城应该是什么城,乡应该是什么乡",因为城市有城市的可爱与可怕,乡村也有乡村的可爱与可怕,一个作家应该特别关注人类的不平等、关注底层的忧思。张炜说:"我只写我深情与瞩目之地。那是怎样的世界啊,我相信许多人过目不忘:不是因为那里的苦难,而是因为那里的爱和美,因为大地和仁慈。"那么,这个"奔跑的女神",当然也是一个"爱和美"的女神、"大地和仁慈"的女神。这才是张炜所要极力赞美的。②

这部作品的引人注目之处,还有张炜对登州方言的运用。许多论者对此都大加赞扬,张炜也意识到了这一点。他说:"这一次使用了登州方言,这对我是一次语言的大餐。我不记得过去的写作曾这样令我痛快过。书中人物的各种呼叫首先震得我双耳发疼,而后才是突如其来的快乐。这本书在语言的河流里上下翻飞,让它冲洗得崭新崭新,又让它带到高远的境界。这正是我在长期的写作生涯中梦寐以求的状态。"③"登州方言生动无比,我过去采用过,但不够深入也不够彻

①　张炜:《奔跑女神的由来——关于〈丑行或浪漫〉的对话》,张炜:《丑行或浪漫》,漓江出版社2007年4月版,第259页。
②　参见张炜:《奔跑女神的由来——关于〈丑行或浪漫〉的对话》,张炜:《丑行或浪漫》,漓江出版社2007年4月版,第257—261页。
③　张炜:《奔跑女神的由来——关于〈丑行或浪漫〉的对话》,张炜:《丑行或浪漫》,漓江出版社2007年4月版,第258页。

底,更不过瘾。这一次来了个弯弓射雕,自觉尽情发挥,酣畅淋漓。"①张炜注重登州方言的运用,这在《外省书》中已初现端倪,在《丑行或浪漫》中更是大大地强化了这点。

至于它在文学表达上的浪漫迷人气息,也是可以与《九月寓言》相媲美的。读《丑行或浪漫》,其中"南瓜饼"总会让我们想起《九月寓言》中的"地瓜",它们都是大地上最平凡、最普通的植物,也是最具生命活力的象征。

于是我们看到,在2007年1月由人民文学出版社出版的长篇小说《刺猬歌》中那个不停地写作"丛林秘史"的廖麦,与来自莽野丛林的"刺猬女"美蒂有四十多年的聚散离合,个中展现出了历史的荒谬和现实的可怕。因为他们赖以生存的这片海边丛林,百余年来一直就在遭受践踏,尤其是唐老驼和唐童父子两代人,均视丛林为仇敌,或借助于当时盛行的"人定胜天"理论,或乘着当今商业资本的重舰,肆意妄为,达到了丧心病狂的程度。当年的廖麦只能选择逃亡,而今天他同样无容身之地:"链轨铲车和推土机组成了如此盛大的场面,闻所未闻。轰鸣声,太阳下的反光,衬托着一群铁甲怪物。整个尘土飞扬的场地上没有人影,只有钢铁的躯体和手臂在活动。由于南部和东部的小村已经彻底拆除,视界渐渐开阔起来,更远处青魆魆的巨影即是紫烟大垒,它身旁的村落则伏在地上,显得微不足道。"②这个"紫烟大垒",就是唐童与洋人为开发三叉岛旅游联合盖起的一个怪物。更为可怕的是,曾与廖麦长相厮守的美蒂不仅开始与唐童合作,还委身于他,他们的女儿廖蓓蓓也进入了唐童的天童集团工作。廖麦的湖塘、土地难以保全,他所向往的湖塘农庄式的晴耕雨读生活终成泡影,他的理想在强大的物质主义面前被彻底碾碎,只能选择再次逃亡。

当然,廖麦的"逃亡"就像《外省书》中史珂的"避世"、《能不忆蜀葵》中淳于阳立的"出走"、《丑行或浪漫》中刘蜜蜡的"奔跑"一样,是在这样一个时代拒绝投降、拒绝被收编的一种方式,甚至可能是唯一的方式。这也是张炜将要在《你在高原》中给我们表现的一个主题,不停地"退却",不停地"逃亡",不停地奔跑和寻找,在大地和民间汲取无穷力量,最终奔向精神高原。他们都是现实中的失败者,但一定是精神上的胜利者,是各种磨难和摧残孕育的英雄。

① 张炜:《奔跑女神的由来——关于〈丑行或浪漫〉的对话》,张炜:《丑行或浪漫》,漓江出版社2007年4月版,第260页。

② 张炜:《刺猬歌》,人民文学出版社2007年1月版,第452—453页。

　　这部作品的引人注目之处还在于它的文学表达。张炜长期深研、久蓄于心的"齐文化""莱夷文化"在这里炫然绽放、大放异彩,为我们描绘了一个颇具寓言色彩的神秘的野地丛林世界。在这个世界里,人与动物的界限模糊了,人与自然交汇交融,形成了一个浑然不可分割的生命共同体。论者唐长华指出:"在这个神奇的世界里,无数的自然精灵在腾跃:飞奔的白狍,指路的红蛹,唱歌的刺猬,救人性命、散发出枪药味的黄鳞大扁……更有无数的动物化奇人活动其间:喜欢吃青草、喜欢所有雌性活物的霍老爷,来自丛林、身披蓑衣、长有绒毛的刺猬女美蒂,脸窄心狠的土狼子孙,脚上长蹼的海猪的孩子毛哈,狐狸精化身的女领班,形如尖鼠的女专家,田野上奔袭的告状人'兔子'……可谓人与动物血缘化合,动物闪化为人,人有动物特性,真真假假,虚虚实实,一个奇异驳杂的民间世界赫然在目。"①

　　不过,对有人所说的这部作品的"魔幻"色彩,张炜并不认可。张炜说,它只是继承了中国神话文学的传统,是在齐文化笼罩下的产物。张炜说:"我曾经说过,如果熟悉了齐文化的特点,再读这部作品就不会过多地将之与魔幻等文学手法挂钩,因为胶东——东夷这个地方的自然环境,它的文化,它的土地风情,这些文化要素,不光《刺猬歌》,包括以前的《蘑菇七种》《古船》和《九月寓言》,它们的气都是相通的,都在齐文化的笼罩之下,在它的气脉下游走。……齐文化是一种虚无缥缈、亦仙亦幻、海市蜃楼、非常放浪的文化。这由它的地理位置所决定:举目四望,茫茫大海,无边无际,它是海的文化。从秦始皇墓地挖掘出来的兵马俑全都目光迷茫,面向东方,看齐国东夷。秦始皇不顾老迈,跑了三次齐国,到了东夷,就是现在的胶东。他在那里第一次感受到了大海的神秘和不测,派出徐福出海寻找长生不老药,这在《史记》里有记载,是正史。中国的方士就产生在齐国,道家的代表人物丘处机就在齐国。经过这种文化环境的熏染之后,会有新的感受,了解它,可以打通我所有的作品。"②但是显然,与张炜以往的作品不同,齐文化色彩在《刺猬歌》中被大大强化了。这一"强化"在《你在高原》中也有突出表现,并且影响到了他《你在高原》之后的作品,如长篇小说《独药师》。

　　张炜还说:"《刺猬歌》中的万物有灵并不是一种技法,更多的是童年感受,是齐文化给予我的东西。我童年在林子里,举目四望就是动物和自然。目前世界上科学家通过动物的情感模型和思维方式来分析人类,发现小动物的情感与人类是

---

① 　唐长华:《张炜小说研究》,中国社会科学出版社2016年6月版,第124页。
② 　张炜:《丛林秘史或野地悲歌——关于〈刺猬歌〉的对话》,张炜:《刺猬歌》,作家出版社2013年8月版,第366页。

一样的,连小鸟也会忧郁,植物也有情感。生命的相似性是多么大呀。就我个人来说,童年在林子里遇到的人远没有动物多。在那种情况下,我很容易就形成了万物有灵的观念。十六岁以前的生活决定了一生的创作倾向。"①我们认为,张炜的这段表述也需要特别注意,他是在讲《刺猬歌》,也是在讲他的童年记忆。《你在高原》之后,张炜童心焕发,写出了大量儿童文学作品,这不是偶然的,这与他打通了童年记忆应该不无关系。

六

这一时期,张炜的文学阅读也发生了一些变化。他开始大量阅读中国古典名著,尤其是《楚辞》,并于1999年3月完成了文化随笔集《楚辞笔记》,后经修订,《楚辞笔记》于2000年7月由江西教育出版社出版。张炜在此书的"前言"中写道:"我不断记下自己的叩问和低吟,甚至是呼唤。我在难以企及的美与崇高面前,在使人忘情的冲动之下,一次次回到冷静的遏制和现实的淳朴。想象的思绪盘绕千回,设身处地,在磬与箫当中,在楚声的回荡里,去辨析那个人的呼吸。"②这些篇章在报刊上发表时,他给它们冠上了一个总的引题"悲愤与狂喜",由引题可以看出他当时的心情,也可看出他对屈原和《楚辞》的理解。

张炜说,自1998年秋天,他常常去一座山里的老屋。那座老屋在群山包裹之中,人迹罕至。他在那里的空地上垦出田垄,准备种植,也在那里回忆童年、读书。这一回他只读屈原,因为有一个声音一直在悄悄地、固执地提醒他,引导他通过艰辛的精神跋涉去寻找那个苍茫深邃的灵魂,感知他的声音。这个时刻他也特别需要屈原,需要在《楚辞》中沉浸陶醉,因为大山之外正泛滥着"全球一体化"的喧声,这喧声几乎淹没了白天和黑夜。但他知道,屈原和《楚辞》作为人类历史上至为绚烂的一章,是不可能被淹没和"一体"化掉的。③

阅读中国古典文学名著,写出《楚辞笔记》,可能与他这一时期正在努力寻找自己的精神资源有关,也可能与他走出国门更多地看到了西方世界的弊病有关。2000年10月《外省书》出版后,张炜在回答有关提问时说:"我要不停地读书。但

---

① 张炜:《丛林秘史或野地悲歌——关于〈刺猬歌〉的对话》,张炜:《刺猬歌》,作家出版社2013年8月版,第367页。

② 张炜:《楚辞笔记·前言》,江西教育出版社2000年7月版,第3页。

③ 参见张炜:《楚辞笔记·前言》,江西教育出版社2000年7月版,第1—3页。

是我现在越来越不急着读外国书了。因为回头一看这么多必读的中国书没读，没有好好读。时间真紧，紧得怎么想都不过分。在这个年头，如果西方的兴趣覆盖了我，学得唯恐不像，我就可耻了。再说句实在话，时下我如果用西方、用西方的书唬人唬己，我就浅薄了，我的文学就是竹篮打水一场空。文学当然需要交流，可是起码讲，每个民族都有自己的文学。哪有跳离自己民族十八丈远、十八竿子都够不到的文学？说白了不过是纸老虎，虚幻之物……这些都是我中年之后才明白的道理。屈原、李白和杜甫，诸子散文，他们要在心里扎下根来。文化吸取比作养生，微量元素是重要的，可是主食呢？主食里也含微量元素。主食不足，我吞服再多花花绿绿的药丸，还是要手无缚鸡之力。"①

其后，他又在随笔《世纪梦想》中写道："我希望进入的新世纪，是中国人的一个冷静的世纪。我害怕一窝蜂地学美国、追时髦。新成长的一代应该是热爱中华文化、吸取其伟大精华的一代，不然就没有希望。商业扩张主义、封建专制主义，分别是洋野蛮和土野蛮。我们的真正的幸福，有赖于我们亲手去打造一个知书达理的社会。"②"真正的社会整体化科学思维大概是：社会科学第一，理论科学次之，应用科学再次之。没有社科工作者，特别是大量艺术家、诗人来平衡这个社会强大的技术主义，我们的民族就会跟随西方，盲目走进一场危险的现代游戏中。"③

我们看到，对中国古典名著，他不光读了，也真的读进去了。他甚至因此一发而不可收，后来又写出了阅读齐文化的专著《芳心似火》，写出了《也说李白与杜甫》《陶渊明的遗产》《读〈诗经〉》和阅读苏轼的《斑斓志》。而在此时，他对《楚辞》的阅读显然影响了他的创作。2001 年 5 月 25 日晚，他在与山东师范大学学生对话时说："如同许多作者一样，创作初期我受俄罗斯文学的影响较大，托尔斯泰、陀思妥耶夫斯基，特别是屠格涅夫，这些在较早的作品中表现得明显。后来大家一起接受北美、拉丁美洲作家的影响，最熟悉的如美国的海明威、福克纳、杰克·伦敦、索尔·贝娄，还有后来的马尔克斯等一批作家。欧洲作家如雨果等也读得比较多。总之，前二三十年吞食了大量外国文学作品。写《外省书》的前五六年我开始意识到了一个问题，觉得中国作家，特别是五六十年代出生的人如果受外国文学影响过大，慢慢会失去民族的根性，在整体上陷入一种文化的、文学的焦

①　张炜：《做什么，不做什么》，《张炜文集》第 37 卷，漓江出版社 2019 年 10 月版，第 189 页。
②　张炜：《世纪梦想》，《张炜文集》第 32 卷，漓江出版社 2019 年 10 月版，第 65 页。
③　张炜：《世纪梦想》，《张炜文集》第 32 卷，漓江出版社 2019 年 10 月版，第 67—68 页。

虑。我在自己身上看到了这种焦虑。而一个真正有成就的作家和学者,必然会在一定程度上摆脱这种焦虑,这样才能自信和强大。大约在这前后十年中,我花大量时间研读中国古典,并用白话翻译了一些《诗经》,还写了一部《楚辞笔记》,等等。这不过是努力的开始。《外省书》的章法、谋篇布局、结构,都有回到中国传统的强烈愿望。它以人物列传的方式来结构小说,以此浓缩历史,这都是古典的方式。"①

2000 年,他还对一些域外现代画家产生了兴趣,开始大量阅读,并于 8 月动笔写作《远逝的风景:读域外画家小记》,这本书于 2001 年 5 月完成,11 月由学林出版社出版,其中包括《怀斯》《雷诺阿》《卢梭》《高更》《马蒂斯》《达利》《列宾》《米勒》《杜菲》《凡·高》《马奈》《莫奈》《勃拉克》《柯罗》《德加》《康定斯基》《毕加索》《塞尚》《蒙德里安》《夏加尔》《米罗》《蒙克》《莫迪利阿尼》《劳特累克》《克利》《库尔贝》《康斯太布尔》《大卫》《透纳》《德拉克洛瓦》《弗洛伊德》《毕沙罗》《蔡斯》《恩斯特》《卡萨特》等三十五篇。这些篇章在报刊上发表时也有一个引题叫"突围前后",这引题似乎也可代表他此时的心情。而他随后出版的长篇小说《能不忆蜀葵》,不仅主人公是两位画家,作品还可被视作一部面对现实的"突围"之作,这恐怕不是偶然的巧合。

这一时期,他还大量阅读齐文化典籍,并梳理齐文化的来龙去脉,探讨它的得失成败,完成了长篇散文《芳心似火——兼论齐国的恣与累》,此书 2009 年 1 月由作家出版社出版。陈占敏说,《芳心似火》的出现,在张炜的写作生涯中并不突然,这是张炜长期浸润于齐文化的结果,也与他这一时期的创作倾向是一致的,我们从中"仍然能看到《外省书》中出现过的对全球化的警惕,《精神的背景》对消费文化的批判,《刺猬歌》中工业化吞噬丛林的威胁,锥心之痛,长歌当哭";"人类的芳心固然光彩夺目,似火的芳心终归要燃烧,但如果放纵不羁、不加克制、过度燃烧,万般美好也会在一场场冲天大火中化为灰烬。齐国的历史就是这样,这是需要我们特别警惕的。"②

陈占敏写道:"本书的副题'兼论齐国的恣与累',更多地透露出了张炜写作此书的初衷。春秋时期最先强大富裕起来的齐国,是五霸之首,曾经多么'恣'啊!举袂成云,挥汗如雨,踢起了最早的足球。为了让国王最先'恣'得自由方

---

① 张炜:《交流的期待与欲望》,载于《鸭绿江》2001 年第 9 期。
② 参见陈占敏:《从芦青河走向高原》,张炜:《张炜文学回忆录》,广东人民出版社 2017 年 8 月版,第 193—198 页。

便,建起了最早的官办妓院。可是'恣'得过了头,却变成了'累',落得个国破民衰的结局。曾经威令四方的赫赫霸主——最'恣'的齐桓公,竟然被活活饿死,其过世后近七十天无人过问,蛆虫都爬到了户外。狂欢的代价竟然如此惨重。"①

纵观人类历史,"齐国的恣与累"其实并非个例,而是时时再现、不断重复,在今天这样一个物欲横流的世界,如果不警惕、不节制,怕是还会重蹈覆辙。这就是张炜这部作品的内涵所在,也是他的很多文学作品着力表达的思想情感。用陈占敏的话说,他是以忧心写芳心,心中实有大哀伤。

陈占敏还透露,张炜非常喜欢程派名剧《锁麟囊》。这出戏令张炜一再着迷、赞叹,除了它的故事发生在登州之外,还与它的剧情有极大关系。陈占敏说:"剧中的大家闺秀薛湘灵在一场大水灾之后,失去了财富荣华,总结人生,回肠九曲,深切唱出'休恋逝水,苦海回身,早悟兰因'。逝水难回,来日可待,当务之要是抽身而返,早早觉悟。"②是的,人类的确是需要快点觉悟了。

七

1999 年,可能是对《楚辞》的阅读再次引燃了张炜的诗情。这一年,他写下的诗篇有组诗《1999 年的春天》《饥饿散记》,长诗《松林——龙口海滨,一片松林无边无际》,诗歌《勇士》《杯》《心中的歌剧》《白色的眼睫》《奥秘》《一只死于难产的兔子》《土壤》《阳光》等,可谓多矣。

2001 年 12 月,他赴法国参加第一次世界公民大会并顺访欧洲数国,也像以前一样"只是征行自有诗",留下了不少诗作,计有《里尔里尔——记第一次世界公民大会》《猫和黄鼬的故事——会间朋友说》《从小于连到皇宫——布鲁塞尔街头》《当我腰疼的时候》《俺》《从里尔到巴黎——一路风景及人物志》《粉细的雨——里昂小记》《高地丽城——卢森堡》《风车——荷兰小记》《科隆——波恩——特里尔》《东部乡野——去莱斯酒城》等十一首。这些诗作就像张炜的诗歌日记一般,记下了他在异国行程中的所见所闻、所思所感。

2003 年,他的诗歌创作也很多。这一年,他努力多年筹建的万松浦书院在龙

---

① 陈占敏:《从芦青河走向高原》,张炜:《张炜文学回忆录》,广东人民出版社 2017 年 8 月版,第195—196 页。

② 陈占敏:《从芦青河走向高原》,张炜:《张炜文学回忆录》,广东人民出版社 2017 年 8 月版,第197 页。

口落成,那些诗作大多是在书院落成前后写成的,如《中年的午夜》《爱屋及乌》《一只老成持重的狗》《童年的沙》《家住万松浦》《来龙口的火车》《火药》《第一次见菊芋花》《白色》《关于花的约定》《怀念松林夜》《失望》《眼睛》等。这年 11 月 23 日,他还写下了一首回忆台湾东部著名风景区的诗:《回忆太鲁阁》。其中,那些写于龙口的诗作,集中表达了他对这片土地的深情。当然,这种感情是十分复杂的,有赞美,有怀恋,更有对家园被日渐损毁的现状的痛惜。

2003 年 9 月,张炜、张宇、王安忆、赵玫(左起)在青岛闻一多故居

2005 年 9 月,他将自己自 20 世纪 90 年代中后期以来创作的诗歌汇编成册,交由时代文艺出版社出版,书名就叫《家住万松浦》。这是他继 1997 年《皈依之路》后出版的第二本诗集。其中,最为动人的是他那些叙写童年经历、家族历史、自然万物、故土情思的篇章,这似乎也应了海德格尔的那句名言:"诗人的天职是

2007 年 12 月，张炜在俄罗斯雅斯纳亚·波良纳的托尔斯泰故居

还乡，还乡使故土成为亲近本源之处。"①

　　2005 年 9 月—10 月，张炜赴英国参加国际诗歌节期间，又写下诗歌《夜宿湾园——苏格兰 Cove Park 印象》《爱丁堡大风》《岛上传奇——伦敦有感》；2007 年 3 月，张炜访问南美时，写下了诗歌《哈瓦那》《瞭望山庄——古巴海明威故居》《观古炮台点炮仪式》《恶魔之矛——从拉斯图纳斯到布宜诺斯艾利斯的空中遇险》《特拉法特小镇——去莫雷诺冰川》《火地岛》《巴拉那河》《波哥大之思》；2007 年 12 月，张炜访问俄罗斯后，于次年 1 月写下了诗歌《雅斯纳亚·波良纳》《圣彼得堡街角——陀思妥耶夫斯基故居》。这些，都延续了他每次出访都用诗歌记录经历的习惯。不过，2008 年之后，他的诗歌创作一下子中断了，直到 2013 年，他才再次喷发诗情，并在以后形成常态，每年都有不少诗歌发表，直到今天。

　　王万顺在评论张炜的诗歌时，曾经讲述过这样一段往事："在追念已故诗人昌耀时，张炜高度评价：'昌耀是我最敬重的诗人之一。他那高阔而沉郁的诗章，是我重要的精神营养和学习范本；像他的《慈航》等杰作，真是常读常新。如此饱满、充盈、虔诚、神性激荡之作，我还是第一次读到。这么一位伟大的西部诗人，竟然无缘见上一面，真是我一生的憾事！'②他们一位在西部青藏高原，一位在东部

　　① ［德］海德格尔：《人，诗意地安居：海德格尔语要》，郜元宝译，上海远东出版社 2011 年 5 月版，第 87 页。
　　② 原注：赵剑平：《张炜与昌耀：诗人之憾》，《烟台晚报》2008 年 11 月 24 日第 18 版，"文学角"。

海滨平原,虽因巨大海拔差异、迢递路途阻隔而不曾谋面,却互相欣赏神交已久。张炜对昌耀的诗歌非常推崇,从 20 世纪 80 年代就十分关注昌耀的创作。昌耀也写过一篇题为《酒杯——赠卢文丽女士》的文章,里面特别提及张炜在一篇散文中描写的'利口酒',赞羡不已,并敬称他为'张炜君'。① 90 年代中期,山东诗歌界有关组织曾筹划邀请昌耀到鲁,两人本来有见面的机缘,但因昌耀当时处境窘迫、承担不起差旅费而未能成行。2000 年,昌耀不堪病痛折磨自杀辞世。生死异路,永远的错失交臂令张炜抱憾终生。"②

　　我们从张炜诗歌创作的长流中,从张炜小说作品中写到的那些形形色色、大大小小、男男女女的"诗人"身上,都可以看到他对诗歌的挚爱和推崇;那么,他在长篇巨著《你在高原》中将精神高原定位于西部,并让他的小说人物最终走向那里,除了那里有难得的圣洁、纯净与美好之外,是否也有昌耀和他的诗歌的吸引呢?

　　2009 年 3 月 29 日,他在随笔《纵情言说的野心》中写道:"诗对于我,是人世间最不可思议的绝妙之物,是凝聚了最多智慧最多思想能量的一种工作,是一些独特的人在尽情倾诉,是以内部通用的方式说话和歌唱。我读了许多中国现代诗和古诗、外国翻译诗等,认为每一句好诗都是使用了成吨的文学矿藏冶炼出来的精华,是人类不可言喻的声音和记忆,是收在个人口袋里的闪电,是压抑在胸廓里的滔天大浪,是连死亡都不能止息的歌哭叫喊。"③对于诗歌的推崇与赞美,我们没有看到能出其右者。

八

　　这一时期还有一件大事值得一记,那就是万松浦书院的创立。这座建于龙口海滨的现代书院,是由复旦大学、山东大学、山东师范大学、烟台大学等四所高校共同发起,龙口市政府负责承建的。万松浦书院于 2003 年 9 月 29 日正式开坛运营,张炜出任院长。开坛之时,书院还举行了山东大学艺术批评研究所、复旦大学世界华人文化研究中心、上海大学当代文化研究中心、烟台师范学院现当代文学

---

① 原注:昌耀《慈航》写成于 1981 年 6 月;张炜《利口酒》发表于 1987 年 12 月 13 日《大众日报》;昌耀《酒杯——赠卢文丽女士》写于 1988 年 2 月初前后。
② 王万顺:《张炜诗学研究》,中国社会科学出版社 2015 年 12 月版,第 190 页。
③ 张炜:《纵情言说的野心》,《张炜文集》第 39 卷,漓江出版社 2019 年 10 月版,第 284 页。

万松浦书院学者楼、图书馆及第一研修部鸟瞰

研究所、齐鲁文化研究中心挂牌仪式。

这座书院坐落在龙口北部海滨的万亩松林中,又因处在港滦河入海口(江河入海口为"浦"),故得名万松浦。看起来书院建设的参与者不少,但它实际的倡议者、策划者、组织者、管理者,就是张炜。它的建成也不是一朝一夕的事情,差不多用了十年时间。

2003 年 5 月,万松浦书院开坛之前,张炜在接受作家、评论家周立民访谈时曾说:"这个书院费去了我许多精力,因为它前后搞了近十年。现在书院已基本建好,细部也大致整好了,可以投入使用了。我们当时建它,是想继承中国古代书院的三大功能:游学、讲学和藏书。除此,现代书院还要筹办一个网站等,还要接纳几所大学的科研机构。""这座书院建在商业发达的山东东部半岛,而没有选在儒家文化的腹地,如曲阜和邹县等。这样也许更好。它在半岛上,面对的东西可能要更多一些,也更有敞开性。仅仅是复古,这在今天既不可能也无必要。我们的书院要迎接这个时代崭新的、汹涌的水流。"①

书院开坛以后,迅速引起了广泛的注意,也连续举办了一系列学术研讨活动,如 2003 年 10 月 1 日举办的现代书院与当代文化研讨会、10 月 3 日举办的万松浦书院讨论会、10 月 7 日举办的书院立场与边缘声音笔会及研讨会、10 月 10 日举办的应试教育讨论会等。张炜在这些活动中都有发言,并在对话交流中阐述了自己的书院立场,那就是以沉稳的脚步追求书院的"内美"。他同时表示:"勤奋工

①　张炜:《匆促的长旅》,张炜:《书院的思与在》,广西师范大学出版社 2004 年 11 月版,第 16 页。

2002 年冬,张炜在万松浦书院

作的日子已经到来了,我们书院将过一种简单朴素、同时又是很热烈的生活。这里很安静,这种安静将适合许多追求思想的人、爱学习的人。这里是林中、河畔、海边,是非常好的环境,然而我们要对得起这种环境。"①

　　张炜的确没有辜负这种环境,他在这个地方工作、生活、思考,写下了大量的文学作品,也使万松浦的名字名扬海内外,成了中国一个重要的文学和文化标志。据介绍,书院开坛以来接待的中国大陆著名作家、诗人、学者、出版人就有张承志、韩少功、阎连科、北岛、杨炼、西川、多多、翟永明、方方、迟子建、陈世旭、卢新华、李敬泽、王尧、邱勋、刘玉堂、刘烨园、左建明、赵德发、刘海栖、岳庆平、胡文彬、唐晓渡、李掞平、周立民、张新颖、杨德华、索飒、王志民、吴义勤、王子今、王乾坤、卜宪群、陈占敏、陆梅、林建法、王力平、王雁翎、黄发有、蒋韵、葛笑政、栾梅健、徐东升、刘焕阳、陈力川、王书亭、邓洪波、文能、刘凤鸣、张谦等;从海外前来的作家、诗人、学者有日本学者坂井洋史、王智新、丹羽生,韩国学者郑明教、金河钟、洪廷善,意大利学者伊拉利娅·辛芳蒂,法国学者金丝燕,英国诗人朱利安、波莉·克拉克,加拿大学者丁侃;此外,还有中国台湾学者龚鹏程、浦彦光、应凤凰,中国香港学者伍鸿宇、蒋明等。在此举行的活动次数,学院接

---

　　① 张炜:《书院的思与在》,张炜:《书院的思与在》,广西师范大学出版社 2004 年 11 月版,第 90页。

待的来访人数,已经无法统计。

万松浦书院还设立了国内第一座专业诗歌博物馆,建立了万松浦网站、万松浦书屋,创办了人文类综合杂志《背景》和《万松浦书院简报》《万松浦通讯》,编辑出版了"万松浦文库",开设了"万松浦讲坛",在龙口市下丁家镇长胜村、石良镇水夼村设立了工作室,开展了万松浦文学奖评选活动。作为院长,张炜带头在"万松浦讲坛"进行了一系列讲学活动。据不完全统计,根据他的讲学整理出版的著作就有《书院的思与在》《楚辞笔记》《芳心似火》《谈简朴生活》《疏离的神情》《也说李白与杜甫》《陶渊明的遗产》等。可以说,经过近二十年的努力,万松浦书院已经成为中国大地一处风格独具、内涵丰富的文化场所,并且享誉世界。

在万松浦书院的发展过程中,张炜也见证了书院一带、龙口海滨的巨大变迁。二十余年的时光过去,这个地方除了书院围墙之内的一百多亩地,周边已经全部被各种建筑包裹,面目全非。书院成了一片现代化建筑中的孤岛,当年在书院落成时尚存的两万多亩松林和其中的各种动物、植物、河汊、水泊已经荡然无存。好在万松浦书院建成不久,张炜曾满怀深情地写下过《穿行于夜色的松林中》《美丽的万松浦》《万松浦纪事》《它们——万松浦的动物们》等数篇文章,为读者用文字留住了一段记忆、留下了一段美好。他在《它们——万松浦的动物们》一文中写下的动物就有刺猬、黄鼬、鼹鼠、红脚隼、野鸽子、海鸥、斑鸠、草兔、豹猫、喜鹊、啄木鸟、云雀、树鹨、杜鹃、獾、狐狸、蛇、鹌鹑、青蛙、蟾蜍、沙锥、百灵、麻雀、野鸡、燕子、雀鹰、大雁、灰鹤、灰喜鹊、牛背鹭、猫头鹰、黄雀、黑枕黄鹂、松鼠、乌鸦等三十五种。现在,这些动物早已永远离去或者难得一见了。

我们似乎可以说,今天的万松浦书院既是一座文化圣地,也是一个巨变时代的无言见证者。它见证了这个时代的变迁,见证了这个地方最后两万多亩松林变成一片又一片楼群,也见证了这个时期人的精神的"沙化"过程。其实,在万松浦书院落成之时,张炜就在回顾龙口海滨历史的同时,预见了它的未来:"不说遥远的古代,只说一百多年前,这里是怎样的自然风貌? 根据记载,也还有老人的回忆,此地是一片茫茫无际的森林,到处流水潺潺,古树参天。""直到六十多年前,近海四十多华里的一片广袤之地还被自然林所覆盖,那时候的人轻易不敢单独深入林中,人人害怕迷路。四十多年前,沿海的林地虽然大大萎缩,但仍然拥有好几处林场,有一片片阔叶林和针叶林交混生长的十万亩苍茫,其中活跃有很多狐与獾、黄鼬之类;天上有苍鹰盘旋,草间有野兔飞驰。今天呢? 苍鹰犹在,野兔尚存,可是林木只剩下了区区两万亩,而且以人工防风林为主。""如果人类的认识再深

2005 年 6 月,在万松浦书院举办中英诗人诗歌交流会,后排中为张炜

入到远古呢？那么这几十年的地质勘探告诉我们,黄县龙口一带沿海并深入海中几十公里,当年全为茂密的丛林所簇拥。时光流逝,物非人亦非,无边无际的丛林被埋到了一百多米的地下,所以今天这里就诞生了中国第一座海滨煤田。”“原来自从有了人类以来,我们就一直走在一条告别绿色的道路上。我们离曾经有过的那片莽林越来越远,越来越远,已经快要走到了一片不毛之地。”①

张炜那时就深知:“这儿不是‘桃花源’和‘乌托邦’,这儿是北方自然的一隅。它在围困之中,它在等待之中,它在保护之中,它更在希望之中。不远处即是喧嚣之声,幸有海风徐徐将其吹散,有涛涛松音稍稍覆盖。有什么美妙的情愫在这里孵化,然后就是艰难和欢乐交织的养育。”②海风和松涛最终还是抵御不了喧嚣的侵蚀,他眼睁睁地看着周边的丛林、海滩被蚕食、毁坏,无法拯救。现在,唯有万松

---

① 张炜:《万松浦纪事》,张炜:《书院的思与在》,广西师范大学出版社 2004 年 11 月版,第 20—21 页。

② 张炜:《美丽的万松浦》,张炜:《书院的思与在》,广西师范大学出版社 2004 年 11 月版,第 6 页。

浦书院坚定地矗立那里,成了人们缅怀既往的唯一证据。

　　从张炜开始倡议建立万松浦书院,到它建成,一直到它建成之后很长一段时间,张炜都在创作《你在高原》。《你在高原》中宁伽的经历,与这座书院的前世今生也有些类似,他们都是在现实的困境中困惑、迷惘、挣扎,倔强地生存着。《你在高原》中宁伽在现实中找不到自己的立足之地,最终只能走向精神高原。今天的万松浦书院仍在固守,它最终将走向何方,怕是很难预计。不过,不论它将来怎样,它在漫长岁月中汇聚起来的强大的精神、文化力量,都足以让它精神不灭、生命永存。

九

　　2002 年 10 月,已经担任山东省作家协会副主席多年的张炜,在省作协第五次代表大会上被选为主席。这对他来说既是实至名归,也意味着身上的责任更大了,担子更重了。他除了要搞好自己的创作,用作品来证明所谓的"主席"不是一个官员而是一个作家之外,也要更多地担负起作协的业务工作,为培养作家、发展文学事业服务。在我们编著的《张炜研究资料长编(1956~2017)》中,就可以看到很多关于他开展文学组织活动的记载。

　　2009 年 8 月,在山东省作家协会第六次代表大会上,张炜继续当选主席。之后,他又在 2016 年 11 月—12 月召开的中国作协第九次全国代表大会上当选中国作协副主席。

　　2018 年 2 月,他在山东省作家协会第七次代表大会上卸任主席。至此,他担任山东省作家协会主席共两届、近十六年时间。

　　张炜在省作协主席的职位上做出的成绩是有目共睹的,尤其是在保持作家本色、坚持文学创作和培养山东作家方面。这些我们无须多说,引用文学评论家、山东省作家协会原副主席、山东师范大学李掖平教授的两段记述就足为明证。

　　李掖平写道:"张炜身为山东省作家协会主席,按理说极易被琐杂公务缠住,可他一直就较少待在省城,经常长时间蛰居于山东半岛一个近海小平原上的老屋里潜心写作,几十年如一日。只有作协例会和有重要活动时他才返回济南,一旦事情结束又匆匆赶回乡下,唯恐被那些迎来送往吃吃喝喝的琐事杂务缠死了灵性、扰乱了心绪而无法写作。有记者采访时问他如何定位自己的'作协主席'身份,张炜答曰:'我的身份一直是一个文学志愿者,一直在写作,除了一支笔和一张纸,一无所有。我的写作生活从十几岁开始到现在没有质的改变。我从来没有遵照形式和仪式去扮演什么角色。'①这是张炜的信念和操守,也是他的行为实践。猜度他故作姿态也罢、讽刺他沽名钓誉也罢,他统统不在意更不在乎,只管一本又一本地抛出长篇小说、散文随笔、文艺评论,让作品一次又一次地证明自己。"②

李掖平写道:"他扶掖过许多青年作家,他的扶掖不仅表现在向一些权威杂志积极推荐青年作家的作品,更表现在认真阅读他们的作品,认真提出自己的意见,从不敷衍了事。他主持过许多次青年作家作品研讨会,他的发言属于纯粹的'文本细读'——好处说好,孬处说孬,一听就知道他是认真看过作品的。有时碰到他正在外地不能到会,也必定是要写书面发言稿的。记得 20 世纪 90 年代中后期作协创联部举办张继的作品研讨会,张炜当时恰好不在济南,他从外地寄来一封长信,既高度评价了张继小说的特长与成就,又辨析了其不足之处,实事求是而又言辞恳切,使与会者深为叹服。在进入 21 世纪后的一次王方晨作品研讨会上,远在国外的张炜照例又寄来了书面发言,对王方晨创作的评析准确到位。还有青岛诗人王慧娟、章丘小说作者牛余和等人的创作研讨会……这种例证可以说是不胜枚举。"③

作家、评论家王延辉也曾写道:"张炜在 20 世纪 80 年代末开始担任山东省作家协会副主席,2002 年又被推举为该会主席,这些年来,他以这等身份,为本省众多作家朋友做了大量有益的事情。他是个重友情的人,又是个十分爱才的人,说起哪个有才分的人,说到这人的个性,他会兴奋得手舞足蹈,如数家珍。在他书房的一处,总有一摞一摞的各地作者尤其是青年作者请他'指教'和推荐的文稿,他要在创作之外拿出很多时间来阅读,但他从无怨言,对每一个人都认真对待,或提意见,或向出版单位推荐,或写序写评。他还要经常参加一些创作会议和作品研讨会,在这种场合,他从来都是要求自己讲真话,讲出一点新意,特别是对青年作者,不敢有丝毫误导。曾有人认为体制性的职务会妨碍他的创作,以为他干了这些,创作就不行了。事实证明,这类事情根本不可能影响他的内心追求,相反,倒是更加创造了他为文学献身为文友们做点事情的条件。也有人认为他特别看重

---

① 原注:夏榆:《这是一个"精神沙化"的时期?》,载 2005 年 3 月 17 日《南方周末》。

② 李掖平:《守望大地的行吟诗人——张炜创作论》,山东省档案馆编:《春声赋——张炜创作 40 年论文集》,山东大学出版社 2015 年 10 月版,第 102 页。

③ 李掖平:《守望大地的行吟诗人——张炜创作论》,山东省档案馆编:《春声赋——张炜创作 40 年论文集》,山东大学出版社 2015 年 10 月版,第 103—104 页。

这些职务,其实也错了,还在他担任副主席的年月,我就几次见到过他为了专心创作真心提出辞职的辞呈。"①

作家王树理记得,曾有一个作者托他将一部四卷本、一百多万字的小说初稿转给张炜提提意见,他自己都觉得不好意思代转,但张炜收到后还是很认真地看了,并且提出了修改意见。后来,王树理还在湖南文艺出版社出版的十八卷《张炜散文随笔年编》中惊奇地发现,集子中收录的很多都是张炜参与作品研讨会的发言,有相当一部分是记录张炜与文友往来的散文。王树理动情地写道:"张炜啊,就是一个用他的文学生命诠释着'仁者爱人'古训的汉子,大度能包容,慧眼明世事,故而能有那么多好的作品从他那颗大心淙淙流出。"②

张炜对民间文学活动和那些业余作者的关心、扶持,我们深有同感。他经常应我们邀约参加一些业余作者的新书发布会、作品研讨会,实在不能参加,也必定致信或致词祝贺;经常应邀为我们的一些熟悉的书友题写书名、撰写推荐语、签赠著作,不辞辛苦,也不厌其烦;对一些民间自发建立的文学馆、书院、书屋等文化活动场所,凡是请他题名或寄发贺语的,他从来都没有推辞或拒绝过。仅以我们亲身经历的为例,他就为我们参与创立的"垂杨书院""垂杨书院城社文化讲堂""垂杨书院康美文化讲堂""垂杨书院泰山文化中心""李心田文学馆""刘玉堂文学馆""山东女散文家沙龙""作家之家"等几十处文学场所题过名,为我们参与主办的十多场文化活动发过贺词贺信。他在这方面所做的工作是无法一一列举的。正是因为这样,张炜在众多业余作者、民间学人、文学爱好者中拥有巨大的影响力,形成了一个十分庞大、稳定的"粉丝"群体。许多民间读书人都以收藏一部张炜的签名本为乐、为荣,有的则专藏张炜著作,蔚为大观。山东新泰藏书家阿滢藏有张炜各种著作版本五百多种,周村藏书家袁滨竟藏有张炜各种著作版本七百八十余种,实在让人叹为观止。

李掖平指出,张炜很少花时间去刻意交往,他的朋友都是清一色的"君子之交淡如水",但人们总是会在一些场合"很亲切地念叨他,相互传递交流着最新得到的关于他的消息"。李掖平感慨地说:"在众人都已习惯当面嘻嘻哈哈、实际'玩片儿汤'当家的时下虚浮友情时尚中,这种不当面的记挂和关心可以说是最难得

---

① 王延辉:《张炜肖像》,山东省档案馆编:《春声赋——张炜创作40年论文集》,山东大学出版社2015年10月版,第53—54页。

② 王树理:《心比海大》,山东省档案馆编:《春声赋——张炜创作40年论文集》,山东大学出版社2015年10月版,第69—70页。

的吧？而这种好人缘,用句俗话说就是'张炜平时为下的'。"①

这也从一个侧面说明,张炜是一个内心通透、表里如一的人。他不仅在文学作品中赞美清洁精神、书写清洁精神、传扬清洁精神,更在日常工作和生活中坚守清洁精神、实践清洁精神。他作品中的人物始终行走在精神的高原上,他自己也是一个精神高原上的令人敬佩的探索者、跋涉者。实际上,如果没有那样的内心质地,是写不出那样的作品来的。

第二节 巨著诞生

一

2007年春天,张炜在万松浦书院开始了对《你在高原》的最后一次大规模修改。这时,距离这部作品最开始创作已经过去了十九个年头。整个修改过程到2009年末才结束,又经过了整整三年时间。如果从头算起,这部作品耗费了作家二十二年的心血和精力。

十卷本长篇小说《你在高原》,2010年3月由作家出版社出版。它的最终定稿是在2009年12月15日,12月16日张炜写下了这部巨著的序——《行走之书》。根据我们编著的《张炜研究资料长编(1956~2017)》,这十部书中最后定稿的是之二《橡树路》、之三《海客谈瀛洲》、之四《鹿眼》,此三部均在2009年12月定稿。在2009年11月定稿的是之六《我的田园》、之十《无边的游荡》,10月定稿的是之五《忆阿雅》、之七《人的杂志》,6月定稿的是之八《曙光与暮色》。换句话说,他在最后三年中重点修改完成的是这八部,另外两部除之一《家族》早已完成外,之九《荒原纪事》定稿于2007年5月。至此,十部书终于构成了一个整体,拥有了完整的生命和深邃的灵魂。正如张炜在《行走之书》中所说:"自然,这是长长的行走之书。它计有十部,四百五十万言。虽然每一部皆可独立成书,但它仍然不是一般意义上的系列作品。在这些故事的躯体上,跳动着同一颗心脏,有着

① 参见李掖平:《守望大地的行吟诗人——张炜创作论》,山东省档案馆编:《春声赋——张炜创作40年论文集》,山东大学出版社2015年10月版,第103页。

十卷本长篇小说《你在高原》书影,作家出版社 2010 年 3 月第 1 版

同一副神经网络和血脉循环系统。"

　　这部书之所以没有写成一部出版一部,是因为张炜在写作过程中认识到那是行不通的。张炜曾说:"因为它毕竟不是通常所说的那种'系列小说',即在一个大的题目下的一些不同的书,如《人间喜剧》、左拉的一些书等。它是统称为'长河小说'的那种,即书中有共同的主人公和共同的故事的那种,篇幅太长了,分开出版就很麻烦。"①他以前也试着出版过一两部,结果发现问题很多,主要是因为写作时间拖得太长,其中的人物关系即细节部分容易出现衔接上的问题,还有全书韵律的把握、文字色彩等也难以从总体上掌控,于是改为将全书事先严格布局,然后再根据写作状态挑出某一卷来写,最后统一修改完成。

　　一开始,张炜计划用十年时间写完它,可后来他发现这是根本不可能的,因为这不是一场短兵相接的战役,而是一场马拉松式的战争,于是他安下心来慢慢写下去。这也与他对待生活、对待写作的态度有很大关系,他说:"生活中,我们的许多事情往往就是因为太急做坏了的,这从社会改造、文化活动和经济活动方面,都可以找到无数的例子。再说这样长的一部书,本来也应该与写作时间相匹配,不然一些极复杂的东西就进不去,这可不是才华和脑力够不够的问题,而是时间够不够的问题。有一些神秘的东西是蕴含在时间里的,不给它相应的时间,它的生

---

　　①　张炜:《时间里的神秘蕴含——答香港〈读书好〉》,张炜:《午夜来獾——张炜 2010 海外演讲录》,作家出版社 2011 年 4 月版,第 250 页。

长是根本谈不上的。"①

　　这部巨著的原稿,比我们现在见到的四百五十万字的定稿也要长出很多。张炜说:"我最初写了六百六十多万字,……我的一些朋友称得上诤友,他们总是毫不留情地给我提意见——他们不管我的能力如何,只希望我花了这么多年,能写出一部极重要甚至是杰作来才好。我也乐于做这个幸福的苦差,实际上最后是改写上瘾,一直这么工作下去。"②

二

　　陈占敏在回望张炜这部作品的写作过程,特别是最后的修改过程时,曾经写道:"对作品,张炜已经保持了足够的艺术耐心;对意见,他待以了足够的虚心;对劳动,他付出了巨大的艰辛。他在生命的壮年、创作的盛年,付出了二十二年巨大的浩大心血,作为作家,他能够做到的已经完全做到了,他竭尽了全力,没有惜力。"③

　　张炜的勤奋,也让陈占敏感慨良多,他认为是"一流的勤奋"让张炜的才华得到了充分的显现。这也使他与那些自视甚高、志大才疏者区别了开来。陈占敏说:"有多少用鼻子说话自吹自擂的骄狂之徒高估了自己的才华,却总也没有用作品把自诩的'才华'表现出来,只是'浪得虚名'而已。"④是的,所有的成功都不是用一张嘴就能吹嘘出来的,都是勤奋的双手不息劳作的结果。

　　当然,也像以往一样,这次超常的劳动也给张炜的身体带来了巨大的耗损。陈占敏说:"巨大的劳动明显在张炜身上留下了耗损的痕迹。随后的大规模修改过去了将近三年,冬天到来,晚饭后去万松浦书院近处的海边散步,张炜穿上了厚厚的羽绒服,把帽子戴上,紧紧地扣好。寒风吹来,他仍然会咳嗽起来。他受过伤

---

　　① 张炜:《时间里的神秘蕴含——答香港〈读书好〉》,张炜:《午夜来獾——张炜 2010 海外演讲录》,作家出版社 2011 年 4 月版,第 254 页。
　　② 张炜:《时间里的神秘蕴含——答香港〈读书好〉》,张炜:《午夜来獾——张炜 2010 海外演讲录》,作家出版社 2011 年 4 月版,第 254 页。
　　③ 陈占敏:《从芦青河走向高原》,张炜:《张炜文学回忆录》,广东人民出版社 2017 年 8 月版,第 207 页。
　　④ 参见陈占敏:《从芦青河走向高原》,张炜:《张炜文学回忆录》,广东人民出版社 2017 年 8 月版,第 207 页。

的身体要撑过这巨大的劳动,似乎有几分困难了。"①好在张炜尊重生命运动的规律,作息有常,注意劳逸结合,才在一定程度上保护了自己的身体,保证了创作的进行。陈占敏说:"上午写作,那正是日出蓬勃蒸蒸日上的时辰。需要守常,需要守静。不是非做不可的事情,不能干扰上午的写作。连电话也不打,书院内必要的交流,只发个手机短信。有时候下午会写上一个半钟头。一天的写作任务完成,才可以放松下来,处理一下杂务,读读书,回复一些信件。这样的写作状态,是张炜从年轻时定下的规矩,延续下来的。这就是那浩浩长河一般滚滚而来的作品产生的原因了。"②同时,他也婉辞了一些外出的邀请,坚决拒绝了一些无聊的聚会,保证了这场巨大劳动的时间和体力、精力。

让陈占敏记忆尤深的,还有张炜对朋友意见的尊重和对自己审美观念、写作理念的坚守。与以往的每一部重要作品一样,张炜也将《你在高原》中的每一部都交给最知心的朋友阅读、讨论,请他们提出修改意见。已经熟悉了张炜行事风格和对待作品态度的朋友们,也就毫不客气地"把书稿往死里砸"。这个时候的张炜,虽然已经不是当年那个文学新人,而是一个"功成名就"的著名作家,但他在盛名之下依然保持了接受批评的谦逊态度,因为他知道,弥漫在文学界的那种廉价的吹捧之风有害无益,来自朋友间的善意批评,哪怕再尖锐再片面,也是一种真诚的爱护;他知道"净友"是最珍贵的朋友,他们只希望作家用了这么多时间,能写出一部极为重要的作品,甚至是杰作。

张炜根据全书需要和朋友们的意见,进行了不少大刀阔斧甚至是伤筋动骨的修改。陈占敏看到:"有一些部分要完全废掉重写,有一些部分要大改狠改。某几部的定稿,根本不是朋友看到的初稿样子,好像完全是新书;成书后朋友大为惊讶,想起曾经对这一部不抱希望的意见,惊叹张炜修改的力度如此之大,难以想见。"③张炜自己也曾说过:"打印稿交给一些好朋友看——是我信得过的很苛刻的朋友——有一个朋友说,他十八年前看过同一部,这哪里是当年的样子!改动太大了,面目全非。有几个朋友从头看过全书。他们虽然苛刻却是令人信赖的朋

①　陈占敏:《从芦青河走向高原》,张炜:《张炜文学回忆录》,广东人民出版社2017年8月版,第206页。
②　陈占敏:《从芦青河走向高原》,张炜:《张炜文学回忆录》,广东人民出版社2017年8月版,第209页。
③　陈占敏:《从芦青河走向高原》,张炜:《张炜文学回忆录》,广东人民出版社2017年8月版,第199页。

友,如果只说好话,那就没意思了。他们对我的帮助很大。"①

正是因为有了这么多挚友的帮助,加上张炜以极大的虚心、耐心、恒心和定力来不断地从全局上审视和修改这部巨著,才使这部写了二十二年的作品有了一颗共同的心脏。从 1988 年到 2009 年的漫长岁月,中国和整个世界都发生了剧烈的变化,作家本人的思想、情感、文学观念、文学手法也在发生变化,将这十部创作于不同时期的作品凝成一个完整的整体,绝不是一件容易的事情。不过,这件极难极难的事情张炜做到了,这不能不说是作家创造的一个奇迹,也不能不说是中国文学史上乃至世界文学史上的一个奇迹。

三

就这样,这场耗时长久的巨大劳动终于有了一个比较完美的结果。2010 年 3 月,《你在高原》精装本由作家出版社出版;4 月,又出版了平装本。作家出版社对这部巨著的出版极为重视,特意将三十套精装本编号发行。其中,将 0001 号赠予了中国作家协会,这里是中国作家之家,理应受此殊荣;1956 号由张炜自己保存,因为他是 1956 年生人;1997 号赠予了香港中央图书馆,以纪念 1997 年香港回归祖国;2010 号赠予了国家图书馆,这一年是这本书的出版年份。

2010 年 3 月 16 日,精装本刚刚问世,作家出版社就在北京举行了《你在高原》新书发布会。不过,因为此时张炜作为驻校作家,已赴香港浸会大学主持"小说坊"、讲授小说创作,没能参加出版社为他这部呕心沥血之作举办的隆重发布会。

《你在高原》迅速在文学界和广大读者中产生了强烈的反响,各种评说相继出现,这部巨著一时成了热点。此时,远在香港的张炜依然保持了惯有的宁静,他在香港的讲学和其他文学活动都按部就班地进行,一点也没有受到干扰。其间,他在浸会大学共做了五堂主讲和三次班访座谈,后来这些演讲和座谈都形成了清晰完整的讲稿,被汇集出版为《小说坊八讲》。《小说坊八讲》从语言、故事、人物、主题等八个方面系统阐述了他的小说创作观。他在香港的各项文学活动密集、繁多,可谓车马劳顿、不辞辛苦:

——3 月下旬,接受香港媒体采访。后修订整理为《充耳不闻的状态》。

---

① 张炜、朱又可:《行者的迷宫(全新修订版)》,商务印书馆 2018 年 9 月版,第 68 页。

2010 年,张炜在香港浸会大学欢迎茶会上

　　——3 月 26 日,向香港浸会大学图书馆捐赠人民文学出版社出版的十卷本《中国当代作家·张炜系列》和作家出版社出版的十卷本《你在高原》,并在该馆举办的赠书典礼暨散文随笔集《我又将逃往何方》新书发布会上致答词。后修订整理为《好书的归宿》。

　　——3 月 27 日,在香港电台以《传统文化之河》为题接受第五台"大地书香"主持人施志咏采访。访谈在 4 月 10 日晚 7 点播出。后修订整理为《穿越理性的筛子》。

　　——3 月 31 日,在香港浸会大学欢迎茶会上致答词。欢迎茶会上由浸会大学同学朗诵了长篇小说《古船》《刺猬歌》片段。后修订整理为《在文学的绿地上》。

　　——4 月 10 日,在九龙油麻地 Kubrick 书店与香港青年写作协会成员座谈。后修订整理为《谈自然写作》。

　　——4 月 15 日,向香港中央图书馆赠送编号为"1997"的《你在高原》。

　　——4 月 16 日,在香港浸会大学"文学空间"座谈会上发言。后修订整理为《地理空间与心理空间》。

　　——4 月 17 日,在香港浸会大学分校演讲。后修订整理为《阅读是一种珍惜》。

　　——4 月 19 日,在香港浸会大学演讲。后修订整理为《小说与动物》。

——4 月 24 日,在香港三联书店演讲。后修订整理为《写作是一场远行》。

——4 月 26 日—27 日,到位于广东珠海的北京师范大学—香港浸会联合国际学院访问,以《阅读是一种珍惜》为题与学生座谈。其间,到广东省中山市翠亨村参观孙中山故居,与当地学者、教授见面交流。

——4 月 30 日,在香港作家联会演讲。后修订整理为《心史与人的坚持》。

——4 月下旬,接受香港媒体采访,谈《你在高原》的写作。后修订整理为《渴望更大的劳动》。

——5 月 2 日,在香港中央图书馆演讲。后修订整理为《大自然,城市和文学》。

——5 月 6 日,在香港屯门天主教中学与中学生聚谈。

——5 月 11 日,在香港电台演讲。后修订整理为《潮流、媒体和我们》。

——5 月 25 日,在香港电台做题为《文化超现代》的录音访问。

——6 月 5 日,与香港中学生聚谈。后修订整理为《更清新的面孔》。

…………

我们在这里不厌其烦地罗列张炜的这些行程,意在说明一个卓有成就的作家必定是一个勤奋的劳动者,一个有着强大定力、执着专注的人。他不论做什么,都会倾尽全力投入其中。

四

当然,《你在高原》的诞生作为内地一个重大的文学事件,在资讯发达的时代,也不可能不引起香港文学界和媒体的关注。2010 年 4 月,香港《读好书》4 月号刊载的庄樱妮的《匆忙总会出错——专访张炜》,就请张炜谈了《你在高原》;5 月 2 日,香港《亚洲周刊》第 42 卷第 17 期又刊载了江迅对张炜的专访《书写中国百年风云巨著》,谈《你在高原》;6 月,香港《明报》6 月号则刊载了张炜的《二十二年的跋涉——〈你在高原〉的写作》、徐更勉的《更为深蕴和包容的力量——〈你在高原〉印象》。同时,刊载了《张炜生平简介及其他》和张新颖、洪治纲关于《你在高原》评论观点。

张炜回到内地之后,香港报刊对《你在高原》的介绍与评论依然热度不减。此时,内地关于《你在高原》的评介已经如火如荼,这些情况在我们编撰的《张炜研究资料长编(1956~2017)》中都有详细记载和如实反映。

　　2010 年 8 月 30 日,张炜在北京参加第十七届国际图书博览会"中国作家馆"开馆仪式。就是在这届书博会期间,中国作家协会于 9 月 4 日—5 日举办了"张炜《你在高原》作品研讨会",中国作家协会主席铁凝和众多作家、评论家与会。铁凝给予了张炜及其创作高度而中肯的评价:"在三十余年文学创作的历程中,张炜对文学始终葆有一颗赤诚之心、虔敬之心,孜孜不倦地大量读书,潜心有难度的写作,有时不惜将自己逼入困境,在创造之路上不断地攀登和超越。……在长篇小说创作领域,张炜成绩斐然,从上世纪 80 年代的《古船》,到 90 年代的《九月寓言》,再到新世纪以来的《外省书》《刺猬歌》等,他不断地给中国文坛制造惊奇。""他的沉静与定力是超乎寻常的,而这正是优秀作家应该具备的品质。""正是由于有了像张炜这样的一批优秀作家,中国的当代文学才真正显示出它的厚重和分量。"①其中,"他不断地给中国文坛制造惊奇"一语,成为人们在评价张炜时常常引用的名句,可见深孚人心。

　　9 月 15 日,《文艺报》刊载一组关于《你在高原》的评介文章,包括陈晓明的《〈你在高原〉就是高原》和《〈你在高原〉:大气俊朗,宽广通透》、铁凝的《在创作之路上攀登与超越》、雷达的《燃烧的心灵长旅》、贺绍俊的《引导人们走向理想的家园》、李建军的《对大自然的最深刻和热切的感情》、孟繁华的《张炜的文化信念与情感方式》、吴秉杰的《深刻传达知识分子的内心世界》、张炯的《时代的镜子 历史的百科全书》、白烨的《三气合一的文学大作》、木弓的《一个"思想家"型的作家》、王巨才的《始终坚持现实主义文学立场》、陈思和的《为我们打开精神窗户》、施战军的《屈原式的彻痛》、吴义勤的《文学追求和文学信仰的高度》、兴安的《〈曙光与暮色〉中的孤独与罪》、何向阳的《与生命同长的精神追索之旅》、胡平的《张炜是有信仰的作家》、李亦的《长歌在高原回荡》等,从不同侧面解读了张炜和《你在高原》,也引领读者加深了对《你在高原》的认识和理解。

　　接下来的一切都已顺理成章:2010 年 12 月 28 日,《你在高原》入选《人民日报》、人民网评选的 2010 年度"最具影响力十部书"。随后,张炜获评新浪网"2010 年中国十大最受欢迎作家"。2011 年,张炜又获得《出版人》杂志与搜狐读书频道联合主办的"年度作者奖"、《当代》2010 年度长篇小说奖、2010 年中国作家出版集团奖、第九届华语文学传媒大奖"2010 年度杰出作家奖"等,并在《中国教育报》"2010 年度十大文化人物"、2010 年齐鲁精英人物风云榜"十大齐鲁精英

　　① 铁凝:《他对文学始终葆有一颗赤诚之心》,载于《山东作家》2010 年第 3 期。

奖"、香港《大公报》公布的"2010 年度最值得珍藏的人与书"、香港《亚洲周刊》评选的"2010 年十大小说"名列第一位。2010 年甚至被当时的文学界、评论界称为中国文学"张炜年"。

评论家吴丽艳、孟繁华指出："2010 年，长篇小说最大的事件莫过于张炜《你在高原》的出版。对这部鸿篇巨制我们还没有做好评论的准备。但可以肯定的是，在接触它的瞬间掠过心头的就是震惊。在当下这个浮躁、焦虑和没有方向感的时代，张炜能够潜心二十年去完成它，这本身就是一个巨大的挑战和奇迹。这个选择原本也是一种拒绝，它与艳俗的世界划开了一条界限。四百五十万字这个长度非常重要：与其说这是张炜的耐心，毋宁说这是张炜坚韧的文学精神。因此这个长度从某种意义上也是一种高度。许多年以来，张炜一直坚持理想主义的文学精神，在毁誉参半褒贬不一中安之若素。不然我们就不能看到《你在高原》中张炜疾步而从容的脚步。对张炜而言，这既是一个夙愿也是一种文学实践。"①

中国现代文学馆发布的《2010 年中国文学发展状况》中则写道："在历史和现实、民族记忆和个人经验之间，以宏大的规模建构'中国故事'，这依然是长篇小说的重要主题。张炜的《你在高原》十卷四百五十万字，被称为'中外小说史上篇幅最长的纯文学作品'，在对自然、乡土、人性的忧患及对现代文明的反思中求索，力图构筑当代社会的心灵变迁史。"②

不过，张炜对所谓的"张炜年"之类并不以为意，他在接受记者采访时说："那是一种夸张的说法而已。评奖对作家是一种鼓励，因总有一些评奖是好心好意的。……然而，无论是什么作品，无论奖赏的名头有多大，都无妨平静自然地对待它。一切都需要时间的检验，作者要耐住心性写作。"③

五

对于长篇巨著《你在高原》来说，众多奖项中最重要的一个是 2011 年 8 月 20 日揭晓的第八届茅盾文学奖，它以第一名的高票荣登榜首。尽管人们对包括"茅

---

① 吴丽艳、孟繁华：《在不确定中的坚持与寻找——2010 年长篇小说现场片段》，载于《小说评论》2011 年第 1 期。

② 中国现代文学馆：《2010 年中国文学发展状况》，载于 2011 年 4 月 21 日《人民日报》。

③ 解永敏、吴永强：《"张炜年"是个什么年？》，载于 2011 年 7 月 15 日《齐鲁周刊》。

奖"在内的各种文学奖评选质疑很多,张炜也不太热心各种评奖,但作为一个具有全国性重要影响力的长篇小说大奖,如果忽视了一个时期内出现的优秀作品,对于这个奖项和那些作家作品来说,都是双重的遗憾。实际上,在"茅奖"的评选历程中,这样的遗憾实在不少。我们此前对此已有谈及,在此不再赘述。

获悉《你在高原》获奖的消息后,中共山东省委宣传部8月22日即向张炜发出了贺信。8月26日,张炜在北京参加由国务院新闻办公室组织举办的第八届茅盾文学奖获奖者中外记者见面会,会后接受了记者采访。8月28日、9月5日,山东省文艺评论家协会、山东省作家协会分别在济南召开了《你在高原》座谈会,张炜均因随中国作家代表团出访澳大利亚、参加"中国文学年"活动没能参加。9月19日晚,出访归来的张炜在北京国家大剧院参加了第八届茅盾文学奖颁奖典礼并发表感言。授奖词称:"《你在高原》是'长长的行走之书',在广袤大地上,在现实与历史之间,诚挚凝视中国人的生活和命运,不懈求索理想的'高原'。张炜沉静、坚韧的写作,以巨大的规模和整体性视野展现人与世界的关系,在长达十部的篇幅中,他保持着饱满的诗情和充沛的叙事力量,为理想主义者绘制了气象万千的精神图谱。《你在高原》恢宏壮阔的浪漫品格,对生命意义的探寻和追问,有力地彰显了文学对人生崇高境界的信念和向往。"张炜在获奖感言中说:"为一部书工作了二十多年,这多少有点像一场文学马拉松。其实对我来说,长长的跋涉早就开始了,而且还要继续下去。所以,我会珍惜各种援助,倾听各种声音,只为了将来能够写得更好一些。"①

面对热热闹闹的各种评论,张炜还是一如既往地平静、安然,既没有被一些由衷的赞美陶醉,也没有为一些不读作品反而质疑作品长度等的言论烦扰,他只相信文学,相信文学的品质。他认为文学是一种生命现象,是一种个性表达,文学作品的价值需要经过时间的检验,任何附加于其上的东西都会被时间淘汰。张炜说:"真正有个性的写作才会产生杰出的作品。越是个人的就越是大众的,作者如果考虑读者太多的话,就会达成妥协,这样的作品就会重复。杰出的作品要与读者有深度交流。文学的检验从来都是来自时间,所有好的作家都是放眼时间的。民众也不等于'乌合之众',民众的意志和趣味总是通过时间来体现的。写作就是要'自说自话',就是要写出自己。这种对话是无法复制的,也是最具保留价值

---

① 亓凤珍、张期鹏:《张炜研究资料长编(1956~2017)》,山东教育出版社2018年9月版,第492—502页。

的。'自说自话'才能走向文学的本质,而不是相反。""所有极力迎合读者的写作,都是没有志向的、失败的写作。"①

在与张炜的交谈中,我们经常会听到他关于"时间之后,一切各归其位"的观点,他的眼光何其长远,他看到的是在无尽时间长河中事物的渺小,看到的是判断事物价值的唯一标准,所以他永远沉静、"不慌",长久坚守,默默前行。不论世事如何变幻,他都稳稳地站立在那里,站成了一个时代不容忽视的重要存在,具有了难以超越的价值与意义。

在这一点上,作家何建明说得很有道理:"在我看来,《你在高原》在当下中国文学界具有不可超越的意义。原因有三:其一,在当代人中几乎不可能有人用二十余年时间去写一本书,而且去写一部未必一定成功的书。这就是《你在高原》仅在所花费的精力和时间上的不可超越性,便让绝大多数人止步;我不是说作品越长越好,最根本的是当下难有像张炜那样能静得下心来,用二十年时间去做一件事。欲完成像《你在高原》如此鸿篇巨制,没有精神和体魄上的超人毅力是根本不可能的事。其二,作者的创作精神和文学追求上的不可超越性。张炜早在上世纪 80 年代就以一部《古船》闻名文坛,后来在 90 年代初的又一部《九月寓言》便牢固奠定了他在同时代、同年龄的作家中不可动摇的地位。然而在后来的二十多年里,与他同时代或晚很多时间出名的作家们,纷纷走入高频率出书、高频率跨行,整天奔忙于名利之间的时候,张炜几乎从文学圈的视野里'消失'了。在二十余年后,他突然向我们捧上皇皇四百五十万字的大作时,我们才知道他在奋力追求他的那个文学高原。在市场经济的冲击下,追求短时间下获得名利和精神层面的浮躁是我们这个时代的一大弊端,文学界也不例外。然而张炜能够创作出像《你在高原》这样的大作,显然是他的文学追求和精神追求境界远远高于同龄人和同行。我知道他为了创作和一次次修改《你在高原》,差点瞎了一只眼,并且落下了一身病。严肃的创作意识和把文学视为信仰,张炜做到了,而且做得十分完美,包括我在内的其他人很难像张炜如此执着。其三,《你在高原》四百五十万字十部长卷,传承的是同一个命题——关于家园的心灵史和成长史,其深沉而热切的哲学意识和自然景物描写的浑然一体的艺术之美,极难超越。"②

---

① 张炜:《写作和行走的心情》,《张炜文集》第 43 卷,漓江出版社 2019 年 10 月版,第 50 页。
② 何建明:《〈你在高原〉:无尽的长旅》,载于 2011 年 8 月 28 日《光明日报》。

<h2 style="text-align:center">六</h2>

　　长篇巨著《你在高原》，引人关注的是它的长度，遭到质疑的也是它的长度。作为一部世界文学史上的超长作品，引起这方面的关注和质疑都是可以理解的，它的出现毕竟是前所未有的。可是，如果关注者主要或仅仅是赞扬作家的勤奋，质疑者主要或仅仅是怀疑能否有人会读完它，那就离作品、离文学太远了。那不是一个文学话题。

　　如果我们回到当时的"现场"，就会发现这样的"关注"与"质疑"委实太多，尤其是它获得"茅奖"之后，不少人甚至开始质疑那些评委是否完整地读过这部作品。对此，"评论家朱向前在接受读书报记者采访时表示，从一开始评选，评委会反复提倡都要仔细看，尤其有几部作品越到后来越坚挺，大家都回头又找来细看。他认为，对张炜而言，此前参加多次'茅奖'，《古船》和《九月寓言》反复入围，三十多年来一直坚持执着的文学理想及诗性的表达，最后得到大家的高度认同，投票给他，其实有综合因素的考量"①。但朱向前的这个说法显然没有解决读者的疑问，甚至会因一句"有综合因素的考量"让人们对于"茅奖"有了更多想象。

　　实际上，在"茅奖"的评奖历程中，历来就有授予某位作家"荣誉奖"的说法，即某位作家获奖的并不是他最好的作品，授予此奖有对这个作家的文学成就等"综合因素的考量"。对于此前已经创作出《古船》《九月寓言》等大作品的张炜来说，这种说法可能不无道理，但对于长篇巨著《你在高原》，这样来评说显然是不公平的。因为就这一时段产生的长篇小说来说，《你在高原》获奖是当之无愧的。特别是时过境迁之后，我们再回望这段文学历程，就会发现，《你在高原》不仅是当年中国文学界最优秀的长篇小说之一，也是张炜文学创作中完全可以与《古船》《九月寓言》媲美的代表作品之一。如果当年这部作品没有获奖，那么就不是什么张炜与这个奖项再次失之交臂了，而是"茅奖"的成色与声誉都会被质疑和受损。令人欣慰的是，茅盾文学奖终于没有再犯当年《古船》《九月寓言》落选的错误，接纳了这部很难再有的长篇。

　　"读的人不问，问的人不读。"这是张炜当年回应质疑者的一句话，或许今天

---

　　①　舒晋瑜：《结果一出 质疑顿起——本报独家专访茅盾文学奖相关当事人》，载于 2011 年 8 月 24 日《中华读书报》。

我们才会理解他的深意。一切都需要经过时间检验,一部好的作品也期待着它的好的评论家和读者。对于这样的读者,张炜常常称之为"大读者"。

2012年3月24日至4月6日,华中科技大学中国当代写作研究中心邀请张炜与复旦大学中文系教授张新颖进驻华中科大,开展"2012年文学春讲"系列活动。其间,张炜在与中国当代写作研究中心教师座谈时谈了对文学评论家的期待,希望他们在研究文学作品时,尽量克制社会、观念、思想、立场等层面的"大言",更加专注地研究作品、研究语言,回到文学的本质上来。①

在与华中科技大学部分研究生座谈时,张炜则对读者如何阅读文学作品谈了自己的看法:"时间给我们鉴别的智慧和勇气。……因为文学艺术是极其复杂的事物,当感受和评价它的时候,拿出全部的知识和阅历,还要加上天赋和胸怀,还要有不带成见的包容力,有全局思想,有文学的大坐标——这些东西一起加到身上,全部具备了,才能稍稍准确地把握一个作品,才能做出被众多的人、很长时间里接受的一个公论。所以可以毫不夸张地说,好读者、大读者,有时候比好作家还要少。不要以为写作是难的,阅读是容易的——有人说不会写,读出个好赖还是能够的。其实未必。要读懂也很难。"②

张炜认为,评论需要才华,阅读更需要才华,但才华需要不断巩固,因为一个人的才华会被社会、教育、理论和知识伤害,会随着年龄的增长形成一些顽固的成见,并且在评论和阅读中因成见而破坏感觉。同时,生命的苍老也会影响对事物的敏感。那么,有什么办法能够延缓苍老呢?张炜说:"就是时刻地提醒自己要朴素,要保守,不要紧跟那些时髦的东西,尤其是时髦的知识,那相当于吃地沟油和味精一样,会使生命细胞老化。要尽可能回到朴实的、原来的,多回忆,一次次回忆过去,回到质朴的事物上去。再就是不断地靠记忆寻找和沟通原来,重温往昔的感动——如果这种感动减弱了很多,就要警惕自己了。什么东西让人变得苍老?除了时间的问题,还有时髦的知识、社会潮流,这一切对人的腐蚀力很大。现在全世界都在摇滚,人会不自觉地跟着摇滚的节拍,进入现代的浮夸,对于那种永

① 参见《语言与表达——张炜与中国当代写作研究中心教师的座谈》,华中科技大学中国当代写作研究中心编:《经验与原创——2012年春讲·张炜、张新颖卷》,长江文艺出版社2013年4月版,第157—183页。
② 《读书与我的写作——张炜与华中科大研究生座谈》,华中科技大学中国当代写作研究中心编:《经验与原创——2012年春讲·张炜、张新颖卷》,长江文艺出版社2013年4月版,第202—203页。

恒的大美反而不再会欣赏了。"①

我们知道,张炜本身就是个大阅读者,也是一个好的文学品评者和鉴赏者,他阅读的中外文学艺术经典之多,品评和鉴赏的中外文学艺术名家之多,在中国当代作家中是有目共睹的。他的这些阅读理念、批评理念,对于我们阅读和评论《你在高原》,阅读和评论古今中外那些优秀的文学作品,应该都不无裨益。

第三节　宏大叙事

一

作为这部"评传"的作者,我们虽然在这里与读者探讨了一番阅读和评论的话题,但在真正阅读和评论这部巨著的时候,我们也与一些读者和评论家一样,产生过同样的疑问、面临过同样的问题:我们有没有力量读完这部长篇? 能不能理解它的内涵?

初读这部作品,我们也是一次次败下阵来。因为它的体量确实太大了,在对它完全没有把握的情况下,真不知道从何处入手,也不知道何时才能完成这次阅读的长旅。后来,是张炜的巨量劳动激励了我们。一个作家可以耗费二十二年的长长光阴,一笔一画地写下这部作品,如果我们不能很好地阅读,就有可能错过一场文学盛宴,这对一个阅读者来说实在是莫大的遗憾。因此,我们不揣鄙陋,在这里写下阅读《你在高原》的一些感悟,算是给读者提供一点阅读的参考吧。

我们认为,阅读这样一部规模浩大的文学作品,首先应该抓住其中的主要人物,明了它的主要脉络。这个人物就是贯串全书的叙事主人公宁伽,它的主要脉络就是"宁伽的故事"。这个故事当然是极其复杂的,择其要者,我们愿为读者作以下的一番简述。

宁伽的家族,处于张炜精心营造的那个"登州海角"。它的地势南高北低。

---

① 《读书与我的写作——张炜与华中科大研究生座谈》,华中科技大学中国当代写作研究中心编:《经验与原创——2012 年春讲·张炜、张新颖卷》,长江文艺出版社 2013 年 4 月版,第 203—294 页。

南部为山区,著名的山脉有鼋山山脉、砧山山脉、荆山山脉,大体都呈东西走向;几条主要河流——芦青河、界河、滦河、林河、白河都发源在这里,南北分流。其中,芦青河、界河、滦河蜿蜒流出南山,然后一路向北,流出山区,流过丘陵地带,流向宽阔的平原,最终流入大海。

宁家是南部山区的大户,宁伽的外祖父家曲家则是北部平原海滨小城的望族。这两个分属山地和平原的大家族,是主人公宁伽的血脉之根。如果再向前追溯,宁氏一族还可追溯到古时东夷地区的莱子古国,他们是东夷莱人的后代。

宁伽的父亲宁珂,十几岁时因其父宁吉出走、母亲去世,被在省城当省政府参事的叔伯爷爷宁周义收养。宁珂长大成人后,在宁周义的钱庄做事,但在时代的风云际会中,他与叔伯爷爷走上了不同的道路。他参加了革命队伍,利用自己商人和宁周义孙子的特殊身份游走于各种政治、军事、经济势力之间,在省城和东部故土为自己的理想奔波、奉献。

这个时候,他为救战友殷弓来到了地处海滨小城的曲府,结识了曲府的主人曲予、闵葵和他们的女儿曲绘。他与曲绘相爱,成了曲府的女婿。在革命队伍中,他也成了殷弓领导的武工队——八一支队的副政委。他为革命出生入死、忠贞坚强,但他的出身、经历、身份和获得的爱情、声誉,却遭到了来自战友殷弓、飞脚等人的羡慕、嫉恨,尤其是殷弓,因为也喜欢曲绘,更觉得宁珂获得如此幸福是非常过分的,以后必定遭受挫折。

后来,宁珂被殷弓派去宁家大院,与一个"学堂先生"一起组织民团,搞军火。一种离开部队的失落感、被遗弃感涌上心头,让他倍感痛苦。在组织民团的过程中,"学堂先生"被捕,并在被杀前供出了宁珂八一支队副政委的身份。宁珂因此遭到关押和酷刑折磨,最后被得到消息的宁周义救出。他没有想到的是,这段经历竟成了他后来说不清楚的一段历史,他因此遭到审查。此后的宁珂,在革命队伍中也就变成了一个可被利用却得不到充分信任的人。

作为开明士绅的曲予先生,也处在与宁珂同样的尴尬境地。因为他虽然从内心里支持"我们的"事业,但对"我们的"一些做法并不认同,更不愿意接受别人强加给他的那些方式。他创办医院、救治伤员,为八一支队做事,却始终不愿介入党派之间的争执,所以他与殷弓也始终谈不拢。在海滨小城解放前夕,他怀着兴奋难耐的心情去八一支队驻地黑马镇见殷弓,回来时却遭到了不明不白的暗杀,倒在了小城西郊的一片矮松林里。他的死因一直是个未解之谜。胜利之后他的身份如何认定,也成了一个很大的难题。

最后走上革命对立面的叔伯爷爷宁周义,虽然身为省政府参事,为军政两界所重视,但他对自己所处的营垒并不满意,对东部平原上崛起的八一支队也不以为然。他认为中国不会出现一个真正为民众献身的党派,任何一个党派都是起始尚有献身的热情,不久就会慢慢消失。他认为如果不能找到这种热情慢慢消失的原因,任何党派都是毫无希望的,颓败只是时间问题。对于殷弓这样的人,他认为他们缺乏文化根基,偌大一个中华交到他们手里是十分荒唐的,从长远来看也未必有好的结局。就这样,宁周义慢慢从一个可以被"我们"争取的对象,变成了一个必须"消灭"的人。为了"消灭"他,"我们"不惜利用宁周义的姨太太、宁珂的叔伯奶奶阿萍实行诱捕;诱捕成功后,还指派宁珂亲自参与了对这个抚养他成人的长辈的死刑判决。

小城解放后,宁珂的命运也出现了重大转折,他不仅被排挤出部队到地方工作,还遭到自己人的怀疑、诬陷,最后被判刑、劳改,成了胜利的"牺牲品"。这期间,与曲府相依为命的小慧子也无缘无故地失踪了。起初,他给殷弓写信求援,但当这些信件石沉大海之后他终于明白,面对这样一些从肉体到心灵都如同顽石的人,他的任何请求都是徒劳的。于是,他选择了不再向任何一个人低头求告,在无尽苦难中度过了自己惨烈的一生。

宁珂被逮捕、判刑之后,曲府也被蚕食、强占,闵葵和曲绪只好离开这里,到海边荒原上投奔了曲府的旧仆人清溷。

20 世纪 50 年代,经历了五年牢狱之苦的宁珂被释放。他在海滨荒原小茅屋中找到了流落在此的曲绪母女。随后,宁伽来到了这个被严重扭曲的人世,开始了他的生命旅程。这个时候,他们在荒原上垦殖的小果园被无偿并入了附近新建的园艺场,但因为家庭原因,他们一家不能成为园艺场的正式职工,母亲曲绪只获得了一个"临时工"的身份。

在宁伽一岁多的时候,世事又生变故,父亲又被押往南山水利工地强制劳动,全家人又生活在了巨大的阴影之中。父亲长年不在家,母亲也在园艺场打工,小茅屋里只有他与外祖母相依为命。他们的小茅屋离村庄很远,邻居只有园艺场的看园人老骆一家,其他能够见到的就是拐子四哥那样的猎人,还有一些采药人、打鱼人。他的童年没有伙伴,陪伴他的只有那无边的林子和林中万物。后来上了小学,一些老师和同学也把他视为另类,只有那个漂亮的音乐老师对他十分关爱,让他感受到了一丝永生难忘的人间温暖。

多年以后,父亲从南山水利工地回来了,但新的厄运随之开始了。父亲被那些持枪的人监督劳动,小茅屋四周都是他们监视的眼睛。这个时候,他无限依恋的外祖母去世了,音乐老师也因受到恶人的欺侮不辞而别。宁伽再也不愿到那所学校里去了,他开始了林中漫无目标的游荡。这个时候,唯一给他温暖的是他的同学菲菲,两人相处日久、同病相怜,产生了一段朦胧而苦涩的恋情。

其后,随着对父亲这一类人"斩草除根"的风声越来越紧,父母怕他受到伤害,就偷偷地在南山为他找了一个"义父"。他被迫离开菲菲,被送往南山。不过他终于还是在途中逃掉了,开始自己的流浪生活。那一年,他只有十六岁。不久,他的父亲和母亲也相继去世了,他成了一个真正的孤儿,一个漂泊无依的流浪者。

好在南山中也有不少好心人,宁伽也一直没有放弃读书学习。那场浩劫过后,他迎来了高考,考上了一所地质学院。当然,在填写报名的表格时,他隐去了自己父亲的真实名字。在地质学院,他不仅学到了知识,还获得了院长柏老的女儿、同学柏慧的爱情。他向柏慧讲述了父亲的真实情况,却被柏慧告知了其父,宁伽遭到了柏老安排的调查,差一点被学校开除。他也与当年的父亲一样,尝到了被出卖和背叛的滋味,再次失去了一段美好的情感。

宁伽毕业后,有幸分到了一座省城的地质研究所——03所,但所内的倾轧,所长裴济的恶行,老所长陶明和副所长朱亚的悲惨遭遇,让他彻底绝望。这个时候,他还按照母亲当年的嘱托,苦苦寻找那些能为父亲、外祖父和家族恢复名誉和公道的人。他见到了已经风烛残年的殷弓,但看到的是殷弓腮上挂着的蛮横和满足的微笑。他这才明白父亲是对的,因为这些人永远都在嫉恨、争风头、撒谎,对他们发出任何请求都是徒劳的。要想证明自己的家族,只有靠自己,靠自己不停地访查、探究和书写。

这座城市也是那么嘈杂、污浊、肮脏。城市中权贵们居住的"橡树路",到处是外表高贵的花园洋房,但内里却是那么丑恶。所幸的是,宁伽这时遇到了梅子,这是终生关爱、包容他的爱人,但可惜的是,梅子的父母都居住在那个可怕的"橡树路"上,他无法与这样一个家庭达成谅解;梅子对他也只有爱与宽容,而不会有真正的理解。

在痛苦挣扎中的宁伽,终于离开了03所,来到了一个杂志社。他得到机会去东部采访,就此探寻家族历史、父亲冤案,也重新找回了童年和少年时代的记忆。同时,他还在对一些集团、公司的采访中,看到了一个物质主义、商业主义时代,横行无忌的资本对自然、环境和人性的戕害。在对东夷历史文化的考察中,看到了那些昏聩、庸俗的文化教育科学领域的当权者和各种各样的"文化骗子""文化商人"的丑陋嘴脸。而那些文化教育科学领域的当权者,又无一不是那场刚刚过去不久的浩劫中各种冤案的制造者——他了解了那些与老所长陶明一样的学者、艺术家吕瓯、靳扬、曲浣、淳于云嘉等人的故事,看到了一个个屈死的冤魂。

宁伽在东部故地,在园艺场,还与年轻的女教师肖潇、学生唐小岷等一起,经历了园艺场小学学生、他童年时的邻居老骆的养子骆明的死亡。宁伽见到了已经变成女医师严菲的初恋菲菲。他看到了资本的横行无忌、科技的群魔乱舞、利益追求的失衡失度、职业道德的全面沦陷,给社会特别是青少年带来的深重戕害,他感到失望和无助。

随后,宁伽再次选择了自己的生活。他在社会的辞职创业大潮中离开了杂志社,回到了故土,在园艺场附近建起了一座自己的葡萄园。他请来了拐子四哥夫妇,找来了小姑娘鼓额和小伙子肖明子,他们一起在葡萄园里辛勤劳作,在汗水中迎来了葡萄的丰收季节。在这座葡萄园里,他也重新萌生了许多美好的梦想,甚至与酿酒师武早、好友吕擎和阳子等办起了一座葡萄酒厂,创办了一份名为《葡萄园纪事》的杂志。这个地方,差不多成了他的一座生命和心灵的憩园。

在这里,他还通过一个特殊的"老革命"毛玉,进一步了解了外祖父和父亲的往事,找到了当年被飞脚劫持的小慧子;也通过多方细致查访,还原了父亲的好友、传奇英雄李胡子的故事。

但在这样一个资本无坚不摧的时代,葡萄园终究只是一个梦想。这个时候,南部山区的开矿业和北部平原的大开发已经陷入无序状态,山林破碎,土地沉裂,河流污染,海水倒灌,人们的生存环境受到了极大的威胁。为了捍卫祖祖辈辈生于斯、长于斯的家园,他与"眼镜小白"等参与了几个村庄村民与一家大型污染企业的抗争。愤怒的村民砸毁了工厂,为首者遭到追捕,四散逃离;"眼镜小白"也被迫去了西部。宁伽被企业"保卫部"非法拘禁、毒打,后来因为岳父的关系才被放出。但是,葡萄园被强占的命运已经不可避免,他的旧日朋友也从此烟消云散了。

无奈回到省城的宁伽,又成了一个无依无着的失业者。最终,他不得不通过岳父的关系进了一个离休的胡科长主持的"营养协会"。但他很快就发现,他在城市西郊一个叫"静思庵"的地方为胡科长修订回忆录,也不过是给胡科长的历史做涂脂抹粉的"文字苦力"而已,这当然是宁伽不能为的。他借到东部了解胡科长"战斗故事"的机会,再一次回到故土,去寻访家族和父辈的踪迹,去找寻那些受到伤害、不知所终的朋友。在这些都不能实现的情况下,他冒险进山,像当年父亲一样做了一个钻打山洞的苦力。他觉得只有这样,自己才能获得暂时的解脱,但钻打山洞的工作充满了危险,这些苦力也被限制了人身自由。他再次遭到监禁、毒打,好不容易才逃出了那个死亡之地。

遍体鳞伤的宁伽还是不能离开那片故土,但山地、平原、小城已经彻底改变了模样,他所追求的那些价值观念、伦理观念、道德情操也已经彻底沦丧。他看到那些饱受肉体折磨和心灵煎熬的弱者,正在用一种极为可怕的方式发泄愤怒,甚至放火烧掉了那座充满污垢的"卡拉娱乐城",也在大火中毁灭了自己。他还见证了一位年轻朋友岳凯平的曲折爱情经历,他们最后不能在城市、在东部乡村立足,只好远走西部,去经营一片农场,寻找一片净地。

此时的宁伽,在城市、在东部山地和平原已经一无所有,但他在艰辛的跋涉和探寻中搞清了家族的历史。他和他的父亲都是现实中的失败者,却有着高贵、清洁的精神,有着无上的光荣与梦想。他在自己祖祖辈辈深爱的大地上不停行走、无边游荡,他终究要走向高原、走向未来,那里,也正是人类的希望所在。人类可能永远都走不到那个希望的境地,但拥有希望,也就拥有了生命的力量。

宁伽在历史与现实中穿梭,在失望与绝望中寻找希望,大概也正是张炜所极力赞美的绝望之后的"第二次选择"。

二

作为一部宏大的文学叙事,阅读此作,在简略了解其内容的同时,还应把握它的结构。在我们以往的阅读经验里,长篇作品不管是单线推进、双线推进,还是三线推进、多线推进,总是一个时间推移、空间转换的过程,总有一条时间之线贯串其中,即便隐藏很深,也会有迹可循。可是,《你在高原》的叙事完全打破了时空界限,十部书的排列,不是一个"线性"顺序。它的故事回环往复、交叉重叠,又各有侧重、独立成章。这既给阅读带来了难度,也给阅读带来了趣味。

那么,它们是一部部各自独立的系列作品吗?显然不是。因为这十部书有着一个共同的叙事主人公宁伽,它们所描绘的也无一不是这个"五十年代生人"的生命和情感历程。通读全书,我们不仅会知道他的童年海边林地生活,少年时代的求学经历,失学之后的半岛南部山区流浪;知道他如何以"义父"之子的名义考进一所地质学院,在学校与院长女儿柏慧的恋爱和分手的经过;知道他毕业后分配至省城一所著名的地质研究所,在这里因为与退休官员梁里的女儿梅子的恋爱、结合,而了解了"橡树路"的历史、人物和故事;知道他在地质研究所的所见所闻,以及他最后如何挣脱研究所进入一家杂志社的过程;知道他在杂志社采访途中接触到的现实场景和由此产生的痛苦思索;知道他最后离开杂志社,到东部建设自己梦想的"葡萄园"并被现实击成碎片的复杂体验;知道这个最后无路可走的人,依然不屈地向往着西部纯净、圣洁的高原的坚守与执着。

我们会知道,宁伽的家族受难的历史,知道煊赫一时的宁府、曲府为何衰败,他的外祖父为什么会以一个开明士绅的身份遭到暗杀,他的外祖母和母亲为什么会被"逐出"城市,来到这片荒凉的海边丛林安身;知道他的父亲如何从一个骑着大马、戴着花环的英雄进入解放的城市,又被自己的战友判刑、劳改,甚至悲惨离世之后仍然得不到公正评价的历史冤案;知道父亲如何会成为一个家族的禁忌,不仅让他的童年充满了悲凉,也像一个巨大阴影一样影响了他的一生。

我们会知道,宁伽的血脉来自哪里,知道东夷莱人的悠远故事,知道以淳于髡、淳于越以及徐福为代表的莱夷人如何坚守智性的立场、传承精神的薪火;知道动乱年代众多知识分子的受难经历和宁可毁灭也从不屈服的高贵与神圣;知道那些一手制造了无数冤案的人,在动乱之后又如何道貌岸然地把持一切,以及在假面之后的荒淫、倾轧、暴力和血腥;知道文化界、教育界、科技界一些新起的"人物"攀附、谄媚的无耻嘴脸。当然,我们更会知道,在宁伽心中家族和父亲的"耻辱"如何变成了真正的荣耀,并让他无限景仰。

通读全书之后我们就会明白,这样一个"家族",这样一位"父亲",才是那片土地的骄傲;他们的热烈、真诚、坚韧、顽强、挚爱、奉献、坚守、自信,才是古往今来真正的知识分子的情怀操守、精神品格。这是一部跨越千年的中国知识分子精神史、心灵史、受难史、奋斗史,张炜以"五十年代生人"宁伽的眼睛和心灵向我们做了一场长长的倾诉,自然也赋予了宁伽一个精神传承者的历史责任。宁伽首先要做的,就是为自己的"家族"和"父亲"争取尊严,因为他的"家族"和"父亲"是那片土地上一个时代最杰出的代表,有了他们的尊严,就有了出生地的尊严。同时,他也以自己的"家族"和"父亲"作为依据和标尺,来审视历史、回望苦难、观照现实、探寻未来。可以说,《你在高原》这十部大书就是围绕"故土之魂"这个中心展开的。

有人认为,《你在高原》是一部"长河小说"或"大河小说",就其叙事的纵横跨越、雄浑气势来看,这么说不无道理。但是仔细阅读和分析之后,我们认为更可将其想象为一棵巨树,十条粗壮的枝干从我们难以合围的主干上长出,枝枝权权交融,老叶新芽互望,栉风沐雨,生气勃勃。所以,如果非要为《你在高原》的复杂结构进行蹩脚的概括的话,我们认为它应是一部"巨树型"小说。当然,相对于丰富复杂的创作来说,所有的概括都是简单的、片面的,甚至是可笑的。

这皇皇十部巨著,也恰如张炜所说,"每一部皆可独立成书"。为了出版和阅读的需要,它们自然要有一个顺序:《家族》《橡树路》《海客谈瀛洲》《鹿眼》《忆阿雅》《我的田园》《人的杂志》《曙光与暮色》《荒原纪事》《无边的游荡》,但这既不是按照时间发展顺序,也不是按照空间转换顺序排列的。其实,作为一部"巨树型"长篇小说,它的每一条枝干的排列既是有"序"的,又是没有先后顺序的。也就是说,我们阅读这部长篇,无论从其中的哪一部开始都是合适的,都没有突兀、隔阂、断裂、矛盾之处,因为它们都共同指向了一个中心,那就是宁伽的故地——东部半岛;并且有着一个共同的灵魂,那就是以宁伽"家族"和"父亲"为代表的故地精神与血脉。

这是一座文学"迷宫",但其中的时空线索又是清晰可见的,只不过是各自隐含于每一部书中,不像多数小说叙事那样单纯明了而已。如果我们从时间的维度进入,就可以看到小说写了主人公宁伽四十多年的人生经历,以及此前的家族历史、血脉渊源,可谓上下数千年;如果从空间的维度进入,小说则主要写了半岛与省城这一富有张力的地理空间,并延伸到了北方与南方、东部与西部、国内与国外等广阔的范围之内,可谓纵横千万里。其间多少社会变革、风云动荡、人事纠缠、情感波澜,都尽收作家笔下。在这样的时空范围内,我们从哪一个角度进入这部作品都是可以的,我们如果想最先了解宁伽的家族故事,可以从第一部《家族》读起;如果想最先了解宁伽地质学院毕业后在省城经历的时代风雨,可以从第二部《橡树路》读起;如果想最先了解秦始皇东巡、徐福东渡的故事,了解久远的莱夷人血脉,可以从第三部《海客谈瀛洲》读起;如果想最先了解宁伽的童年和今天的小学生在不同时代受到的不同伤害,可以从第四部《鹿眼》读起;如果想最先了解宁伽在南山流浪和地质学院的往事,可以从第五部《忆阿雅》读起;如果想最先了解宁伽父亲宁珂遭受诬陷和苦难的原因,可以从第六部《我的田园》读起;如果想最先了解宁伽的葡萄园梦想和梦想的破灭,可以从第七部《人的杂志》读起;如果想最先了解几十年间中国知识分子所遭受的痛苦与磨难,可以从第八部《曙光与暮色》读起;如果想最先了解故土大地所遭受的戕害与摧残,可以从第九部《荒原纪事》读起;如果想最先了解人的欲望之火如何将世界焚毁、人最终如何实现精神超越,可以从第十部《无边的游荡》读起。因为《你在高原》中的每一部都是在内容上纵横勾连、在情感上贯通一致的,不论从哪一部读起,都可以很快触摸到这部小说"故土之魂"的核心,知道这部"巨树型"作品的主干所在。这部大书是一个完整的整体,其中的每一部都是一个喉咙发声、一个器官呼吸。这是它的奇妙之处,也是它的诱人之处。

三

不仅如此,就其中的每一部作品来看,也都不是单线推进的。也就是说,在它的每一根枝干之上,也都是枝叶交叉,形成了一种繁复纷纭、摇曳多姿之美。

细细追寻,它们的篇章构成又有一些共同的特点。如果我们从叙事主人公宁伽的生活轨迹入手分析,可以看到一条较为清晰的时空转换线索:童年时代的海边林地生活、少年时代的南部山地流浪、大学时代的地质学院经历、毕业之后省城的工作与生活,各个阶段所对应的时代,分别是宁伽出生至 20 世纪 70 年代初期(出生到十三四岁)、70 年代初期到动乱年代结束(十四五岁到十八九岁)、70 年代末到 80 年代初期(二十来岁到二十三四岁)、80 年代初期到 21 世纪初叶(二十四五岁到四十多岁)。这些时代的特点,是前期"阶级斗争"理论指导下的运动不断、十年浩劫,后期人的思想激烈碰撞、物质主义浪潮滚滚而来给中国社会、中华大地带来的巨大冲击。这短短的四十多年,是中国历史上一个极为复杂、多变的时代,张炜认为:"这一代人的经历是一段极为特殊的生命历程。无论是这之前还是这之后,在相当长的一个历史时期内,这些人都将是具有非凡意义的枢纽式人物。不了解这批人,不深入研究他们身与心的生存,也就不会理解这个民族的现在与未来。这是命中注定的。这样说可能并没有夸张。"①

宁伽从地质学院毕业到省城工作、生活之后的人生经历,小说采取让主人公直接讲述的方式记录,这构成了这部巨著第一个方面的内容。宁伽的童年、少年时代和地质学院的复杂经历,小说采取让主人公回忆的方式讲述,这构成了这部巨著第二个方面的内容。第三个方面,就是宁伽对自己的家族历史乃至祖先莱夷人历史的不断追寻和叩问,对父亲宁珂波澜壮阔而又屈辱惨痛的一生的不断追寻和叩问,以及由此而引出的对父亲的同辈、那些后来身居高位者如吕南老、庄明、

---

① 张炜:《你在高原·自序》,张炜:《你在高原·家族》,漓江出版社 2019 年 10 月版,第 1 页。

梁里、霍闻海等人的历史的追寻和叩问。此外,还有第四个方面,就是通过宁伽的师长、同事、朋友的回忆和讲述,探究和记录那些在浩劫中受难惨死的知识分子的遭遇。这些受难惨死的知识分子又无一不与今天的人物相连,构成了反映其内在灵魂的映衬背景。

如果我们从这个角度进入作品,就会发现每一部都具有四线交织的特点,即以宁伽大学毕业后的经历为主的现实线,回忆此前生活经历的回忆线,探寻家族、父辈命运乃至文化渊源的历史线,回顾浩劫时代知识分子受难的背景线。当然,每一部作品根据内容的需要各有侧重,并不拘泥。如第一部《家族》中宁伽在地质研究所跟随副所长朱亚去东部考察的现实线,叙写家族历史和父亲革命与遭难经历的历史线,回忆地质研究所老所长陶明受难的背景线等比较清晰、充分,回忆线就比较简略,另外还有一条由大量穿插其中的抒情散文诗构成的抒情线,可谓五线交错、五彩斑斓。第二部《橡树路》中主要写的是宁伽亲身感受的 20 世纪 80年代所谓"严打"、青年一代剧烈的思想激荡、资本冲击之下城市乡村巨变的现实线,以离休文化高官梁里、吕南老、庄明等早期革命生涯为主的历史线,著名学者吕瓯等受难的背景线等,其中的许多人物如梁里、吕南老、庄明等,都是从历史走进现实的,他们人生经历的巨大反差,显示了历史的残酷与荒谬。第三部《海客谈瀛洲》中宁伽与科学院古航海专家纪及围绕秦始皇东巡、徐福东渡开展调查研究时,与那些想借此捞取名声和利益的霍闻海、王如一之流产生了激烈冲突,由此构成了它的现实线,其中又通过对古老齐国和秦王朝历史的钩沉,以及离休文化科技界高官霍闻海既往的讲述,构成了全书的历史线,通过对科学院古钱币专家、画家靳扬和大学教师淳于云嘉受难经过的回忆,构成了背景线,等等。其他每一部作品都是这样穿插交错,构造了一个又一个丰富奇妙、意蕴深厚的文学空间。

四

面对这样一部巨著,要想完整准确而又简练精要地概括出它的主题,恐怕是比较困难的。对于一部纵横开合、内涵丰富的文学作品来说,那样概括也是不合适的。但作为中国 20 世纪 50 年代出生的一代知识分子的"心史",它也绝非无迹可循。这一点,张炜曾有这样的表述:

> 我是一个五十年代生人,可对这一代,我仍然无法回避痛苦的追究。这
> 是怎样的一代,你尽可以畅言,却又一言难尽。仍是书中的一个人物,他这样

谈自己这一代:"……时过境迁,今天它已经没有了,是的,显而易见——我是指那种令人尊敬的疯狂的情感。每到了这时候,我又不得不重捡一些让人讨厌的大词了。因为离开它们我就无法表述,所以我请求朋友们能够原谅……时代需要伟大的记忆! 这里我特别要提到五十年代出生的这一茬人,这可是了不起的、绝非可有可无的一代人啊……瞧瞧他们是怎样的一群、做过了什么! 他们的个人英雄主义、理想和幻觉、自尊与自卑、表演的欲望和牺牲的勇气、自私自利和献身精神、精英主义和五分之一的无赖流氓气、自省力和综合力、文过饰非和突然的懊悔痛哭流涕、大言不惭和敢作敢为,甚至还要包括流动的血液、吃进的食物,统统都搅在了一块儿,都成为伟大记忆的一部分……我们如今不需要美化他们一丝一毫,一点都不需要! 因为他们已经走过来了,那些痕迹不可改变也不能消失……"①

张炜这里所说的,是小说人物林蕖对"五十年代生人"的认识,当然也是张炜的认识。不过,小说中的林蕖并不配做一个"五十年代生人"的代表。因为这个早年的青年才俊,最终被物质主义带来的奢靡与荒淫击倒,成了一个一面空谈理想一面奢靡无度的"两面人"。这是时代的悲剧,也是个人缺乏真正定力的表现。那么,能够代表这个时代的是什么人?

或许,我们可以在林蕖的那段"豪言"中寻找踪迹。我们认为,真正能够代表"五十年代生人"的,是那些在"时过境迁"之后依然能够保持"令人尊敬的疯狂情感"的人。于是,我们想起了庄周,这是一个可悲的"告密者",但他又是敢于解剖自己、反思既往的"忏悔者",他决绝离去,用半生的浪迹来洗刷自己心灵的污浊,他是值得尊重的。我们想起了吕擎,他出身名门,有着唾手可得的前程,但他不能遗忘父亲的遭遇,拒绝与过去和解,他不论出走还是回归,都耿立于世,毫不妥协,他同样是值得尊重的。还有"眼镜小白"、纪及、岳凯平等一代青年,他们都是值得尊重的。当然,最为重要的是小说中的主人公宁伽,他不只是一个贯串全书的线索性人物,而且是一个具有鲜明个性、执拗性格和韧性精神,毫不妥协地与这个时代抗争的"英雄"。

他们都是一些具有"令人尊敬的疯狂的情感"的人,是一些物欲横流时代的"另类"人物,是一些坚定的追问者、探求者。他们的一个共同特点,就是都从父辈那里继承了一种难得的基因。这种基因是什么? 我们认为,是"火"。这"火",

---

① 张炜:《你在高原·自序》,张炜:《你在高原·家族》,漓江出版社2019年10月版,第2—3页。

一方面是青年人极度的热情、滚烫的热血、真挚的爱恋,另一方面是青年人高扬的理想、彻底的坚守、无限的忠诚。没有前者,就没有热度和光彩;没有后者,就不可能聚薪成堆、熊熊燃烧。

在宁伽那里,这些是祖辈、父辈的遗传。当年,父亲宁珂的叔伯爷爷宁周义在被公审、枪毙前曾与宁珂有一次交谈,"他赞扬了父亲,说父亲是一个头脑清晰的人。他还说这完全是得力于教育——他指出,一个没有好好读书的人就不会拥有如此坚实的立场、如此清晰的逻辑。可是他接着说,读书也可以增加人的情感,而情感从来都是坏事情的东西。他说父亲既读过书又没有让那些可恶的情感缠住,这真是太难得了,这简直是他们家族里最了不起的一个杰作。他就这样说着,议论着,恳切真诚,唯独没有半点嘲弄的意思。"①宁周义对宁珂的评价,显然只对了一半,他只看到了宁珂坚定的、没有被情感缠住的表面,没有看到他内心剧烈燃烧的火一样的情感,这情感只是在那样一个特殊时期无法喷发而已。后来宁伽对父亲和外祖父的评价可能更加真实、准确,"都是极端热情的人,他们都在用自己巨大的热情,烧毁自己"②,他们都是一团火。

实际上,宁伽祖孙三代都是充满热情的人。他的爷爷宁吉是一个"游侠",为了品尝一种醉虾打马去了江南。他的父亲宁珂,为了自己的理想不停地奔走,以至于外祖父认为父亲有一种奔走的"嗜好",甚至从这一族人的来源上探究过其中的原因:"他们的祖先是游牧民族,他们是骑马的人,是沿着北部,从贝加尔湖那一带流浪到这里来。……这一族人会种桑、善骑射,富有冒险精神……"③这种"嗜好"后来又被宁伽继承了下来,因为他也长了"一双流离失所的脚"。从这个意义上说,宁伽的朋友庄周、吕擎、"眼镜小白"等也都有着不断奔走的欲望。他们的热情,大概就体现在这不停地奔走之上的。

这是生命的原动力,也是人所共有的一种特质,就像原来在林子里自由自在的阿雅一样,但随着境遇的改变,人的这种特质也会发生变化。在《忆阿雅》中,母阿雅被园艺场的卢叔诱捕,关进了笼子里。卢叔用"饥饿"驯化了它,使它丧失了原有的自由天性。它甚至还将林间的雄阿雅招到了卢叔的笼中,它与雄阿雅的孩子也都成了卢叔的囊中之物。阿雅的弱点被人利用,它于是被驯化、被改造,也就失去了生命的热情和动力。其实,人又何尝不是如此。《家族》中地质研究所

---

① 张炜:《你在高原·忆阿雅》,漓江出版社 2019 年 10 月版,第 207 页。
② 张炜:《你在高原·忆阿雅》,漓江出版社 2019 年 10 月版,第 211 页。
③ 张炜:《你在高原·忆阿雅》,漓江出版社 2019 年 10 月版,第 453 页。

的老所长陶明，《橡树路》中吕擎的父亲吕瓯，《忆阿雅》中地质学院的"口吃教授"，他们在强暴面前能够"宁为玉碎，不为瓦全"，但这些一辈子与书为伴的人，却无法忍受没有书读带来的"饥饿"，甘愿去写那些"浅薄"的著作和普及读物。"这种'饥饿'的滋味也许真的无法消受……剥夺了他们精神劳动的权利，杜绝一切这样的机会，即使是一个真正的勇士，也会被这种'饥饿'折磨得死去活来。他们最后不得不伸手接过一碗馊食……"①《海客谈瀛洲》中的著名学者秦茗已，在当年亦曾铮铮铁骨，现在却在那些"黑暗的势力"面前低头，不敢发出自己真实的声音了。从某种意义上说，他们也就成了另一种形式的"阿雅"。

不仅如此，那些住进"橡树路"的胜利者，不也是住进了像卢叔那样的一个"笼"子中吗？当年的方家老二变成了吕南老、铁来变成了梁里，一个差点被父亲一叉叉死的苦孩子变成了热衷于男女双修、吃丹养生的霍闻海，一个两脚乌黑的山里娃变成了地质学院院长柏老，他们的生命热情还在吗？他们不仅淡漠了自己的故地，忘记了自己的战友，甚至在一个物欲横流的时代，成了物质和利益的俘虏。在《橡树路》中，宁伽的岳父梁里成了奢靡淫荡的阿蕴庄的常客，从来都谨严刻板的吕南老也接受了阿蕴庄收藏家赠送的"昂贵"名画。更加令人惊异的是，满口大言、一直在那些贫困地区有着善行善举的巨富林蕖，竟然就是阿蕴庄那个神秘的"穆老板"，"声色犬马与理想豪志并存，圣洁的情感也无法阻止淫荡与下流"。② 这个世界上形形色色的人物，都在面临着各种各样的"饥饿"。"饥饿"，也就是人的无法填平的欲壑，成了人最大的敌人。

阿雅的悲剧，固然是人的背信弃义造成的，但"饥饿"的诱惑也是其中的原因之一。我们看到，各种各样的"饥饿"在折磨着人们。正是因为饥饿，当年的卢叔才驯服了阿雅。同样因为饥饿，才有了"橡树路"、阿蕴庄、"环球集团"、"得耳公司"、"大鸟集团"这样的地方，才在地质学院、03 所、杂志社、科学院、"营养协会"等外表光鲜的地方处处藏污纳垢。其中的每个人都在用"饥饿"征服别人，自己也同时被"饥饿"征服。不论是面对权力、财富，还是面对地位、名声，一旦超出了正常的欲望，人人都会陷入人生的"饥饿"牢笼之中。

如何冲破这个牢笼，保持生命的纯洁与激情？唯有在大地上不断地行走，去泥土深处汲取生命的原动力。宁伽终于明白，就像吕擎不肯重复他父亲的生命轨

---

① 张炜：《你在高原·忆阿雅》，漓江出版社 2019 年 10 月版，第 487 页。
② 张炜：《你在高原·忆阿雅》，漓江出版社 2019 年 10 月版，第 540 页。

迹,去做一个安静的学者那样,就像他坚定地拒绝住进橡树路岳父家一样,他们这些"五十年代生人,已经不再是轻信的阿雅了,一旦走开,就不会为了一个轻信和许诺冒死回返,而是要一直跑、跑,要来一次挣命远驰……"①他也知道:"我只剩下了唯一的出路:开始一场没有尽头的流浪,找到我不幸的童年之路。走吧,尽管这条回返之路漫无尽头。我的全部辛劳只不过为了给心找一个居所。我从哪儿来? 要到哪儿去? 这句永远不变的询问磨得心上发疼,直到生出老茧。我迷路了……"②也许,一个知道自己迷路的人才会找到自己的路。对于宁伽来说,他的路就是回归故乡,回归原野大地;就是站立大地之上,仰看星空,遥望西部,最终奔向精神的高原。

五

对于《你在高原》中的这些人物,我们虽然可以做出上述分析,但如此一来,也把小说简单化、脸谱化了。实际上,张炜要展示的是人性本身的复杂与深奥,他对笔下的每一个人物都没有作简单化、类型化的处理。这是我们在阅读作品时应该牢牢记住的。

比如爱情,小说中的老教授曲浣和美丽的校花淳于云嘉可谓情根深植,二人甚至经历了生死考验。可是张炜并未回避曲浣在与淳于云嘉结合之前曾经诱奸过一个傻女的事实,也没有回避淳于云嘉与画家靳扬在那个特殊年代、特殊时刻的肉体关系。一个人生命和情感的复杂,在这里得到了淋漓尽致的展现。

比如友谊,小说中宁伽一直视庄周为自己的好友、终生的知己,可在庄周艰难逃亡时,他却没有向找上门来的庄周施以援手。就像当年庄周出卖了好友"白条"一样,他如此做对庄周无疑也是一种情感上的出卖。另外,宁伽对妻子梅子的感情也是真挚又复杂的,他在与梅子不离不弃的同时,也对园艺场的女教师肖潇和省城的女教师淳于黎丽产生了一种特殊的感情。

还有宁伽那个冷硬的岳父梁里,当年梁里看起来是一个充满理想的热血青年,可是仔细想想他参加革命的动机,就会发现他很功利。他后来身居高位,也有自己的不满,离休之后,他还与别人抢夺一个老年书协"主席"的位子,颜面丧尽。

---

① 张炜:《你在高原·忆阿雅》,漓江出版社 2019 年 10 月版,第 557 页。
② 张炜:《你在高原·忆阿雅》,漓江出版社 2019 年 10 月版,第 560 页。

后来,梁里甚至不知不觉地陷入了阿蕴庄的陷阱之中,好在一个按摩小姐要给他按摩时,他守住了自己的最后一点底线。

我们应该特别注意的是,并不是张炜有意要把这些人物写复杂,而是人物本身就有难以言说的复杂性。他试图深入到他们的内心世界中,尽可能地把其中的复杂性呈现出来。比如,对小说中的两个重要人物,本在同一阵营但后来命运截然不同的殷弓和宁珂,张炜曾有这样一段描述,可以让我们理解他在创作过程中的一些思考和把握:"过去的文学作品会把殷弓塑造成一个有钢铁般意志的革命者。他本来就有钢铁性,让宁珂觉得对方有完美的战士的品质,非常崇拜。但这种品质又有另外一个侧面,就是冷血、偏执。这个人实际上非常顽强地偏向功利性,是个坚韧的功利主义者,是染上理想主义色彩和粉末的功利主义者、实用主义者,是理想主义和实用主义得到相当完美结合的一个人物。这种人物当然也是相当复杂的,有时把他简单化为功利主义者也说不过去——如果是这样的话,相比来说,宁珂也显得太一清二白了。实际上情感的、家庭的各种各样的因素仍然在起作用,性格也在起作用,这些人物太复杂。我们可以用简单的分析把他们归到不同的思想、道德、伦理、政治的类别中去,但这样做是非常冒险的,像做外科手术的时候不要伤了神经一样,要小心。这些人是完全的非功利者吗? 他为什么跟强烈的极端的功利主义者紧密合作? 他们之间的差异有多大? 他们之间有很多神经是连在一起的,要把他们剥离开来还真不容易。""殷弓这类人是这样,包括住在橡树路上的一些高官、大人物,他们身上也是热情、冷血、理想、现实、功利主义……所有的一切搅和在一块儿,在不同历史场景和特殊环境里会发生重心的移动。"①

对于小说的叙事主人公宁伽,张炜也有自己的理解:"宁伽这个人物,如果是过去,会写成《秋天的愤怒》里的李芒式人物——尽管有沉思,但仍有那种勇往直前的力量、不停思考原理的精神——像《古船》里的抱朴一样,尽管思考和怀疑,但坚定性还是非常强烈的。宁伽就不是,他对自己的行为和思想有一种循环往复的追究,常在肯定和否定的过程之中。一方面他怀疑别人,另一方面也怀疑自己。当他看到别人所具有的强大行动性的时候,他觉得自己缺乏行动能力;当看到别人的行动力、执行力时,他又质疑对方的莽撞性——他有时候缺乏行动力,却又是那拨人里的一个异数:在无比钦佩吕擎这些人远行的同时,他做出了突兀的令人

---

① 张炜、朱又可:《行者的迷宫(全新修订版)》,商务印书馆 2018 年 9 月版,第 145—146 页。

始料不及的举动,即辞掉一切,离开家庭,去东部购地定居。后来,那一拨比他更有行动力的人不得不被他的行动所感召,甚至直接奔他而去,以他为归宿。他对庄周等人的劣质婚姻、风云突变的婚姻感到不解和痛苦,但是又对自己维持得很好的婚姻时常警觉,那是慢慢变质所引起的巨大的痛苦。""这是一个懂得生命的纯粹,同时又懂得怎样维护这种纯粹的人。他知道现状的艰难,对困境、窘迫、人生的巨大悲剧感受痛彻。这样的一个人当然非常复杂,最软弱、最坚定、最犹豫不决,又最义无反顾;具有理想主义,同时又极其反感概念化的思维方式。""他面对的全部问题,是中国很多知识分子、坚持独立思考的人都会遇到的。只要还有一点点不随波逐流的执拗,都会面临这些。"①

既写出人物思想、性格、情感的主流主导倾向,又写出其复杂性,人物就不再简单化、扁平化、概念化,这不仅是塑造人物的需要,也是与整部作品的宏大叙事一致的。如果太"一清二白"的话,那不仅违背生活和历史的本来面目,也就让一部作品变得令人可以一眼望穿,了无生趣了。

但不论怎样,张炜在作品中倾注的思想情感还是非常鲜明的,他的赞美与批判也毫不含糊。在主人公宁伽"循环往复的追究"过程中,他还是在一如既往地表达一个绝望之后的故事——"不是一个人由希望走向绝望,而是一个人在绝望之后的第二次选择"。② 张炜指出:"选择的道路很多,行动的方法很多,但是书中小白的选择、吕擎的选择、主人公宁伽的选择,细节上虽然有所不同,大的方向和路径还是一致的:去高原。这是积极的态度和顽强的抗争。人们至今还是喜欢海明威式的表达:你可以毁灭我,但你不可以打败我。实际上,这样的说法,就是做好了第二次选择的准备了。世界上做人的道理千千万,有各种各样的表述,要直接一点讲,无非就是人在绝望之后会有怎样的选择。"③这一点,在张炜那里是一以贯之、从不更易的。

六

《你在高原》的引人之处,还有它的百科全书特质。在中国文学史上,能称得上"百科全书"的文学作品并不是很多。清代点评家诸联在评《红楼梦》时说:"作

① 张炜、朱又可:《行者的迷宫(全新修订版)》,商务印书馆 2018 年 9 月版,第 115—116 页。
② 张炜、朱又可:《行者的迷宫(全新修订版)》,商务印书馆 2018 年 9 月版,第 265 页。
③ 张炜、朱又可:《行者的迷宫(全新修订版)》,商务印书馆 2018 年 9 月版,第 265—266 页。

者无所不知,上自诗词文赋、琴理画趣,下至医卜星相、弹棋唱曲、叶戏陆博诸杂技,言来悉中肯綮。想八斗之才,又被曹家独得。"①我们无意将《你在高原》与《红楼梦》作比,只是想借诸联之语看看具有"百科全书"性质的文学作品到底有哪些特点。诸联的点评何其精当,为人信服。

支撑起《你在高原》这座文学大厦的,除了张炜以丰富的人生阅历、生活积累、情感投入、思想锐见和卓越的文学表达创造的人物和故事之外,还有他以广博的历史学、社会学、档案学、考古学、古航海学、文学、哲学、民俗学、地理学、地质学、土壤学、物候学、生态学、植物学、动物学、海洋学、中医学等知识,以及神话传说、历史传说、民间传说、民间故事,给我们展示的多姿多彩的浩大世界,这一切,构成了《你在高原》作为一部"百科全书"的独有气质与内涵。

张炜对此是狠下了一番功夫的。当然,他并不是为"百科"而"百科",在他的文学观念里,这是文学表达之必需。一方面,这能使文学作品建立在科学知识的基础上,更加真实可靠;另一方面,也会使文学作品呈现出一种特殊的"诗意"。

张炜认为,深入到任何一个行当都有学问,用文学的眼光打量它们,就产生了诗意的美。像植物,"比如说我从市区到这里来,要经过路中间的一排大树,如果只说路过了一排绿色的、很粗很大的树,对方并不知道是什么树。但如果我说那是榉树,路过一排巨大的榉树,对方就有了具体的概念——懂得的人一听就知道,或者查一下就可以;即便只看字形,也会给人一种感受,'我从一排巨大的榉树下走过'和'我从一排大树下走过',语言的质感是不一样的。我把过去经历过的植物、山川、河流,全都用这种通用的、学术的、准确的名字重新命名一遍,这本身就很有意思"。像海洋动力学,"沙丘链的形成、沙嘴沙坝的形成,还有韵律地形的产生——海边会看到有规律的一个连一个的弧形,这就是'韵律地形'——都与海洋动力学知识有关"。像土壤学,"有一些学术语言是非常棒的,我看土壤学,其中有一句直接写到了书里——它的表述是很学术化的,但是在我眼里又是最好的文学语言,它说:'黄土是一种年轻的土壤。'作家写土壤,可能轻易写不出这样的句子",因为"黄土形成土壤的时间短。比起黑土、褐土、河潮土等,黄土算是一种年轻的土壤"。像古航海学,"有一位古航海研究专家,瘦瘦高高,戴了副眼镜,主要研究中日航道,对鉴真和尚几次东渡的航道研究得很细。还有关于徐福几次到日本考察的起航地、中日古代贸易、日本遣唐使来中国的航道……他研究这些。

---

① 转引自詹皖:《〈红楼梦〉中的器乐文化》,载于 2020 年 7 月 10 日《光明日报》。

文化的、商业的、宗教的各个方面，都包含在古航海研究的领域。这些东西深入进去不仅深邃，而且有意思。在作家眼里，它们是诗意的"。①

　　我们曾经系统地梳理过《你在高原》中的植物，发现张炜在其中写到的竟有四百余种，而且绝大多数都能在植物志中查到，并可以查到它们的拉丁文名。这是一种多么坚实的功夫，也让这部书中的植物世界呈现出了其本来就有的无尽斑斓，而不是只用"绿树红花"来作概念化的、浮光掠影的描写。

　　张炜在这部作品中，还写到了大量历史故事、神话传说、民间传说和现实中存在的不少怪异的人与事，这便增强了作品的浪漫神秘色彩，也让整部作品笼上了一层亦真亦幻的齐文化、莱夷文化、海洋文化的玄幻与缥缈，让其因"虚"而大，具有极大的艺术张力。

　　另外，他在文学表达上不仅有常用的记叙、议论、抒情方式，举凡书信、日记、回忆录乃至浪漫的诗歌、严谨的学术论文等都有灵活的、恰如其分的运用。从文章学的角度看，在小说文体中又有各种文体的有机融合；从语言学角度看，在现代汉语中又有恰当古代词汇、地方方言的运用，同样色彩斑斓，令人神往。

　　《你在高原》不愧为一部"大书"，这不仅是指它的长度，更是指它的宽度、厚度、深度。我们虽然无力将它全部读懂，但这些片鳞只爪、一知半解的感受，已经使我们受益匪浅。我们愿意一直读下去，同时也相信每一位读者都会常读常新，从中发现意想不到的文学之美、思想之美、情感之美。

---

① 参见张炜、朱又可：《行者的迷宫（全新修订版）》，商务印书馆 2018 年 9 月版，第 74—77 页。

第十章　再出发

第一节　童心焕发

一

《你在高原》之后的张炜,也许真的应该略作休息了,因为这部具有旷世意义的巨著的诞生,对于作家的精力和体力的消耗都是巨大的。它所调动和消耗的作家的生活、思想和文学资源,也是巨大的。但在此时,已经没有人再怀疑张炜的文学创作力,也不会像《古船》问世之后有作家会将文学储备用尽的担心了。张炜的头脑中到底有多少东西可以化作文字,我们都无法想象。

可是,此时的张炜却毫无"倦意"。他在经过了《你在高原》出版、获奖期间围绕此书的一段较为密集的活动之后,又迅速恢复了工作、生活与写作的常态。从下面的一组记录中,我们就可以约略看出他的行动轨迹:在 2011 年 9 月领取茅盾文学奖之后,10 月 13 日,他在龙口参加中国国际徐福文化交流协会第三届会员代表大会并当选为会长,同时还主持召开了《徐福辞典》编纂研讨会;29 日—31日,先后在鲁东大学、山东理工大学参加文学活动。11 月 21 日—25 日,在北京参加中国作协第八次全国代表大会;26 日,在四川眉山文化讲堂演讲;29 日,在山东淄川参加第三届蒲松龄短篇小说奖颁奖典礼。12 月 9 日—11 日,在杭州参加由浙江工商大学人文与传播学院、复旦大学中文系联合举办的"当代作家与中外文艺资源——张炜创作学术讨论会";18 日,在湖南文化名家大讲堂演讲,并与中南出版传媒集团董事长龚曙光对话"近二十年中国经济发展对中国文学的影响";22 日,与莫言、刘醒龙、毕飞宇等到位于川黔交界的四川省古蔺二郎中学,与中学生开展文学交流活动……

更为重要的是,他的文学创作也一直强劲发力、新作频出。正如铁凝所说,他在不断地给中国文坛制造"惊奇"。我们看到,正当人们还沉浸在对《你在高原》的评说中时,2012 年 1 月,他的儿童长篇小说《半岛哈里哈气》在《花城》第一期发表了,同时由河北少年儿童出版社出版单行本。这部作品包括:《美少年》、《海边歌手》(后改题为《天才歌手》)、《养兔记》、《长跑神童》、《抽烟和捉鱼》(后改题为《狐狸老婆》),共五卷、二十九万字。在一部文学巨著诞生之后,他忽然"转向"儿童文学,并且迅速有一部长篇诞生,的确是令人惊异的。他是如何实现这种"转换"的,也让人百思不得其解。

看了张炜的有关自述之后我们才明白,这部儿童长篇小说原来是《你在高原》的一份"副产品"。张炜说:"《你在高原》写了二十多年,其中的沮丧和欢欣一样多。有时在旅途忍不住要想想过去,随手记录一些童年生活,不知不觉就记了几大本子。当我的三十九卷书交出后,再回头翻检这些记录,就萌生了修改和完整它们、系统出版它们的想法。当时只是回忆童年的一些片段,用以活泼和温暖自己深重熬人的思绪。长长的书交稿以后,我就开始整理这几部笔记了,发现它们是可以独立出来的长卷,又可以分为五个单章。《你在高原》中有许多类似的情愫,如《鹿眼》一部,如果不是有太多的血泪和幽暗,差不多就是专家说的'儿童成长小说'了。"[①]根据张炜标注的时间,这部长篇写于 2011 年 6 月 7 日至 10 月 18 日。他在短短的四个多月时间里就将这份"笔记"修改完成,工作量也是巨大的。不过他说:"写到童年生活,我大致十分愉快。而写《你在高原》,激越感动还要伴随着诸多痛苦。所以前者正好是后者的安慰,是一种补偿。"[②]

其实,张炜能够写出这样一部儿童长篇小说,既与《你在高原》的创作密切相关,也是与他一贯的创作思想、创作道路紧密相连的。他最早的小说习作,几乎都可以看作儿童小说;收入他的第一部短篇小说集《芦青河告诉我》中的作品,不少也充满了童真童趣。其后,他以儿童视角来构思、创作的作品并不鲜见。同时,作家的童年印象也成了他心灵深处最深厚、最牢固、最新鲜、最动人的部分,它们不时地通过各种人物、动物、植物,通过各种形式出现在张炜的作品中,不仅深深影响着张炜的文学创作,也给他的作品打上了一个鲜明的烙印,那就是永不倦怠地写童年、写童心、写人性的质朴和本真。

我们认为,张炜的童心不泯与他对圣洁精神的执着追求,与他浓厚的大地意识、民间情怀是分不开的。因为童心即真心,与大地、民间一样都是一个"原来"、一种"真实",都是圣洁精神的最初源头。所以,张炜的儿童小说并不单纯是儿童小说,它们在精神血脉上与他的长篇作品和大量中短篇作品、散文、诗歌、文论等都是相通的,它们是一棵大树上长出来的不同形态、不同色泽的花朵。

评论家王万顺曾引述王安忆的观点指出:"张炜的'成人小说'中的主人公多

---

① 张炜:《诗心和童心》,《张炜文集》第 43 卷,漓江出版社 2019 年 10 月版,第 228—229 页。
② 张炜:《诗心和童心》,《张炜文集》第 43 卷,漓江出版社 2019 年 10 月版,第 229 页。

具有儿童的一面,比如隋抱朴隋见素兄弟、师麟、淳于阳立、刘蜜蜡、廖麦和美蒂,有的像没有长大的任性的孩子,有的有着孩童一般的天真无邪,《九月寓言》中的赶鹦、肥以及金友、露筋等不用说了,即使是那些被抨击、被嘲弄的人物,比如赵炳、工程师、红小兵、唐童、史东宾等,也有孩子的一面。在'你在高原'中,这种孩子气更是弥漫在广大人物中间,宁曲两家的男人们,那些意气用事的青年知识分子(庄周、宁伽、阳子、吕擎、纪及、小白、武早、凯平等),包括许艮、曲浣等老教授,他们执拗地撞墙碰壁,处于被权势者玩弄欺骗打压的境地,多像是一群少不更事的孩子,而一旦彻悟之后,便毅然决然地出走,哪怕是寻到了一个虚无。"①

　　这些说法是很有见地的,对于我们理解张炜的文学创作具有重要意义。这也使我们明白,张炜的《半岛哈里哈气》的出现,并不是什么突然"转向",只不过是换了一种形式继续抒发自己的情感、表现自己的心灵感悟而已。

二

　　《半岛哈里哈气》描写的环境,同样是"芦青河"边,是张炜反复叙写的故土大地。在这部儿童小说中,他以果孩也就是小说中的"我"为叙事主人公,讲述了一段长长的童年往事。其中的五卷既各有侧重又相互连接,从多个侧面表现了果孩等儿童生活的诸多方面。故事发生在我们已经非常熟悉的海边丛林、园艺场子弟小学,果孩的爸爸、妈妈我们也都似曾相识,因为他们与宁伽的父亲、母亲都有些相似。

　　张炜说:"我十六岁以前就是住在那样的一片林子里。这不仅是让我写了这样的五本书,而且我的几乎所有作品,主要背景都是那样的一个环境。这使我想到,一个人的童年对于他的写作是多么重要。"但他同时说,这部作品"仍然不能算是我的自传"。② 我们或许可以说,这是一部有着作家童年生活影像的虚构的文学作品。

　　《美少年》讲述的是果孩与同学老憨、双力等的故事。果孩不知什么原因鼻子发红,变成了一个"酒糟鼻子",而在此时他们班来了一个大家公认的"美少年"双力,于是一场孩子们之间的明明暗暗的较量就开始了。受儿童幼稚心理的影

　　① 王万顺:《张炜诗学研究》,中国社会科学出版社2015年12月版,第186页。王安忆的观点参见王安忆:《心灵世界——王安忆小说讲稿》,复旦大学出版社2007年版,第52页。
　　② 张炜:《诗心和童心》,《张炜文集》第43卷,漓江出版社2019年10月版,第229页。

响,果孩和老憨想了不少办法捉弄双力,搞了不少恶作剧。后来学校成立少年艺术团,已经治好了酒糟鼻子并且会唱歌的果孩因为爸爸的原因落选了,遭到他们捉弄的双力却成了艺术团的朗诵演员。果孩是多么羡慕台上的双力啊,因为他与双力都是一样的"美少年"。但他这时已经知道自己的命运,他可能连继续升学的机会都不会有。不过,果孩更知道自己已经是一个男子汉,他觉得将来自己一定能够翻过南面那座大山,进入另外一个世界。或许,真正的"美少年"并不在于外貌,而在于永远不向命运屈服。

《海边歌手》(《天才歌手》)讲述的是村头"蓝大衣"的儿子三胜与村民"铁头"的儿子常奇在海边赛歌的故事。常奇战胜了三胜,这引来了"蓝大衣"的强烈妒恨,他设计陷害"铁头",让民兵关押、审讯、暴打"铁头",是果孩、老憨、三胜、常奇等共同想办法救出了"铁头"。后来,常奇中了毒鱼针哑了嗓子,三胜在到海蚀崖上为他采治嗓子的草药时摔伤了腿。我们在这部作品中看到,尽管村头"蓝大衣"是那样强横、丑恶,但孩子们之间的友谊却是纯真无瑕的。治好嗓子的常奇又能唱歌了,小伙伴们也把受伤的三胜背到了海滩林子里,与果孩、老憨等一起放声歌唱起来……

《养兔记》讲的是果孩和老憨几次合养兔子的故事。一次他们从林子里得到了一对怀孕的兔子,小兔子保住了,难产的母兔却死去了。后来,犯了"馋病"的老憨的父亲"火眼"盯上了那只公兔,非要杀掉它做下酒菜不可。他们想尽办法保住了兔子,可是又无法让它们从此不受伤害,只好偷偷地将它们放生了。这些可爱的动物,也许只有到林野之中才能躲过人间的残酷和杀戮。

《长跑神童》写的是擅长奔跑的果孩在学校运动会上屡破纪录的传奇。可是后来他吃了另一个擅跑的同学兴业送的"飞鱼鳔"后,虽然在全区运动会上大放异彩,却在全县运动会上铩羽而归,兴业也只跑了个第四名。他以为是兴业企图用"飞鱼鳔"来害他、与他竞争的,后来他才知道是兴业的爸爸把"飞鱼鳔"像宝贝一样放着,放变质了,害了他们。他差点错怪了自己的同学,失去了一个很好的朋友。果孩说:"我一直有点自豪的是自己这三个'特长':唱歌、长跑和心眼多。可是我的'心眼'也许太多了,于是就用在自己的知己身上,用歪了。""它给了我忘不掉的羞愧和疼痛。"①在后来的全县运动会上,果孩因为身体没有完全恢复无法参加,参加运动会的兴业跑出了很好的成绩,破了全县、全市纪录,也顺利地考上

---

① 张炜:《半岛哈里哈气》,《张炜文集》第 18 卷,漓江出版社 2019 年 10 月版,第 361 页。

了体校。果孩虽然最终也没能升上高中,但他与兴业的友谊却长久地延续下来
了。

《抽烟和捉鱼》(《狐狸老婆》)讲述的是果孩、老憨和他们的小伙伴们,与两个
叫"玉石眼"和"狐狸老婆"的老人交往的趣事,讲述的是海边林子里的神秘传说
和故事。他们从老人那里得到了想要的吃物,也学会了抽烟和喝酒;他们想方设
法化解了两个老人之间的宿怨,缓和了这两个"仇深似海"的老人之间的关系。
或许,人的心灵中那些解不开的疙瘩,只有童心才能将它融化。

什么是半岛上的"哈里哈气"? 张炜用小说主人公果孩的口气写道:

> 我们的小屋筑在丛林的边缘地带,不过离最近的人家也有一公里远。这
> 儿到处是吵吵闹闹的各种动物——爸爸叫它们为"哈里哈气"。我知道这是
> 指它们跑动和打闹发出的喘息声、喷气声。
>
> 后来,当我那些贪玩的同学和伙伴来了,晚上躲在窗外黑影里等我出来,
> 不小心弄出了声音时,爸爸就会咕哝一句:"哈里哈气……"
>
> 我听了想笑,在心里说:林子里的各种野物,还有我们这一群,都是"哈里
> 哈气的东西"![1]

"半岛哈里哈气",就是自然与野性、纯真与质朴、童心与童趣,就是人与自然
的生命本源,就是人类的初心所在。这些最为珍贵的东西,都滋生于故土大地,保
存在张炜童年的记忆里。现在,故土已经满目疮痍,童年岁月也难以唤回,再到哪
里寻找它们呢? 我们联系张炜的文学创作可以看出,那就是走向高原,尤其是走
向人的精神高原。所以说,《半岛哈里哈气》虽然是一部人物、故事都相对简单的
儿童长篇小说,但它仍然是张炜在"精神高原"不断行走的一部重要作品。

张炜说:"文学作品写儿童和老人、男人和女人,都是正常的。作家的全部作
品构筑的往往是一个复杂的世界,作家本人不可能将写儿童生活的作品独立看
待。我从三十年前就在写类似的作品,这一次不过是集中出版了五本。"[2]

他甚至认为:"作者在写作时,并不会过多考虑这样的划分,在他们眼里往往
只有'文学',而没有'儿童文学'。后一个概念是研究者出版者才要考虑的,因为
他们要找出一些共同的特征,划出受众的范围,确定市场。""我不仅没有'转身',
而且更加靠近了文学的核心。这不是转型,更不是跨界。有人认为儿童文学是有

---

① 张炜:《半岛哈里哈气》,《张炜文集》第 18 卷,漓江出版社 2019 年 10 月版,第 1 页。
② 张炜:《诗心和童心》,《张炜文集》第 43 卷,漓江出版社 2019 年 10 月版,第 227 页。

别于文学的某个独立的世界,这是完全错误的。写儿童,充分地表达童心,正好步入文学的核心地带。""这是我持续不断的文学探索,是我个人文学世界的一个部分、一个角落。"①

这些说法是很有道理的,也符合张炜的创作实际。我们只有把他的儿童文学作品放在他整个的文学创作之中来看待,才能看出它们的价值与意义,也才能更好地理解其中的内涵。

三

不过,作为一部儿童文学作品,《半岛哈里哈气》在写法上还是与他的其他作品不同的,它让成年人读起来有味、让少年儿童读起来有趣。"有味"是指里面蕴含的思想、情感的力量,"有趣"是它的故事性、知识性和趣味性,人物性格单纯、鲜明,富有儿童特点。

能够做到这一点,是因为张炜实实在在地站在了少年儿童的立场上,真正地用少年儿童的视角来看待周围的世界,并做出了适合少年儿童年龄特点和心理特点的情感与价值判断,这与那些用成人眼光和成人思维去看待和训导孩子的作品大为不同。当然,最关键的还是因为张炜始终葆有一颗童心,他有着历经五十多年人生风雨依然不变的真挚情感。没有这一点,其他的一切都将是"皮之不存,毛将焉附"。

张炜指出:"纯文学作家应该更具备童心和诗心。我一直认为,童心和诗心才是文学的核心。离开这两个方向,也就离开了纯文学的方向。""拥有一颗不变的童心,这才是一个好作家的基本条件。写儿童喜欢的作品,在作家那里应该是一件自然而然的事情。"②

同时,张炜的许多浪漫、奇妙的想象都在其中得到了充分的呈现;他对胶东半岛民间故事、民间传说的熟稔,也在作品中发挥了奇妙的作用。王万顺指出:"在《长跑神童》中,果孩参加全区运动会时被人有意踩伤,他赤脚上阵,在冲刺的最后一圈干脆闭上了眼睛,感到有一群兔子在前方带路,如有神助,夺得第一名。《美少年》中狐狸掳走美少年的传闻,《长跑神童》中不可复寻的林中泥屋老人,

<hr>

① 张炜:《诗心和童心》,《张炜文集》第43卷,漓江出版社2019年10月版,第228页。
② 张炜:《诗心和童心》,《张炜文集》第43卷,漓江出版社2019年10月版,第227页。

《抽烟和捉鱼》中狐狸老婆的传说和玉石眼讲述的动物闪化为人的故事,亦真亦幻。"①这些都增强了作品的传奇性、趣味性和吸引力。

这种传奇性、趣味性和吸引力,还表现在张炜在作品中对"异人"的创造上。张炜说这是他塑造人物的"秘笈",在《半岛哈里哈气》中表现得更为突出一点。2012年4月2日,他在华中科技大学的一次文学座谈会上谈道:"前一段谈《半岛哈里哈气》,一时冲动说出了一个'秘笈':非异人不写。'异人'就是古代说的那种,是见异思迁的'异'。乍一看都是很平凡的人,什么教师,儿童,老太太,坏人好人等;但仔细看,这仅是外在包装,骨子里都是'异人'——到现在为止,不是'异人'者一个不写。说'秘笈'是一种玩笑。但哪怕是写一个非常一般的配角,比如一个民兵连长,只要出场,也一定是一个'异人'才行——如果达不到这个标准,这个人物就一定是不成功的。'非异人不写'只是一个说法,不过在说强烈的个人性、文学性。文学是彻底的虚构,彻底的个人,任何的文学人物,如果他人能够重复,肯定不是'异人',而是类型化的人。把生命特质挖掘到最后,只会发现一个个'异人'。"②我们阅读张炜作品,确实看不到那些"类型化"的人物。不论是《半岛哈里哈气》中的几十位文学人物,还是《你在高原》中的数百位文学人物,哪怕只是偶尔出场,也带有自己的个性和特点,是极具识别性的"这一个"。我们认为,张炜的"非异人不写"不仅是一种创作方法,更是一种极高的文学追求和极高的写作才华。

另外,小说中的幽默笔调和胶东方言的恰切运用,以绰号命名人物的独特写法,如破腔、横肉、金牙、紧皮、火眼、老扣肉、蓝大衣、铁头、大背头、狐狸老婆、玉石眼、锅腰叔、布褡子医生等,都与人物形象、人物性格相契合,既让人物形象鲜明、呼之欲出,也让小说饶有兴味、妙趣横生。这让我们看到,张炜不仅始终葆有一颗童心,而且充满无限童趣,这对一个已经在文学道路上跋涉经年的著名作家来说,实在是至为难得的。

四

《半岛哈里哈气》出版之后,张炜曾经表示:"今后我还会和以前一样地写下

① 王万顺:《张炜诗学研究》,中国社会科学出版社2015年12月版,第182页。
② 张炜:《倾听与感动》,《张炜文集》第43卷,漓江出版社2019年10月版,第314页。

2013 年 11 月,张炜在土耳其街头

去,童年视角及其他视角——比如说动物的视角——都会采用。随着写作时间的
延长,我会将视角更加展开一些。""儿童文学写作与平常的写作并行一体,甚至
不可分剥,我在写作中几乎没有将其分离过。所以这种童年视角、童年心情给予
的快乐,是一直陪伴着我的写作生涯的。面对复杂的当代社会生活,常常需要有
一个儿童指出皇帝的新衣,而作家,时不时地就要充当这个儿童的角色。"[1]

　　童心焕发的张炜说做就做,继续将自己的写作沉浸在了故乡和童年、少年时
代。2012 年,继儿童长篇小说《半岛哈里哈气》之后,他又于 8 月出版了首部自传
体随笔《游走:从少年到青年》,叙写了自己从少年到青年的成长经历;12 月,完成
了回忆童年、少年时代往事的系列散文《描花的日子》,包括《爱小虫》《看样子不

---

①　张炜:《诗心和童心》,《张炜文集》第 43 卷,漓江出版社 2019 年 10 月版,第 232—233 页。

是坏人》《从头演练》《痛打花地主》《宝书》《捉狐狸》《大清的人》《嘴子客》《有了家口》《炕和猫》《专教干坏事的老头》《洋大姊》《小矮人》《坠琴》《老贫管》《独眼歌手》《描花的日子》《游泳日》《粉坊》《说给星星》《岛上人家》《大水》《月光》《名医》《战蜂巢》《笼中鸟》《打铁的人》《打人夜》《杀》《桃仁和酒》诸篇。但与散文随笔相比，张炜最倾心的还是小说创作，2013年4月—7月，他完成了被统称为"海边妖怪小记"的一部新的儿童中篇小说，包括《小爱物》《蘑菇婆婆》《卖礼数的狍子》《镶牙馆美谈》《千里寻芳邻》五章，2014年2月这部书以《少年与海》为书名由安徽文艺出版社出版。后来，张炜将这部著作收入漓江出版社出版的《张炜文集》时，又将之改名为《海边妖怪小记》。

　　《少年与海》（《海边妖怪小记》）以"我"和小伙伴虎头、小双等的所见所闻为主线，讲述了"我们"在海边丛林里听来或见到的"妖怪"的故事。这些"妖怪"有的就是一些动物，有的则是介于动物和人之间的"小妖"，它们都是富有灵异之性的特殊"物种"，与人发生过各种各样的关系。但它们的外表不论凶恶、善良，还是美丽、丑陋，都不会害人，顶多也就是吓唬人一下而已。《小爱物》中与屠弱的果园护园人"见风倒"两情相悦的"小妖怪"，为"上级"和民兵所不容，被麻脸民兵看管起来，最后好不容易被我们救出，返回林野；"见风倒"也随着她发出的"噗、噗"的美妙声音，"像被一根线牵住一样，径直向园子深处去了……"。①《蘑菇婆婆》讲的是一个民兵与当年的"土匪"、与动物之间的故事。"老歪"当年奉命杀死了一个"土匪"，逼死了他的女人，后来又杀死了老熊的孩子。他因为做了亏心事，一直担心遭到报应而生活在恐惧之中。可是"土匪"的女儿"蘑菇婆婆"和老熊并没有真的找他报仇，他们的心肠比一个"刽子手"的心柔软。《卖礼数的狍子》讲的也是猎人与动物的故事。那个亦真亦幻的狍子到底是个动物还是化成了老人，连想打死狍子给父亲治老寒腿的"二转儿"也搞不清了。后来老人用一种草药治好了"二转儿"爹的腿，并告诉"二转儿"："林子里的野物过自己的日子，咱过咱的日子，放它们一条生路吧……"②最后他们终于知道，这个被称为"老狍子"的老人逃过反、当过护林人、拉过网，一辈子在海边过日子。他靠垦荒种吃的东西，采果子和蘑菇，还学着为人瞧病。他说人要"讲礼数""守规矩"，甚至"不光是人，野物、林子、海和山、星星月亮日头、刮风下雨、涨潮退潮，这些都按自己的规

---

①　张炜：《海边妖怪小记》，《张炜文集》第23卷，漓江出版社2019年10月版，第161页。
②　张炜：《海边妖怪小记》，《张炜文集》第23卷，漓江出版社2019年10月版，第198页。

矩、自己的样子来过",而世上的"礼数"是不能买卖的,它是需要大家共同明白、共同遵守的。① 他们看到,老人的肚子上有几道长长的伤疤,有的已经变了颜色,但老人告诉他们,这些伤疤没有一条是野物咬的,全是人留下的。老人说,野物都是他的朋友。那么,人呢?《镶牙馆美谈》讲的是荒原上不堪忍受暴虐的兔子与凶残的狼群决战的故事,狼虽然凶恶,但荒原上的兔子太多了,论数量是狼的一千倍! 它们在兔王"老筋"的带领下,在母狐"瓦儿"的帮助下,镶上了铁牙,击败并赶走了狼王"兴儿"的狼族。它们与狼族无畏地战斗,"不是什么'你争我夺',是生存还是死亡,是自由!"②《千里寻芳邻》讲的是一只叫"球球"的狸猫和一头叫"春兰"的小猪的故事。"球球"来自林野,是一只美猫和一只流浪猫的女儿。后来,美猫去寻找为保卫家园到远方征战的流浪猫了,"球球"辗转来到了"我"家,并与隔壁虎头家的小猪"春兰"结下了深厚的友谊。一年春天,从城里来的舅母将"球球"带到了城里,还给它取了个洋名"麦累"。可是"球球"受不了城里的生活,尤其是在一个宴会上看到了一道叫"烤乳猪"的菜后,它恐惧了,它想到了乡下的好朋友"春兰"。于是,它不顾一切地逃离了城市,奔波千里回到了家乡;它与"春兰"拥抱着,再也不想跟它分开。

《少年与海》(《海边妖怪小记》)中的故事看似荒诞不经,实则别有深意。作家歌颂的是真挚的爱情、亲情和友情,倡导的是做人的"礼数""规矩"和本分,其意所指当然就是这些人之常情、人间常识已被时代抛弃。他是在呼唤一种美好情愫和美好精神的回归,是渴望人们重新建立人与人、人与自然的良好关系。这与他的一系列作品都是同声相和、同气相求的。那么,他把这些思想情感化作儿童文学作品,让孩子们从小就去体会、感受、思考,是否也有一种"哀人世之无望,寄希望于未来"的意思呢? 我们不必去刻意探究。但是,熟读鲁迅、极其崇仰鲁迅的张炜,试图用这种方式影响少年儿童,借此来"救救孩子"的愿望还是十分强烈的。张炜曾经多次对我们说,现在所谓的"童书"泛滥,但真正适合孩子们阅读的好作品并不是很多,为孩子们创作好的儿童文学作品,是一个作家的良心和责任所在。他说他虽然写得不够好,但也要为之尽上一份力量。

张炜指出:"其他的儿童文学写作者走在前面,他们一直是我钦佩和敬重的人。比起数字时代浑浊的文风,坚守着儿童文学、自己的童心与诗心,是多么了不

---

① 参见张炜:《海边妖怪小记》,《张炜文集》第 23 卷,漓江出版社 2019 年 10 月版,第 222—223 页。

② 张炜:《海边妖怪小记》,《张炜文集》第 23 卷,漓江出版社 2019 年 10 月版,第 259 页。

起的大事业。我愿意投入这个事业，不是从现在开始，而是一直向往着，并一直走下去。"①这些，不仅是他的美好愿望，也是他在这一时期富有成效的写作实践。

五

2013 年，还是张炜文学创作的一个极为重要的年份。因为如果从 1973 年他开始文学创作算起，到这一年正好已有四十年。四十年，既值得纪念，也值得总结。2014 年 11 月，作家出版社推出了四十八卷本《张炜文集》，包括长篇小说十九卷、中短篇小说七卷、散文随笔二十卷、诗歌两卷，囊括了张炜四十年写作生涯中发表的一千五百多万字的文学作品。此书出版之后，11 月 22 日，张炜的第一个工作单位山东省档案馆牵头主办了"张炜创作四十年研讨会暨手稿版本展"系列活动，包括《张炜文集》首发式、张炜文学创作四十年研讨会、张炜新著《也说李白与杜甫》发布会、民间收藏张炜手稿版本展等。2014 年 11 月，张炜还获得了由《青年文学》杂志颁发的"《青年文学》成就奖"，入选山东省首批"齐鲁文化名家"，获得人民文学出版社和《当代》杂志授予的"《当代》荣誉作家"称号等。

但是，四十年的文学之路在张炜那里只是一个阶段，获得多少荣誉也不会成为他的负担，而只能是一种鞭策和动力。他在文学创作道路上永远也不会停步。我们看到，童心焕发的张炜继续发力，又于 2014 年 12 月 17 日完成了系列童话《兔子作家》，于 2015 年 1 月 24 日完成了儿童中篇小说《寻找鱼王》。

系列童话《兔子作家》包括《为猫王立传》《鼹鼠地道》《寻访歌手》《孤独的喜鹊》《马兰花开》《天使羊大夫》六册，是张炜彻底放下成人身份，完全以儿童视角、以一位"兔子作家"的眼睛创作的一部系列作品，是一部地地道道的儿童心灵小说和儿童成长小说。作品通过一位年轻兔子跟一位老兔子"作家"学习写作，以及学会写作后在森林里的采访、写作的经历，展示了一位"兔子作家"的成长经历和他在成长过程中的欢欣与苦恼、成功与失败。我们看到，这位"兔子作家"的所有经历都是在实践和体悟他的"老师"的"三个忠告"：多读书、多交朋友、多看星星。因为只有多读书，才能增长知识；只有多交朋友，才能了解"社会"，体味"人性"，辨别"人间"的善恶美丑；只有多看星星，才能保持心中的浪漫、美好，激发辽远的思绪和写作的灵感，才能永远保持那份童心和诗心，成为一个真正的作家。

---

① 张炜：《诗心和童心》，《张炜文集》第 43 卷，漓江出版社 2019 年 10 月版，第 233 页。

　　这样一位"兔子作家",是森林里那个活跃的"眼镜兔",在某种程度上也是作家自己,是所有优秀作家的综合体。2016 年 4 月,《兔子作家》由安徽少年儿童出版社出版后,张炜在回答记者提问时说:"我生活的海边有许多兔子,它们俊美、单纯、活泼、机灵、和睦、友爱,是我最喜欢的生灵。""它们注视过我少年时代的写作,分享过我的欢乐,也感受过我的痛苦。我有时想象自己也是一只兔子,穿行在无边的海边林野中,因为写作,带来了那么多的幸福和哀伤。""眼镜兔正在成为一个不错的作家,他的作品打动了林中万物。他讲出的是树木、小獾、小狐狸、刺猬等所有动植物的故事,大家都喜欢、都需要。""他发现写作不光是纸上的事,还要把林子里的事做好并记住,然后才能写好。""其实所有的好作家都是一只会思考的兔子:勤奋、好奇、单纯、善良。""他永远站在弱者一边,为正义而歌。"①这位"兔子作家",不正是所有好作家应该追求的那个样子吗?

　　张炜还说:

　　　　他(指兔子作家——引者注)的手指上有了老茧。我劝他快买一台电脑吧,他说:"我的老师不用电脑,我也不用。"

　　　　"为什么?"

　　　　"因为用笔更利于思考。"

　　这与张炜一直坚持手写重要作品,又何其相似乃尔。

六

　　迄今为止,张炜的儿童中篇小说《寻找鱼王》,可能是他最重要、最经典的一部儿童文学作品。这部作品 2015 年 5 月由明天出版社出版,6 月在《人民文学》第 6 期发表,很快被《中华文学选刊》8 月号、《作品与争鸣》9 月号选载,引起了当时文坛特别是儿童文学界的巨大反响。

　　2015 年,这部作品还获得了诸多荣誉。比如:入选国家新闻出版广电总局全民阅读活动年度"大众喜爱的五十种图书",中国出版协会年度"中国三十本好书",中国图书评论学会年度"中国好书",《中国教育报》年度教师推荐"十大童

---

①　张炜:《海边兔子有所思——张炜关于〈兔子作家〉答记者问》,张炜:《兔子作家》,安徽少年儿童出版社 2016 年 4 月版。

书",《中华读书报》年度"十佳童书",《中国新闻出版广电报》年度好书等。2016年,这部作品又获得"陈伯吹国际儿童文学奖"年度图书(文字)奖。2017年获颁第六届中华优秀出版物奖、第十届全国优秀儿童文学奖。

第六届中华优秀出版物奖的颁奖词指出:"《寻找鱼王》是一个写给孩子的古老而长新的中国故事,作品讲述了一个山村少年苦苦追寻'鱼王'学艺的传奇。作者将自己对自然的敬畏之情刻进了小说中,构成了本书深邃的情感贮藏和人生寓意:不管世事如何变迁,不管我们怀着什么样的热望和梦想,时间和自然之中依然存在着指引人生的恒常之理。"①此语比较准确地概括了这部作品的主旨意蕴。

许多论者认为这是一部"成长小说",这是不无道理的。但它又不同于那些"成功小说"或"励志小说",它给人留下的不是一个故事,而是一种思考。小说中的主人公"我"从小就立志当一个能捉大鱼的人,并在父亲的引领下踏上了寻找鱼王、拜师学艺的道路,但他在跟随"旱手鱼王"和"水手鱼王"学习的过程中,渐渐放下了最初成为"鱼王"就是要住"青堂瓦舍"、过"大富大贵"的日子的奢望,慢慢明白了真正的"鱼王"不是捉鱼的人,而是"鱼",是以"鱼"为代表的大自然的一切,那才是需要人们去热爱、去敬畏、去守护的生命之根。而在人世间,一个真正的"鱼王"不是要做一个靠掠夺和占有去捉大鱼的人,而是要做一个看护大鱼、守护自然大地的人。作家写出了这个少年的思想转变历程,写出了他的思想成长过程,使作品具有了不同于一般"成长小说"的意蕴,也开拓了儿童文学作品的新境界。

这样一种成长过程,与张炜的童年、少年经历有着千丝万缕的联系。张炜说:"一个在原野和大山中度过童年的人,必会对自然万物留下不可磨灭的印象。那是生命与生命的对话,是一次次深刻的生命交流。""我们寻找鱼,获得鱼。关于鱼的一次次回忆,差不多构成了整个童年生活中最深邃的情感贮藏。"②

或许正是从这个意义上,张炜说这部书写了真实的故事,因为它大部分都是在写自己童年的观察和体悟,甚至直接就是亲身经历。联系张炜少年时代拜师学习写作的经历,联系他在平原和山地的游走生活,我们就可以很好地理解这一点。

---

① 亓凤珍、张期鹏:《张炜研究资料长编(1956~2017)》,山东教育出版社2018年9月版,第665页。

② 张炜:《〈寻找鱼王〉答编辑问》,张炜:《寻找鱼王》,明天出版社2015年5月版,第218—219页。

而他在书中写到的那些捉鱼的方法、深山和水边独特的环境、许许多多妙趣横生的民俗场景，又构成了一幅半岛地区独特的山水、风俗画卷，令人无限神往。

赵月斌认为，小说里"我"的"鱼王"师傅有些张炜外祖母的影子，应该是有些道理的。因为我们知道，外祖母堪称张炜最早的启蒙老师，他在作品中每写到外祖母，都带有很深的感情。赵月斌写道："据张炜回忆，小时候他挥着一把生锈的宝剑，嘴里大喊着'杀！'追杀了狐狸、癞蛤蟆、蛇、蜥蜴、花蜘蛛等几十种狡猾、丑陋的'坏动物'，它们都在'杀'字中浑身发抖，或立刻毙命，或落荒而逃。然而外祖母知道后，脸却阴沉下来，她告诉不要伤害任何动物，也不要说一个'杀'字。因为'坏动物'也有它们自己的日子。它们像人一样，只有一次生命，它们只活一次。外祖母才真是众生平等，她破除了张炜的'人类中心主义'，给了他一颗慈悲之心。小说里两位'鱼王'师傅捉鱼都讲究'出手只一次'，而且不捕杀没有长大的小鱼，更不用下作的手段抓鱼。有一次'我'捉了一只巴掌大的老蛤蜊，又被师傅放回了水里。这位'鱼王'老太分明有作者外祖母的影子，她们一样有一颗宽柔的心。"①

这种思想情感深深地影响了张炜，并在小说中得到了充分的体现。但作为一个有原则、有立场、有坚守的作家，张炜也不会成为一个简单的"泛爱"主义者，他的善恶、美丑、是非观念是很清晰、很分明的，只不过在一部儿童文学作品中表现得不是那么强烈、尖锐而已。张炜说："我不会忽略书中的每一个人物，他们有的善良、有的凶狠，但像鱼一样，都是大自然的孕育之物，想拒绝其中的某一个也不行。它们和我们一块儿生存在这个世界上，我们也就不得不与之相处了。书中的那些可爱的人，可爱的动物，我们可以引为朋友或知己，但有一些则要远远地躲开。"②书中的"老族长"就是一个巨大阴影。不过，张炜认为"老族长"就像深山莽林里处于食物链顶端的老虎一样，是必然存在的，而且他只要活着就会吞食很多生命。张炜是在告诉我们要特别警惕这种残暴的"动物"吗？张炜没说，他大概是想让读者自己去思考、去甄别、去判断吧。

也许真是这样，张炜在书中给读者留下了很多、很大的思考空间。他大概觉得，孩子们是应该在思考中不断成长的，而不应过多地给他们现成的答案，况且大人的答案也不一定就是唯一的、准确的。张炜说："书中的这个男孩想找到一个

① 赵月斌：《张炜论》，作家出版社 2019 年 7 月版，第 248 页。
② 张炜：《〈寻找鱼王〉答编辑问》，张炜：《寻找鱼王》，明天出版社 2015 年 5 月版，第 221—222页。

'鱼王',但直到最后也不一定如愿以偿。因为不同的人对'鱼王'有不同的期许,不同的理解,不同的命名。到底这个孩子最后找到的是不是'鱼王',一万个读者或许会有一万个看法。这并没有什么不好,因为现成的答案有时是会骗人的。关于什么才是'鱼王',这需要每个人自己去好好琢磨。""什么才是真正的'鱼王'?我也在思考。"①作家在思考,也在启发读者思考。以思考启发思考,正是这部作品的最大魅力所在。

或许正是因为这样,这部作品才成了一部"老少咸宜"的佳作,成年人不觉其浅,少年儿童也不失其趣。这应该是张炜的明确追求。他说:"一部所谓的少年书籍,如果成年人看了觉得肤浅无趣,那就不仅不算是好的'儿童文学',而且很可能根本上就不算什么'文学'。文学的固有魅力不会因为儿童的喜欢而消失,相反它只会因为儿童的喜欢而更加焕发出来。"②

七

随着张炜一系列儿童文学作品的出现,特别是因为《寻找鱼王》产生的巨大影响力,张炜迅速在中国儿童文学领域占据了重要位置。他几十年间所进行的"儿童文学"创作,或者那些具有"儿童文学"特质的创作被重新"发现",并被大量出版,这形成了一道独特的风景线。

仅从 2015 年 5 月《寻找鱼王》出版之后来看,一些比较重要的版本就有:2015年 7 月作家出版社出版的"张炜少年书系"《歌德之勺》(散文集)、《林子深处》(短篇小说集);2016 年 5 月明天出版社出版的"张炜文学名篇少年读本"系列《童年的马》《天蓝色的木屐》,2018 年 4 月这个系列又出版了《初春的海》;2016 年 7月山东教育出版社出版的"张炜少年读本"系列《永远生活在绿树下》《美生灵》《岛上人家》《名医》《魂魄收藏者》;2016 年 10 月长江文艺出版社出版的"张炜少年小说书系"《小河日夜唱》《父亲的海》;2017 年 1 月山东教育出版社出版的儿童小说《狮子崖》,这是一部新发现的张炜写于 1974 年的旧作;2017 年 1 月安徽少年儿童出版社出版的《他的琴·槐花饼》《他的琴·公羊大角弯弯》;2017 年 6 月

---

① 张炜:《〈寻找鱼王〉答编辑问》,张炜:《寻找鱼王》,明天出版社 2015 年 5 月版,第 222 页。
② 张炜:《〈寻找鱼王〉答编辑问》,张炜:《寻找鱼王》,明天出版社 2015 年 5 月版,第 223 页。

安徽少年儿童出版社出版的"张炜致少年系列"《张炜自述》《山楂林》《长跑神童》《狐狸老婆》《养兔记》《夜莺》《海边歌手》《美少年》《八位作家待过的地方》《理想的阅读》;2018 年 2 月人民文学出版社出版的"大作家写给小读者丛书"中的插图版短篇小说《黑鲨洋》(老墨绘);2018 年 7 月中华书局出版的"张炜写给孩子的文学读本系列"《动物们》《听来的故事》《小时候》《在海边》《写作慢慢来》;等等。同时,他的大量适合少年儿童阅读的作品,也进入了各种少年儿童和中小学生课外读物。

　　童心焕发的张炜,甚至没有满足于创作儿童小说,他还开始尝试创作儿童绘本和童话。2018 年 8 月,他的儿童图画书《爱小虫》被收入"'童年中国'原创图画书系列",由天天出版社出版。张炜创作文字,王娜绘制图画,冉浩对文中描写的大毒蜂、钢虫、猫脸蝶、水雾牛、大王蓝、苹果蝶等作了生物学的猜想和解读。他们共同合作,完成了一部适合低幼年龄孩子阅读的作品。2019 年 1 月,他的系列童话《海边童话》由青岛出版社出版,书系包括《第一次乘船》《我们的大灰鹤》《歌声和炉火》《我变丑的日子》《迷路海水浴场》五册。不过,我们从中看到,张炜虽然用童话构筑了一个异想天开、浪漫奇特的世界,但其中所写又无不真实、生动、自然,融入了作家的童年海边生活记忆。而且,他还一如既往地将自己的思考融入故事之中,探讨的是传统与现代、自我与他人的关系,表现的是善、美、爱等永恒的主题。这些作品虽然是作家创作的一些"童言童语",但因其中的"思考性"也就具有了别样的魅力。他的童话,同样是少年儿童读着有趣、成年人读着有味的出色的文学作品,而不单纯是"儿童读物"。

　　张炜说,在儿童文学作品、童话作品中也要写出真实的生命体验,这样的作品才会有一种真实感,能打动人。张炜说:"(《海边童话》)这部作品写的就是童年时期所遇到的那些植物和动物的故事。小时候,在我家附近海边的入海口处,常常看到黄鼬、兔子在那一带活动,这个印象对我来说是极为深刻与特别的。我将它们写成十来个故事,主角儿就是这些动物们。我的儿童文学作品都是自己的'真事':故事里的大灰鹤、蝈蝈、鱼、海豹……我与它们都十分熟悉,在与它们交往和观察的过程当中,产生了我的童话。童话的写作必须建立在真实的基础上,我觉得这是特别重要的,这是能否走得更远的一个因素。童话胡编乱造尤其不可以。"①

---

① 《张炜谈儿童文学创作》,张炜:《寻找鱼王》,人民文学出版社 2020 年 9 月版,第 218 页。

张炜还说:"有一个中学生,读了我的中篇小说《少年与海》,很想找到作者,当他的父亲打听到我正在万松浦书院讲课,便领着孩子从很远的地方到书院来寻访。我和这个孩子讲了很多,后来又给他写了一封信。""还有一位媒体工作者告诉我,他一直有个苦恼,就是孩子不爱读书,每天只是专注于看电视、玩手机,一个偶然的机会看了我的《兔子作家》,竟一口气读完了。高兴之余,他就把我所有的童书都买回了家,小孩也从此进入了书的阅读世界。这件事让我很高兴,也让我思考,在智能手机霸屏的时代,如何把一个孩子从平板电脑的碎片式阅读中、从电视浮光掠影的讲述里吸引到书中来,让他们迷恋文字、依赖文字,用文字启发他们的思考力,是儿童文学的一个重要的任务。"①

或许正是因为这样,张炜极其看重儿童文学,并认为这在他的整个文学生涯中具有重要的基础性、核心性作用。事实也的确如此。张炜说,创作儿童文学作品的感觉让他兴致勃勃、十分愉快,于是就长时间停不下来。他甚至在 2019 年 5 月 19 日于北京师范大学的一次演讲中说:"到现在为止,我觉得自己是一个一再失败的诗人、难以为继的短篇小说尝试者、沉迷很久的长篇小说追求者、陷入枯竭的散文家,却是一个生气勃勃的、崭新的儿童文学写作者。好像自己刚刚拾起了这门手艺,刚刚被确认有一颗'童心'。"②

这当然是张炜的自谦,但也可以从中看出他童心焕发的状态。就这样,他很快又写出了回忆自己童年时代生活的非虚构作品《我的原野盛宴》,2020 年 1 月由人民文学出版社出版;他写出了酝酿多年、以家养动物为主角的中篇小说《爱的川流不息》,发表于《十月》2020 年第 6 期,并于 2021 年 4 月获得"十月文学奖"中篇小说奖。2021 年 3 月,这部中篇小说由山东教育出版社出版发行。

这些作品,表现的虽然是张炜一贯的思想情感,但他对童心童趣的挖掘,对人与自然、人与动物关系的探讨,对人世间各种复杂境遇和情感的书写,都在不断地向前推进、延伸。那么,张炜还要在儿童文学创作之路上走多久、走多远,我们真的难以想象。也许,他今后的作品会很难区分是儿童文学还是所谓的"成人文学",因为它们都在作家的同一颗"童心"笼罩之下。同一颗"童心"滋润出来的文学是什么文学? 答案当然是不言而喻的。

---

① 《张炜谈儿童文学创作》,张炜:《寻找鱼王》,人民文学出版社 2020 年 9 月版,第 219 页。
② 张炜:《持续写作及其他》,张炜:《思维的锋刃》,广西师范大学出版社 2020 年 4 月版,第 309 页。

第二节　经典回望

一

　　行走在"精神高原"之上的张炜,在拿出大量时间和精力、倾注极深情感创作儿童文学作品的同时,主要还是在阅读、讲学和写作。对张炜来说,讲学实际上也是一种阅读,因为要讲出自己的观点,没有大量的、广泛的阅读是不可能的。他的每次讲学,也总有成果诞生:此前他于 2010 年在香港浸会大学的讲学,形成了《小说坊八讲》;这一时期他在北京大学、哈佛大学、中国现代文学馆、中国文学高端论坛、广州华南师范大学、眉山文化讲堂、浙江工商大学、华中科技大学等处的演讲,也都留下了精彩的讲稿。这些讲学的收获,构成了张炜除小说、诗歌等虚构的文学作品之外,他的散文、随笔和文论的一个重要内容。

　　在研究张炜这一时期的文学创作和文学活动时,我们发现"回望"是其中的一个重要特征。张炜曾经说过:"严格地讲,一切写作都是回忆。或者写了很遥远的事情,或者是比较贴近的事情,但肯定都是回忆。有人只说自己写了眼前正在发生的事情——那是准文学,是报道,不是严格意义上的文学。"[①]于是我们看到,张炜在用文学作品不断"回忆"的同时,也在用各种形式不断"回望"。他回望自己少年时代到青年时代的经历,写下了自传体随笔集《游走:从少年到青年》;回望家族历史、生活经历、写作经历,回望从最初的文学创作一直到长篇巨著《你在高原》诞生的诸多往事,完成了与朱又可的对谈录《行者的迷宫》。这两部随笔集,成为我们了解张炜及其文学作品的重要依据。

　　这一时期,他还在通过阅读和讲学回望"经典",尤其是重新阅读和理解那些重要的中国文学和学术思想经典。这与张炜的文学观念有着很大关系。他认为,从那个向传统文化观念全方位地"造反"、颠倒传统文化价值的剧烈"运动"开始,直至随之而来的物质主义、消费主义浪潮涌起,中国文学极速演变。当前面临的最大问题是主题变得五花八门,消费主义、物欲主义公然成为正道,中国文学几千

---

　　①　张炜:《疏离的神情》,《张炜文集》第 42 卷,漓江出版社 2019 年 10 月版,第 183 页。

年来形成的经典精神遭到彻底"解构",这令人痛惜。

2010年12月21日,他在中法作家对话会上就曾指出:"对于经典精神的背离,这是最彻底的一次。当然这与西方现代主义思潮的涌入、与电子网络和全球化的到来有关。随便打开一部流行文学读物,不难感受其中的'邪气逼人'和'声色犬马'。这种精神上的沦丧是公然的、毫无扭捏的。"张炜指出,除了精神层面外,在语言文字、结构和写作材料等"物质"层面,当代文学"在'精美质地'这个意义上都大大退步了,许多时候倒像是刻意的粗糙和漫不经心"。所以,他认为"无论是精神还是物质层面,中国当代文学的现状都与整个社会发展呈现出一致性。网络时代、物质主义潮流,是构成某种文学质地的源头,是这个时期文学走向的决定性因素"。①

在这样的时刻,张炜不能不发出自己的坚定声音,既用他的作品,也用一些更为直接的方式。2012年5月11日—17日,"万松浦(春季)讲坛"在万松浦书院开讲,这是这个讲坛自2002年秋天开坛以来第一次由张炜主讲。此前曾有几十位作家、学者在这里留下了自己的声音,张炜一直是作为一个听众或对谈者的身份出现的。张炜的这次主讲,是一次文学的漫谈,没有事先准备的讲稿,也没有固定的话题,整整七天的讲座更像一场拉长了一点的文学讨论会。来自鲁东大学、烟台大学、中国海洋大学、华中科技大学、中国石油大学、聊城大学、中国农业大学的数十名青年教师和学生,与张炜对话交流,共同探讨文学问题,度过了充实、美好的一周时间。

从后来整理出版的讲稿《疏离的神情》来看,这次讲座探讨的话题虽然十分广泛,但核心只有一个,那就是面对时代的文学浪潮,如何坚定自守,站稳自己的文学立场。这个立场,包括文学的精神立场,也涉及文学的语言、结构、表达手段和方式等的"物质"立场,其中最重要的就是对经典的背离还是回归问题。在七天的七讲之中,张炜从文学思想、文学精神、文学品质、创作手法等诸多方面阐述了自己的观点,他对那些中外文学名家和文学名著信手拈来,用以说明自己的看法。我们看到,他所讲到的外国作家、思想家、文学评论家主要有康德、托尔斯泰、莎士比亚、雨果、索尔·贝娄、兰波、福克纳、克鲁亚克、屠格涅夫、哈代、高尔基、马雅可夫斯基、普希金、托马斯·曼、狄金森、陀思妥耶夫斯基、歌德、艾略特、马尔克

---

① 张炜:《对经典的最后背离》,《张炜文集》第42卷,漓江出版社2019年10月版,第417—422页。

斯、杜勃罗留波夫、别林斯基、车尔尼雪夫斯基等;讲到的中国作家、思想家主要有孔子、老子、庄子、孟子、荀子、屈原、李白、杜甫、苏东坡、张载、鲁迅、胡适、熊十力、梁漱溟等,以及《史记》《文心雕龙》《诗品》《红楼梦》和金圣叹、张竹坡等一类批评家的文学点评。这些中外文学、文化和思想大家,一个共同的特点就是经典性。向经典致敬,可能就是张炜试图寻找的文坛纠弊的一条重要途径。

二

对于中国古代思想大家孔孟和老庄,也就是对于中国传统文化的两大重要源头儒和道,张炜有着自己明确的看法。当然,他是从一个人、一种学问或思想是否带有感情的角度来看的。他认为感情很重要,感情是气,是决定力和推动力。他说有些人似乎很深刻,懂的事情很多,看透的事情也很多,但就是没有感情,结果最终还是一事无成,对世界没有什么用处。

张炜指出:"比较孔孟和老庄,我们喜欢的同时总要带点偏重。许多人还是格外偏爱孔孟。老子是了不起的东方智慧;庄子那种智慧达到极致之后,让人产生一种多多少少的恐慌感。事事那样想得开那样机智和通透,几乎可以通向宇宙笼罩四极,那种极度的出世,也真的有些可怕。我们感觉不到庄子的感情——也许它是更内在的、变形的?但儒家的感情和入世的温度却是很容易就感觉得到的。""有时候我们很容易与现实世界达成妥协和谅解,歪曲和不得当地使用一些超然的智慧、利用这种智慧,结果也会让庸俗社会学盛行起来。""孔孟儒学那样的入世和清醒,知其不可为而为之的担当勇气,现在似乎更为重要。书院门厅的墙上挂了孔子和孟子的像,没挂老子和庄子的像,但这不是说老子和庄子不伟大不深刻,这里强调的是学问和思想的另一种严整性,是入世的精神和情怀。"①这些观点可能有值得商榷之处,但作为一家之言,与张炜一贯的情感态度是完全契合的。

这就可以使我们理解,他此前为什么会写出《楚辞笔记》,现在则在 2013 年"万松浦(春季)讲坛"上选定了李白与杜甫,充满深情地挖掘这两位伟大诗人的深厚情感内涵了。讲座于 2013 年 5 月 12 日—19 日举行,也是一周七讲。讲稿后来修订整理为《也说李白与杜甫》,2014 年 7 月此书由中华书局出版。

张炜认为,李白和杜甫虽然都充满了矛盾与痛苦,说过很多漂亮的"大话",

---

① 张炜:《疏离的神情》,《张炜文集》第 42 卷,漓江出版社 2019 年 10 月版,第 255—256 页。

也做过不少为追求成功而付出的令人不屑的努力,但他们却都是真实的、有感情的人。他们都对孔孟极为推崇,也像孔孟一样堪称"精神的太阳",只不过因为"面对个人生存的现实,急于入世,急于做大事情、大丈夫,有时候手段与目的就会有所分离",但他们的伟大思想,他们表现出的气魄和气概是永远不可轻薄的,这是一个民族性格中最决绝高尚的部分。①

张炜指出:"精神的太阳和现实的太阳一样,之所以不敢正视,就是因为它太灼人太强烈了。但是没有它的光和热,万物都不复存在。人们平时不敢正视,甚至常常忽略太阳的存在,却难以否认一直依赖它的事实,就连地球也要围着它旋转。精神的太阳也是这样,它高高悬起,提供给我们生存的全部能量。"②那么,张炜从他们身上汲取的,自然就是巨大无比的精神力量了。

张炜认为,每一个时代的人都有每一个时代的矛盾与痛苦,即便是像郭沫若那样的 1949 年后的"桂冠"诗人,也不例外。对于郭沫若在 20 世纪 70 年代写出的那部《李白与杜甫》,很多人都认为是他在极左时期写出的一部迎合之作,是顽固、肤浅地坚持了"阶级斗争"理论,张炜却觉得并没有那么简单。张炜说:"《李白与杜甫》是他晚年之作,尤其要注意这样一个可怖的事实,就是他正遭遇了人生最大的不幸:于混乱年代接连丧失了两个儿子。也就是在这种处境之下他想起了从头梳理这两位最伟大的同行:李白与杜甫。果然,书中有一以贯之的'左'视角,有严厉的阶级论述,有谁都难以苟同的流行偏见。但是其中还有什么?有痛悔自责的呼号,有面对专制弄人的巨愤,有自嘲和冷汗?或许这一切都是我们的臆断和某种期许?不知道。一切都在书中。有一点是可以肯定的,那就是晚年的郭沫若先生与两位唐代大诗人做了一场漫长而持久的潜对话。"③

我们从中可以看出,张炜不仅试图深入到李白和杜甫的精神世界中,也试图深入到郭沫若的内心,来探究中国知识分子从孔孟到当代的心路历程,他们的痛苦与喜悦、收获与迷失。张炜说:"以前我一直纳闷的是,这位写过《女神》的天才诗人,有豪情有洞见有大经历的人物,怎么后来会写出那么多自残式的、极幼稚极肉麻极可笑的所谓'诗'?也正是从《李白与杜甫》这本书里,我读懂了一点点'为什么'。许多人性的秘密,就藏在这本书里。他借两位古代诗人,竟然说出了许多

① 参见张炜:《也说李白与杜甫》,《张炜文集》第 44 卷,漓江出版社 2019 年 10 月版,第 20—22 页。

② 张炜:《也说李白与杜甫》,《张炜文集》第 44 卷,漓江出版社 2019 年 10 月版,第 20 页。

③ 张炜:《也说李白与杜甫》,《张炜文集》第 44 卷,漓江出版社 2019 年 10 月版,第 320—321 页。

真话,当然那是曲折地说,隐晦地说。从这个意义上讲,这本书很重要。我的'也说',当然是从他的书缘起的意思。"①

那么,在当今这样一个物质主义、消费主义时代,在无处不在的网络的喧嚣之中,我们还能不能听到李白和杜甫的声音,还能不能接受那些"精神的太阳"的照耀?张炜认为一定能,而且是必需的。他说:"这声音一开始会是弱小的,但仔细倾听,他就会离我们越来越近,最后这脚步声变得震人耳膜。李杜离我们并没有想象的那么遥远,时间也没有我们想象的那么缓慢。时间很快,唐朝不远。许多问题并没有完全离开我们,比如底层与庙堂、浪漫主义、干谒、腐败与清流、攀附与寂寞,这些大问题其实自唐朝甚至战国时期到现在就没有多少改变。由此可见,读李杜也是一件切实就近的事,因为这两个标本不仅是文学的、诗的,还是人的、社会的,他们身上放射着强烈的现代和时代的光芒。"②

张炜进而指出:"我们和李白与杜甫一起来到了这个网络时代,所面临的许多问题惊人的尖锐,所陷入的巨大矛盾几乎到了无法调和的地步。也许没有一个历史上的著名文化人物能够在这场空前的挑战中得到幸免,甚至还要遭遇可怕的侵犯和亵渎。我们这个民族如果从李杜的诗篇中得到了恩惠,那么现在就应该站得离他们更近一些,因为当下的喧嚣声太大了,我们只有离得更近才能听清他们说了什么,才能和他们对话。我的这本书就是尽可能地靠近再靠近,然后是倾听和对话,因为噪音真的太大了,有时只得目不转睛地盯着这两位古人,还要放大了声音才能与之交谈。"③

张炜的忧思与渴望,都是不言而喻的。他对李杜的深情回望,是为了现在,更是为了将来。

三

2014 年 5 月 22 日—28 日,"万松浦(春季)讲坛"继续举行。本次讲坛由华中科技大学中文系教授李俊国、万松浦书院首聘驻院作家陈占敏主讲,台北教育大

---

① 张炜:《文字的河流》,张炜:《海边兔子有所思》,长江文艺出版社 2018 年 3 月版,第 95 页。

② 张炜:《文字的河流》,张炜:《海边兔子有所思》,长江文艺出版社 2018 年 3 月版,第 95—96 页。

③ 张炜:《文字的河流》,张炜:《海边兔子有所思》,长江文艺出版社 2018 年 3 月版,第 95—96 页。

学中文系教授应凤凰、香港浸会大学医学部教授蒋明、山东师范大学副教授房伟分别作了专题讲座,张炜以问答启发形式参加了座谈。他的座谈记录后来整理为《一地草芒露珠灿》,从这本书中,我们可以看到当时他对文学和文化的一些思考。

其中,张炜特别讲道:"一个文化部门邀请大家走了好多城市。每到一地,负责宣传的领导就拿出最好的东西给大家看,最后还要到一个大屋子里放映介绍本地的光碟:现代建筑,高科技,外宾成群;表现'先进文化',一定会有一群描了脸的老太太拿着扇子在跳,有光着膀子的男女在台上劲舞。千篇一律,像一个模板下来的。从东海到西部,'先进文化'都是这样,换句话说,都是扭动的描脸老太太之类。"张炜对这种现象显然是极不满意的,也绝不认同这就是所谓的"先进文化"。张炜说:"现代世界之现代,不在于楼之高大,机器之奇巧,更不在于舞台之喧嚣,而很有可能是其他:绿树下的安静,书香满城,人们脸上的阳光和微笑。"①

那么,这"绿树下的安静"何处寻找,其意义又在哪里? 这是张炜长期以来一直在思考的一个问题。2011 年 8 月,他在随中国作家代表团赴澳大利亚访问时,就在中澳文学论坛开幕式上作过题为《当代写作的第三种选择》的演讲,集中表达了这一观点。张炜指出:"真正的文学家有什么作为? 无非就是营造一片静谧和清明之地,供人喘息、逃往和安歇,以便生存下去。作家需要跟网络时代无所不在的平均主义和集体主义的审美方式和思维方式做斗争,这当然很困难,但一个作家如果改变不了世界,至少可以从自己做起,保护属于他个人的自由最大程度地不受侵犯,用不变的个体激情和个人智慧撑起文学的天空。今后,一个写作者能否拥有这样的力量,也就是对其最主要的、最终的评判标准。这既是手段,又是方法,当代文学写作的真正意义上的批判和进击性格,也正好体现在这个过程之中。"②

现在,这个问题又萦绕在张炜脑际,让他的目光在"回望"中聚焦到了陶渊明身上。他从这个历来被认为"出世"的"田园诗人"身上,看到了不一样的东西,渴望把它挖掘出来、讲述出来。于是在 2014 年 9 月,他又在万松浦书院与文友们专门讨论起了陶渊明。他与文友们的讨论发言后来修订整理为《陶渊明的遗产》,2016 年 1 月由中华书局出版。

---

① 参见张炜:《一地草芒露珠灿》,张炜:《海边兔子有所思》,长江文艺出版社 2018 年 3 月版,第 210 页。

② 张炜:《第三种选择》,《张炜文集》第 43 卷,漓江出版社 2019 年 10 月版,第 112 页。

当时的听讲者濂旭记得："开讲那几日，正赶上秋风萧瑟，细雨缠绵。当时张炜先生坐在一丛粲然摇曳的绿菊旁，缓缓开讲。"①今天，我们在张炜的讲述中，也的确看到了一个与通常认识不一样的陶渊明。张炜认为，陶渊明是在东晋"丛林法则"与"文明法则"严重冲突时代，一个清醒、坚定地维护了自己人格尊严的知识分子，令人仰慕，值得赞颂。

张炜认为，作为自然界生物之间的"丛林法则"，在人类历史长河的每个阶段都是存在的，从古到今并没有多少本质的改变。社会文明就在与这种"法则"的艰难对抗中一点点成长的，其进程非常缓慢。人类的"文明法则"可以限制"丛林法则"，古今中外所有社会的演变史与发展史，都不过是两个"法则"的斗争史。面对无所不在的"丛林法则"，只要人类还想生存下去，就必须强化自己的文明，这是人类存在的重要基础。②

张炜认为，中国魏晋时期是一个将"丛林法则"演绎得淋漓尽致的时期，在那片弱肉强食的"丛林"之中，知识分子无时不处在恐惧、痛苦、挣扎之中，或妥协或毁灭，因此，陶渊明的避世而去、回归田园就具有了特殊的意义。张炜认为："东晋有文化思想和艺术的'圈子'，这是文化人求得自保和相互慰藉的方式，有时也遵循了求生的'法则'。而陶渊明比起同时期的那些文人、知识分子，我们会觉得他是一个独立的、突出于群体之外的孤零零的身影。"③他的隐忍持守，一方面是为了保全性命，另一方面更是绝不"入伙""同流"的表现，是一种"弯曲的激烈"。他在"逃离"中接受了大自然的抚慰，看到了民间的美好，在困境中"挺住"，保持了自己精神和人格的"尊严"，成就了一个"完整的人"。这是最值得肯定与赞美的。

张炜指出："陶渊明在逃离中完成了自己，秉持了文明的力量。他既不认可那个'法则'，又不愿做一个颓废之士，最终算是取得了个人主义的胜利。尽管后来陶渊明穷困潦倒，在饥饿中死去，但作为一个生命来讲，他在自觉选择和对抗的意义上还是完整的，仍然是一个胜利者。"④张炜说，里尔克有句名言："其实毫无胜利可言，挺住便意味着一切。"那么，陶渊明"靠什么挺住？既非对神的信仰，那就一定是对生命的留恋，是生存的本能。最重要的，还有对大自然的热爱，有业已形成的自然观和文明恪守力。他是一个直到最后都未能放弃原则、未能丢失尊严的

① 濂旭：《听课附记》，张炜：《陶渊明的遗产》，中华书局2016年1月版，第415页。
② 参见张炜：《陶渊明的遗产》，中华书局2016年1月版，第3页。
③ 张炜：《陶渊明的遗产》，中华书局2016年1月版，第9页。
④ 张炜：《陶渊明的遗产》，中华书局2016年1月版，第21页。

人。他可以失去生命，但他没有被打败。如此，我们可以把陶渊明看成一个拥有了'一切'的人"。①

这样一个人，与屈原、李白、杜甫的表现虽有很大不同，但就其精神质地来讲却是毫无二致的。正如濂旭所说："在张炜先生看来，陶渊明是一个活在残酷的'魏晋丛林'边缘的书生，一个在顽强的挣扎中最终'挺住了'、保持了自己尊严的人。何为风度，何为尊严，诗人用生命做出了回答，也是留给后人的最大一笔遗产。"②

由此我们也就可以明白，张炜在这个喧嚣的时代为什么会那么向往和赞颂"绿树下的安静"，并且倾其所能努力"营造一片静谧和清明之地"，也可以明白他在这样一个时期为什么要选择陶渊明来阅读了。张炜说："在这个时期，知识分子柔软而坚硬的内心里，或许会存有陶渊明这个形象，他的选择，他的矛盾和痛苦，也包括他的喜悦，或能深深地拨动许多人的心。陶渊明作为一个符号有时太过简单化概念化，某些情景下甚至成为极肤浅的东西存在着。所以深入解读陶渊明，是一件时代大事，这个事情不光是一两个人需要做，而是很多人都要做。只把他看成一个采菊人，笑吟吟地站在那儿，可谓不求甚解。选择陶渊明来解读，不是为了倡导现代的'逃离'和'疏离'，正好相反，是为了强调人要有直面生活的勇气，强调人的真实。"③

四

2015 年 5 月 16 日—21 日，在"万松浦（春季）讲坛"上，主要由华中科技大学中文系教授王乾坤和著名作家卢新华、陈占敏分别作专题讲座。张炜则继续以问答启发的形式与文友座谈，纵论文学问题。在此之前和之后，他还在河北省文学院、鲁迅文学院、2015 年中法文学周等不少场合作过演讲和对谈，论题十分广泛，但又无时不在强调作家的精神原乡和精神质地问题。我们或许可以认为，行走在"精神高原"之上的张炜，已经从一个精神的追求者、探索者慢慢变成了传播者与弘扬者。这是他从中外文学与思想经典中汲取力量的结果，强调精神原乡和精神质地，也是他审视历史与现实、思考人类未来的一个基本出发点和立足点。

① 张炜：《陶渊明的遗产》，中华书局 2016 年 1 月版，第 56 页。
② 濂旭：《听课附记》，张炜：《陶渊明的遗产》，中华书局 2016 年 1 月版，第 417 页。
③ 张炜：《记得住的日子》，张炜：《海边兔子有所思》，长江文艺出版社 2018 年 3 月版，第 148 页。

2015 年 11 月,在湖北省图书馆,张炜(左二)与法国作家安妮·居里安(右一)对话

张炜指出:"我们可以思索一下读过的中外经典名著,会发现它除了艺术、技术层面的高超之外,作家在价值观方面绝不是一个平庸之徒,他作为生活的参与者和认识者,记录与创作的一堆文字,实在来自一颗平常人难以企及的崇高的灵魂。"但他又绝不拘泥一端、执拗不化,他非常注重把握一个合理的"度",既能表达自己的强烈向往,又不至于让这种向往陷入偏执与狂妄,把"崇高""理想""道德"之类作为标签,并试图以此"绑架"他人。张炜指出:"说到'崇高',有的词汇也需要解释,比如'理想主义'。'理想'是好的,这是对完美和至善的一种向往,有了这种向往,一个人才能严格要求自己,形成自我牵引和矫正的力量。但是'理想主义'就不同了,认为'理想'可以解决一切问题,成为所有事物的依赖,它一旦凝固成几条标准或一个概念,也会相当简单或粗暴。它和物质主义一样,有时也会成为极端化的破坏力量。所以对'理想主义'是要警醒的。'理想'和'理想主义'是两个不同的概念。人若没有'理想'是非常可惜的,但是认同了'理想主义',则会是可怕的。道德也是如此,一个人当然要讲道德,因为这是维系文明的基础,但一旦形成了'道德主义',却将是非常刻板与冥顽不化的,那样就会丧失自我批判的能力,并天真地相信'道德'是一切的标准,它可以评判一切裁决一

切,将复杂的问题简单化了。"①

此后,张炜比较集中的经典阅读与阐释经历了一个小小的停顿,因为这期间他不仅完成了一系列儿童文学作品,而且还完成了两部长篇小说《独药师》和《艾约堡秘史》。直到 2018 年 1 月长篇小说《艾约堡秘史》发表、出版之后,他才又和文友们继续展开了经典阅读与欣赏。这次读的是《诗经》,并留下了一部新著《读〈诗经〉》,此书 2019 年 4 月由中华书局出版。

张炜在 2018 年 9 月 8 日写下的《读〈诗经〉·前言》中,介绍了这部书的成书过程:"这部讲稿的'上篇'和'下篇'是分为十几次完成的,并讲于不同的场合。像过去一样,它们是我和学员朋友们共同研讨的产物,来自我与传统经典研读者的一场场深入对话。'上篇'大约讲了五场,累计时间十二小时以上;'下篇'关于具体篇目的赏析,是在较为零碎的时间里积累而成的。""'不学《诗》,无以言'(孔子),从准备讲《诗经》到现在,已经过去了多半年,这个时段也成为自己最难忘的一场学习。"②

那么,他为什么会在这个时候拿起这部书?仅仅是因为以前读过《楚辞》、写下过《楚辞笔记》,现在就要读读《诗经》,使其成为"双璧"吗?显然不是。亦如他读陶渊明一样,他是从《诗经》中发现了一些别样的东西,渴望交流和讲述。他看到这部一直以来被人们视作中国第一部诗歌总集的著作,并不是单纯的诗歌,也不是为阐述某种"经学"而写的诗,《诗经》经历了一个由"诗"到"经"的转化过程。他对那个能够允许这些"诗"产生和存在的时代产生了兴趣,并发现了孔子将之遵为"经"的深刻用心。

张炜写道:"站在今天的角度回望三千多年前,由西周统治者的施政理念再到文化风习,更有对于'诗乐'的推崇与借重,会多多少少令我们感到一些诧异。庙堂人物整天纠缠于官场心机、权力角逐、军事征讨,怎么会如此关注和痴迷于这些歌吟。尤其是《风》诗中的民谣俚曲,它们竟占去了三百篇中的半壁江山,而这些内容又远非庄严凝重。就是这一切,与他们的文治武功和日常生活相依相伴,甚至可以说须臾未曾脱离,其中肯定大有深意。"③张炜认为,那时的周王室专门设置采诗官,到各地采集民谣,倾听意见,一方面有为改良朝政提供帮助的需要,另

---

① 参见张炜:《精神的地平线》,《张炜文集》第 45 卷,漓江出版社 2019 年 10 月版,第 413—414 页。

② 张炜:《读〈诗经〉·前言》,张炜:《读〈诗经〉》,中华书局 2019 年 4 月版。

③ 张炜:《读〈诗经〉》,中华书局 2019 年 4 月版,第 7 页。

2017 年 11 月,在郑州松社书店分享"阅读与写作",张炜(右)与张宇对谈

一方面也不乏王朝需要无所不在的民间创造,用以丰富自己的娱乐的目的。这说明当时的西周是一个蓬勃向上的时代,拥有宽广的包容力;也说明民间创造所产生的审美快感是无比强大的。由此"我们似乎也就理解了为什么许多讽刺、揭露甚至诅咒的咏唱,会被宫廷采用并固定在一些场合的应用中,配以专门的乐曲旋律。有些曲目一定是从词句到调式一起采回,或加以改造。尤其是那些写男女情欲、幽会野合的诗章,被历代腐儒们指认为'淫诗'者,竟也被当时的周王朝宽容地接受了"①。所以,《诗经》尤其是其中的"风",堪称"自由的野歌",给人以"满目青绿"的感觉,充满了热烈的"情与欲",洋溢着"松弛而热烈"的"蓬勃生气"。②

张炜写道:"我们可以认为,在许多方面,《诗经》的激情就来自西周的奋发向上,来自一个茁壮民族的生长之期。这种强盛理所当然地得到诗咏、庆祝和享用。那一场场关于君王祭祀、宴饮的歌唱,那一曲曲优雅闲适的流连和赞叹,都是一个兴盛的王朝才能具备的气象。大气象永远不止是严厉和冷峻,还有雍容、和缓、悠远……""一个民族经历了艰辛的奋进和开辟,而后就是休憩。于是我们看到一场场宴饮、诸多怀念和梦境。那么多情爱欢畅,那么多悲喜交加。从贵族到平民,

---

① 张炜:《读〈诗经〉》,中华书局 2019 年 4 月版,第 37 页。

② 参见张炜:《读〈诗经〉》,中华书局 2019 年 4 月版,第 50—74 页。

谁都不愿辜负自己的时光。"①张炜认为,这些只能生长在西周,因为那是一个罕有的天人和谐之期。

正是因为这些诗篇有着这样的精神质地,生活在礼崩乐坏的春秋时期的孔子才对它无限神往,才会花费很多时间很大气力去进行编纂修订。张炜认为,孔子整理这些诗篇,最重要的工作可能就是"乐正",其目的就是为了让"三百篇"各归其位,让每一章都能恢复到周代礼乐的规范,从而使当前整个社会的政治与教化变得有章可循。于是,孔子所说的"《诗》可以兴,可以观,可以群,可以怨"的观点,就既包括了审美元素,也包括了整个人类社会最重要的精神指标。因为在孔子眼里,《诗》是一部凝固和蕴含了西周道德礼法、思想规范的典籍,具有不可逾越的强大的政治伦理性。张炜写道:"如此一来,《诗》便不仅仅是一部文学作品总集了,而是深刻地参与了当时的社会、政治及文化生活,长期影响和作用于一种伦理秩序,使整个社会纳于'诗教'的主旋律下。可以说,孔子在'诗'逐步演变为'经'的路径中,起到了至关重要的作用。"②

可是,在其后漫长的历史发展过程中,《诗经》的这些意蕴并没有得到应有的阐发,孔子的"诗教"观也没有得到很好的继承。究其原因,是因为从此以后,孔子用尽大半生时间深情遥望的那个西周社会再也没有重现。那么,我们今天再读《诗经》,其意义也就不言自明了。作家所渴望的,当然是一种自由包容、博大宏阔、热情奔放的人文精神的回归。

此外,张炜还从"采诗的目的"出发深刻指出:"要吸纳民间形成的艺术精神,包括思想与意见,回到一种自由散漫的采集更有意义。而我们所了解的现代人的采集却完全不是这样,他们往往抱有更为明确的社会目的,主题先行,所以收获也不可能丰厚。上有所好,下必满足,于是就做出非常狭隘的采纳,然后又是层层把关和谨慎选择。这种采集的结果就变得相当无趣了,收获之物既不丰厚,也不真实,哪里比得上几千年前的那场采集。"③或许仅从这个意义上说,《诗经》也是不可逾越的,因为那个时代是不可复制的。

不过,张炜亦如从前一样,在绝望中从未放弃希望。要不然,他就不会这么认真、用心、深入地读《诗经》了。他深知文明的积累十分艰难、缓慢,但再艰难、再

---

① 张炜:《读〈诗经〉》,中华书局 2019 年 4 月版,第 74 页。
② 张炜:《读〈诗经〉》,中华书局 2019 年 4 月版,第 5—6 页。
③ 张炜:《读〈诗经〉》,中华书局 2019 年 4 月版,第 39 页。

缓慢也不能放弃，因为那是人类发展的方向和未来。

五

若从人生经历和所遭受的磨难来看，世间的"大绝望者"莫过于苏东坡，但从人生的完满与超脱来看，世间的"大成功者"也莫过于苏东坡。这样一个人物，是张炜一直阅读并且十分关注的。现在，他终于有机会来集中讲他、写他了，并最终写成了一部《斑斓志》，2020 年 7 月《斑斓志》由人民文学出版社出版。

书名《斑斓志》，是比喻苏东坡五彩斑斓的人生，但讲述和书写这个人物并非易事。张炜说："完成这次讲座的难处，在于古往今来言说苏东坡的文字太多，好像已经没有更多的话要说了；再就是诗人本人以及关于他的文字太多，要阅读它们并有所认识需要太多精力。但出于对诗人的热爱，这个工作我还是不想放弃。真正进入浩瀚的作品才发现，以前自己有关诗人的印象与认知是多么肤浅，他对我而言基本上算是一个'熟悉的陌生人'。除他人无数的描述和研究外，我还要将其诗词及策论诏诰公文等全部读过。中间有过多次停顿，这不仅因为事冗耽搁，还因为越来越多地陷入思索。""与过去不同，这次仅为讲座准备的讲义就超过了十万字。"①

那么，张炜到底在阅读苏东坡的过程中发现了什么？他看到了苏东坡一生中的几次大起大落，看到了苏东坡在人生的巨大落差中如何以人性之柔对待现实之烈，既完成了自己，也超越了时代。张炜认为，苏东坡在《自题金山画像》中所说的"问汝平生功业，黄州惠州儋州"，实际上这是他人生的三大挫折、三大苦难，是常人无可忍受之期，"然而这三大炼狱却成为他最难忘怀、最大冶炼地和铸造地。就在这些地方，他一次次重塑了灵魂，也发出了沉重的心灵之声"②。这是苏东坡超出常人的智慧和坚韧。

张炜指出，苏东坡总结自己一生，以苦难三州为要，想一想其中所包含的内容，实在令人怦然心动。因为那是怎样的苦境啊！张炜发现，正是在这个时候，在诗人穷困潦倒之时，他想到了陶渊明，他从陶渊明身上看到了一个人如何与不可抗拒的苦难相搏相持，并且最后"挺住"，取得了人生的最大成功。张炜认为，苏

---

① 张炜：《斑斓志·附记》，张炜：《斑斓志》，人民文学出版社 2020 年 7 月版，第 379 页。
② 张炜：《斑斓志》，人民文学出版社 2020 年 7 月版，第 127 页。

东坡与陶渊明一样,明白了在人生的颠沛流离之中"挺住"是多么困难,也知道了"挺住"与"胜利"之间到底是一种什么关系。张炜写道:

> 人生真的能够"胜利"吗? 有过"胜利"吗? 马上回到我们脑海的是他在朝廷的显赫、他一再受到的无以复加的恩宠。皇后的钟爱、皇帝的借重,以及他在一些州府上的卓著政绩、造福一方的事功、好到不能再好的官声。盛名之下,他每到一地往往都引起围观,百姓争睹太守,雅士蜂拥而至。难道这还不算一场场"胜利"? 可是到了最后,他却把这一切看作阵风刮走的尘土,好像全都不复存在。这就是人生的真相。所谓"胜利"总是虚幻短暂的,瞬间即可消失,而"挺住"却是生活下去的基础。没有倒下和崩塌,这已经是很大的成功了。

> …………

> 现代人几乎个个渴望"胜利",追逐成功,所谓的"能拼才能赢",所谓的"强者为王""出人头地"。这是物质主义时代的生存逻辑。这样的时代,许多人会以谈论"三州功业"为耻,与诗人苏东坡正好相反。诗人略去不谈的那些部分,却会成为现代人最感兴趣、最自豪的罗列。多少人梦想骏马与金带,宠幸与赐予,却不知道荣辱与循环原是常态,一切难有例外。

> 原来"三州功业"不过给我们讲了一个朴素的、同时又是惊心动魄的关于"挺住"的故事。①

张炜在这里打通了苏东坡与陶渊明的联系,这种联系不是表面上的,而是精神上的,那就是在困境之中的顽强抗争、百折不挠,也就是张炜反复强调的"挺住"。这个发现的确是有其价值与意义的。

不过,与陶渊明相比,苏东坡内心巨大而深刻的矛盾并未最终得到解决,因为他一生都在为"明君"和"盛世"所吸引,不甘做一个"为万世开太平"的旁观者,而要倾其所有、为之献身。因此,他最终也没能像陶渊明那样真正找到人生的出口,而是在人造的体制迷宫中困惑和纠结。张炜指出:"颖智慧悟如苏东坡者,当然一切了然,完全知道自己身在何方,却不敢或不能走向迷宫的出口。""他一生都在期盼和努力,有时做到了,有时又发现一切都是梦境:真实的肉身仍然深陷其中。他一寸一寸向前挪动,直到耗尽整个生命。"②当然,张炜对苏东坡的理解也有一

---

① 张炜:《斑斓志》,人民文学出版社 2020 年 7 月版,第 128—129 页。
② 张炜:《斑斓志》,人民文学出版社 2020 年 7 月版,第 373 页。

些值得商榷的地方,但我们无法否定其的深刻与独到之处。

实际上,在这些诗人之中,尤其是在陶渊明和苏东坡之间,张炜最钟情的还是陶渊明。他说:"在一些古代诗人中,就人生的意象和境界来看,我最喜欢的还是陶渊明。他的农耕生活除了最后的穷困潦倒,总能深深地吸引我。他的酒和菊多么迷人,他的吟哦多么迷人。我们做一个陶渊明并取其畅悦的理想的一面,是多么好的人生设计,可惜这不过是一厢情愿。"① 不过,即使是一厢情愿,张炜也不会放弃这种理想。因为陶渊明始终"醒着"并且"挺住",成就了一个恶浊时代情感自然充沛、人格独立完善的典范。这样一个人,在任何一个时代都是稀缺的,今天更是这样。这样一个人,或许就是一个如宁伽一样的、既扎根于泥土大地之中又行走在"精神高原"之上的人。

我们看到,张炜至此精读并且出版专著的中国古代名家名著,已有《读〈诗经〉》《楚辞笔记》《陶渊明的遗产》《也说李白与杜甫》《斑斓志》。他的下一部作品将是什么?我们都在拭目以待。

与此同时,他的关于文学创作的总结与讲述也在继续。2019年10月初至11月初,他在华中科技大学中国当代写作研究中心为他们所设的"大师写作课"项目讲授了一个月时间,后来根据录音整理成了讲稿《文学:八个关键词》,此书于2021年1月由广西师范大学出版社出版。张炜在这次讲座之中,分别从"童年""动物""荒野""海洋""流浪""地域""恐惧""困境"八个关键词切入文学,讲述了数百位中外作家的创作经验和自己的创作体会。这是他继2010年《小说坊八讲》之后又一次系统地谈论文学写作问题。

这一个月的讲座,我们也可视为张炜对众多中外作家和中外文学经典的一次集中、深情的回望。而他在讲座中体现出的广博浩瀚,令那些专业的文学研究者也十分惊叹。当时具体操持课务并帮助张炜订正书稿的华中科技大学中国当代写作研究中心王均江教授写道:

> 看书稿时我常常惊叹于作家读书范围之广、研读之细、体悟之深。我也算是文学的专业读者和研究者了,但张炜老师如数家珍般讲到的很多书、很多作家我却闻所未闻。我常常被张炜老师对作家作品的精彩论述深深吸引,放下书稿去 Kindle 上搜索、下载原书来读,就这样这边翻翻那边看看,以至于这本二十万字的书稿我读了近一个月才完成。这本书被我当作品目录了。

---

① 张炜、赵月斌:《写作是一条不断拓宽的河流》,载于2021年2月24日《文艺报》。

按图索骥,会发现太多一般人不会知道的文学宝藏。①

这个时候,我们大概已经不能将张炜看成一个单纯的作家了,他还是一个知识渊博的学者、慧眼独具的文学评论家、满腹经纶的文艺理论家。当然,对这些"头衔"张炜都不会在意。或许他最认可也最愿意做的,只是一个"阅读者"、一个"大阅读者"。

第三节　前路阔远

一

《你在高原》之后的十年间,是张炜儿童文学的喷薄期、经典阅读的集中期,也是他长篇小说和诗歌创作的新的重要收获期。其主要标志就是长篇小说《独药师》《艾约堡秘史》和长诗《不践约书》、诗集《挚友口信》的诞生。

与张炜的诸多长篇作品一样,长篇小说《独药师》也是他酝酿已久的一部作品。这部书稿于2015年9月2日完成初稿,2016年2月14日在龙口定稿,5月在《人民文学》第5期发表,同时由人民文学出版社出版单行本。这部长篇小说是根据真实的历史人物和历史事件写成的,但也如张炜的诸多文学作品一样,《独药师》又是虚构的。

小说写的是风云激荡的辛亥革命时代,在胶东半岛地区的风云变幻之中,一代有识之士对于家国、个人命运与前途的探索与实践。这里有已传承六代的养生世家"独药师"季昨非,他们既有自己的养生理论也有自己的养生方式,试图通过"养生"获得生命的长久和精神的完善;这里有热情投身革命的革命者徐竟,他倡导的是以暴抗暴,不断地发动起义以对抗清廷,也不怕流血牺牲,最后被俘身亡;这里还有从小就被洋人收养、在教堂里长大的已经"西化"了的新派女子陶文贝,她信仰上帝,追求个人独立,渴望用爱来对待一切。在这些人物周围并与之发生着这样那样联系的,还有道行高深但行为古怪的方士邱琪芝、既是革命者又一直

---

① 王均江:《文学:八个关键词·序》,张炜:《文学:八个关键词》,广西师范大学出版社2021年1月版,第5页。

固守着教化理念的新学先生王保鹤、阴险残忍的清廷酷吏康永德父子等,以及其他众多人物,他们共同构成了那个巨变时代的人物群像,并在半岛地区独特的历史传统、文化氛围以及外来思想的冲击中,演绎着自己各自不同的人生。

这些人物所处的年代,应该是在《你在高原》中曲府的主人曲予那个时代,也就是宁伽的祖辈那个时代。《你在高原》重点讲述的是 20 世纪 50 年代生人的经历,并往前延伸、比较充分地展示了宁伽父辈的复杂状况,但对他的祖辈的情况反映得相对比较少。这部《独药师》,如果从时间、人物线索上来看的话,也可看作《你在高原》的继续往前延伸,是与《你在高原》前后衔接的。这样,我们就不仅可以更好地理解其中的人物,也可以更好地理解《你在高原》中那些人物特别是宁珂、宁伽父子的精神资源来自哪里。

如上所述,张炜通过季昨非、徐竟、陶文贝三个人物,以及他们之间错综复杂的关系,表现的是那样一个时代人的出路与选择。是选择避世养生还是暴力革命? 还是选择温暖的爱情? 张炜当然不会简单地认同其中的哪一条道路,实际上在当时,任何一条道路都是很难走下去、走到底的,但作家的倾向性也是很明显的,那就是爱。小说的结尾,是徐竟慷慨就义,清军随之败亡,半岛得以光复。但这并没有换来人们渴望的安定,王保鹤受革命党领导者顾先生委托离开半岛,离开他一手创办的无比挚爱的新学,去省城和其他更远的地方与一些不同的政治派别洽谈,但他同时也深深地知道,半岛平静的日子不会再有了。

张炜写道:“一切都被王保鹤先生言中。后来半岛出现了数不清的队伍与番号,更有较前更为猖獗的土匪,大小战事连绵不绝。顾先生在那座陈旧而不失威严的府衙中待了多半年,然后去了关外。新来的主人是一位军人,那身簇新的军服给人留下了难忘的印象,可也不到三个月,军人也离去了。”[1]后来,日本人打来了,一切又陷入了更大的混乱之中。陶文贝供职的、已经创建了二十余年的麒麟医院要被迫迁走了,她也要离开季昨非。在这样一个时刻,季昨非终于做出了自己的决定:“去燕京! 我的至爱走了,我当然不会留下。我说过自己的一生都要用来追赶。”[2]

张炜所颂扬的,正是这种伟大的爱的力量。它可能无法止杀止战,也无法彻底拯救这个世界,但它却能抚慰人的心灵,让人在困境中不忘憧憬,在绝望中产生

---

① 张炜:《独药师》,《张炜文集》第 19 卷,漓江出版社 2019 年 10 月版,第 386 页。
② 张炜:《独药师》,《张炜文集》第 19 卷,漓江出版社 2019 年 10 月版,第 389 页。

希望。在这个处于"丛林法则"的人类社会中,在"文明法则"不能也无法彻底取得胜利的状态下,不放弃憧憬与希望,不就是人生活下去的最大精神力量和最大勇气吗?

二

当然,对于一部丰富复杂的长篇小说,如果单纯地从"爱"的角度去解读它,还是远远不够的。它的实际情况要复杂得多。比如,小说中着力书写的以徐竟为代表的革命者,虽然有其暴力、血腥的一面,但就其革命的热情与坚定性而言,他们却是令人敬佩的。他们也与季昨非一样,被张炜称作一些"倔强的心灵"。

这些人物和故事,都是有着历史依据的。这一点,张炜说得非常明确:

山东东部有一条河,南北连接了胶州湾和莱州湾,被称为"胶莱河",河东地区即为"胶东半岛"……

这里是丘处机的故乡,道教圣地,也是佛寺最多的地区;在近代,基督教最早从此登陆北方,于登州西部(今天的龙口市)建立了医院(怀麟)和新学(崇实),西方文化影响渐巨,以至于成为四大宗教对抗融合、新文化运动激烈博弈的前沿地带。半岛怀麟医院早于美国洛克菲勒基金会在北京创办的协和医院二十年;崇实学校学子由青岛分设机构转于上海圣约翰大学,并由此留洋,后来又催生了齐鲁大学。辛亥革命北方最重要的策源地也在这里,北方同盟会支部即设于此,下辖北京、天津及东北三省、新疆、陕甘等广大地区,主要领导人徐镜心即为龙口人。辛亥革命史研究者常常提到"南黄北徐","南黄"是黄兴,"北徐"却很少有人知道,他就是徐镜心。

徐镜心是孙中山的战友,与孙中山共同于日本发起了中国同盟会,归国后身负重要使命,以烟台和龙口为大本营,来往于广大北方地区,发动革命,组织大小起义无数,最后被袁世凯杀害于北京,年仅四十岁。孙中山一生仅为一个企业题过词,即烟台的张裕葡萄酒酿造公司,因其老板系南洋首富,为革命党人提供了巨大资助,被誉为"革命党的银行"。

我作为一个半岛人,常要面对这里的"神迹"与"血迹",为一代代奋争者而感泣。徐镜心好比革命党人一把锋利的宝剑,是刺向中国半封建王朝的利刃,为中国革命史留下了一道深痕,后来被国民政府追认为"革命大将军"。

他的半岛战友牺牲甚多,如王叔鹤就被清兵凌迟于龙口。怀麟医院救死扶伤,普伊特及艾达,还有走向革命与新文化运动的崇实学子们,都不该被我们忘记。这些真实的人物后来分别在《独药师》一书中化为"徐竟""王保鹤""伊普特""艾琳""季昨非""陶文贝"等等重要角色。

为一代奋斗者书写,记下这些可歌可泣的人和事,对我来说是一个无法推卸的责任。写不出他们以及那片土地,也是我内心长期不安的一个原因。新文化运动和那场革命仿佛远去了,但纪念却是永存的。在这纪念中,我们尤其不应忽略一些核心地带的核心人物。只要打开了那部封存的历史画卷,就会听到振聋发聩的人喊马嘶。

翻阅史料时,令我惊异的是,将一生所有热情与精力都贡献给了革命的先烈徐镜心,这位从史实上看几乎无时无刻不在筹划起义大事的壮怀激烈的首领,竟然还于百忙中写了一部《长生指要》。这使我晓悟:革命先烈内心深处仍是极为珍惜生命的。

半岛多么瑰丽。半岛多么伟大。半岛多么神奇。半岛上有一些倔强的心灵,我将《独药师》献给他们。①

从张炜的这些文字中,我们可以看出《独药师》的宏阔历史背景和复杂历史内涵,以及他对人物的全方位、多角度,深入其内心和精神世界的深刻把握。他没有把季昨非写成一个单纯的养生专家,没有把徐竟写成一个单纯的革命者,也没有把陶文贝写成一个为了爱情就可以放弃自己独立人格的女性,这些人物都是极其复杂的,就像生活本身一样。但他们又都有着自己的思想和情感倾向,都不是一些轻易摇摆和被时风左右的人,都是一些可歌可泣的倔强的心灵。他们不管走着什么样的道路、采取什么样的方式,内心里装的都是人的出路和长存的大事,都是如何使这个社会变得更加合理、美好。

张炜指出:"为了真理,为了信仰,为了一个认知,有人会一条路走到黑,不辞万难。就是这种精神让他们纯洁起来,让他们做成了一些大事业。……人类历史上几乎所有的大事业都是倔强的心灵做出来的。真正倔强的心灵绝不是浅薄之徒的蛮横,不是使性子的人,而是对真理的执着追求者,是不为一己之私而轻易妥

---

① 张炜:《那些可歌可泣的人和事》,张炜:《海边兔子有所思》,长江文艺出版社 2018 年 3 月版,第 30—31 页。

协的人。"①

所以,不论是养生、革命还是爱情,它们最终的指向都是一致的。真正的养生、真正的革命和真正的爱情,都是对人的生命与尊严的维护,都是对人类美好情感和精神的追求。可惜的是,人们追求长生的"药方"、改造社会的"药方"和治疗情感与精神危机的"药方",常常不能结合、交融在一起,甚至会彼此背离、各行其道,这也就难以形成一个最终的、完善的解决方案。张炜指出:"书中的革命党认为当时能够挽救中国的'独药师'只有一人,这人就是孙文。而别人就不这样认为了,保皇党的著名人物在书中闪了一下,不指名字读者也知道是谁,他会这样认为吗? 更不要说养生界的代表人物邱琪芝,也不说主人公季昨非了。古往今来挽救人生的方法很多,主导者都会认为自己或自己追随的人才是'独药师'。他们的立场是坚定的。这些复杂的问题读者会认真思考,但不能寻求一时的答案,因为谁也没有这种能力。"②张炜指出:"革命者认为是在行大仁义,认为是广义的养护生命的举动,是为了救小民于倒悬。而他们却引起了现实中看得见的、就近的牺牲,那是大面积的死亡。这是养生家所决不答应的。所以二者搞不到一起,甚至可以说是水火不容。他们不能互补,永远是一对矛盾。"③

因此,《独药师》虽然给我们留下了一个看似温馨的结尾,但在一个没有找到治世良方的时代,不仅革命屡遭失败,季昨非的养生难以为继,就是季昨非与陶文贝的爱情也难说是个什么样的结局。实际上,我们从他们的"后代"也就是宁珂、宁伽身上,已经看到了这种相沿而下的巨大矛盾与痛苦。历史的经验反复告诫人们,如果没有对人的生命的珍视(包括养生)和对人的美好情感的维护(包括爱情),所有的社会改造方案都是残缺不全的、不完善的。"那些倔强的心灵"值得赞颂,因为他们真诚、纯洁,不搞机会主义,但他们对各种道路的探索与选择也值得思考,不能随便得出正确与否的结论,因为每个人都处在时代的悖论之中,都是有局限的。

---

① 张炜:《一场没有隐喻的书写》,张炜:《海边兔子有所思》,长江文艺出版社 2018 年 3 月版,第131 页。

② 张炜:《一场没有隐喻的书写》,张炜:《海边兔子有所思》,长江文艺出版社 2018 年 3 月版,第133 页。

③ 张炜:《一场没有隐喻的书写》,张炜:《海边兔子有所思》,长江文艺出版社 2018 年 3 月版,第141 页。

三

　　这部作品在写法上也有些奇特,主要是在正文后面附了一份《管家手记》,仔细读过之后我们会发现,这份"手记"才是一段完整的历史脉络。张炜说,一般小说的写法,会把"管家手记"从头到尾结构出来,形成一部波澜壮阔的胶东革命史,但现在的书是把这一段历史压缩了,重点写了长生术,尤其是写了一场大爱情,这就使"长生术的研究在那一场残酷的革命当中显现出来。这二者交织的过程,使爱情变得更大、更有趣也更有魅力"。① 这样,就使一部概念化、类型化的革命史变成了一部色彩斑斓的文学作品,具有了丰富复杂的思想情感意蕴和奇诡诱人的艺术魅力。张炜在长篇小说的结构和艺术表现手段的运用上,确实达到了出神入化、得心应手的地步,这也使得《独药师》成了一个好读、耐读的文本。

　　2016 年 12 月 26 日,《独药师》获评《中华读书报》"2016 年度十大好书"、张炜获评"年度作家"。《中华读书报》在当日点评中写道:"这不像我们所熟悉的那个张炜,其叙事方式以至于语言诸多方面,都给人以明亮耀眼别具姿容的强烈的新异感和冲击力。语言的独特魅力和情节的环环相扣,具有迷人的美学气息,吸引人一口气读完。"

　　这部作品诞生后,评论甚多,令人目不暇接,我们觉得其中贺绍俊的一段评说最为切中肯綮。贺绍俊指出:"在历史叙述中,中国近百年来的革命历史风云尤其受到作家们的青睐。张炜写过不少长篇小说,他的创作基本上是围绕思索革命历史这一主题而不断深化的。我曾把张炜的写作看成是一种寻求理想答案的精神之旅,《独药师》是他在旅途中一个新的拐点。他从养生的角度进入到历史,面对生命与革命的悖论反复追问。革命是要解决社会衰败的问题,让社会获得新生,养生大师们一生追求的是如何让生命延续。二者在总体目标上具有一致性,因此,独药师世家季氏后代不仅长期援助革命党,而且有的还成了革命党的一员,有些甚至在革命中丧失了生命。小说似乎在提示人们,养生文化所遵循的生命哲理,应该融入革命理念之中,这样才会避免革命的破坏性。但是小说中也出现了

---

① 张炜:《陡峭和危险的入口》,张炜:《海边兔子有所思》,长江文艺出版社 2018 年 3 月版,第 46—47 页。

2016 年 6 月，张炜在北京三联书店举办的《独药师》对话会上

另一种声音：若要如此，除非遇到了'雅敌'才行。小说虽然在历史悖论面前打开了思想空间，但仍带着困惑——看来，张炜的精神之旅仍要继续下去。"①

是的，小说"在历史悖论面前打开了思想空间，但仍带着困惑"，因为真正的"雅敌"难寻。张炜在这里所说的"敌"，可能包括敌对双方的"敌"，也包括在同一营垒中的不同的人，甚至包括人所面对的那个时代环境中的可怕的因素。我们看到，徐竟没有遇到"雅敌"，宁珂没有遇到"雅敌"，宁伽也没有遇到"雅敌"，甚至《你在高原》中的曲予、宁周义、吕瓯、陶明、曲涴、"口吃教授"、靳扬、淳于云嘉、朱亚、纪及、吕擎、庄周、"眼镜小白"等都没有遇到"雅敌"。那么，在一个"雅敌"无处可寻、"黑暗的东西"无处不在的时代，社会将走向何方、人类将走向何方？这是一个大问题。这个问题可能会永远困扰着人们，也吸引和激励着像张炜这样的作家、思想家、艺术家不断地探索与思考。

所以说，《独药师》在一个传奇的外表之下，抒写的仍然是一代知识分子的精神之旅。张炜以"独药"名之，应该是指这味"药"的纯正、独特，也指掌握这味"药"的人的坚定、倔强。世间有无真正的"独药"？我们不得而知。但世间确有不懈地探索、寻找"独药"的人，那就是"独药师"，就是那些值得赞美的"倔强的心灵"。或许正是从这个意义上说，"张炜的精神之旅仍要继续下去"，因为他正在

---

① 贺绍俊：《2016 年长篇小说：依然行走在路上》，载于 2017 年 2 月 6 日《文艺报》。

做的和将要做的,正是一个"独药师"的工作。

张炜说:"我想告诉自己:千万不能总是随着某个时期的潮流简单地追赶,比如一窝蜂地否定或肯定什么;要谨慎又谨慎地对待历史,不能匆忙地做出结论。悖论出现时,就不妨凝视它直面它。珍惜生命才是第一位的,因为每个生命只有一次。革命者说正是为了珍惜才牺牲;教化论者认为暴力从来不曾解决问题;养生者主张独立于世,尽管这难上加难……书中的慨叹太多了,因为人生太艰难了。"①

张炜说:"其实我心中并没有认可'独药师'。用一味'独药'解决根本的或所有的问题,是值得怀疑的。但药与药的区别总是存在的,良药、苦药和毒药,这必须分清才好。历史不能一再重复,生命只有一次。只要是真正珍惜生命的人,一定会极审慎地选择人生药方。"②他在这部作品中,依然是试图启发人们思考。这部作品的魅力,也仍然是思考。

四

长篇小说《艾约堡秘史》同样是张炜酝酿已久的一部作品,起笔于 2016 年 4 月 1 日,2017 年 12 月 6 日修订完成,2018 年 1 月在《当代》第 1 期发表,同时由湖南文艺出版社推出单行本。2019 年 6 月 25 日,此书获京东集团、北京师范大学国际写作中心共同主办的第三届年度京东文学奖——国内作家作品奖。

这部紧随《独药师》之后完成的作品,在叙事时间上却与《独药师》毫不衔接,它一下子从辛亥革命时期来到了当代,来到了现实生活中。作品写的是一个童年、少年时代历经磨难,后来因为一段传奇经历与社会权势阶层产生联系,然后在开放时代逐渐完成了资本的原始积累并成为"巨富"的人的故事,小说重点讲述了这个"巨富"在成为"巨富"之后的内心世界。这个主人公叫淳于宝册,他的童年、少年时代有些宁伽的影子,但是后来他走上了与宁伽不同的道路。他有点像《你在高原》中那个满口"大言"的林薰,可也不完全是。这依然是张炜作品中非常独特的一个人物。说其独特,是因为我们平常读到的描写暴富阶层的作品,总

---

①　张炜:《一场没有隐喻的书写》,张炜:《海边兔子有所思》,长江文艺出版社 2018 年 3 月版,第 136 页。

②　张炜:《一场没有隐喻的书写》,张炜:《海边兔子有所思》,长江文艺出版社 2018 年 3 月版,第 137 页。

有些表面化、类型化，因为一个人财富积累的过程都有些大同小异，张炜在《艾约堡秘史》中则尽量淡化了个人财富积累这一过程，而是专注于淳于宝册的人生经历和心路历程，专注于挖掘这个人物独特的内心世界，也就使他具有了鲜明的个性，成了不可复制的"这一个"。

这是一个历经磨难、九死一生的了不起的人物。他是在屈辱中长大的，虽然生活的磨砺使他变得非常刚强、倔强，也从来不向"黑暗的东西"低头，但他的内心里又无时不在痛苦地呻吟。他只是把"哎哟""哎哟"的求饶声顽强地隐忍下来，只留给自己咀嚼，而不向任何人透露一丝一毫。可是，心灵上的巨大阴影是无法消除的，淳于宝册在成为"巨富"之后，特意将自己的一座豪华居所命名为"艾约堡"，实际上就是不断向自己传递"哎哟""哎哟"的声音，用以纪念自己的过去。这座"艾约堡"，实际上就是一座"屈辱的纪念碑"。张炜说："'递哎哟'是胶东半岛人的说法，不光是半岛，北方有几个地方也会这样说。当一个人没有自尊、生存遇到了最大的危难、不得不带着极大的屈辱去乞求的时候，就会被这样形容。'哎哟'两字去掉了'口'字，那只是表面的，他的内心里从来没有去掉。主人公时时刻刻用这两个字提醒他的昨天、命名他的昨天、概括他的昨天，令人怦然心动。他不忍回眸，却永远无法忘掉那些屈辱的记忆。"[①]

按理讲，这个已经在事业上功成名就的人，在经济上威霸一方的"巨富"，完全可以放下旧时的恩怨、乐享今日"辉煌"了，那他为什么还要将那段屈辱的时光铭刻于心呢？是他想忌恨一生、寻求报复吗？显然不是。他只不过是要牢记这份记忆，时刻提醒自己。那么，这个时代的"大成功者"，这个操控着疯狂资本的"推土机"，推倒了那么多村庄、毁坏了那么多田园，建起了一片又一片工厂和高楼，让天空布满雾霾、河水全部变质，让乡村凋敝、生民困蹇的人，为什么还会有这样的内心呢？这大概主要源于他对书籍的热爱，对写作的倾慕。

张炜说创作这部作品的诱因，是他在1988年春天遇到的一位老板，那是他十几岁时就遇到的一个文艺青年，一个对写作充满了热情的民间"大写家"，后来重逢，他已经变戏法似的成了一个大老板。他们谈起文学，这个老板依然对写作充满了豪情壮志。张炜觉得，这个人已经超出了一般意义上的"老板"，值得探究。因为他虽然成了"老板"，但内心世界、生活及爱情等，肯定与那些一般意义上的"老板"是不同的。我们或许可以说，《艾约堡秘史》中的淳于宝册是因为早年的

---

① 张炜：《黄牛不入画》，张炜：《思维的锋刃》，长江文艺出版社2018年3月版，第73页。

阅读,是因为对文学的发自内心的喜爱,拥有了不同于常人的内心世界,他在时代的潮流中成了"巨富",但并没有彻底泯灭心中的梦想与渴望,这是他不断反思和回味自己过去的内在原因。

正是因为有了这种特殊的文化背景和精神质地,他就与《你在高原》中那些乡村"公司""集团"的老板有了很大的不同,因为他还没有放弃思考,还没有把自己彻底变成一架"资本"的机器。所以,"宝册九死一生,经历了那么多苦难,几次活不下去,到了花甲之年却遇到最大的考验、最大的坎。原来他苦斗一生拼尽所有,今天也仍然没法超越:爱情问题、形而上问题、生老病死以及被财富异化。活到现在,对世界的见识太多了,隐秘也洞悉了,却像进入了一座迷宫,再也转不出来。最大的告饶和哀求,原来不在昨天,不在流浪路上,而是到了所谓的人生辉煌期。他听到了午夜里灵魂发出的哀求:'饶过我吧!'就是这绝望的声音在回荡。"①也就是因为这样,他患上了一种人们此前闻所未闻的"荒凉病",并且饱受这种疾病的折磨和摧残。

原来,一个人最大的敌人不是别人,而是自己。一个人可以抗拒来自外界的任何压力,可以不向一切"黑暗的东西"低头,但在自己的灵魂面前,却无法不发出痛苦的呻吟,无法不"递哎哟"。也就是说,淳于宝册的"荒凉病"并不是一种身体的疾病,而是一种精神的疾病、心灵的疾病。他内心的问题不解决,这个病就没有治好的可能。那么,如何才能根治这种病?是靠奢华的享受填补吗?是靠蛹儿的肉体抚慰吗?是靠继续推进资本扩张、增加财富积累吗?看来,这一味一味药都没有什么理想的效果。因为这时宝册所掌握的财富与资本,使他已经站在了自然、大地、民间的对立面上,他要开发大海边上的矶滩角,要改变那里绵延已久的渔村风貌,要让那乡野之俗彻底消失,在那里建成一片现代化设施。他不仅遇到了来自小渔村的吴沙原和北京来此考察拉网号子的民俗学家欧驼兰的巨大阻力,也在困惑这个开发的价值和意义所在。因此,只要围绕着矶滩角的开发与保护的矛盾不解决,所有的药物都是难以达到治疗宝册内心的功效的。

我们看到,对于吴沙原和欧驼兰来说,意欲凭借资本的力量扫平、开发矶滩角的淳于宝册,无疑就是他们的"敌人"。不过,这个"敌人"因为早年对阅读和文学的热爱,还残存了一些深藏于心的情致;又因为他受到欧驼兰的吸引,甚至产生了一种难以自拔的爱恋,也在重新审视民俗文化,在矶滩角的开发与保护问题上犹

---

① 张炜:《黄牛不入画》,张炜:《思维的锋刃》,长江文艺出版社 2018 年 3 月版,第 59 页。

豫不决。这个人物已经不是《独药师》中那些"死敌",而成了一个"雅敌"。就是因为他是"雅敌",他们之间才有了那么多故事,才有了那么多情感纠葛,要不然一切也就变得非常简单了。因为在权力和资本面前,一切抵抗都是弱不禁风的。

那么,作为时代"雅敌"的淳于宝册将怎么办?张炜没有简单化地为他下一个结论,实际上也不可能有什么完美的结论。张炜指出:"他经历了那么多苦难,才有了今天的不安和觉悟。说他是了不起的、'伟大'的人物也可以,这其中包括了常人不能拥有的奇特经历:苦难几乎达到了顶点,从死亡的锋刃上踏过来。这样的人无论遇到多么大的幸与不幸,都能够制胜。他不会轻易满足今天的生存状态,会拥有一个永远不能满足的未来,这种遗憾和痛苦才构成了他的生活。读者会有很多联想,联想淳于宝册未来如何,矶滩角未来如何,欧驼兰未来如何。书是开放的结尾,因为没法不开放:他们自己都不能确定自己的命运,作者又怎么能?"①

五

"作者又怎么能?"这句话看起来有些无奈,也有些消极,但我们不能这样简单地去理解,因为在这部作品中表现出的还是一如既往的积极姿态。《艾约堡秘史》表现出的思想与情感意蕴,在本质上与《独药师》是完全相同的,那就是继续探索社会改造的出路问题。

我们看到,在辛亥革命时期,社会改造的主要"药方"是革命,结果革命并没有解决根本问题。帝制被推翻了,可是封建专制思想依然存在、蔓延,并且改头换面,以各种"正确"的形式重新出现、横行无忌,制造了无数新的灾难。在中国当代,社会改造的主要"药方"是资本与技术,结果是经济指标不断攀升,技术进步日新月异,但自然环境的恶化、传统文明的陷落,速度比它们还快。更为重要的是,人们的幸福指数并没有因为经济发展、技术进步得到相应的提升,各种如淳于宝册的"荒凉病"一样的精神疾病蔓延开来。可见,不论是当年的"革命"还是今天的"发展",如果离开了思想文化的引领,不把对人的尊重放在首位,不顾惜自然、大地与民间,都将会制造新的灾难,尤其是制造人的精神灾难。我们看到,行走在"精神高原"之上的张炜一直在不断地思考和探寻,在尽心尽力尽情地尽着

① 张炜:《黄牛不入画》,张炜:《思维的锋刃》,长江文艺出版社 2018 年 3 月版,第 66—67 页。

一个作家的责任。

如果我们将《独药师》《你在高原》《艾约堡秘史》连缀成一条文字的长河的话,我们还会看到,张炜对中国一百多年发展历史的书写是多么宏大雄奇、波澜壮阔。他的其他众多小说作品,其实都可纳入这条长河中,找到自己的位置,闪现自己的浪花或鳞波。所以我们说,《独药师》和《艾约堡秘史》的诞生,完成了张炜对中国百年历史的书写,形成了张炜的"百年文学谱系",这对于中国当代文学史和世界当代文学史都是一个卓越的贡献。更为重要的是,他在创作中始终坚守着一个现代知识分子的人文精神视角、人道主义视角,重点描述的是中国百年知识分子的文化演进史、心灵变迁史、精神发展史,这就更加具有了标本和长远的意义。我们可以设想,就像人们想要了解一个时期的俄国社会和俄国知识分子的精神状况要读托尔斯泰,想要了解一个时期的德国社会和德国知识分子的精神状况要读歌德,想要了解一个时期的法国社会和法国知识分子的精神状况要读雨果一样,要想了解这一百多年间的中国社会和中国知识分子的精神状况,张炜和他的作品肯定是绕不过去的,甚至将成为一个必读的文本。

程光炜指出:"这几十年,从《古船》到《九月寓言》《你在高原》和《独药师》,张炜的创作一路走的始终都是思想型长篇小说的路线,这奠定了他在重要作家阵容中无可替代的地位。他笔下的主人公沉浸于思想的世界,历史、现实、人事纠纷是他沉思的对象。在几十年纷扰不停的历史大格局中,他们似乎总能置身事外,展示一种'多余人'的形象,然而,前者却在其内心世界被最严厉无情地批判与反思。""是否能够认为,1985 年的文学转折,尤其是 20 世纪 90 年代长篇小说兴起之后,思想型小说家如路遥、张承志、张炜、韩少功就一直颇受委屈?写实型作家一路高歌猛进、争奇斗艳,他们迎合了大众对故事叙述的狂热心理。但有识者预言,当这一代作家长篇小说创作的最高潮落幕,文学史这处旧战场即将有人打扫的时候,则会出现另一种思想型作家凸显、写实型作家逐渐淡出的发展趋势。写实不等于全部历史,心灵才真正指向历史并将其深度呈现。没有'心灵史'的作家,是否能成为历史最为重要的一部分,已存疑问——这当然只是一些人的猜想。对张炜这种重量级作家来说,他们更相信自己对文学对历史的判断。"①这是很有见地的。

────────────

① 程光炜:《张炜长篇小说〈艾约堡秘史〉:思想的纯度与深度》,载于 2018 年 3 月 19 日《文艺报》。

张炜说:"一部作品和一个作家尘埃落定,也许真的需要一百年的时间。少于一百年,判断失误的概率是很大的。一百年是个基本标准。""假如《艾约堡秘史》这本书在一百年后还能够存在,还有类似当代读者的欢迎和评价,那将是一个奢望。"①就这部作品来说,我们认为这绝非奢望。因为张炜所写的这个"企业家""巨富",不是一般的"巨富",而具有物质的极大丰富性和精神的极大复杂性的人物;张炜所进行的也主要不是关于物质的叙事,而是关于精神的叙事,是一个当今时代做了实业的"顶级人物"的精神历险。就物质与精神两者来说,精神无疑是长久的,有些精神品质甚至是亘古不变的。那么,一部探索人的精神问题的作品,它的生命力当然是长久的。

六

我们看到,张炜对人的精神世界的探索、对人类美好精神的探索,不仅在通过童话、文论、小说等形式展现出来,还在通过诗歌形式不断展现。实际上,诗歌是他最喜爱的一种形式。他认为文学的最高形式就是诗,他最大的愿望也是做一个诗人;而他所有的文学创作,也无一不是洋溢着充沛浓郁的诗情诗意。

2013年、2014年,张炜迎来了继2008年之后的又一个诗歌喷涌期。这两年,他除了在2013年11月2日出访土耳其期间完成了组诗《伊斯坦布尔小记:博斯普鲁斯·博斯普鲁斯大学·老皇宫》,2014年10月出访奥地利、摩纳哥、法国期间完成了组诗《从维也纳到尼斯:总理府座谈·穿越维也纳·茜茜公主·尼斯和小公国》之外,还写下了大量描写家乡故地的篇什,如《泅渡——一只黄鼬的故事》《豪雨见真章——记半岛十八天大雨》《也说玫瑰》《十八只兔子》《海岛笔记》《猫的注视》《去老万玉家——访丛林深处》《五光十色的童年》《有一些游走的小物》《熊》《老万玉说》《归旅记》《半岛草木篇》等。这些诗篇,有些是直接以动物和植物为主角的,与他的儿童文学作品形成了一种相互映照的关系。我们似乎可以说,是童心激发了张炜的诗情,是诗情引燃了他的童心。童心与诗心的尽情表露,是他这一时期文学创作的突出特点。

2019年5月,张炜的诗文集《我与沉默的橡树》由山东画报出版社出版,其中诗歌部分收入了《我与沉默的橡树》《仁川至青松郡》《从维也纳到尼斯》《从托雷

多到罗卡角》《东欧诗记》《飞翔和徘徊》《七擒孟获》《信悉》《阴雨修书》《鼓奈鼓
奈》《至爱至仇之声》《我已酣然入睡》《阳台看马》《半岛草木篇》《威海印象》《忆
远河——桤明的诗笔记》《去瀛洲的船队》等诗篇。这些诗篇中,有的是组诗,有
的是出国访问所得,有的则是根据一些散文或小说文本改写的,如《威海印象》中
的一些诗篇,以及《忆远河——桤明的诗笔记》《去瀛洲的船队》等,显示了张炜诗
歌的独特风貌。但或许是因为他的长篇小说创作太夺人眼目了,儿童文学和阅读
随笔也精彩纷呈,这些诗篇都没有产生太大的影响。

　　就在此时,2020 年席卷全球的"新冠"疫情不期而至,居家避疫的张炜不仅写
出了中篇小说《爱的川流不息》,而且写出了长诗《不践约书》和诗集《挚友口信》
中的大部分诗作。《挚友口信》共收入诗篇二十八首,2021 年 7 月由河南文艺出
版社出版。从这些诗篇来看,除了《稀疏的银杏林》写于 2018 年 10 月 6 日、《观板
索里》写于 2018 年 10 月 17 日、《时光小札》写于 2019 年 11 月 23 日、《蒹葭颂》写
于 2019 年 11 月 30 日之外,其他二十四首均写于 2020 年、2021 年。这些写于
2020 年的诗作,如果按照时间顺序排列分别是:《紫色的梦》《脖扣颂》《想起一
位老人》(5 月 16 日)、《吉祥少年》《青年笔记》《东湖记》(5 月 18 日)、《掠夺》
(6 月 25 日)、《山地手册》(组诗,10 月 11 日)、《崮上养蜂人》(10 月 13 日)、《旧
谊流水账》《死火山之歌》(10 月 15 日)、《挚友口信》(四百六十多行长诗,10 月
24 日)、《致桑岛》(10 月 26 日)、《南部山区》(10 月 30 日)、《盆景诗》(11 月 1
日)、《论独处》(11 月 2 日)、《深秋和初冬》(11 月 4 日)、《唯一的方法》《这不是
大众的夜晚》(11 月 19 日);写于 2021 年的诗作,按时间顺序分别是:《思松浦》(1
月 3 日)、《琐碎的小嘴》(1 月 4 日)、《激情》(六百二十多行长诗,1 月 7 日)、《湖
边岁月》(3 月 2 日)、《恩师》(3 月 3 日)。如果再加上写于 2020 年六七月间的长
诗《不践约书》,这无疑是张炜的文学写作史上诗歌创作最为集中的一个时期。

　　这些诗篇中,有对往昔生活和人、事的回忆,如组诗《山地手册》《致桑岛》等,
可以让我们看到诗人既往岁月的面影。这些记忆将永存诗人心中,因为"记忆中
的石板路弯弯曲曲/还有洋槐树和蜀葵花/二十年后的定居之地/就是今天泛起的
牵挂"①。有对复杂多变的现实世界的抒写,如《南部山区》等,可以让我们看到诗
人对时代变迁的困惑与思考,他发现"原来所有的隐秘都在南部/这里是忍耐和生

------

① 张炜:《致桑岛》,张炜:《挚友口信》,河南文艺出版社 2021 年 7 月版,第 120 页。

《挚友口信》书影

存的宝藏"①。有诗人上接"千古幽思",面向古今中外,在历史与现实中穿梭,写下的人生感喟,如《挚友口信》。他感慨"一弦一柱的锦瑟华年/又要从我们指缝间溜走",他追问"一个东方人的宿命有谁书写"。人生真诚、热烈、平静、散淡、疲累、荒诞,"应该为近在咫尺的人写本书/记下这里的端庄和游戏/想象的今生与前世,眼中/深远无边的宽容和储藏/多么动人的纯稚之声/就这样循循善诱地守护/一棵即将老迈的橡树/大红蜂不倦地飞来飞去/吸吮和医治它的累累创伤"②。同时,还可以看到诗人火山一样喷发的、蕴含复杂情绪的《激情》。海边的林涛,暴风雨中的大海,给人留下了何等震撼的印象;而当这一切平息之后,或许才会显示生命的真实。这样一个过程,是不是也像一个人的生命过程呢?"我缄口不语,乡村收留/一双枯目,一双干涩无泪的/故作慈祥的眼睛,所有的/波澜都平息了,消退了/留在了彼岸,没有儿孙和家小,只有祖传的小屋,只有/按时落在窗棂上的麻雀/它们是童年的伙伴,认出/一个归来的人,一个默默的/最老实无趣的人,他/从来没有举起弹弓//它们爱这个人,想念他/瞧,传说中的好人回来了"③。那么,

---

① 张炜:《南部山区》,张炜:《挚友口信》,河南文艺出版社2021年7月版,第81页。
② 张炜:《挚友口信》,河南文艺出版社2021年7月版,第83—115页。
③ 张炜:《激情》,张炜:《挚友口信》,河南文艺出版社2021年7月版,第178—179页。

什么样的人生才是有价值的,才是值得人留恋的? 不同的读者自会有不同的答案。

在这部诗集中,张炜对诗歌艺术的探索也是极其用心的。其中一些诗篇,可以看出诗人在渴望打通现代自由诗与中国古典诗歌尤其是"纯诗"方面所做出的努力。如《湖边岁月》:

> 你在湖边安睡
> 盖着一床素花小被
> 轻盈如同蝉翼
> 衬托红红的小脸
> 大眼睛漆黑而狡黠
> 削短的毛发让人想起
> 一只蹑手蹑脚的狐
>
> 生活就像红辣椒
> 美丽而难以品尝
> 多少皱眉的故事
> 多少幸福的时光
>
> 为一条大鱼而奔波
> 为了一枚秋果
> 走到一片大水旁
>
> 高原的酷烈犹在
> 淡淡一杯酒,浇开了
> 昨天的那枝玫瑰①

对此,张炜是有着明确追求的。张炜说:"我喜欢的中国古代诗人太多了,屈原、李白、杜甫、陶渊明、李商隐等。就诗艺而言,就与现代自由诗的距离而言,当然最重要的还是李商隐。他最靠近纯诗的本质,更接近音乐的特质。中国古代大诗人的主要作品中,广义的诗占了很大的比重。但他们最好的代表作,他们的标

---

① 张炜:《湖边岁月》,张炜:《挚友口信》,河南文艺出版社 2021 年 7 月版,第 124—125 页。

志与高度，当然还是狭义的诗，是纯诗。没有这一部分，也就没有了魅力，没有了鬼斧神工的迷人之力。但是从另一方面说，如果没有大量写实诗叙事诗，没有议论诗社会诗和纪事诗，他们的广阔性与复杂性、深深介入的热情、强烈的道德感，这一切综合而成的诗性的力量，也会大大减弱。……只有'三吏'、'三别'、《卖炭翁》一类，没有《月下独酌》《锦瑟》一类，中国的诗和诗人也就太单一了，诗性也就大打折扣。"①在今后的岁月中，诗人的思考不会停步，创作也不会停步。

七

《不践约书》，这部五十二节、一千多行的长诗起笔于 2020 年 6 月 19 日，完稿于 2020 年 7 月 29 日，2021 年 1 月由广西师范大学出版社出版。诗名"不践约"，实际上赞美的是"践约"。就张炜自己来说，完成这部长诗也是了却了一个心愿，践行了一个"心约"。张炜说："这部诗章虽然命名为《不践约书》，却实在是心约之作，而且等了太久。我深知要有一个相当集中的时间来完成它，还需要足够的准备。我已准备太久。"②

这是一部长篇抒情诗，其中也不乏叙事的成分。就其创作的地域背景来讲，是胶东半岛、故土大地和他工作、生活的济南，整个背景近似于《你在高原》所描绘的阔大世界；就其隐含其中的叙事线索来说，既有家族往事、童年和少年记忆、历史传说、民间故事，也有张炜发挥自己的阅读之功，熟练运用的大量"典故"。从此书的"注释"部分我们可以清楚地看到，诗篇所涉及的历史人物有许由、伯夷、叔齐、老子、孔子、庄子、邹衍、秦始皇、苏秦、荆轲、徐福、孙敬、司马迁、嵇康、陶渊明、李白、杜甫、赵匡胤、司马光、苏东坡、陆游、朱元璋、梁启超、徐镜心、鲁迅、华彦钧（阿炳）等，以及荷马、托尔斯泰、塞万提斯、艾略特等。

我们似乎可以说，大量"用典"是《不践约书》的一大特色，因此这部长诗也就具有了自由诗与中国古典诗歌相互交融的特点。张炜说："中国自由诗显然需要与白话文运动联系起来考察，就此看它有两个渊源：一是受到了西方现代诗的影响，二是脱胎于中国古诗。但是几十年来中国当代自由诗主要吸纳了西方诗，准确点是译诗。这似乎是一条不可更易的道路。但是想一想也会有问题，甚至有点

① 张炜：《张炜谈诗》，张炜：《挚友口信》，河南文艺出版社 2021 年 7 月版，第 192 页。
② 张炜：《不践约书·序》，张炜：《不践约书》，广西师范大学出版社 2021 年 1 月版。

2021 年 4 月,张炜在北京 SKP 举办的《不践
约书》分享会上

后怕:割断了本土源流。这源流包括了形式和气韵。这个土壤的抽离让人心
虚。"①当然,他也不会简单地否定自由诗,片面地认为中国现代诗要回到古风和
律诗,回到宋词,只是强调它们之间的气韵境界是可以相互融通、衔接的。或许,
这也正是他这些年来拿出大量时间研读中国诗学的原因,就是试图寻找中国文学
特别是中国诗歌的正源。张炜说:"我只能说,至少在这二十几年的时间里,我用
全部努力改变了自己的诗行,走到了今天。我并不满意,但走进了个人的一个阶
段。"②我们从张炜的《不践约书》中可以很清晰地看到这一点,这也应该是我们走
进这部长诗、理解这部长诗的一个入口。

　　就《不践约书》的情感意蕴来说,我们很难进行概括。因为诗无达诂,我们也

---

　　① 张炜、张杰:《晦涩的朴素——〈不践约书〉代跋》,张炜:《不践约书》,广西师范大学出版社
2021 年 1 月版,第 131—132 页。
　　② 张炜、张杰:《晦涩的朴素——〈不践约书〉代跋》,张炜:《不践约书》,广西师范大学出版社
2021 年 1 月版,第 132 页。

只能强作解人。我们似乎可以说,这是一部渴望践约、追求践约、赞美践约的长诗。但纵观历史与现实、横看中国与世界,一个人虽然生来有"约",并在成长的过程中不断地与他人、与社会、与国家、与世界、与自然大地、与山川万物订立了无数的"约",但真正能够践行的并不是很多。有些"约"无法践,有些"约"不能践,有些"约"应该践而不得践,这是人生的无奈和悲哀。还有一些"约",虽然是完全可以践也应该践的,却因为各种原因被无情地毁约了,这是人性的可耻与黑暗。张炜在这部长诗中,特别关注的是后一种"约",是要探讨那些人们可以践应该践的"约"为什么要故意违背,从而形成了这样一部"不践约书"。他从爱情之约入手,纵横古今中外,既写出了历史之约,也写出了现实之约,并将这些"约"上升到了忠诚与背叛的高度:

> 在胸的左部和腹的右部
> 忠诚和背叛正日夜磋商
> 仍然没有确切的消息
> 没有派来吉祥的信使①

忠诚与背叛,这是人类始终面临的一个巨大矛盾,也是人类无时无刻不在经受的巨大心理煎熬。张炜的长篇巨著《你在高原》,实际上就是讲了一个忠诚与背叛的故事,但何为忠诚何为背叛,不同的人有不同的理解。《你在高原》中的宁伽,在岳父梁里看来是个背叛者,但他却表现出了无比的忠诚,只不过他所忠诚的不是某个组织或个人,而是忠诚于历史、忠诚于真实、忠诚于自己的内心。这与梁里等人把忠诚视作人身依附是有天渊之别的。实际上那才是完全由自己的一己私心出发,是彻底的背叛。在《不践约书》中,我们也可以隐约地看到宁伽、宁伽的外祖母和父亲的影子,这些都是一些无比忠诚并想尽一切办法、克服一切困难履约的人,都是作为那些不履约者的对立面出现的。两相比照,更增添了诗歌的表现力和震撼力。

张炜指出:"有约有信,是生活的基本规则,从做人到其他,都依赖这个。说话不算话,欺骗,背弃,毁约,一切也就全部垮掉。没有建立起信任感的人生和社会,是完全失败的。这种颓败之路我们都不陌生,对作恶已经习惯。但是有时候我们会遇到合约中常常出现的一个字眼,即'不可抗力'。也就是说,一种个体或集体

---

① 张炜:《不践约书》,广西师范大学出版社 2021 年 1 月版,第 47 页。

皆无力战胜的境遇中,有些约定是无法执行的。这是没有办法的事。"①

张炜指出:"我们在现实的合约中强调的,常常是客观上的'不可抗力',却很少追究主观上的同一种力。人性的不完整性,注定了人生的最终毁约。人不可过于相信自己的理性和意志,更不能着迷于自身的道德。人唯一的出路,就是要从认定自身的无力开始。'不践约'的主要原因,除了故意违约,更多的还是其他,是'身体却软弱了'。"②

那么,我们如果想成为一个真正"有约有信"的人,建设一个真正"有约有信"的社会,就必须让更多的人的人性完整起来、精神强健起来。也就是说,改造社会还是要从改造人的精神开始。张炜知道,这是一件极难极难的事情,但他仍然相信只要一点一滴地做起来、做下去,就一定会有希望。即便是前路渺茫、独自前行,也要咬紧牙关"挺住",因为"其实毫无胜利可言,挺住便意味着一切"。张炜写道:

> 原来这条长路永远是一个人
>
> 独行者拒绝所有承诺
>
> 只要是依靠和救助,特别是
>
> 爱的参与或使用它的名义
>
> 就一定要远远逃离
>
> 我将一口气赶回大山那边
>
> 守住那片小小的菜地
>
> 照料那棵小小的桃树③

这是一种退守,也是一种真正的进击。因为人生有约,我们必践,当今唯有退守才能真正地守护好我们的内心和根本,维护那份"醒着的尊严"。这对一个人来讲是重要的,对一个社会来讲是重要的,对一个时代来讲同样是重要的。

2021年5月19日晚,我们在与张炜讨论文学问题时,他说:"想想父辈和祖辈经历的那些苦难,想想自己童年和少年的经历,我真的不敢浪费时间,也不能去和任何人计较任何事情。我要认真地阅读和写作。也只有这样,才能对得起父辈和

---

① 张炜、张杰:《晦涩的朴素——〈不践约书〉代跋》,张炜:《不践约书》,广西师范大学出版社2021年1月版,第135页。

② 张炜、张杰:《晦涩的朴素——〈不践约书〉代跋》,张炜:《不践约书》,广西师范大学出版社2021年1月版,第135—136页。

③ 张炜:《不践约书》,广西师范大学出版社2021年1月版,第104—105页。

祖辈,对得起那些苦难。"

　　我们觉得,张炜是一个生来就与文学有"约"的人,也是一个大践约者。他的阅读与写作,已经抛掉了一切功利目的,进入了一个大境界。他在精神的高原上不懈行走,还将走出一条什么样的长路、迈向一个什么样的高度,我们虽然难以想象,但是真的无限期待。

　　那就让我们共同期待吧。

2018 年 10 月 1 日—2021 年 8 月 20 日

后 记

2018 年秋天,我们接受河南文艺出版社陈静、张娟女士之约,撰写这部《张炜评传》。之后很长一段时间,都有些惴惴不安。因为面对一个写作历程近五十年、创作总量几近两千万字的重量级作家,不仅理解、把握起来难度很大,而且即使写下上百万字的评述,也是轻飘飘的。更为重要的是,张炜正健步走在文学长路上,创作活力旺盛,新作接连不断,现在撰写这样一部评传可能为时过早。

当然,草草描述他的人生和创作历程并非难事,因为可写的东西很多,不过是个取舍问题,但那样对张炜和读者都是不负责任的,也辜负了邀约者的美意。所以我们还是静下心来去读作品,通过学习、研究、思考、辨析,去寻找张炜创作的"内核"所在。

近三年时间一晃而过,看看写下的文字,总有些隔靴搔痒。我们终于明白,面对这样一座文学高原,理解、把握尚且困难,要在短时间内写出一部精彩评传,几无可能。但这样一个作家,又是需要一部甚至几部评传的,我们愿意以此抛砖引玉。

有了这样一种想法,我们顿觉轻松了不少,也就可以斗胆把这些阅读心得公之于众了。

2021 年 8 月 26 日于济南垂杨书院

附　录

张炜文学年表简编

1956 年

11 月 7 日,出生于山东黄县(今龙口市)。原籍山东栖霞。

1964 年

8 月,入黄县灯影史家学校读小学。

1970 年

8 月,入黄县灯影史家联合中学读初中。其间,在学校油印刊物《山花》上发表作品。

1973 年

4 月,入黄县乡城高中(黄县十三中)读高中。
同年,开始文学创作。完成第一篇短篇小说《木头车》。

1975 年

发表长诗《访司号员》。

1976 年

7 月,黄县乡城高中毕业,在胶东半岛游走。

1978 年

9 月,入烟台师范专科学校中文系读书。在校期间,参与创办芝罘文学社,编印社刊《贝壳》。

1980 年

3 月,短篇小说《达达媳妇》在《山东文学》1980 年第 3 期发表。

7 月,烟台师范专科学校中文系毕业,分配至中共山东省委办公厅档案编研处(后升格为山东省档案局、档案馆)工作。

1981 年

5 月,在青岛参加《青年文学》杂志举办的青年作家笔会。

1982 年

4 月,加入中国作家协会山东分会。

12 月,中国作家协会山东分会举办张炜短篇小说讨论会。

1983 年

2 月,短篇小说《声音》获中国作家协会 1982 年度全国优秀短篇小说奖。

3 月,加入中国作家协会。

10 月,第一部短篇小说集《芦青河告诉我》由山东人民出版社出版。

1984 年

6 月 5 日,在北京参加《青年文学》杂志举办的首届(1982—1983)青年文学创作授奖大会。

7 月,调入山东省文联创作室工作。

10 月,中篇小说《秋天的思索》在《青年文学》1984 年第 10 期发表。

12 月 28 日至 1985 年 1 月 5 日,在北京参加中国作家协会第四次会员代表大会。

1985 年

2 月,短篇小说《一潭清水》获中国作家协会 1984 年度全国优秀短篇小说奖。

8 月,中篇小说《秋天的愤怒》在《当代》1985 年第 4 期发表。

1986 年

10 月,长篇小说《古船》在《当代》1986 年第 5 期发表。

12 月,中篇小说集《秋天的愤怒》由人民文学出版社出版。

1987 年

8 月,长篇小说《古船》由人民文学出版社出版。

9 月—10 月,受波恩大学邀请,随中国作家代表团出访联邦德国,并顺访民主德国。

11 月起,到龙口市挂职,历时九年。主要是为创作深入生活、搜集素材。

1988 年

3 月 22 日—26 日,在济南参加中国作家协会山东分会第三次会员代表大会,当选为副主席。

1989 年

5 月,中篇小说《秋天的思索》获《青年文学》杂志 1984—1985 年“青年文学创作奖”。

同年,担任山东省徐福文化研究会副会长。

1990 年

9 月,短篇小说集《他的琴》由明天出版社出版,收入早期创作的短篇小说三十篇。

1991 年

6 月,《中国当代作家选集丛书·张炜卷》由人民文学出版社出版。

12 月,长篇小说《你在高原》之六《我的田园》(上)由江苏文艺出版社出版。

1992 年

5 月,长篇小说《九月寓言》在《收获》1992 年第 3 期发表。

12 月,获中国作家协会、中华文化基金会"庄重文文学奖"。

1993 年

1 月,散文《融入野地》在《上海文学》1993 年第 1 期发表。

2 月、4 月,长篇小说《你在高原》之六《我的田园》(上)(下)分别在《峨眉》1993 年第 1 期、第 2 期发表。

6 月,长篇小说《九月寓言》由上海文艺出版社出版。

10 月 4 日—25 日,山东大学、山东师范大学、烟台大学、烟台师范学院联合举办"'93张炜文学周"。

12 月,担任中国国际徐福文化交流协会副会长。

1994 年

6 月,长篇小说《九月寓言》获第二届"上海长中篇小说优秀作品大奖"长篇小说一等奖。

7 月,长篇小说《古船》获 1986—1994 年度人民文学出版社长篇小说奖(即第二届人民文学奖)。

12 月,长篇小说《柏慧》由北京十月文艺出版社出版。

同月,中篇小说《秋天的愤怒》获 1986—1994 年度"《当代》中篇小说奖"。

1995 年

3 月,长篇小说《柏慧》在《收获》1995 年第 2 期发表。

9 月,长篇小说《你在高原》之一《家族》由上海文艺出版社出版。

10 月,长篇小说《你在高原》之一《家族》在《当代》1995 年第 5 期发表。

1996 年

2 月,六卷本"张炜自选集"由作家出版社出版,包括长篇小说《古船》《我的田园》《怀念与追记》,短篇小说集《一潭清水》,散文集《融入野地》,随笔集《葡萄园畅谈录》。

8 月,受美国出版索引协会主席罗伯特·鲍曼、《美国文摘》邀请访问美国,历时两个月。

10月，随笔集《心仪——域外作家：肖像与简评》由山东画报出版社出版。

同月，主编五卷本"徐福文化集成"，由山东友谊出版社出版。其中第四卷《东巡》为张炜关于徐福的原创小说。

1997 年

6月，长篇小说《远河远山》由明天出版社出版。

7月，长篇小说《远河远山》在《花城》1997年第4期发表。

同月，诗集《皈依之路》由东方出版中心出版。

10月，六卷本《张炜文集》由上海文艺出版社出版，包括长中篇小说四卷、中短篇小说一卷、散文·随笔·诗一卷。

10月—11月，应韩国韩中友协和日本日中友协邀请，访问韩国和日本。

1998 年

10月—11月，随中国作家协会代表团访问台湾，并顺访香港。

1999 年

11月，长诗《松林》在《作家》1999年第11期发表。

12月，长篇小说《古船》入选人民文学出版社和北京图书大厦发起组织的"百年百种优秀中国文学图书（1990—1999）"。

2000 年

3月—4月，应法国文化部和国家图书馆邀请，随中国作家代表团访问法国。之后，访问意大利东方大学。

7月，随笔集《楚辞笔记》由江西教育出版社出版。

9月，长篇小说《外省书》在《收获》2000年第5期发表。

10月，长篇小说《外省书》由作家出版社出版。

同月，在上海社科院、文学报社举办的全国百名评论家评选的"20世纪90年代最具影响力十作家十作品"活动中，张炜和长篇小说《九月寓言》双双入选。

11月，在《中国文化报》组织的《关于大众读书状况的调查问卷》抽样统计中，张炜名列"你最喜爱的中国当代作家"之中。

11 月 5 日—18 日,受日本一桥大学邀请,访问日本。

2001 年

10 月,长篇小说《能不忆蜀葵》由华夏出版社出版。

10 月—11 月,受台湾台北文化局邀请,到台北做为期一个月的驻市作家。

11 月,长篇小说《能不忆蜀葵》在《当代》2001 年第 6 期发表。

同月,随笔集《远逝的风景:读域外画家》由学林出版社出版。

12 月,受梅叶基金会邀请,以作家身份赴法国里尔参加第一届世界公民大会,并访问荷兰、卢森堡、比利时、德国。

2002 年

10 月 22 日—23 日,在济南参加山东省作家协会第五次会员代表大会,当选为主席。

12 月,筹划并参与建设的国内第一座现代书院——万松浦书院在龙口落成。

2003 年

3 月,长篇小说《丑行或浪漫》在《大家》2003 年第 3 期发表。同时,由云南人民出版社出版。

9 月 29 日,在龙口参加万松浦书院开坛仪式并致辞。

11 月 26 日,在济南参加山东省档案馆名人档案库建立暨张炜手稿捐赠仪式。向山东省档案馆捐赠和寄存四千余件手稿、著作版本等资料。

2004 年

3 月 17 日—29 日,应法国文化部邀请,随中国作家代表团赴法国参加中法文化图书沙龙中国主宾国活动。

4 月,被山东省人民政府授予"有突出贡献中青年专家"荣誉称号。

2005 年

5 月,长篇小说《远河远山》(续写完整版)由时代文艺出版社出版。

6 月 6 日,在万松浦书院主持国际诗歌节"万松浦之旅·诗歌时段"开幕式并致辞。

7月,长篇小说《远河远山》(续写完整版)在《十月》2005年第4期发表。

9月,诗集《家住万松浦》由时代文艺出版社出版。

9月—10月,赴英国参加苏格兰湾园国际诗歌节。其间参加伦敦大学诗歌朗诵会。

2006 年

10月,哈珀·柯林斯出版集团在法兰克福书展举行新闻发布会,宣布"拥抱中国"计划,将出版三部中国现当代文学经典作品,分别是张炜的《古船》、沈从文的《边城》、老舍的《骆驼祥子》。

11月25日,主编的万松浦书院院刊《背景》(电子版)首辑出刊。

2007 年

1月,长篇小说《刺猬歌》由人民文学出版社出版。

2月,长篇小说《刺猬歌》在《当代》2007年第1期发表。

3月4日—16日,率山东省作家艺术家南美文化考察团,赴古巴、阿根廷、哥伦比亚等国进行文化考察。

5月18日,在万松浦书院主持第九届徐福故里文化节暨《徐福志》首发式。

12月,访问俄罗斯。其间,拜访列夫·托尔斯泰故居雅斯纳亚·波良纳等地。

2008 年

4月30日—5月7日,赴韩国参加第二届中韩作家会议。

6月,诗集《张炜的诗》由水云社印行。

同年,为庆祝中华人民共和国成立60周年,中国作家协会、文化部、教育部、国家图书馆共同发起选编超大型数字版文学作品选本"阅读中国——当代文学精品文库(1949—2008)",长篇小说《古船》《九月寓言》《刺猬歌》《丑行或浪漫》入选。

2009 年

1月,长篇散文《芳心似火——兼论齐国的恣与累》由作家出版社出版。

3月,在万松浦书院主持启动《徐福辞典》编纂工作。

10月10日,在中欧作家对话会上演讲。后修订整理为《与全球化逆行的文学写作》。

12 月,诗集《夜宿湾园》由上海文艺出版社出版。

2010 年

1 月,十卷本"中国当代作家·张炜系列"由人民文学出版社出版,包括长篇小说《古船》《九月寓言》《柏慧》《外省书·远河远山》《能不忆蜀葵》《丑行或浪漫》《刺猬歌》,中短篇小说集《海边的雪》《蘑菇七种》,散文随笔集《夜思和独语》。

3 月—4 月,长篇小说《你在高原》之九《荒原纪事》(上)(下)分别在《中国作家》2010 年第 3 期、第 4 期发表。

3 月,十卷本长篇小说《你在高原》由作家出版社出版,包括《家族》《橡树路》《海客谈瀛洲》《鹿眼》《忆阿雅》《我的田园》《人的杂志》《曙光与暮色》《荒原纪事》《无边的游荡》。

3 月—6 月,作为驻校作家赴香港浸会大学主持"小说坊",讲授小说创作。后修订整理为《小说坊八讲》。

4 月,《你在高原》之二《橡树路》由上海文艺出版社出版。

9 月 4 日—5 日,在北京参加中国作家协会主办的"《你在高原》作品研讨会"并发言。

9 月 24 日—25 日,在美国哈佛大学亚洲中心参加第二届中美文学论坛——"新世纪、新文学:中美作家与评论家的对话",并做题为《午夜来獾》的演讲。

2011 年

1 月,《你在高原》获香港《亚洲周刊》评选的"2010 年十大小说"之首。

1 月 21 日—22 日,在北京中国现代文学馆参加第二届中法文学论坛,并进行对话交流。

5 月 7 日,在广州参加《南方都市报》主办的第九届华语文学传媒大奖颁奖仪式。凭借《你在高原》获"2010 年度杰出作家"大奖。

8 月 20 日,第八届茅盾文学奖评选揭晓,《你在高原》荣登榜首。

8 月 29 日—9 月 4 日,随中国作家代表团访问澳大利亚。

9 月 19 日晚,在北京国家大剧院参加第八届茅盾文学奖颁奖典礼,并发表获奖感言。

10 月 13 日,在龙口参加中国国际徐福文化交流协会第三届会员代表大会,当选为会长。

2012 年

1 月，儿童长篇小说《半岛哈里哈气》由河北少年儿童出版社出版，包括《养兔记》《美少年》《长跑神童》《海边歌手》《抽烟与捉鱼》五卷。

4 月 17 日，到澳门考察并进行文学交流活动。

8 月，自传体随笔集《游走：从少年到青年》由广西师范大学出版社出版。

8 月，七卷本"张炜中短篇小说年编"由安徽文艺出版社出版，包括中篇小说卷《秋天的愤怒》《海边的风》《请挽救艺术家》，短篇小说卷《钻玉米地》《秋雨洗葡萄》《采树鳔》《狐狸和酒》。

9 月，在北京国际图书博览会上，与美国 PODG 出版集团签署包括《你在高原》在内的二十六部著作的国际版权合作协议。

2013 年

1 月，与加拿大皇家柯林斯出版集团（Royal Collins）签署国际翻译与出版发行协议，该集团正式成为与张炜合作的外国出版商之一。

2 月，二十卷本《万松浦记：张炜散文随笔年编》由湖南文艺出版社出版，包括《失去的朋友》《葡萄园畅谈录》《去看阿尔卑斯山》《心事浩茫》《爱的浪迹》《无可隐匿的心史》《莱山之夜》《梭罗小屋》《昨日里程》《楚辞笔记》《村路今生漫长》《奔跑女神的由来》《品咂时光的声音》《芳心似火》《纵情言说的野心》《小说坊八讲》《小说与动物》《求学今昔谈》《安静的故事》《诉说往事》。

8 月，十九卷本《张炜长篇小说年编》由作家出版社出版，包括长篇小说《古船》《九月寓言》《柏慧》《外省书》《能不忆蜀葵》《丑行或浪漫》《远河远山》《刺猬歌》《半岛哈里哈气》，以及《你在高原》十卷。

10 月 31 日—11 月 5 日，赴土耳其参加伊斯坦布尔国际书展中国主宾国活动。

2014 年

4 月，《万松浦记：张炜散文随笔年编》获第三届朱自清散文奖。

5 月，系列儿童小说"海边妖怪小记"由安徽少年儿童出版社出版，包括《镶牙馆美谈》《小爱物》《蘑菇婆婆》《千里寻芳邻》《卖礼数的狍子》五册。

6 月，长诗《归旅记》在《诗刊》2014 年 6 月号发表。

7 月，随笔集《也说李白与杜甫》由中华书局出版。

10 月 13 日—19 日,随中国作家代表团访问奥地利、摩纳哥、法国。

11 月,四十八卷本《张炜文集》由作家出版社出版,包括长篇小说十九卷、中短篇小说七卷、散文随笔二十卷、诗歌二卷,

11 月 22 日上午,由山东省档案馆主办的"张炜创作四十年研讨会暨手稿、版本展"系列活动在山东省档案馆举行。

2015 年

5 月,儿童中篇小说《寻找鱼王》由明天出版社出版。

6 月 11 日—14 日,在北京参加第三届中韩日东亚文学论坛。

10 月,万松浦书院历时七年编纂的《徐福辞典》由中华书局出版。张炜为编委会主任。

11 月 3 日—7 日,在韩国参加由韩国客主文化馆和文化观光部主办的中韩著名作家(中国张炜/韩国周金荣)作品讨论会。

同年,《寻找鱼王》获中国图书评论学会"中国好书"奖。

2016 年

1 月,随笔集《陶渊明的遗产》由中华书局出版。

2 月,散文集《李白自天而降》由河南文艺出版社出版。

3 月,十六卷本插图珍藏版《张炜文存》由山东教育出版社出版。

4 月,系列童话《兔子作家》由安徽少年儿童出版社出版,包括《为猫王立传》《鼹鼠地道》《寻访歌手》《孤独的喜鹊》《马兰花开》《天使羊大夫》六册。

5 月,长篇小说《独药师》在《人民文学》2016 年第 1 期发表。同时,由人民文学出版社出版。

11 月 30 日—12 月 3 日,在北京参加中国作家协会第九次会员代表会议,当选为副主席。

12 月,《寻找鱼王》获第六届中华优秀出版物奖。

2017 年

6 月 4 日—11 日,随中国作家代表团访问西班牙、葡萄牙,参加第三届中西文学论坛、首届中葡文学论坛。

9 月 22 日晚,在北京中国现代文学馆参加第十届全国优秀儿童文学奖颁奖典礼

并发表获奖感言，《寻找鱼王》获奖。

12月15日，在温州参加第二届琦君散文奖颁奖典礼，《松浦居随笔》获奖。

2018 年

1月，长篇小说《艾约堡秘史》在《当代》2018年第1期发表；同时，由湖南文艺出版社出版。

同月，系列童话《兔子作家》获第四届中国出版政府奖图书奖。

2月6日—8日，在济南参加山东省作家协会第七次会员代表大会，卸任山东省作家协会主席。

5月23日，在济南参加由山东省作家协会主办的山东作家"乡村振兴"主题大采风活动启动暨山东文学馆开馆仪式。"张炜工作室"同时揭牌。

5月30日—6月8日，参加由山东出版集团主办、山东出版传媒股份有限公司承办的"'一带一路'版贸会走进中东欧"系列活动，访问匈牙利、罗马尼亚、波兰。

10月16日—21日，随中国作家代表团赴韩国首尔，参加第四届韩中日东亚文学论坛。

10月25日，鲁东大学"三院一馆"筹建完成，正式运行并对外开放。"三院一馆"包括鲁东大学张炜文学研究院、胶东文化研究院、万松浦书院和文学博物馆。

12月8日上午，在山东文学馆参加由山东省作家协会主办的"庆祝改革开放四十周年山东文学成就展"开幕式。

2019 年

4月，随笔集《读〈诗经〉》由中华书局出版。

5月，诗集《我与沉默的橡树》由山东画报出版社出版，

5月18日下午，在北京师范大学参加"精神高原上的诗与思——北京师范大学驻校作家张炜入校仪式暨创作四十年学术研讨会"。

6月11日—17日，在鲁东大学参加由鲁东大学、山东省作家协会主办的首届"贝壳儿童文学周"。

6月25日，由京东集团联合北京师范大学国际写作中心共同主办的第三届京东文学奖揭晓，长篇小说《艾约堡秘史》获"年度京东文学奖——国内作家作品奖"。

9月13日—15日，在上海参加"张炜作品国际学术研讨会暨第二届中国文学国际传播上海交大论坛"。

10 月,五十卷本《张炜文集》由漓江出版社出版,其中长篇小说二十卷、中篇小说三卷、短篇小说四卷、儿童文学一卷、散文随笔五卷、文论十五卷、诗歌二卷。

2020 年

1 月,非虚构作品《我的原野盛宴》由人民文学出版社出版。

5 月 7 日,在山东文学馆参加第十一届"万松浦文学奖"颁奖暨作品研讨会网络视频会议。

7 月,随笔集《斑斓志》由人民文学出版社出版。

11 月,中篇小说《爱的川流不息》在《十月》第 6 期发表。

2021 年

1 月,长诗《不践约书》由广西师范大学出版社出版。

3 月,中篇小说《爱的川流不息》由山东教育出版社出版。

4 月 2 日,在北京参加由广西师范大学出版社主办的"1973～2021:诗之约——张炜《不践约书》新书分享会"。

4 月 16 日,中篇小说《爱的川流不息》获第十七届"十月文学奖"。

6 月,张炜自选集《夜思》(小说散文集)由阳光出版社出版。

7 月,诗集《挚友口信》由河南文艺出版社出版。

7 月 15 日,在济南第三十届全国书博会上,参加由河南文艺出版社主办的"一弦一柱思华年——张炜最新诗集《挚友口信》分享会"、阳光出版社主办的"张炜自选集《夜思》分享会"。